LA REGIÓN VITIVINÍCOLA ARGENTINA
*Transformaciones del territorio,
la economía y la sociedad, 1870-1914*

UNIVERSIDAD NACIONAL DE QUILMES

Rector
Daniel Gomez

Vicerrector
Jorge Flores

Rodolfo Richard-Jorba
Eduardo Pérez Romagnoli
Patricia Barrio
Inés Sanjurjo

La región vitivinícola argentina
*Transformaciones del territorio,
la economía y la sociedad,
1870-1914*

Universidad
Nacional
de Quilmes
Editorial

Colección Convergencia. Entre memoria y sociedad
Dirigida por Noemí M. Girbal-Blacha

> La región vitivinícola argentina : transformaciones del territorio, la economía y la sociedad, 1870-1914 - Rodolfo A. Richard Jorba...[et al.]. - 1a ed. - Buenos Aires : Universidad Nacional de Quilmes, 2006.
> 296 p. ; 22x15 cm. (Convergencia)
>
> ISBN 987-558-063-5
>
> 1. Región Vitivinícola Argentina-Historia
>
> CDD 663.209 82

Ilustración de tapa: "Una vendimia en la provincia de Mendoza", *ca.* 1895, Augusto Streich (atribuida), colección Abel Alexander, tomada de *Producción y trabajo en la Argentina. Memoria fotográfica 1860-1960*, 2ª ed., Bernal, UNQ, Banco BICE, 2003

© Rodolfo Richard-Jorba, Eduardo Pérez Romagnoli, Patricia Barrio, Inés Sanjurjo
© Universidad Nacional de Quilmes. 2006
 Roque Sáenz Peña 352
 (B1876BXD) Bernal
 Buenos Aires

ISBN-10: 987-558-063-5
ISBN-13: 987-987-558-063-3

Queda hecho el depósito que establece la ley 11.723

Índice

Introducción
Rodolfo Richard-Jorba 9

Capítulo I. Transiciones económicas y geográficas
Rodolfo Richard-Jorba 21

Capítulo II. Transiciones económico-sociales:
inmigración y mundo del trabajo
Rodolfo Richard-Jorba 77

Capítulo III. Las industrias inducidas y derivadas
de la vitivinicultura moderna en Mendoza y San Juan
(1885-1914)
Eduardo Pérez Romagnoli 133

Capítulo IV. Las asociaciones de empresarios vitivinícolas
mendocinos en tiempos de crisis y de expansión económica
(1900-1912)
Patricia Barrio de Villanueva 181

Capítulo V. Frontera indígena y colonias agrícolas
en el sur de Mendoza entre 1854 y 1916
Inés Sanjurjo de Driollet 233

Fuentes y bibliografía 283

Introducción

Rodolfo Richard-Jorba

La obra que presentamos es el resultado de la tarea de investigación de un equipo interdisciplinario dedicado desde hace varios años a estudiar los procesos que condujeron, desde las tres décadas finales del siglo XIX, a la formación de una de las pujantes "economías regionales" de la Argentina: la vitivinícola. Los abordajes geográficos se combinaron con los históricos para ir constituyendo, en el transcurso del tiempo, un rico *corpus* de conocimientos producidos sobre la provincia de Mendoza que incluyeron, entre diversas temáticas, los modos de construcción de su territorio, integrante de lo que también conocemos (y preferimos denominar) como Región Vitivinícola Argentina.

No ha resultado tarea fácil compatibilizar ideas, criterios teóricos y metodologías, para avanzar en el esclarecimiento de procesos que en nuestro pasado sentaron las bases de un presente que otorga a la región centro-oeste argentino –formada por las provincias de Mendoza y San Juan– una clara identidad nacional e internacional, que la distingue como una gran región vitivinícola. Los estudios sobre procesos económico-sociales y sus vinculaciones políticas, y los geográficos, encaminados a establecer interacciones con aquéllos, han estado casi ausentes en el interés de los investigadores que nos precedieron. Sólo muy recientemente, al compás de las transformaciones económicas y territoriales que está generando la actividad vitivinícola desde finales del siglo XX, aparece una "explosión" de estudios relacionados con la temática que abordamos. Bienvenidos sean, pues todos ellos contribuyen, de uno u otro modo, a mejorar lo que conocemos y a plantear nuevas preguntas para adentrarnos en aquello que todavía permanece en la oscuridad o en un tenue amanecer.[1]

Casi no hay investigaciones publicadas de geografía histórica que describan y expliquen la construcción del territorio vitivinícola a escala regional[2] y

---

[1] Pueden verse, por ejemplo, Julieta Gargiulo y Agustín Borzi, *Il vino si fa cosi*, Mendoza, Polo Rossi casa editorial, 2004, y Pablo Lacoste, *El vino del inmigrante*, Mendoza, Consejo Empresario Mendocino y Universidad de Congreso, 2003.

[2] Acerca de un tratamiento del tema a escala regional, véanse Eduardo Pérez Romagnoli y Rodolfo Richard-Jorba, "Conformación de la Región Vitivinícola Argentina. Reconversión

los actores sociales que intervinieron en los procesos conducentes a las formas espaciales que le darían una fisonomía particular: las pequeñas explotaciones, las bodegas, los talleres "industriales" vinculados o surgidos de demandas del sector agroindustrial capitalista... Existen, sí, estudios históricos pioneros y otros más recientes acerca de la constitución de las primeras economías regionales argentinas, tanto la vitivinícola como la azucarera, surgidas al ritmo de la modernización decimonónica, que enriquecen nuestro trabajo en tanto han empleado fuentes complementarias de las utilizadas por nosotros. Esto amplía considerablemente nuestra visión del objeto de estudio y la comprensión en contextos históricos y marcos espaciales mayores. Son trabajos que describen, explican y comparan; y obligan a reflexionar sobre procesos plenos de similitudes, pero también de diferencias, como fueron los que condujeron a la constitución de las economías azucarera y vitivinícola.[3]

Sobre la base del clásico concepto de la escuela geográfica francesa, consideramos como "región" a una porción territorial "coordinada" por una ciudad

---

productiva en Mendoza y San Juan: vitivinicultura e industria, 1870-1915", ponencia presentada en la XVII Jornadas de Historia Económica, Tucumán, AAHE-UNT, 2000, y Rodolfo Richard-Jorba, "Transformaciones en la región centro-oeste de la Argentina. De un espacio económico binacional a la formación de la 'economía regional' vitivinícola y la integración al mercado nacional. Mendoza y San Juan, 1870-1914", *ANDES*, N° 14, Salta, UNS-CEPIHA, 2003, pp. 275-313. Sin embargo, nuestro equipo ha investigado con profundidad diversas cuestiones sobre la provincia de Mendoza, particularmente en el período comprendido entre 1850 y 1910 (véase bibliografía), cuyos resultados apoyan teórica y metodológicamente el análisis regional.

[3] Entre los trabajos pioneros más destacados, deben mencionarse las investigaciones de Jorge Balán y Nancy López, "Burguesías y gobiernos provinciales en la Argentina. La política impositiva de Tucumán y Mendoza entre 1873 y 1914", *Desarrollo Económico*, N° 67, Buenos Aires, 1977, pp. 391-435; Jorge Balán, "Una cuestión regional en la Argentina: burguesías provinciales y el mercado nacional en el desarrollo agroexportador", *Desarrollo Económico*, N° 69, Buenos Aires, 1978, pp. 49-87; Noemí Girbal, "Orígenes históricos de las economías regionales modernas. La Argentina agrícola. De la Generación del Ochenta hasta la Primera Guerra Mundial", tesis doctoral, Universidad Nacional de La Plata, s/f., y "Ajustes de una economía regional. Inserción de la vitivinicultura cuyana en la Argentina agroexportadora (1885-1914)", *Investigaciones y Ensayos*, N° 35, Buenos Aires, ANH, 1983-1987, pp. 409-442. Otras aportaciones recientes, aunque sobre Mendoza, pertenecen a Ana Mateu, "Bancos, créditos y desarrollo vitivinícola", *Cuadernos de Historia Regional*, N° 17-18, Luján, Universidad Nacional de Luján, 1995, pp. 113-162, y "Estado y vitivinicultura. Las políticas públicas de la transición. Mendoza, 1870-1890", *Travesía*, vol. I, N° 3-4, Tucumán, FCE-Universidad Nacional de Tucumán, 2003, pp. 177-205. Para una comparación sobre el desarrollo de economías regionales, véase Daniel Campi y Rodolfo Richard-Jorba, "Transformaciones productivas, espaciales y sociales en la Argentina extrapampeana. El Norte y Cuyo entre 1850 y 1890", *Boletín Americanista*, N° 54, Barcelona, Universidad de Barcelona, 2004, pp. 35-61.

y articulada por un grupo de ciudades y poblados menores, jerárquicamente funcionales, que constituyen, en definitiva, el principal factor de cohesión del espacio en cuestión y los núcleos de vinculación con otras regiones. Las ciudades, relacionadas entre sí, se constituyen, además, en los centros de incorporación y de difusión, en sus espacios de influencia, de tecnologías aplicadas a la producción, lo que las convierte en vehículos esenciales en cualquier proceso de modernización económica. La homogeneidad o la uniformidad del espacio geográfico que estudiaremos estuvo dada por el dominio sucesivo de dos tipos de paisajes agrarios, el de forrajeras-cereales y el vitícola, que hacían visible en el terreno la funcionalidad de aquella organización regional. A partir de esta simplificación, el concepto de región admite una enorme multiplicidad de aportes que lo enriquecen según el abordaje que se haga en cada investigación,[4] pues no tenía el mismo grado de complejidad la economía basada en el engorde y la exportación de ganado, que la centrada en la vitivinicultura. Desde la historia, la posición de Cerutti es similar a la que sostenemos, cuando en un reciente trabajo plantea que *el espacio se delimitaba a sí mismo*. El ámbito regional era determinado por los parámetros del objeto de estudio; así se presentaba dotado de una intensa coherencia interna, con un sistema de relaciones reconocible en el espacio analizado".[5]

En definitiva, no hemos intentado el ejercicio de definir la región vitivinícola, en tanto el dinamismo de las relaciones que se establecen hacia el interior y el exterior de cada región, vuelve ese intento una tarea compleja y de resultados que podríamos calificar de inalcanzables. En cambio, nos ha interesado mostrar aquellas relaciones que ponen en evidencia estructuras de poder, jerarquías espaciales, el surgimiento de nuevos actores sociales y la consecuente complejización de la sociedad y la economía regionales y los factores internos y externos que condicionan –y a veces determinan– las transformaciones territoriales.

Procuramos, también, mostrar las articulaciones de la región con espacios económicos más amplios: el nacional y el externo, porque las actividades económicas de espacios geográficos de diversas zonas del mundo se fueron inte-

---

[4] En este caso, resultan de utilidad los trabajos de los geógrafos Etienne Juillard, "La región: ensayo de definición" [1962], y Pierre Dumolard, "Región y regionalización. Una aproximación sistémica" [1975] (en Josefina Gómez Mendoza, Julio Muñoz Jiménez y Nicolás Ortega Cantero, *El pensamiento geográfico*, Madrid, Alianza Universidad, 1982, segunda parte, "Antología de textos", pp. 289-302 y 452-460). Un buen panorama sobre los estudios geográficos regionales pertenece a Rafael Mata Olmo, "Sobre la evolución reciente de la geografía regional: un estado de la cuestión", *Breves Contribuciones del Instituto de Estudios Geográficos*, N° 9, Tucumán, Universidad Nacional de Tucumán, 1995, pp. 67-130.

[5] Mario Cerutti, "Monterrey y su ámbito regional (1850-1910). Referencia histórica y sugerencias metodológicas", en Sandra Fernández y Gabriela Dalla Corte (comps.), *Lugares para la Historia*, Rosario, Universidad Nacional de Rosario, 2002, p. 169 (resaltado del autor).

grando como elementos interdependientes en un sistema global. Este sistema reunió diversas características, entre las que se destacaba la especialización económica de los países integrados y la aceleración y elevación de sus tasas de crecimiento económico y demográfico, acompañadas por un aumento en los salarios reales. Otro aspecto esencial era la formación y la rápida difusión de los conocimientos técnicos fácilmente transferibles comercialmente. La transferencia de conocimientos transformaba sectores productivos enteros con una rapidez desconocida hasta entonces. Con su industria ferroviaria y naval, Inglaterra revolucionó los medios de transporte en todo el mundo y promovió –de acuerdo con sus intereses– la integración de un gran mercado internacional. Asimismo, el desarrollo industrial británico generó excedentes de capital financiero que fueron exportados, contribuyendo decisivamente a la constitución de este sistema económico mundial.[6]

Esta forma en que se integraba el mundo, espacial y económicamente, nos permite estudiar y conocer las transiciones transformadoras que fue experimentando la región, desde su orientación excluyente hacia el mercado chileno con el negocio de exportación ganadera, hasta su definitiva incorporación –*interiorización* la llamamos–, al espacio-mercado nacional, como economía complementaria de la región central de la Argentina, las pampas proveedoras del flujo de divisas con los bienes primarios exportables que producían[7] y los puertos litorales, el de la gran metrópoli nacional y el de Rosario, como introductores de manufacturas e insumos.

Es decir que en nuestro abordaje tomamos como base el hecho de que los asentamientos y los movimientos de población, así como su articulación en el espacio geográfico, están fuertemente subordinados al sistema productivo, de modo que los cambios que registre éste modificarán aquellos asentamientos y articulaciones.[8]

Consecuentemente, tomando como eje el sistema productivo, estudiamos los factores de cambio que determinaron la decadencia del modelo de acumulación basado en una agricultura mayormente subordinada al engorde de ganado para su exportación a un mercado único, localizado en el Valle Central y en el Norte Chico chilenos; y en una producción de cereales y harinas destinada a ser trocada por ganado en las zonas de cría del este del país. Este modelo se había expandido en consonancia con la demanda –principalmente de vacunos– del mercado trasandino y al calor de cierta autonomía política de las provincias de Mendoza y San Juan no sujetas todavía a un poder central que

---

[6] Celso Furtado, *La economía latinoamericana desde la Conquista ibérica hasta la Revolución cubana*, Santiago de Chile, Editorial Universitaria, 1969.
[7] Estas producciones son acertadamente consideradas como *estratégicas* en la actualidad por Mabel Manzanal y Alejandro B. Rofman, *Las economías regionales de la Argentina. Crisis y políticas de desarrollo*, Buenos Aires, CEUR-CEAL, 1989, p. 33.
[8] Joan Eugeni Sánchez, *Espacio, economía y sociedad*, Madrid, Siglo XXI Editores, 1991, p. 172.

avanzaba sin pausa, pero que sólo se consolidaría a partir de 1880.[9] La depresión internacional de 1873, que desde mediados de esa década afectaría profundamente a la vecina república, la extensión de la soberanía del moderno Estado argentino sobre los espacios patagónicos y del noreste luego de las campañas contra los pueblos originarios, y la rápida integración económica del territorio nacional determinarían la reorientación productiva regional y el establecimiento de otro modelo de acumulación, plenamente capitalista, motorizado por la vitivinicultura.

Y esto conllevó un profundo cambio en la región, no sólo porque se crearía un nuevo y gran oasis al sur de Mendoza, lo que ampliaría considerablemente la escala territorial y productiva del espacio estudiado, sino porque se alteró sustancialmente el "ámbito regional" mencionado más arriba. De un espacio binacional integrado, que reunía zonas ganaderas de cría en Córdoba, Santa Fe y San Luis, áreas de invernada en oasis de regadío en Mendoza y San Juan y un mercado de consumo en Chile, proveedor a su vez de mercancías de ultramar, se pasó aceleradamente a una región especializada en la elaboración de vinos para atender una creciente demanda exclusivamente interna (véase figura 2 del capítulo I). Es decir, se produciría una modificación integral de la geografía y la sociedad regionales a partir del cambio planteado por la nueva economía: dominio del capital productivo sobre el mercantil, intervención del Estado como promotor de la vitivinicultura, crecimiento demográfico y transformación cualitativa de la población por aporte inmigratorio, desarrollo de los mercados de trabajo libre y de tierras, urbanización acelerada, construcción gradual de una red fuertemente jerarquizada de ciudades y pueblos en la región, etc. Todo ello nos lleva, reiteramos, a utilizar indistintamente los términos *región* y *ámbito regional* para referirnos al espacio objeto de nuestro interés, organizado hacia dentro por relaciones de poder y vinculado funcionalmente con otros espacios a los cuales estuvo alternativamente subordinado. En este espacio –como en otros, obviamente– operaron élites o grupos dominantes que controlaban ampliamente la economía y la sociedad de la región.[10]

---

[9] Las guerras civiles, las revoluciones federales de las décadas de 1860 y 1870, hasta la última en 1880 (federalización de Buenos Aires) constituyeron, por lapsos diversos, momentos de zozobra personal e inseguridad económica en estas provincias occidentales. Ello contribuyó a mantener la vinculación funcional con Chile y dar la espalda, en la medida de lo posible, a los mercados regionales de un Estado que no terminaba de afianzarse sobre su extenso territorio y, por ende, no lograba conformar un mercado nacional y una división espacial del trabajo.

[10] Empleamos estos términos indistintamente para referirnos a los actores que tenían en sus manos el poder económico y ocupaban la cima de la pirámide social. De estas élites surgían los individuos, nativos de Mendoza, San Juan u otras provincias, que accedían al poder político. Muchos agentes provenientes de la inmigración integraron estos grupos y participa-

Siguiendo a De Jong, no sólo atendemos "[...] al carácter único e histórico del hecho regional [...]", sino que no debemos olvidar que "[...] la región comienza y termina donde comienza y termina su explicación [...]".[11] Pero el término región lo utilizamos, también, para identificar, como en este caso, un espacio caracterizado por una producción dominante: la vitivinicultura, y por un paisaje dotado de formas únicas: el viñedo y su particular geometría, las bodegas, verdaderas industrias rurales generadoras también de puntos de urbanización, y las ciudades en crecimiento, receptoras de nuevas industrias, servicios y trabajadores.

En esta obra ofrecemos un panorama de los cambios territoriales, económicos y sociales a escala regional, con aportes de información estadística construida por períodos extensos que corroboran esas transformaciones. Se podrá apreciar así, cómo los factores extrarregionales promueven la reconversión de la producción para adaptarse a los nuevos contextos políticos y económicos. En este sentido, la otrora dominante ganadería terminaría convertida en un apéndice de la economía regional; y el viñedo, que después de sucesivas crisis entre finales del siglo XVIII y la primera mitad del XIX había perdido una supremacía singular, recuperaría —cambio tecnológico mediante— su antiguo esplendor y se convertiría en el cultivo estelar. Este cultivo implantado con técnicas modernas, intensivo, especializado, se difundiría rápidamente, convirtiéndose en el proveedor de materia prima para una gran industria, creadora de una nueva economía regional. La agroindustria vitivinícola iniciaría, además, un proceso generador de demandas que motorizarían la aparición de otras manifestaciones industriales. Todo ello configuró una temprana sustitución de importaciones y encadenamientos productivos iniciadores de un tenue desarrollo económico en tanto se producía un consumo entre empresas instaladas en la región. Las jerarquías urbanas se fueron desarrollando y consolidando en función de los caminos que ofrecían para la generación de riqueza, la circulación y distribución de bienes y servicios, la oferta de trabajo y las facilidades para el movimiento de la fuerza laboral.

El macroanálisis de la región es suficientemente elocuente, también, para comprobar cómo se cumplió una esencial ley del espacio geográfico, aquella que establece su polifuncionalidad potencial pero limitada por la monofuncionalidad efectiva. Es decir, que conteniendo el espacio una gran variedad de posibilidades de desarrollar diversos usos, para "[...] asumir una función concreta deberá adecuarse a ella mediante un proceso de producción de espacio

---

ron, hasta donde se lo permitía su condición de extranjeros, en el manejo de la cosa pública. Al avanzar el siglo XX comenzaría a escindirse el poder político del económico, lo que se reflejaría en diversos cambios que escapan al objeto de esta obra.
[11] Gerardo M. de Jong, *Introducción al Método Regional*, Neuquén, LIPAT y Universidad Nacional de Comahue, 2001, p. 76.

destinado a dicho fin".[12] Y son los actores sociales con poder de decisión quienes determinan la asignación de los usos del suelo, entre ellos, los estados provinciales, a través de incentivos fiscales que promovían el cultivo vitícola, y los propietarios, que decidían reconvertir antiguos cultivos, poner en valor las tierras incultas al ritmo de la demanda de la industria del vino o vender tierras en grandes extensiones –particularmente en la antigua zona de frontera interior– y también aquellos que planificaron y concretaron colonias agrícolas.

Esta ley se observa, además, en el nivel de unidades productoras, con lo cual se hace posible representarse imágenes casi fotográficas de los distintos establecimientos descriptos y conocer el modo como se fueron generando los cambios en el uso del suelo hasta llegar a la especialización vitícola en las propiedades menores, fruto de la subdivisión que imponía la mercantilización de la tierra. Esta microescala de análisis ha permitido registrar desde el modo en que se fue ocupando el espacio y transformando el medio natural con la producción de territorio mediante su puesta en valor, hasta los procesos de cambios productivos y las relaciones sociales de producción en su interior.

Todo esto nos motivó a reforzar el estudio de los procesos conducentes a determinadas formas espaciales. Aun cuando no podamos tener certezas absolutas –porque hay cambios pero también continuidades–, si conocemos las formas iniciales, es posible asumir la investigación de los cambios a través del tiempo (más aún si trabajamos con las dos escalas mencionadas: la región y el lugar, o la unidad productiva si se prefiere) e intentar aprehender la causalidad ínsita en todo proceso con la intervención e interrelación de factores externos e internos que disparan las transformaciones y generan las formas. Desde nuestra perspectiva, presumimos que las transformaciones en el centro-oeste argentino que condujeron a la formación de la economía regional y la región vitivinícola se originaron por factores no controlables en este ámbito (un espacio periférico y *siempre subordinado*), no obstante algunos de sus diversos actores con capacidad de decisión generaron respuestas que posibilitaron mantener el crecimiento económico a través de procesos muy dinámicos que cambiaron radicalmente el paisaje, como reflejo de nuevas relaciones de poder y de producción, de movimientos de población y la introducción de nuevas tecnologías. De manera que nuestro enfoque "[...] incluye análisis explícitos de causa y efecto que relacionan el proceso y la forma [...]";[13] porque las formas que originó la vitivinicultura moderna han prolongado su vigencia hasta el presente.

Las políticas de desgravación impositiva emprendidas por los estados provinciales, particularmente exitosas en Mendoza, hablan de la clara inten-

---

[12] Joan Eugeni Sánchez, *op. cit.*, p. 124.
[13] W. Norton, "La condición actual de la geografía histórica", en Claude Cortez (comp.), *Geografía histórica*, México, Instituto Mora, 1997, p. 85.

cionalidad de las élites por modernizar el viñedo, transformándolo en una agricultura industrial, para lo cual, pese a declamadas posiciones liberales, no dudaron en intervenir utilizando la herramienta estatal para modificar la realidad.[14]

Estas políticas apuntaron, además, a la creación de condiciones para la afluencia de la mano de obra imprescindible para el desarrollo del sistema agroindustrial. No existieron en San Juan, pero sí en Mendoza, aunque pronto serían abandonadas porque el dinamismo que adquirió la vitivinicultura y el funcionamiento de cadenas y redes migratorias obraron como factor de atracción sin necesidad de incentivos especiales. Resulta indiscutible el peso de la inmigración europea en la expansión del viñedo, en la elaboración de vinos y en el surgimiento de un "brote" industrial, particularmente destacado en la metalurgia y la tonelería. Es necesario destacar, sin embargo, que estas políticas promotoras de la inmigración se combinaron con factores externos favorables a la emigración. Por ejemplo, la partida de italianos, franceses, españoles, afectados por la depresión de 1873, por la destrucción de los viñedos provocada por la filoxera y otros problemas no menores.

Los actores sociales surgidos a partir de la modernización vitivinícola tienen similitudes con los del modelo mercantil ganadero, lo que sugiere la permanencia de estructuras sociales fuertemente jerárquicas. Sin embargo, avanzado el siglo XX, la constitución del poder económico autonomizado del poder político daría paso a diversos cambios cuyo estudio será emprendido en futuras investigaciones, no obstante lo cual en esta obra se muestran los comienzos de esa disociación. Y en este proceso tuvieron también un rol fundamental los agentes provenientes de la inmigración, porque esta corriente poblacional abrió paso a la formación de un *empresariado regional*, integrado por nativos y europeos fundamentalmente, de modo lento desde antes de 1870 –sobre todo por el escasísimo número de extranjeros– y acelerado con posterioridad a 1885, cuando surge claramente una burguesía productora vitivinícola. Aunque algunos de estos agentes inmigrados trajeron un capital, de mayor o menor importancia, lo cierto es que acumularon sus riquezas en la región; los denominamos *empresarios regionales* porque el poder de decisión acerca de qué, cuándo y cómo producir estaba en el interior de la región –con todo lo que ello implica–, sin perjuicio de la existencia de algunas inversiones extrarregionales (nacionales y extranjeras) cuyas decisiones no podían afectar al sector en su conjunto.

El estudio de la inmigración arribada a la región es cuantitativo y cualitativo. Comparamos las situaciones existentes en los dos modelos de acumula-

---

[14] Estas políticas guardan gran similitud con las que puso en marcha la Argentina en un pasado reciente y que se encuentran aún vigentes. Nos referimos a la promoción industrial en varias provincias, a los diferimientos de impuestos, etcétera.

ción y analizamos cómo se fue transformando la población al ritmo de los cambios económicos sobre la base de información de base censal y otras fuentes entre 1869 y 1914. Se destaca también el rol de la primera inmigración, anterior a 1870, no sólo como aportante de conocimientos técnicos e iniciadora de actividades económicas, sino también como vínculo de contacto con muchos de los que vendrían en la etapa masiva en las décadas siguientes. Asimismo, se describen los desequilibrios demográficos en el interior regional y el avance de Mendoza a escala provincial –y de su capital en particular– como gran espacio de atracción de población, nativa y extranjera, cuestión que tiene que ver con la política y con la visión diferente que las élites sanjuanina y mendocina tenían respecto del desarrollo económico.

Itinerarios particulares de algunos inmigrantes remiten otra vez a un cambio de escala para conocer las condiciones que tenían esos individuos al arribar a la región y la evolución económica y social que experimentaron.

Vinculado estrechamente con la inmigración, el análisis del mercado de trabajo, tratado también a escala regional y de establecimientos productores, muestra la particularidad de la mixtura entre trabajo rural y urbano característica de los pequeños espacios productivos, los oasis, en los que se asientan ciudades y actividades agrícolas. La especialización vitivinícola que impuso la modernización capitalista rompería viejos instrumentos de coacción extraeconómica y dominación social, pero generaría una creciente precariedad e indefensión de los trabajadores, como lo muestra la información estadística que acompaña este análisis. El mercado de trabajo libre funcionó también generando desequilibrios en el interior regional que favorecieron a la provincia de Mendoza y a su capital.

Los inmigrantes, en diversos capítulos del libro, han sido tratados en su condición de trabajadores, de empresarios o una mezcla de ambos. Los empresarios que se destacaron en la vitivinicultura, en general, fueron individuos o familias "exitosos" y grandes constructores de poder. Pero hubo otros, humildes obreros o artesanos en su mayoría, que son rescatados del olvido. Un olvido que ha sido doble.

En primer lugar, la historiografía sólo registró, tradicionalmente, "próceres" o personajes con actuaciones públicas más o menos destacadas. La nueva historiografía surgida a mediados de la década de 1980 comenzó a revalorizar a los actores subalternos, los sectores populares, los trabajadores, los pequeños empresarios, etc. En nuestro caso, vuelven al presente numerosos inmigrantes fundadores de talleres, muchos de los cuales devinieron en fábricas de instrumentos y equipos para la agricultura y la bodega. Cumplieron un significativo papel en la producción de bienes para atender las demandas de la vitivinicultura, formaron personal y, lo más importante, innovaron y desarrollaron tecnologías para el sector. Sus establecimientos transformaron partes de las ciudades definiendo nuevos usos del suelo y sentaron las bases para el desarrollo de numerosas empresas industriales, algunas de las cuales han llegado a la actualidad y tienen relieve internacional y carácter transnacional.

En segundo lugar, la investigación ha permitido conocer nombres y apellidos y especialidades de catalanes, rusos, austríacos, alemanes, españoles, suizos, franceses... e italianos. Particularmente, estos últimos hicieron aportaciones muy destacables, en destrezas, conocimientos, diseños y productos concretos.

Sin ignorar los aportes de estos pequeños "industriales" de diversas nacionalidades, debemos aceptar, con Sori, que "[...] otra especialidad de la emigración italiana, aun más allá de toda retórica sobre las bondades del trabajo italiano en el exterior, fue su elevada calidad 'preindustrial', su elevado nivel de profesionalidad, aun agrícola. Esta calidad subremunerada permitió a menudo a los emigrados italianos ocupar algunas zonas 'vacías', o que se habían 'descubierto', del tejido económico de países en vías de rápida industrialización [...] o de países afectados por veloces procesos de transformación agraria y puesta en producción de nuevas tierras (América Latina)".[15] Éste fue, efectivamente, el rol de los italianos (también de otros extranjeros de ultramar) en la vitivinicultura, en la metalurgia, la tonelería, etcétera.

La parte final del libro sale de la escala regional para limitarse a la provincia de Mendoza y a su zona sur, concretamente a San Rafael. Esto tiene su explicación en que trata temas hasta ahora ignorados o muy escasamente tratados por la historiografía.

Precisamente, por la falta de investigaciones previas sobre el tema, el estudio del empresariado vitivinícola y sus intentos de asociación gremial desde la primera gran crisis del sector (1901-1903), así como los modos de enfrentarla y sus comportamientos, ha demandado una extraordinaria labor heurística que ha dado paso a la construcción de sólida información. Gracias a ella podemos conocer el proceso de constitución de los gremios empresarios que tanta significación tuvieron (y tienen aún) en la defensa de intereses sectoriales. Y como hecho ciertamente trascendente, se podrá observar cómo, a diferencia de lo que ocurría a fines del siglo XIX, en los inicios de ese mismo siglo comenzó el proceso de constitución de un poder económico provincial que se disociaría gradualmente del poder político, un avance más de la modernización capitalista.

Por último, se analizan las instituciones de gobierno local en el oasis sur, en un período que recorre el tránsito de la frontera indígena a la colonización agrícola. La incorporación de la variable espacial y la de las prácticas institucionales han enriquecido en los últimos años los estudios jurídico-institucio-

---

[15] Ercole Sori, "Las causas económicas de la emigración italiana entre los siglos XIX y XX", en Fernando Devoto y Gianfausto Rosoli (comps.), *La inmigración italiana en la Argentina*, Buenos Aires, Biblos, 2000, pp. 42-43.

nales, alejándolos de una visión meramente "legal". Estas perspectivas permiten constatar el funcionamiento de la edificación estatal en los intersticios de las instituciones, en un territorio que estuvo en vías de ocupación hasta 1880. Asimismo, desde esos enfoques se observará la incidencia del proceso de colonización producido posteriormente en la zona y de su incorporación a la economía y a la vida política provincial, en la organización política y administrativa del espacio geográfico, las prácticas institucionales y los modos de participación vecinal.

Con esta breve introducción, concluimos confiados en que este aporte enriquecerá los estudios tendientes a esclarecer los procesos constitutivos de las diversas regiones del país.

Capítulo I

Transiciones económicas y geográficas

Rodolfo Richard-Jorba

Una postal del pasado

Las provincias de Mendoza y San Juan forman el ámbito regional del centro-oeste argentino. Por estar situadas en la diagonal árida sudamericana, han estructurado sus economías en oasis agrícolas construidos y organizados por ciudades, en los que se concentra la población y se desarrollan los aspectos fundamentales de su vida social y económica.

El presente nos muestra que

> [...] acostumbrados los mendocinos y quienes visitan la provincia a observar un paisaje de extensas y prolijas hileras de viñas o la umbrosa extensión de los parrales y, cada tanto, la clásica figura de añosas bodegas o modernas "fábricas" de vino, con enormes piletas cilíndricas instaladas a cielo abierto, difícilmente puedan imaginar que hace poco más de cien años existía un paisaje diferente, casi una postal pampeana. Bien cuidadas sementeras de trigo, grandes alfalfares y multiplicidad de vacunos pastando semejarían lo que hoy se visualiza en Santa Fe o Buenos Aires, salvo por algunos detalles. El alambrado no estaba y su lugar lo ocupaba el alto muro de barro apisonado llamado tapia o la abigarrada trinchera de álamos; el horizonte de la gran llanura era reemplazado por el accidentado relieve pedemontano y precordillerano; y el verde inconmensurable de las húmedas pampas orientales no era el mismo, porque en Mendoza terminaba donde llegaban las acequias de riego que ponían en evidencia la pequeñez de un oasis en permanente tensión con el desierto circundante [...].[1]

Estas imágenes son extrapolables, sin reparo alguno, a la vecina provincia de San Juan. Es que ambas jurisdicciones compartieron, y comparten, idénticas

---

[1] Rodolfo Richard-Jorba, "Modelos vitivinícolas en Mendoza (Argentina). Desarrollo y transformaciones en un período secular, 1870-2000", História Econômica & História de Empresas, III, 1, San Pablo, Hucitec, 2000, p. 111.

actividades mercantiles y productivas, los mismos actores sociales y las mismas formas espaciales que se construyeron en distintos períodos de su historia común.

A lo largo del siglo XIX y hasta mediados de la década de 1880, las producciones giraban en torno a la alfalfa, los cereales, el viñedo y los frutales, cultivos de raíz colonial que constituyeron la agricultura de los oasis.

Estos diminutos espacios valorizados eran necesariamente alcanzados por la *sombra urbana*, de modo que todas las decisiones políticas y económicas que incidían directamente en la organización social y espacial tenían su origen en las ciudades capitales; es decir, existía un poder territorial de fuerte presencia. A pesar de que competían entre sí con idénticas producciones, los oasis principales evolucionaron de un modo relativamente parejo mientras la economía fue hegemonizada por la función comercial. La actividad mercantil prosperó al amparo de ciertas condiciones políticas y económicas, como la relativa autonomía de los poderes provinciales –que se perdería gradualmente frente al avance del poder central– y la persistencia de la demanda ganadera chilena, mayoritariamente satisfecha desde la región. Por otra parte, la inexistencia de comunicaciones y transportes rápidos posibilitó una lenta configuración regional con la ciudad de Mendoza como núcleo principal. Cuando esas condiciones cambiaron, en el último cuarto del siglo XIX, se produjo una transformación que trastocó las bases tricentenarias sobre las que había evolucionado la región. En esos años, junto con la estructuración definitiva del Estado argentino moderno, se avanzó hacia una especialización económica, plenamente capitalista, que se consolidaría en la segunda década del siglo XX y le daría identidad reconocida nacional e internacionalmente. Aparecería, entonces, la gran *región vitivinícola argentina* (o la más conocida *economía regional vitivinícola*), con Mendoza como núcleo urbano principal o metrópoli del nuevo espacio económico.

La década de 1870 constituiría una etapa de transición hacia la modernización económica y la especialización agroindustrial. Los factores que intervinieron en esa transformación estaban vinculados con la inserción de la Argentina en el sistema económico global que construía el capitalismo industrial decimonónico hegemonizado por Gran Bretaña. Inserción periférica del país posibilitada por el progreso en la tecnología del transporte marítimo y por la necesidad de las economías industrializadas de abrir nuevos mercados para sus manufacturas. Es decir, el desarrollo del capitalismo en el país se asimilaba al internacional[2] y se gestaba en paralelo con la organización y expansión de un poder central que culminaría hacia 1880 con la consolidación del moderno Estado-nación argentino.

---

[2] Emilio Sereni, *Capitalismo y mercado nacional*, Barcelona, Editorial Crítica, 1980.

La provincia de San Juan se destacó inicialmente, pero desde la década de 1880 fue rápidamente superada por Mendoza, donde el proceso transformador tuvo mayor velocidad y magnitud por un factor clave: el ferrocarril, que cambió la posición geográfica de las dos ciudades capitales. La conexión con Buenos Aires, en 1885, dejó a San Juan como *punta de rieles*, mientras que Mendoza se convirtió en el nudo de comunicaciones que vinculaba la región con el resto del país y, pocos años más tarde, como el núcleo articulador entre el Atlántico y el Pacífico, consolidando una jerarquía urbana que se desarrollaba lentamente desde la actividad mercantil previa.

La gradual formación de un mercado nacional, acelerada por la integración física del territorio argentino que se materializaba con la incesante construcción ferroviaria, puso a la región frente a la oportunidad de satisfacer la explosiva demanda de vinos que generaba la inmigración europea mediterránea y, de tal modo, superar una grave crisis provocada por la pérdida de rentabilidad de las ventas ganaderas a Chile.

En la década de 1890, la ciudad de Mendoza se convertiría en metrópoli regional, como expresión de la primacía productiva que adquiría la provincia; y, en tal carácter, mediaría entre su *hinterland* y la gran metrópoli nacional, Buenos Aires. Este cambio condujo a la ruptura de las antiguas jerarquías urbanas que reconocían en la cima al eje Santiago-Valparaíso. Se desestructuró así, definitivamente, el antiguo espacio funcional que integraba las zonas productoras ganaderas del este argentino con el mercado consumidor chileno, gran territorio binacional articulado por San Juan y Mendoza sobre la base de un sistema de producción, transporte y comercialización al servicio de la exportación de ganado.

La ruptura de aquella funcionalidad daría lugar, por una parte, a una "interiorización" de Mendoza y San Juan para atender el mercado nacional de vinos y, por la otra, al abandono de la vinculación con Chile, en una lenta decadencia. La actividad ganadera, antiguo motor de aquella relación, también se reorientaría y se "interiorizaría".

En consecuencia, durante las tres últimas décadas del siglo XIX, se gestó y consolidó un nuevo modelo de crecimiento basado en la vitivinicultura, cuyas características económicas y sociales básicas permanecieron casi inalteradas hasta un pasado reciente. El mejoramiento técnico posibilitó la difusión del viñedo como cultivo industrial y abrió el camino para la conformación de un sistema agroindustrial motorizado por la gran bodega mecanizada, orientado al mercado interno y perfectamente integrado en un nuevo espacio funcional que vinculó a Mendoza con el resto del territorio nacional y, en una escala mayor, con el espacio económico global.

Visión retrospectiva del modelo mercantil ganadero consolidado

La región en la década de 1870

En los años 1870 el territorio sanjuanino estaba organizado en torno de dos oasis principales. El más importante, al sur (río San Juan), con núcleo en la ciudad capital; y el oasis del norte, más pequeño, con centro en Jáchal (río homónimo). Mendoza, en cambio, tenía un solo espacio agrícola, el oasis norte (ríos Mendoza y Tunuyán). En el sur, pequeños cultivos alrededor del fuerte de San Rafael, sobre el río Diamante, servían para sustentar esa guarnición militar sobre la línea de frontera interior. Luego de la campaña sobre las comunidades indígenas (1879), que consolidó la definitiva soberanía estatal sobre los territorios sureños, sobrevinieron la ocupación y la construcción de lo que sería el actual oasis sur (ríos Diamante y Atuel) (figura 1).

La alfalfa no sólo dominaba el paisaje, sino que era hegemónica. Más del 80% de los campos irrigados eran alfalfares, generalmente acompañados por cereales, viñedos, frutales, legumbres, etc. La cuasi-especialización en alfalfa muestra la subordinación de la actividad agrícola al objetivo central de la economía regional: el engorde y la posterior exportación de ganado a Chile. Mendoza y San Juan habían desarrollado este comercio en diferentes épocas, proveyendo a Chile mulares, ovinos y bovinos. Sin embargo, sólo alcanzaría magnitudes importantes desde la década de 1850, cuando el país vecino expandió sus cultivos trigueros avanzando sobre suelos ganaderos. Se generó así un sostenido aumento de las exportaciones argentinas de ganado en pie a Chile, casi monopolizadas por la región; paralelamente, se afianzaron las vinculaciones comerciales con Rosario, transformada en un activo centro mercantil. El *hinterland* pampeano de aquel puerto producía ganados que se incorporaban, junto a los de Córdoba y San Luis, al circuito Litoral-Pacífico articulado desde las ciudades del centro-oeste.

Los cereales ocupaban escasas superficies pero tenían gran importancia económica. Maíz y trigo eran básicos en la dieta de la población. Además, una destacable actividad molinera aportaba la harina de trigo, mercancía vital para intercambiar por ganado en el este del país, como se verá más adelante.

La pequeñez de los oasis, salpicando el inmenso semidesierto, era (y es) una característica de esta zona occidental. Poco más de 80.000 ha en Mendoza y 70.000 ha en San Juan constituían la base para el funcionamiento de la economía mercantil y la subsistencia de su población. La subdivisión de la tierra, el tamaño de las propiedades, el manejo del riego –generador, además, de fuertes valores territoriales– y la diversificación productiva eran factores que intervenían en la formación de una estructura de campos cerrados. Los cercos (de *tapia*, los *cercos vivos* de álamos o los armados con plantas espinosas) marcaban los límites externos de las explotaciones y dividían las áreas

Figura 1. Región vitivinícola

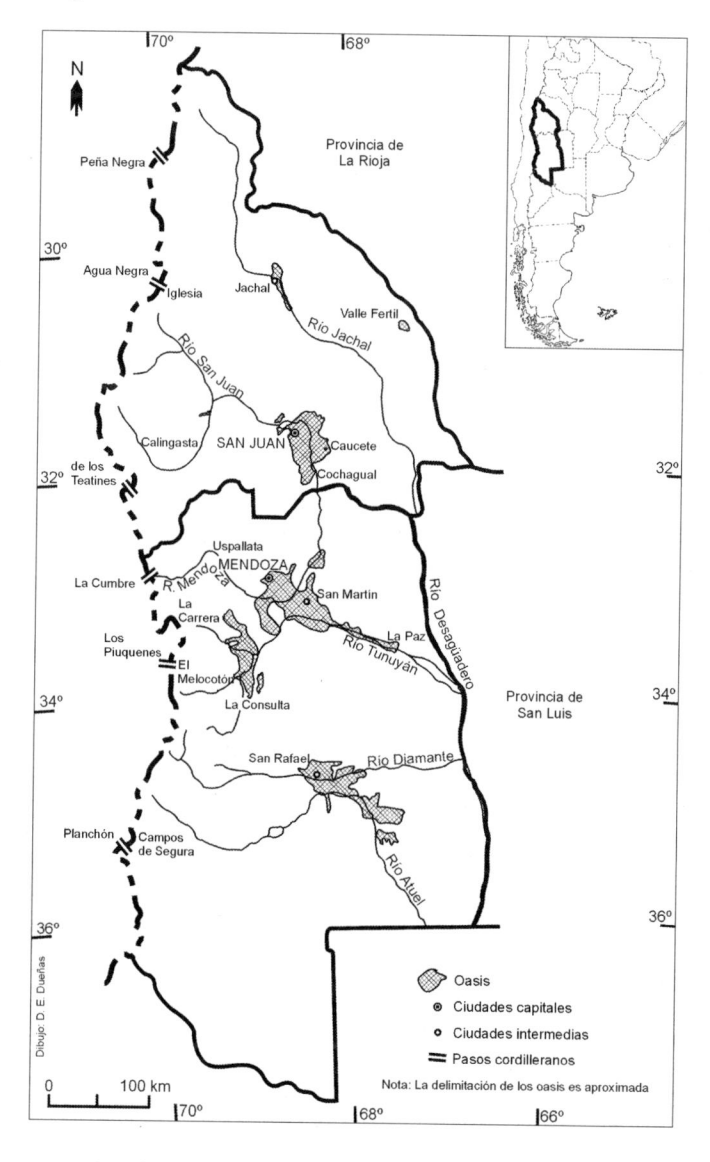

internas para los diferentes usos. Aparecían así los huertos de frutales, la viña, las sementeras o los potreros de engorde del ganado. Era notorio el contraste con las tierras pampeanas o litoraleñas, campos abiertos sobre los que avanzaba lentamente, como una significativa innovación tecnológica, la delimitación y la subdivisión interna de las explotaciones con el empleo del alambrado. Éste, además, sería utilizado hacia fines de siglo para introducir otro avance técnico en la pampa: el sistema de potreros,[3] una forma de organización de las explotaciones que en Mendoza y San Juan se empleaba desde la época colonial.[4]

Las redes de riego estructuraban los oasis, los cuales eran vinculados por antiguos ejes de circulación con el este del país, con los valles longitudinales andinos y con Chile. De los caminos hacia el Litoral y Buenos Aires, el de San Juan a San Luis era menos utilizado que el que llevaba a Mendoza, pese a su mayor longitud, porque en aquél no existían postas y presentaba problemas de seguridad[5] y dificultades para atravesar tramos desérticos, algunos altos montes –casi bosques–, humedales y lagunas. En consecuencia, al desplazarse por Mendoza la mayor parte del comercio de bienes y el transporte de pasajeros, se reforzó tempranamente su posición nodal. Asimismo, el telégrafo contribuiría a la rápida transferencia de información entre las regiones del este y el centro-oeste argentinos y Chile.[6]

En función del *modelo económico de ganadería comercial con agricultura subordinada*,[7] las dos provincias organizaban la producción y el intercambio mediante una integración jerárquica de sus espacios. Ciudades, oasis y campos del semidesierto combinaban una división del trabajo, técnica y territorial, con la funcionalidad que procuraba la complementación con otras regiones del país y de Chile.

---

[3] Las primeras invernadas alambradas en Buenos Aires datan de la década de 1870, de acuerdo con Horacio Giberti, *Historia económica de la ganadería argentina*, Buenos Aires, Hachette, 1970, p. 164. A fines del siglo XIX, el sistema de potreros mejoró la producción y la eficiencia de las estancias pampeanas; véase Hilda Sabato, *Capitalismo y ganadería en Buenos Aires. La fiebre del lanar*, Buenos Aires, Sudamericana, 1989, p. 136.

[4] La antigua tradición del potrero alfalfado en el centro-oeste provenía de Chile, según describe un autor mendocino a fines de los años 1880, quien destaca también la plena similitud en la organización de los espacios irrigados en Mendoza y San Juan. Véase Carlos E. Villanueva, *El Litoral y el Interior. Observaciones sobre ganadería y agricultura*, Buenos Aires, 1887, cap. V.

[5] Emilio Maurín Navarro, *Contribución al estudio de la historia vitivinícola argentina*, Mendoza, INV, 1967, p. 119.

[6] El 23 de enero de 1872 se inauguró el servicio de telégrafo en el tramo San Luis-Mendoza. En julio se habilitó el ramal Mendoza-Chile.

[7] Este modelo ha sido definido para Mendoza por Rodolfo Richard-Jorba, *Poder, economía y espacio en Mendoza, 1850-1900*, Mendoza, Facultad de Filosofía y Letras, Universidad Nacional de Cuyo, 1998. En San Juan, las estructuras económicas y sociales y las formas espaciales eran las mismas, según coinciden en afirmarlo las fuentes consultadas, entre ellas, Justo Maeso, notas y comentarios, *circa* 1854, en Woodbine Parish, *Buenos Aires y las provincias del Río de la Plata*, Buenos Aires, Hachette, 1958, pp. 479-499, y P. P. Ramírez, *Provincia de San Juan (República Argentina). Industria viti-vinícola*, Buenos Aires, Cía. Sudamericana de Billetes de Banco, 1898. También puede verse, Rodolfo Richard-Jorba, "Transformaciones en la región centro-oeste de la Argentina...", *op. cit.*

Esa estructura espacial era el reflejo de la composición y el funcionamiento de la sociedad regional. En efecto, los grupos dominantes residían en las ciudades, donde desarrollaban sus principales actividades económicas y políticas. En la cima de la pirámide social estaban los *comerciantes integrados*, actores que controlaban las diferentes etapas del negocio ganadero: la cría –generalmente en escala reducida–, la compra, el transporte, el engorde y la exportación. En su mayoría eran grandes propietarios en la región y, en no pocos casos, tenían establecimientos en otras provincias ganaderas. Estaban fuertemente vinculados económica y socialmente con Chile, aunque también con el Litoral y Buenos Aires. El control de la exportación ponía en sus manos la oferta monetaria y la mayor parte del crédito informal, con lo cual subordinaban a los comerciantes urbanos, necesitados de moneda fuerte y avales para proveerse de mercancías de ultramar en Chile. Por su actividad mercantil, que los relacionaba con otros centros urbanos, fueron los constructores de la funcionalidad de los territorios, articulando intereses de diversas regiones.[8] Por debajo de aquellos poderosos actores se situaban los *productores no integrados*, propietarios (también arrendatarios) de haciendas y estancias que criaban o engordaban ganado propio o cultivaban alfalfa para prestar el servicio de talaje, pero no participaban de la exportación.

Fuera de la élite, los *productores de alfalfa* y los *criadores* eran los más vulnerables dentro de los grupos propietarios. Criaban ganado en pequeña escala o cultivaban la forrajera, y sus ingresos dependían del comportamiento del mercado chileno. Una demanda sostenida aseguraba las ventas y la fortaleza de los precios; una retracción del mercado determinaba la pérdida de la forrajera o la venta a precio vil del ganado.

Los sectores medios urbanos eran muy débiles (poquísimos profesionales, pequeños comerciantes, artesanos, etc.). Entre los artesanos, "industriales" y grupos dedicados al transporte había una fuerte vinculación con la actividad ganadera. Por último, una mayoritaria masa de peones sin ninguna calificación trabajaba precariamente en las múltiples labores rurales y urbanas. En 1869, San Juan reflejaba en la composición de la estructura socio-ocupacional de su población, el mayor dinamismo apuntado antes, con el que superaba a Mendoza en todos los sectores económicos, excepto en la masa de peones, como se verá en el capítulo II.

Este breve panorama permitirá comprender el proceso de ocupación, valorización y funcionalidad de los territorios puestos al servicio del comercio ganadero.

---

[8] Existió otra categoría, poco numerosa, integrada por argentinos y también por algunos chilenos: el *comerciante no-productor*. Para estos agentes el ganado sólo era una mercancía más en la intermediación que practicaban. Al no asumir la cría y el engorde, el negocio suponía riesgos menores. Sin embargo, en la mayoría de los casos registrados, estos comerciantes avanzaron hacia la integración de las diversas etapas.

Las ciudades capitales de Mendoza y San Juan se desarrollaban dentro de los oasis más extensos. Jáchal organizaba el suyo; y existían otros, más pequeños, estratégicamente situados sobre los caminos ganaderos, para proveer de pasturas y descanso a los animales en tránsito. Desde el este, La Paz, La Dormida o Santa Rosa en Mendoza y Valle Fértil o Caucete en San Juan, atemperaban los rigores de las prolongadas travesías por zonas semidesérticas, antes de que el ganado iniciara su engorde o "invernada". De igual modo, en los valles de Iglesia, Calingasta y Uspallata o en zonas del Valle de Uco (San Carlos, Tunuyán y Tupungato) también se engordaban o se recomponían los animales destinados al mercado trasandino.

Fuera de las zonas irrigadas, se utilizaba la planicie en actividades extractivas (leña, postes...) que aprovechaban el monte nativo. Cuando las condiciones ambientales lo permitían, se criaba ganado bovino, equino y ovino, tanto en el llano como en los valles longitudinales, en los valles cordilleranos y en zonas de precordillera. Si bien la receptividad de las tierras era (y es) muy baja en el llano, en áreas precordilleranas y otros macizos antiguos de la región debido a la escasez e irregularidad de las precipitaciones, mejoraba sustancialmente en los valles de altura –utilizados durante el verano– y en los campos del sur de Mendoza. Antes de la campaña militar de 1879, en esos campos sureños se hacía "recogida" de ganado, casi cimarrón. De todos modos, la crianza era insuficiente, lo que obligaba a comprar la mayoría de los animales en San Luis, Córdoba y Santa Fe, y en menor medida, en Buenos Aires, Santiago del Estero y Tucumán. Los valles, además, eran lugar de paso para el comercio legal y el contrabando hacia Chile.

El proceso de ocupación, valorización y organización del espacio productivo: desde las periferias a los oasis

La complementación entre el semidesierto y los oasis de la región se cumplía, como expresáramos, realizándose la cría del ganado en extensos campos naturales dotados de una infraestructura mínima denominados *estancias*; y la terminación de los animales en unidades especializadas, las *haciendas*, establecimientos bastante diversificados, divididos en potreros en los que dominaba un *cultivo especulativo*: la alfalfa.[9] La forrajera estaba destinada exclusivamente al servicio del ganado que engordaría en la estación invernal antes de su ex-

---

[9] El concepto de *agricultura especulativa* expresa la existencia de un monocultivo o, al menos, una muy alta especialización en un cultivo dedicado por entero al mercado, sobre todo al internacional. Pueden verse al respecto, autores clásicos como Daniel Faucher, *Geografía agraria*, Barcelona, Ed. Omega, 1953, y Pierre George, *Compendio de geografía rural*, Barcelona, Ariel, 1964, p. 257. Tomándonos una licencia, definimos el cultivo de la alfalfa como *especulativo* porque era un producto destinado enteramente a engordar el ganado

portación. Por otra parte, la producción de cereales –y harinas en algunas de estas grandes unidades productivas– para el mercado interior completaba lo esencial de sus actividades. Esto convertía a las haciendas en la fuerza motriz del espacio agrícola.

La construcción y organización del espacio productivo a través de la ocupación y valorización de las tierras, la división territorial del trabajo y las transformaciones registradas en el tiempo, particularmente las que condujeron al desarrollo capitalista, pueden apreciarse en la evolución de algunos establecimientos, lo que necesariamente lleva a un cambio de escala.

En los años 1850 y 1860, cuando el modelo de ganadería comercial se expandía, hubo inversiones de comerciantes de ganado chilenos en campos de Mendoza.[10] No sólo compraron, aprovechando los bajos precios de las tierras,[11] escasamente ocupadas y subexplotadas, sino que también arrendaron extensos campos. Entre sus estrategias económicas ocupaba un lugar principal la integración de todas las etapas del negocio ganadero, incluyendo la comercialización en el mercado trasandino.

Entre 1853 y 1855, el gobernador mendocino Pedro Pascual Segura alquiló dos enormes campos de su propiedad situados en Malargüe, sobre los caminos ganaderos a Chile. Los arrendatarios fueron los ciudadanos chilenos Manuel José Correa de Sáa y Felipe Bascuñán. Éste recibía un gran campo durante seis años, a cuyo término debía entregar 200 cuadras (poco más de 300 ha) alfalfadas, tapiadas y con infraestructura de riego construida. Estaba obligado, además, a pagar un pequeño canon de $ 200 anuales los dos últimos años,[12] es decir, sólo un peso por cada cuadra cultivada. Correa alquiló una estancia contigua, también por seis años, ubicada en el "Valle Hermoso, sobre el camino a Curicó" (figura 1). Segura recibiría una suma anual de $ 750 y tendría derecho a hacer pastar su ganado en el campo sin obligación de pago alguno.[13] El caso de estas dos estancias muestra varios hechos significativos.

---

que se enviaría al mercado chileno y, por lo tanto, al ser la actividad ganadera la que imponía el tipo de cultivo, su destino indirecto era el mercado externo.

[10] Rodolfo Richard-Jorba, *Poder, economía...*, *op. cit.*, cap. II. Sobre inversiones en San Juan no disponemos de datos fehacientes, salvo la información de que, al menos en Calingasta, había invernadores chilenos a fines del siglo XIX, véase P. P. Ramírez, *op. cit.*, p. 16.

[11] Benjamín Vicuña Mackenna, "La Argentina en 1855", *La Revista Americana de Buenos Aires*, Buenos Aires, 1936, p. 209.

[12] Archivo General de la Provincia de Mendoza (AGPM). Protocolos Notariales (en adelante Protocolos) Nº 267 –Mayorga–, fs. 193, año 1853. La pequeñez del canon se demuestra comparándola con la multa prevista en el contrato si Bascuñán no entregaba las superficies pactadas con alfalfa: $ 300 por cada cuadra.

[13] *Ibid.*, fs. 9, año 1855. En este caso, todo el valle es apto para la "veranada" del ganado. Su cercanía con el mercado de consumo de Curicó y la buena capacidad natural de carga animal motivaban un canon más elevado que el del caso anterior y la no exigencia de implantar cultivos.

En primer lugar, las tierras estaban apropiadas antes de que el Estado ejerciera efectiva soberanía en esos territorios, aún en manos de las comunidades aborígenes, y eran explotadas criando ganado. La construcción de infraestructura y el cultivo de forrajeras tornaba a estos campos en establecimientos más complejos. Asimismo, la buena accesibilidad desde Chile incentivaba a ganaderos y comerciantes de ese país a alquilar estos campos (y, en otros casos, a ocuparlos) para engordar animales durante el verano y llevarlos luego a Curicó. Destaquemos, también, que el ganado criado en el sur, propiedad de argentinos, normalmente era contrabandeado a Chile, con lo cual evitaban pagar el impuesto a las "invernadas" que percibía el gobierno provincial.[14] Estos pasos sureños integraban antiguos circuitos mercantiles para trasladar al mercado chileno el ganado robado en incursiones indígenas sobre territorio argentino.[15]

En suma, la frontera móvil con el indio y un poder estatal prácticamente inexistente permitían el florecimiento del negocio ganadero ilegal en las lejanas tierras del sur mendocino. Simultáneamente, se generaba un proceso de ocupación y puesta en valor de los campos como resultado de estrategias de diversos agentes económicos, lo cual conduciría a una gradual organización del territorio y, en el largo plazo, a la instauración definitiva de la soberanía del Estado con la campaña militar de 1879.

En campos más cercanos al oasis norte mendocino se registraba mayor actividad y una organización crecientemente compleja, aunque vinculada centralmente con la ganadería comercial. Las grandes estancias Ancón y La Carrera (figura 2), propiedad del comerciante chileno José Vicente Sánchez, que se extendían desde el piedemonte hasta el límite con Chile en el departamento Tupungato, ejemplifican el modo en que se adaptaba el espacio para la cría y el comercio de ganado, la división del trabajo en su interior y ciertas jerarquías que comenzaban a aparecer. En Ancón, más cercana al oasis, existía un casco único, formado por dos piezas y un corredor para peones; una tercera pieza, "con puerta", era destinada, presumiblemente, para el capataz o el mayordomo. Contiguos a las habitaciones de los peones estaban los corrales; el mayor, hecho de tapia y el más pequeño con cerco vivo de álamos. Otra casa era la pulpería, con dos piezas, corredor y puertas nuevas. Acompañaban esta construcción tres corrales para ovejas y caballos, también huertas de legumbres, de árboles frutales y 36 plantas de vid de un año de antigüedad, un

---

[14] Rodolfo Richard-Jorba, "Un panorama del sector ganadero de Mendoza y San Juan y su comercio con el Valle Central y el Norte Chico chileno, 1870-1915. Desarrollo, crisis y recreación de un espacio regional", *Actas Americanas*, N° 9, La Serena, Universidad de La Serena, 2001, pp. 45-83.

[15] Esta cuestión ha sido tratada por Marcela Debener, "Indios, bandidos y chilenos en el circuito comercial indígena del noroeste de la Meseta Patagónica, 1850-1880", *Revista de Estudios Regionales*, N° 22, Mendoza, CEIDER, 1999, pp. 133-163.

Figura 2. Provincias de Mendoza y San Juan. El espacio económico-funcional, 1850-1915

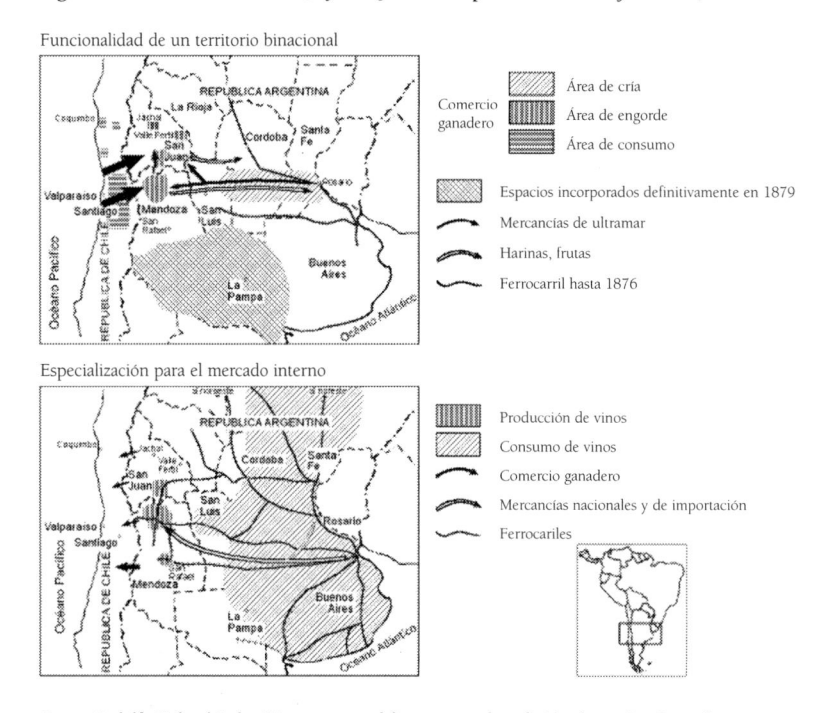

Fuente: Rodolfo Richard-Jorba, "Un panorama del sector ganadero de Mendoza y San Juan...", *op. cit.*

potrero con alfalfa; tres potreros más completaban el área cultivada (unas 30 ha). Las existencias ganaderas eran escasas: 206 ovinos, 58 caprinos, 16 bueyes "aradores", 6 yeguas, 10 caballos, 13 mulas... y 65 caballos "de dar y recibir".[16] Los bueyes eran –y seguirían siéndolo por décadas– los animales de trabajo agrícola por excelencia. Sin embargo, constituían una traba para mejorar la productividad agrícola, por su lentitud, combinada con la utilización de implementos tecnológicamente muy simples y de baja eficiencia.

La escasez de ganado propio y la caballada de "dar y recibir" sugieren que la función principal de La Carrera-Ancón estaría centrada en el recambio de caballos y el descanso y la alimentación del ganado en tránsito hacia Chile, aunque no debe desdeñarse la zafra lanera. En una de las dos casas del casco, las piezas para la peonada se diferenciaban de la habitación para el mayordomo en que no tenían puerta, lo que marca una jerarquización social significativa entre los ocupantes. La pulpería, con puertas en las dos piezas, aporta otra información destacable: por una parte, era el centro de acopio de "frutos del

---

[16] AGPM, Protocolos, N° 282 –Álvarez–, fs. 105v, año 1858.

país" (cueros, plumas de avestruz...); por la otra, era el "boliche", proveeduría y núcleo de control social de las peonadas.[17] Las "puertas nuevas" indican, sin duda, que se buscaba poner a buen resguardo las mercancías, bebidas y los "frutos del país" acopiados.

Merece una atención particular, la evolución que experimentaría un establecimiento situado en el borde SO del oasis norte, transformándose gradualmente de estancia en una gran hacienda-estancia: El Melocotón (figura 1). Sus límites eran: al sur y al este, el río Tunuyán; al norte, el distrito Vistaflores, y, al oeste, la República de Chile.[18] Entre 1856 y 1860, su propietario, Nicolás Sotomayor, arrendó a comerciantes chilenos de ganado este enorme establecimiento, el puesto (o estancia) Los Morteros, en Tupungato, y otros campos vecinos.[19] Los contratos permiten inferir que El Melocotón estaba en proceso de valorización y mejoramiento de su organización interna, modernización de instalaciones e introducción de animales de raza. En sus aproximadamente 44.000 ha, todo giraba, sin embargo, en torno del objetivo central de la economía mendocina de la época: la exportación ganadera y la producción y venta de trigo y harina. Había campos de crianza (pasturas naturales) con sus puestos y tierras labradas (potreros alfalfados y sementeras de trigo), casas, molinos, graneros, etc. Se entregaban, asimismo, 600 yeguas y 2.000 ovejas, y los arrendatarios debían comprar a Sotomayor varios miles de cabezas de bovinos, caballares y mulares que estaban en el establecimiento y en otras haciendas y estancias en Mendoza y en Córdoba.

Además del monto anual del alquiler, los arrendatarios quedaban obligados a construir cercos de tapia, pirca o cerco vivo de álamos en los potreros, ampliar los terrenos cultivados y conservar "la viña nueva". Esto último indica que

---

[17] El Reglamento de Estancias de 1834 (Ley del 12-7-1834) y el de 1845 (Ley del 7-10-1845), convertían a las estancias en núcleos cerrados y prohibían el ingreso de "vivanderos", es decir de proveedores. El abastecimiento de las peonadas y sus familias quedaba a cargo de las pulperías, negocio del propietario del campo, quien fijaba los precios. A las diversas modalidades de control social se sumaba el probable endeudamiento por aprovisionamiento de los trabajadores, una forma de fijar al territorio una mano de obra crónicamente escasa. Para mayor información sobre este tema puede consultarse, Rodolfo Richard-Jorba, "El mercado de trabajo rural en Mendoza. Un panorama sobre su formación y funcionamiento entre la segunda mitad del siglo XIX y comienzos del XX", *Población y Sociedad*, Nº 8-9, Tucumán, Fundación Yocavil, 2002, pp. 211-267.

[18] Hilarión Furque, "Memoria descriptiva. Del fundo denominado 'Melocotón', propiedad del señor Doctor Don Ezequiel Tabanera, en Mendoza", *Boletín Mensual del Departamento Nacional de Agricultura*, Buenos Aires, 1879, pp. 324-327. En la actualidad se conserva un extenso campo, aún indiviso, propiedad del Ejército: Campo de los Andes.

[19] AGPM, Protocolos, Nº 277 –Mayorga–, fs. 5 y 116, año 1856; Nº 289 –Álvarez–, fs. 46, año 1860 y Nº 299 –Mayorga–, fs. 140v, año 1862. Este arrendamiento, por un total de 12 años, involucró a los empresarios chilenos Manuel Eizaguirre y Federico Talavera; y, posteriormente, a Benjamín Sánchez y Pastor Ovalle y Hno.

la vitivinicultura comenzaba a recuperarse lentamente y a superar los efectos destructivos de una muy fuerte crisis que la afectó desde la década de 1830, al punto tal que, para la de 1850, casi había desaparecido. Por su parte, Sotomayor se comprometía a finalizar ciertas obras, entre las que sobresalía el "nuevo molino".[20] El arrendamiento incluía "[...] una cría de vacas inglesas que le vienen en camino desde Buenos Aires [...]", una innovación tendiente a mejorar los rodeos locales mediante el mestizaje, aunque este proceso tardaría mucho tiempo en difundirse en la provincia; y aun así en escala reducida.

A diferencia de lo apuntado en Ancón y La Carrera, El Melocotón era un establecimiento más complejo que incluía, además de la producción de lana, la cría de diversas especies ganaderas, el engorde de bovinos, actividades agrícola y de transformación (molino harinero).[21] La importancia de este campo no sólo está dada por su inmensa superficie. Los 2.000 ovinos, en consonancia con lo señalado en La Carrera-Ancón, confirman que la producción lanera todavía tenía importancia económica en la provincia, y era fuente de materia prima para los artesanados textiles locales, como se verá más adelante.

En la década de 1860, probablemente como consecuencia de la quiebra de Sotomayor, El Melocotón pasó a manos de Santos Funes y Ezequiel Tabanera.[22] En 1879, la expansión productiva era notoria y la organización del establecimiento evidenciaba que combinaba la doble función de hacienda y estancia. En efecto, el terreno cultivado alcanzaba 2.941 ha, cercadas en su mayor parte con álamos. Las plantaciones más antiguas estaban delimitadas con dos y tres hileras de alambre, que abarcaban 42 km lineales de extensión. Las nuevas, en cambio, estaban defendidas por cercos de monte espinoso.

> Los potreros de engorde y los paños cultivados con cereales y frutales, ubicados al norte de la casa principal (enorme y lujosa construcción de 14 habitaciones) eran el espacio productivo mejor organizado, con caminos adecuados y canales de riego, abarcando una superficie de 2.283 ha explotadas por *inquilinos*. Olivos y viñedos, que se estaban implantando desde 1875, comenzaban a producir.[23]

---

[20] En el Censo de 1895, el propietario declaró que el molino había sido fundado en 1870 (AGN, *Segundo Censo Nacional 1895*, Provincia de Mendoza, Cédulas censales, Económico-social, Legajo 190, Boletín 33-Molinos, fs. 41). Cabe pensar, entonces, que el "nuevo molino" de Sotomayor nunca fue habilitado.
[21] Rodolfo Richard-Jorba, "Un panorama del sector ganadero...", *op. cit.*
[22] En 1867 estos empresarios convinieron dividir la sociedad (AGPM, Protocolos, N° 320 –Lemos-, fs. 61, año 1867). El Melocotón quedó como propiedad exclusiva de Tabanera.
[23] Rodolfo Richard-Jorba, *Poder, economía...*, *op. cit.*, p. 70 (resaltado nuestro). Esa expansión habría comenzado antes, entre 1872 y 1875. El Melocotón tenía en esos años 2.699 ha cultivadas, de acuerdo con José Luis Masini Calderón, *Mendoza hace cien años*, Buenos Aires, Theoria, 1967, p. 43.

Los cereales, en particular el trigo, eran procesados en el molino (hasta 7.000 fanegas/año, unas 560 t), que proveía de harinas al mercado local y otras zonas. El fundo comprendía, además, 9.300 ha de tierras cultivables y alrededor de 30.000 ha de campos naturales en las sierras, dedicadas a la cría de ganado. El establecimiento, que integraba todas las etapas de la actividad ganadera, tenía una capacidad de carga animal considerable, superando los 10.000 animales entre vacas, toros, novillos, bueyes, caballadas y ovejas.

Cabe añadir que su posición, sobre el camino a Chile por El Portillo (que llevaba al Paso de los Piuquenes), determinaba que otros exportadores ingresaran con sus animales a El Melocotón y utilizaran el servicio de pastaje para recomponer el ganado antes del cruce cordillerano.[24] Con este servicio Tabanera aprovechaba la posición del campo para obtener una importante renta adicional como proveedor de alojamiento para los arrieros y forraje para el ganado. Asimismo, tenía muy buena comunicación con la ciudad de Mendoza y con el fuerte de San Rafael. Por último, el monte natural en la parte llana, todavía inculta, era explotado para extracción de leña, según la citada Memoria de Furque. Así, la jarilla (*Larrea sp.*), el chañar (*Geoffroea decorticans*) o el piquillín (*Condalia microphylla*) iban desapareciendo de un espacio natural que se transformaba en paisaje agropecuario, espacio socialmente producido al ritmo de las necesidades del crecimiento económico.

La sempiterna escasez de mano de obra en Mendoza fue superada acertadamente por el propietario con el empleo de inquilinos, agentes que, además de expandir los cultivos, poblaban y valorizaban la tierra.[25] Entre los cambios detectados, la temprana introducción del alambrado en la provincia (no disponemos hasta ahora de algún registro anterior) y la plantación sistemática de viñedos desde 1875, coinciden con el comienzo de políticas públicas de promoción de este cultivo.[26] Políticas que, como se verá en el capítulo II, hacían emerger en el nuevo rol de impulsor del desarrollo capitalista, a un fundamental actor social: el Estado. Por la dimensión que alcanzaron las transformaciones, directas e indirectas, en Mendoza, en San Juan y en el país, el Estado se convertiría en pocos años en un agente geográfico de magnitud desconocida

---

[24] Los principales comerciantes integrados de Mendoza, exportaban sus ganados utilizando el camino de El Portillo, situado al norte de El Melocotón, donde estaba instalado un "Resguardo" provincial encargado de controlar ese comercio. Véase, por ejemplo, AGPM, Carpeta N° 391-Resguardos, 1871-1887, Doc. 50.

[25] Rodolfo Richard-Jorba, "El mercado de trabajo...", *op. cit.*

[26] La primera ley provincial fue sancionada por la Legislatura de San Juan el 18-11-1871. Otorgaba premios en dinero a quienes plantaran vides, nogales, olivos y otros frutales; véase Emilio Maurín Navarro, *op. cit.*, p. 232. La ley de Mendoza que promovía también con premios en dinero el cultivo del viñedo y mencionaba el alambrado para conducirlo, fue promulgada el 7-9-1874. Propiciaba, además, la plantación de olivos y nogales. Estas leyes no se reflejaron en resultados concretos.

hasta esa época. En efecto, a la par de las promociones provinciales del cultivo de la vid en Mendoza y San Juan, el Estado nacional jugó un rol fundamental. La política nacional transformó, con la inmigración, la estructura demográfica del país y, junto con el desarrollo ferroviario hacia Tucumán (1876) y hacia el centro-oeste (1885), además de los tendidos telegráficos, integró físicamente el territorio con las campañas militares de 1879 en el sur y de los años 1880 en el Chaco. Todo esto contribuyó a conformar un mercado interior que justificaría emprender una producción capitalista en gran escala con el sistema agroindustrial vitivinícola, que reemplazaría, finalmente, la economía mercantil ganadera en la región (figura 2).

Otro establecimiento que tuvo una notable evolución fue la hacienda La Consulta, en el departamento San Carlos, fundada por Eugenio Bustos, un próspero comerciante (encuadrable como *comerciante no-productor*), en terrenos que ocupó en la década de 1840 y otros que compró posteriormente sobre la margen derecha del río Tunuyán. Inicialmente una gran estancia (llegaba hasta el límite con Chile si se le suman los campos de El Cepillo, que pocos años después sería otro gran fundo separado), devino gradualmente en hacienda. En 1845 disponía de un molino harinero que, con el tiempo, adquirió cierta importancia.[27] En la primera mitad de los años 1870, la hacienda tenía 317 ha cultivadas y estaba administrada por Mercedes Corvalán viuda de Bustos, quien se había convertido en *comerciante integrada* al exportar ganado a Chile. Para finales de la década de 1880 y comienzos de la de 1890, la gran hacienda, repartida entre la viuda y los hijos de Eugenio Bustos (Ricardo, Celia y Rosario, y otra probable heredera, Elvira) comenzó a ser arrendada[28] e hipotecada;[29] posteriormente se subdividió y la familia originaria perdió gradualmente sus posesiones.

En el interior del oasis norte, el tamaño de los fundos variaba de unas pocas hectáreas a varios centenares y la diversidad productiva tenía relación directa con la superficie disponible. Las haciendas aumentaban su complejidad, aunque la función central seguía siendo el engorde del ganado que se exportaría. En el inventario de dos haciendas que se arrendaban (1858), Las Bóvedas de Rodeo del Medio y Rodeo del Medio, se aprecia la mayor complejidad de estas unidades productivas con relación a las ubicadas en zonas alejadas. Sus instalaciones y equipamiento indican que no sólo engordaban ganado y producían cereales, sino que, además, eran proveedoras de la ciudad (leche, manteca, quesos, lanas, vinos, carnes, embutidos, etcétera).

---

[27] Jorge I. Segura, "El molino de Bustos", *Revista de la Junta de Estudios Históricos de Mendoza*, segunda época, segunda parte, N° 6, Mendoza, 1970, pp. 594-597.

[28] AGPM, Protocolos N° 360 –Lemos–, fs. 464v, año 1876; N° 450 –Lemos–, t. 3, fs. 1027v, año 1889; y N° 475 –Corvalán–, fs. 1191v, año 1891.

[29] *Ibid.*, N° 448 –Lemos–, fs. 13v, año 1889. En esta operación Ricardo Bustos hipotecó su parte, casi 3.000 ha (1.265 cultivadas y 1.721 con derecho de riego), a favor del Banco Hipotecario Nacional.

En Las Bóvedas existía una bodega tradicional, con lagar de cuero y diversa vasija de cerámica, una caldera de cobre y un alambique (para "cocer" los vinos, hacer arrope y destilar alcohol), equipamiento de panadería, un galpón de carpintería, pesebreras y dos corrales para herrar el ganado que se exportaba. Una pequeña huerta de frutales y 5.400 plantas de vid alrededor del casco introducían a la enorme extensión de la hacienda, organizada en seis potreros que sumaban más de 120 cuadras (cerca de 200 ha). Toda la superficie estaba alfalfada, incluyendo el potrero de la "era" (trigo, 15 ha) y el del viñedo (9 ha). Estos últimos muestran la asociación alfalfa-cereales y viñedo-alfalfa. El ganado estable era ovino, con reproductores "merinos finos". En Rodeo del Medio, se destacaban extensos potreros, todos alfalfados y corrales-potreros para toros y para terneros, un chiquero de 34 varas de largo (28,5 m), etc.; también, un tambo y una fábrica de quesos y manteca, cuya materia prima provenía de 70 vacas lecheras.[30]

En los alrededores de la capital y en la ciudad misma era notoria una mayor subdivisión de la tierra, lo que conllevaba producciones variadas (frutales, viñedos, pasturas, cereales, hortalizas...), mientras que en los campos más alejados, hacia los bordes del oasis, el mayor tamaño determinaba una creciente especialización en alfalfa-cereales.[31] Efectivamente, entre 1872 y 1875, el 1,5% de los propietarios mendocinos (71), con explotaciones de más de 90 ha y hasta de 2.700, controlaban casi un tercio de las tierras irrigadas en el oasis norte. El resto, unos 5.000, poseían, en promedio, 11,5 ha en la zona núcleo, haciéndose más extensas en departamentos situados fuera de la misma, en particular hacia el este.[32]

---

[30] AGPM, Protocolos, N° 282 –Álvarez–, fs. 105v, año 1858.

[31] Rodolfo Richard-Jorba, *Poder, economía...*, *op. cit.*, cap. II. Sobre establecimientos particulares, puede consultarse, AGPM, Protocolos, N° 271 –Rodríguez–, fs. 109v, año 1854; N° 280 –Mayorga–, fs. 258, año 1856; N° 281 –Rodríguez–, fs. 108v, año 1856; N° 282 –Álvarez–, fs. 105v, año 1858; N° 295 -Mayorga–, f. 228v, año 1861; N° 349 –Lemos–, fs. 331v, año 1873, etc. Estas fuentes tienen un valor imponderable, pues, desde la década de 1880, complementando la estadística y la información económica, permiten reconstruir los cambios en el interior de los establecimientos rurales, como el rápido avance del viñedo y el desplazamiento de las forrajeras. Es decir, que desde la microescala se percibe el proceso casi como una imagen dinámica que va abarcando gradualmente todo el espacio productivo desde la década de 1890.

[32] La zona núcleo de difusión de la vitivinicultura moderna es el territorio construido en torno de la capital mendocina y comprende los departamentos de Las Heras, Guaymallén, Godoy Cruz, Maipú y Luján. En esta zona comenzó la modernización capitalista y se difundió luego al resto de la provincia en el último cuarto del siglo XIX. Véase Rodolfo Richard-Jorba, "Modelo vitivinícola en Mendoza. Las acciones de la élite y los cambios espaciales resultantes, 1875-1895", *Boletín de Estudios Geográficos*, N° 89, Mendoza, Universidad Nacional de Cuyo, 1994, p. 232. Más información en José Luis Masini Calderón, *op. cit.*, y Rodolfo Richard-Jorba, *Poder, economía...*, *op. cit.*

Sobre San Juan no hay información confiable de esos años. Maurín Navarro cita un estudio de 1888 que destaca la gran división de la propiedad, con fincas que no superaban las 170 ha, con pocos propietarios poseedores de más de una explotación. En este sentido, la similitud con Mendoza es obvia. Ese estudio destaca además, la existencia de grandes alfalfares, de 440 o 500 ha, dedicados al engorde de ganado.[33]

Fuentes posteriores confirman que la gran subdivisión de la tierra se mantenía e incluso progresaba hacia finales del siglo XIX, cuando el 83% de las propiedades vitícolas de Mendoza tenía menos de 10 ha.[34] En San Juan, Ramírez destaca también esa gran división de la propiedad agrícola, particularmente en los departamentos que rodeaban la capital, es decir que se reproducía el mismo proceso que en Mendoza:[35] sobre 8.136 fincas empadronadas con derecho de riego, 6.682 (82%) tenían menos de 10 ha.[36] En 1914 proseguía el predominio absoluto de las propiedades menores de 15 ha, con 83% en Mendoza y 89% en San Juan.[37]

San Juan era casi un calco de la organización espacial mendocina. Articulaba también su territorio con las provincias orientales y el mercado chileno, donde hacía importantes ventas en el Norte Chico. Un artículo de *El Constitucional* definía a la región, en 1877: "Mendoza y San Juan, son Provincias esencialmente agrícolas. Pueden ser consideradas como el *granero* de la República. Y además hay que tener en cuenta la esportación de ganado en pié que se hace para Chile; negocio que requiere tener prados bien cultivados y elementos para el engorde de ese ganado [...]".[38] Si bien parece una exageración del redactor, todavía era una realidad en la década de 1870 que la región proveyera harinas al oriente nacional. Aunque obviamente no percibía, como la mayoría de sus coterráneos, el rápido desarrollo agrícola pampeano, que terminaría por destruir la competitividad de la producción del centro-oeste, ya mencionada. *El Constitucional* consideraba imprescindible capitalizar la economía y mejorar los transportes. El ferrocarril era una esperanza que se iba materializando gradualmente, aunque tardaría aún varios años en llegar a la región, pero el diario destacaba –con menos optimismo– que "la falta de capitales es una causa que se destruye con mayor facilidad. Si tuviéramos 'Bancos Agrícolas'[...] el mal estaría remediado".[39] Esta cuestión no era

---

[33] Emilio Maurín Navarro, *op. cit.*, p. 196.
[34] Rodolfo Richard-Jorba, "Conformación espacial de la viticultura en la provincia de Mendoza y estructura de las explotaciones. 1881-1900", *Revista de Estudios Regionales*, N° 10, Mendoza, CEIDER, 1992, p. 152.
[35] P. P. Ramírez, *op. cit.*, pp. 28 y 29.
[36] *Ibid.*, p. 41.
[37] Cálculos propios con datos del *Tercer Censo Nacional-1914*, t. v, pp. 207 y 215.
[38] *El Constitucional*, Mendoza, 15-9-1877, p. 1 (resaltado del diario).
[39] *Ibid.* Esta falta de capitales se mantenía, dos décadas más tarde, cuando Ramírez expresa

un problema para los comerciantes integrados, pero sí para franjas numéricamente importantes de propietarios de tierras, sobre todo los pequeños, cuya limitada escala productiva impedía o retardaba por largos períodos –en la mayoría de los casos– la capitalización y los obligaba a trabajar para grandes productores,[40] cuestión que ampliaremos en el capítulo II.

Pero como no existían esos bancos para financiar el desarrollo agrícola[41] y los individuos no podían hacer todo solos, el diario destacaba una notable propuesta de un hacendado sanjuanino, como ejemplo a seguir. Faustino Espínola ofrecía crear una "Sociedad Agrícola e Industrial" en Cochagual (figura 1), situada en el sur del oasis del río San Juan (departamento Los Pocitos en esa época), que se constituiría sobre la base de una gran hacienda (también estancia) y una finca contigua de su propiedad. Abarcaban una enorme superficie (casi 5.000 ha) y se extenderían desde el actual Cochagual (norte de Media Agua) hacia el sur en dirección al límite con Mendoza. En efecto, la hacienda constaba

[...] de más de 300 cuadras [450 ha] labradas, con las cementeras [sic] ac-

---

que gran parte de la tierra sanjuanina estaba hipotecada a favor del Banco Hipotecario Nacional y que las operaciones en el mercado inmobiliario eran muy escasas, salvo que se vendieran propiedades "muy baratas", véase P. P. Ramírez, *op. cit.*, p. 35. Pese a que escribía en la década de 1890 y que los efectos que describe fueran consecuencia de la gran crisis, es claro que no había disponibilidad de capitales ni crédito institucional suficiente para activar la economía local.

[40] Adrián Patroni, *Los trabajadores en la Argentina*, Buenos Aires, s/e, 1897, p. 149. En Mendoza se daba la misma situación, aún en 1900, con pleno auge vitícola, véase Rodolfo Richard-Jorba, "El mercado de trabajo rural...", *op. cit.*, p. 229. En ese año, el 26,1% de los viñedos tenían menos de 1 ha y ocupaban el 2% de la superficie vitícola. Si se consideran las propiedades hasta 2,5 ha, esos porcentajes ascendían al 49 y 8,2, Rodolfo Richard-Jorba, "Conformación espacial...", *op. cit.*, pp. 152 y 153. Puede verse también a María R. Prieto y Susana Choren, "El trabajo familiar en el contexto rural de Mendoza a fines del siglo XIX", *Xama*, N° 4-5, Mendoza, CRICYT, 1991-1992, pp. 121-140. Si bien es cierto que la viticultura, por su alta rentabilidad, generó posibilidades ciertas de ascenso social, aun para pequeños propietarios, una mayoría, sin duda, siguió trabajando para otros productores.

[41] Hacia 1877, sólo habrían existido en San Juan el Banco de Cuyo, de capitales locales, fundado en 1869 y el Banco Nacional, cuya sucursal fue inaugurada en 1874. Ambas casas estaban en la ciudad capital. El primero era pequeño: para 1895, disponía de un capital de 500.000 pesos y atendía a 2.000 clientes. El Nacional (en liquidación) disponía en ese año de un capital de giro de más de 4.000.000 de pesos, pero sólo tenía 416 clientes. Véase AGN, *Segundo Censo Nacional, 1895*, Provincia de San Juan, Cédulas censales, Económico-social, Legajo 208, Boletín 45-Establecimientos de Crédito, fs. 3 y 4. En la década de 1870 las operaciones de estas entidades debieron ser todavía más limitadas, pero éste es un tema aún no investigado. Otra fuente menciona al Banco de San Juan como operando en las décadas de 1870 y 1880, pero carecemos de referencias adicionales, véase Manuel Chueco, *Los pioneers de la industria nacional*, Buenos Aires, Imprenta de La Nación, 1886, p. 178.

tuales de trigo, y más de tres mil incultas [4.500 ha, aprox.], de la mejor calidad y condición para siembras y pastoreo [...] El Establecimiento de Molino a vapor, en la misma hacienda, con dos paradas de piedra, magnífico edificio de material, granero [...] Una máquina de trillar y el tren completo de útiles de labranza [...] Una tropa de ocho carros con la correspondiente dotación de siete mulas para cada uno [...] Majadas de ovejas, de cabras y de chanchos, como cincuenta vacunos, entre ellos diez yuntas de bueyes, caballos, yeguadas [...] La Finca "Estación", ubicada en el Departamento de la Trinidad, constante de setenta cuadras [105 ha] labradas y ligadas por el sud con la hacienda Cochagual por el canal de su nombre con la cementera actual de 25 cuadras de cementera de trigo, con varios potreros de pasto, una majada de ovejas finas, magníficos edificios de habitación, huerta de árboles frutales [...].[42]

Espínola planteaba como objetivo principal desarrollar cultivos "en la mayor escala posible" para ampliar los terrenos labrados con cereales y forrajeras, criar y engordar ganado, establecer "una casa de negocio en la misma hacienda para surtir a toda la poblacion de Cochagual" –incluyendo inquilinos y empleados– y extraer leña de los campos incultos para uso en el establecimiento y venta externa. Queda claro, entonces, que esta gran hacienda-estancia era similar a las de Mendoza. Y, al igual que en la vecina provincia, al menos en este caso se buscaba ocupar y valorizar las tierras con actividades agropecuarias y vincular la explotación con los mercados. El objetivo de desarrollar un óptimo productivo sugiere que los capitales no abundaban, tal como señalaba el artículo periodístico. En efecto, la sociedad emitiría acciones, con un capital de 100.000 pesos fuertes. Espínola aportaría sus propiedades, valuadas en 80.000 pesos fuertes, aunque las hacía equivaler a la mitad de las acciones. El resto, a razón de 20 pesos fuertes por acción, podría ser adquirido por cualquier productor pequeño o mediano de la zona,[43] de modo que el hacendado conservaría el control pleno de la nueva empresa.

Sin perjuicio de la casi segura sobrevaluación de los activos de Espínola, llama la atención su propuesta, muy avanzada para la época y el lugar, porque en 1877 el capitalismo apenas comenzaba a insinuarse en la región en general y San Juan en particular. Y esta sociedad implicaba una organización empresarial para utilizar el capital y el trabajo de la manera más eficiente posible, desarrollando una infraestructura costosa (canales, desagües, caminos...) e invirtiendo en bienes de producción, todo lo cual tendría justificación si se lograba una gran escala productiva.

Por supuesto, eso implicaba una modificación del ambiente con la ampliación del paisaje humanizado a expensas del monte natural. El riego de

---

[42] *El Constitucional*, Mendoza, 15-9-1877.
[43] *Ibid*.

nuevas tierras (en el oasis y en el propio Cochagual), además, terminaría por desecar una laguna que bordeaba la hacienda, de cuya existencia nos informa el Censo de 1869: "Cerca de los Cerrillos, el distrito de Cochagual no contiene más industria que la pastoril, abrevándose las haciendas en un lago formado por las inmensas irrigaciones de los alrededores".[44] Esas transformaciones estaban en marcha para 1877, pues Espínola advertía que se iban concretando las obras de "canalización de los ciénagos [sic]". Después de 1869 la hacienda se había expandido. El molino fue fundado en 1874 y en 1894 molió 600 t de trigo, pero ese mismo año el edificio fue destruido por un terremoto.[45]

El comercio ganadero y la articulación del espacio binacional

El comercio de exportación, última etapa de la principal actividad económica, culminaba cuando el ganado transponía la frontera y era tomado a su cargo por los empresarios del vecino país, propietarios a su vez de campos de engorde y mantenimiento. Los comerciantes chilenos controlaban mayoritariamente la actividad en su mercado, imponiendo una cierta relación de subordinación a los exportadores de la región, para quienes el negocio culminaba con la entrega del ganado demandado. A comienzos de la década de 1870 comenzaron a operar los "consignatarios" de ganado,[46] inicialmente desde Chile, intermediarios que introdujeron y difundieron innovaciones. En la década de 1880, algunos mendocinos se incorporaron a este rubro.[47]

---

[44] *Primer Censo de la República...* 1869, Buenos Aires, 1872, p. 373.
[45] AGN, *Segundo Censo Nacional...* 1895, Cédulas censales, Económico y Social, Leg. 208-San Juan, Boletín 33-Molinos, fs. 10. En 1898 un autor destacaba que en Cochagual "[...] están situados los importantes establecimientos agrícolas de Espínola y Godoy", P. P. Ramírez, *op. cit.*, p. 15. Hasta ahora no disponemos de información para determinar si la sociedad agrícola propuesta por Espínola se concretó, pero las fuentes indican que esta gran hacienda seguía activa y en producción al finalizar el siglo.
[46] Los primeros consignatarios que hemos registrado publicitaron su oferta en *El Constitucional*, Mendoza, 30-11-1872. Una empresa chilena de consignaciones, "Vicente Santelices y Cerdá", ofrecía en Mendoza, en 1876, hacerse cargo de ganados argentinos e introducirlos en Chile por los pasos de Uspallata, Planchón y Portillo. Disponía de instalaciones y servicios que incluían pastaje, alojamiento para mayordomos, peones y cabalgaduras; y control veterinario (*El Constitucional*, Mendoza, 19-10-1876 y números siguientes). Ese servicio de sanidad animal era todavía inexistente en la región.
[47] David Guiñazú, comerciante integrado, ofrecía sus servicios de consignación desde Los Andes, Chile (*El Constitucional*, Mendoza, 27-11-1883). Agustín S. Baca era consignatario de hacienda y vendedor de inmuebles, mobiliario, etc., en la ciudad de Mendoza. *Ibid.*, varios números, 1886.

Las ciudades, como centros de poder, constituían los núcleos en los cuales se tomaban las decisiones sobre producción, transporte y comercialización, originando la división del trabajo, la organización de los espacios productivos y el modo de articulación con otras regiones anteriormente descriptas. Destaquemos, finalmente, que esa organización y las articulaciones a que daba lugar ponían de manifiesto, además, el uso o aprovechamiento *vertical* del espacio geográfico, tanto del natural como de los adaptados por los grupos humanos. Así, en las llanuras, el semidesierto era dedicado a la cría de ganado y a la extracción de madera y leña; y el oasis, para engorde y producción para el intercambio con el este del país. Ascendiendo hacia el oeste, los valles longitudinales (Iglesia, Calingasta, Uspallata) o los valles y vegas de altura, eran los últimos lugares para terminación o recuperación del ganado antes de su paso a Chile.

Las relaciones muy estrechas con Chile, construidas durante siglos, habían instalado la idea, entre quienes controlaban la economía y el poder político, de que Mendoza y el Valle Central (Santiago-Valparaíso), o San Juan y el Norte Chico constituían espacios integrados consolidados e inmodificables, independientemente de los límites políticos. A comienzos de la década de 1850, el único diario mendocino –oficialista– resumía magistralmente esta visión y mostraba que más allá de las delimitaciones entre estados, los intereses económicos jugaban un papel superior y preponderante a la hora de definir lealtades: "[...] San Luis, pues, por una consecuencia de su posición, está llamado a ser el criadero de Mendoza y San Juan, las cuales se proveen hoy de hacienda en Córdoba, Santa Fe y Buenos Aires, con grandísimas demoras, costos y riesgos. La rica agricultura de estas dos últimas provincias puede emplearse con fruto en el engorde de las haciendas puntanas, debiendo ser Chile el mercado común [...] Así pues, en un porvenir no remoto, San Luis progresará, Mendoza y San Juan engordarán, y Chile consumirá". Agregaba el periódico que las tres provincias cuyanas debían unirse y dejar de lado viejos rencores, a la vez que afirmaba que con "un puñado de infantería" se podía interrumpir la comunicación con las pampas orientales. Es claro que esta posición hubiera sido impensable durante la vigencia del poder rosista. Su caída abrió paso a planteos como éste, que pueden interpretarse como promotores de posiciones federales a ultranza tendientes a la construcción de un poder regional autónomo o bien, directamente, propiciadores de una secesión política.[48]

Tanto aquella percepción como las relaciones económicas decaerían por factores de diverso orden, como los conflictos limítrofes, el efecto unificador del territorio argentino que provocó el ferrocarril o los problemas internos de Chile.

---

[48] Justo Maeso en Woodbine Parish, *op. cit.*, p. 468, transcribiendo un editorial del diario *El Constitucional* (de los Andes) de fines de 1852.

Crisis y transformaciones del espacio productivo, 1879-1915

Economía y sociedad funcionaron en un contexto que favoreció el crecimiento y la capitalización de la región hasta la segunda mitad de la década de 1870. En primer lugar, la demanda chilena de ganado. Por otra parte, una producción relativamente flexible permitía responder con rapidez a los cambios que pudieran presentar los mercados de las provincias orientales. El grado, no desdeñable, de autonomía que conservaban las provincias ante un poder central en gradual avance, pero aún no dominante, otorgaba capacidad de maniobra política a las administraciones locales. Por último, jugaba un papel central la inexistencia de una moneda nacional, lo que contribuía a mantener fuertes divisiones entre el espacio pampeano y otras regiones, trabando la formación de un amplio mercado nacional.[49] En efecto, las monedas chilena y boliviana circulaban en el oeste y el noroeste argentinos y eran empleadas en transacciones a la par con otras provincias (Santa Fe, Córdoba), pero en Buenos Aires sufrían importantes descuentos, lo cual generaba barreras al comercio interregional. La consolidación del poder nacional desde 1880 (federalización de la ciudad de Buenos Aires) y la creación de la moneda nacional en 1881 modificarían radicalmente esta situación.

Asimismo, durante la década de 1870, diversos factores externos no controlables desde la región, provocaron rupturas y cambios que la impactaron fuertemente, obligándola a reformular el sistema productivo que la había sustentado hasta entonces. Los avances tecnológicos en los transportes marítimos, que combinaban mayor velocidad y capacidad de carga con menores costos de los fletes, abrieron paso a la rápida puesta en valor del territorio pampeano como proveedor de materias primas, proceso que se materializaría inicialmente con la producción lanera, para continuar con la expansión y refinación ganadera (bovinos, especialmente) y con el desarrollo agrícola. Dos complementos fueron, asimismo, imprescindibles: la construcción de infraestructura de transportes y la incorporación de mano de obra extranjera, preferentemente europea. La agricultura (trigo, maíz, lino) aumentó su presencia en las exportaciones nacionales, desde un modesto 0,2% en 1864 al 5,4% en 1879 y continuaría avanzando exponencialmente.

La nueva agricultura cerealera, el avance ferroviario hacia el oeste,[50] así como las mejoras en materia de seguridad y caminos, a la par que iban convirtiendo en realidad el mercado nacional, contribuyeron a poner en crisis la

---

[49] Rodolfo Richard-Jorba, "La construcción y consolidación del poder oligárquico en Mendoza. 1870-1880", *Avances del CESOR*, N° 3, Rosario, CESOR y Universidad Nacional de Rosario, 2001, pp. 57-88.
[50] El ferrocarril llegó a Villa Mercedes en octubre de 1875. Las obras hasta Mendoza y San Juan se interrumpieron por varios años. En 1876, Tucumán quedó conectada con el Litoral y Buenos Aires.

economía mercantil de la región y fueron alterando su fuerte relación con Chile.[51] Si bien el ferrocarril podría trasladar al este productos regionales en una escala desconocida hasta entonces y, gracias a previsibles reducciones en los fletes, permitiría que compitieran con los bienes ultramarinos, el moderno transporte, en contrapartida, facilitaría la penetración de la creciente producción cerealera y harinera de Santa Fe y Córdoba, mercados provistos desde antiguo por Mendoza y San Juan. Y la harina era clave en los intercambios por ganado con las provincias orientales. Un periódico mendocino advertía en 1876 sobre la crisis en ciernes: "[...] No habiendo exportación a los mercados del litoral y siendo relativamente mínimo el consumo que aquí hacemos, es inevitable semejantes resultados; tanto más cuanto que se dice que en la Provincia de San Juan la cosecha [de harinas] ha sido muy profusa [...]".[52] Dos años más tarde, un informe técnico señalaba que en la provincia la siembra de cereales ya no cubría los costos y si se hacía, era para restaurar los alfalfares o "[...] para aventurarse, esperando el alza de las harinas, a consecuencia de aumento en la demanda, producido por cualquier trastorno o pérdida de cosechas en otras comarcas".[53]

Esta situación, que era claramente percibida por los grupos dominantes mendocinos y sanjuaninos, determinó la destrucción de uno de los pilares del modelo de ganadería comercial. Sin harina para trocar por ganado, la región se vio obligada a erogar moneda fuerte proveniente de la exportación a Chile, lo que provocó una importante descapitalización. La búsqueda de alternativas para retomar el crecimiento económico se tornaría inexorable.

Otros factores confluyentes aceleraron la ruptura del viejo esquema productivo y la búsqueda de un modelo alternativo. La crisis internacional de

---

[51] Una misma fuente, en dos informes diferentes, destaca la primitiva bonanza de los intercambios de San Juan con Chile y su reversión en poco tiempo (situación que se repetiría en Mendoza). "El aumento gradual y progresivo con que se ha hecho sentir el movimiento del comercio de esta Provincia con la República de Chile y sus puertos del Pacífico, *desde el año 1862 hasta 1869, ha tomado mayores dimensiones en 1870* a la sombra de la paz [....]", "Memoria del Administrador de Rentas Nacionales en San Juan", *Memoria de Hacienda, 1869-1870*, Buenos Aires, p. 59, resaltado nuestro. "Importación. Este ramo, que en esta Aduana se reduce al efectuado por mercaderías en tránsito de la República de Chile.... cuyas mercaderías han sido para este comercio hasta el año de 1871 casi exclusivas para esta clase de transacciones, de aquella fecha a la presente, ha repartido estas operaciones con las del Litoral de esta República, facilitada ya con la aproximación de los ferrocarriles, *se efectúa este comercio en grande escala* [...]", "Informe del Administrador de Rentas Nacionales en San Juan, 31-12-1876", *Memoria de Hacienda 1876*, Buenos Aires, p. 307, resaltado nuestro.
[52] *El Constitucional*, Mendoza, 1-4-1876.
[53] "Informe del director de la Escuela Nacional de Agronomía", Francisco Roca Sans, por el año 1877, dirigido al Ministro del Interior, el 20-3-1877, *Boletín Mensual del Departamento Nacional de Agricultura*, t. II, Buenos Aires, 1879, p. 8.

1873 comenzó a impactar en la región y en Chile a mediados de la década,[54] aunque por la desvalorización del peso chileno las exportaciones de ganado registraban menor rentabilidad desde 1872. La posterior inconvertibilidad de esa moneda, decretada en 1878 por el presidente Pinto, redujo las ventas al país vecino y el metálico, imprescindible para las compras en el Litoral, se hizo cada vez más escaso. La crisis financiera demolería entonces el otro pilar del antiguo modelo económico y determinaría, además, la desaparición de los lazos de subordinación de los comerciantes urbanos respecto de los *comerciantes integrados*,[55] acelerando el proceso de *interiorización* de Mendoza y San Juan.[56] Es decir, esta crisis determinó la ruptura de la vinculación funcional de las provincias del centro-oeste (y sus agentes económicos) con Chile, en la medida en que los comerciantes –por escasez del metálico– dejaban de depender de los exportadores de ganado y de surtirse en Chile, y orientaban sus compras hacia Rosario y Buenos Aires, contribuyendo de tal modo, a dar la espalda al Pacífico y a promover la formación del espacio-mercado nacional.

Resulta evidente entonces que las capitales de la región iban siendo atraídas sin pausa por Rosario y Buenos Aires como proveedores y mercados de consumo de sus producciones. Estos núcleos urbano-portuarios sustraían a Mendoza y San Juan de la subordinación funcional con Valparaíso y Santiago y las integraban en la red urbana en formación, con la metrópoli nacional como centro organizador del espacio territorial argentino.

Esta crisis daría paso, además, al surgimiento de grupos modernizadores dentro de las élites, predominantemente en Mendoza, que se integrarían gra-

---

[54] Rodolfo Richard-Jorba, "La construcción y consolidación...", *op. cit.*, y "Un panorama del sector ganadero...", *op. cit.*

[55] "La exportación de ganados a Chile [...] después de facilitar fondos al comercio para comprar en Valparaíso, producía casi siempre el retorno de la mitad más o menos de su importancia; y como entre los ganaderos y el comercio existía cierta reciprocidad de intereses, sostenida por la circulación metálica y por la fijeza [sic] de los cambios, todos podían volver sus compromisos [...]. Hoy sucede otra cosa, por la escasez del metálico... [los ganaderos] no podrán facilitar sus fondos al comercio por lo dicho [...]", "Informe del Administrador de Rentas Nacionales en Mendoza, 24-3-1877", *Memoria del Departamento de Hacienda 1876*, Buenos Aires, p. 305.

[56] El Administrador de Rentas en San Juan señalaba: "Estas periódicas y prolongadas interrupciones del tránsito con Chile [por las nevadas], y las mayores comodidades que cada día ofrecen las [vías] del Litoral al comercio de San Juan, hace que cada día sea menos y en menor escala el número de comerciantes que frecuenten y surtan sus casas de negocios del mercado de Chile; mientras que por el contrario, cada día se incrementa más el comercio que afluye a los mercados del Litoral de la República", "Informe del Administrador de Rentas Nacionales en San Juan, 20-4-1878", *Memoria del Departamento de Hacienda 1877*, Buenos Aires, p. 315. En la p. 310, hay un informe originado en Mendoza el 15-4-1877, que describe idéntica situación y destaca, además, el afianzamiento de la línea de frontera interior. Asimismo señala como hecho altamente positivo la introducción de los "Billetes de Curso legal" que facilitaban el comercio con el Litoral.

dualmente en una dirigencia que adquiría dimensiones nacionales.[57] Y la antigua y optimista visión de un espacio económico binacional integrado, con un poder regional casi autónomo (o segregado del país) de principios de los años de 1850, desaparecería rápidamente. Desde esos años transicionales de la década de 1870, se avanzaría hacia el desarrollo de fuertes sentimientos identitarios y de fervor patriótico argentino, acompañando las nuevas condiciones económicas; pero éste es un tema que escapa a la presente obra.

En suma, la crisis de 1873 y los problemas propios de Chile mostraron la debilidad estructural de una economía subordinada a un exclusivo mercado externo. Las exportaciones continuaron, pero con altibajos y tendencia general descendente. En adelante todo confluiría para que la actividad ganadera y exportadora se fuera retrayendo y concluyera desplazada hacia un lugar secundario en la economía regional (cuadros 1 y 2).

La destrucción que provocó la filoxera (*Phylloxera vastatrix*), un insecto americano, en los viñedos de Francia desde los años 1860 –difundida rápidamente a otros países–, fue otro factor con incidencia en la decadencia del comercio ganadero. El ataque filoxérico determinó en la década siguiente un aumento de los precios internacionales del vino por disminución de la producción,[58] mejoró la competitividad de los caldos de la región, cuyos costos eran todavía muy altos, particularmente por la distancia y los medios de transporte precarios, para concurrir al principal mercado: Buenos Aires. Además, la masiva inmigración, proveniente sobre todo de países del Mediterráneo, expandía constantemente el mercado nacional de vinos y generaba oportunidades para el desarrollo de la industria regional. Esta bebida no sólo formaba parte de la dieta mediterránea, lo que por sí solo incrementaba la demanda, sino que los nuevos habitantes difundían sus pautas de consumo entre la población nativa. En efecto, la población, que era de 1,83 millones de habitantes en 1869, llegó a 2,2 en 1876; y la inmigración explicaba el 35% de ese crecimiento. Hacia 1883, la población alcanzaba 2,72 millones y la inmigración (el 90% italianos, españoles y franceses) representaba, en promedio, el

---

[57] El grupo modernizante surgido en Mendoza se fue consolidando desde 1870 con el gobernador Arístides Villanueva. En poco tiempo conformó una oligarquía, hegemónica por varias décadas, liderada por Francisco Civit y su hijo Emilio. Este grupo fue el diseñador y promotor de la vitivinicultura capitalista en la provincia. Consolidó su poder político, integrándose a la dirigencia nacional "ganadora", primero, apoyando a Domingo F. Sarmiento y, posteriormente, siguiendo a Julio A. Roca. Véase Rodolfo Richard-Jorba, *Poder, economía...*, op. cit., cap. II, y "La construcción y consolidación...", op. cit.

[58] Sobre crisis filoxérica, comercio internacional y precios del vino, véanse Juan Pan-Montojo, *La bodega del mundo. La vid y el vino en España (1800-1936)*, Madrid, Alianza, 1994, y Josep Colomé Ferrer, "El sector vitícola español durante la segunda mitad del siglo XIX y el primer tercio del XX: el impacto de la demanda francesa, la crisis ecológica y el cambio técnico", ponencia presentada en las XVII Jornadas de Historia Económica, Tucumán, AAHE, septiembre de 2000.

Cuadro 1. Provincias de Mendoza y San Juan. Exportación de ganado a Chile, por especie, en cantidad de cabezas, 1870-1889

Años	Aduana	Bovinos	Equinos	Mulares	Ovinos	Otros	Total Mendoza	Total San Juan
1870	Mendoza	44.850	934	1.821	–	145(1)	47.750	18.035
	San Juan	15.631	196	1.972	–	236(1)		
1871	Mendoza	62.310	1.730	3.174	700	28(1)	67.942	s/d
	San Juan	s/d	s/d	s/d	s/d	s/d		
1872	Mendoza	57.908	1.007	1.568	–	11(1)	60.494	s/d
	San Juan	s/d	s/d	s/d	s/d	s/d		
1873	Mendoza	61.225	844	s/d	s/d	s/d	62.069	s/d
	San Juan	s/d	s/d	s/d	s/d	s/d		
1874	Mendoza	49.963	2.670	s/d	s/d	s/d	52.633	33.438
	San Juan	26.253	221	6.506	–	458(1)		
1875	Mendoza	40.744	948	s/d	s/d	s/d	41.692	s/d
	San Juan	s/d	s/d	s/d	s/d	s/d		
1876	Mendoza	46.331	1.822(2)	(2)	1.500	–	49.653	26.475
	San Juan	18.836	426	7.159	–	54(1)		
1877	Mendoza	48.591	1.511	5.298	1.870	11(1)	57.281	23.546
	San Juan	17.115	356	6.072	–	3(1)		
1878(3)	Mendoza	26.729	s/d	s/d	s/d	s/d	26.729	24.570
	San Juan	20.365	206	3.987	–	12(1)		
1879(3)	Mendoza	9.107	s/d	s/d	s/d	s/d	9.107	21.201
	San Juan	16.823	281	4.074	–	–		
1880(3)	Mendoza	12.453	s/d	s/d	s/d	s/d	12.453	17.529
	San Juan	17.529	s/d	s/d	s/d	s/d		
1881(3)	Mendoza	16.768	s/d	s/d	s/d	s/d	16.768	16.768
	San Juan	16.768	s/d	s/d	s/d	s/d		
1883	Mendoza	51.412	1.536	481	s/d	s/d	53.429	s/d
	San Juan	s/d	s/d	s/d	s/d	s/d		
1884(4)	Mendoza	29.166	1.951	709	3.420	s/d	35.246	27.077
	San Juan	22.960	304	3.751	–	62(1)		
1885	Mendoza	s/d	s/d	s/d	s/d	s/d	s/d	22.534
	San Juan	17.200	825	4.028	–	481(1)		
1886	Mendoza	s/d	s/d	s/d	s/d	s/d	s/d	31.780
	San Juan	26.822	281	4.671	–	6(1)		

Cuadro 1. Provincias de Mendoza... (continuación)

Años	Aduana	Bovinos	Equinos	Mulares	Ovinos	Otros	Total Mendoza	Total San Juan
1887	Mendoza	17.844	744	1.071	14.300	–	33.959	20.194
	San Juan	16.975	179	3.013	–	27(1)		
1888	Mendoza	49.286	s/d	s/d	s/d	s/d	49.286	30.904
	San Juan	26.271	335	4.278	–	20(1)		
1889	Mendoza	67.320	1.493	5.433	2.839	42(1)	77.127	21.760
	San Juan	18.014	199	3.308	–	239(1)		

Nota: aunque la información disponible no es exhaustiva, los datos reunidos en este cuadro permiten cuantificar con bastante aproximación las exportaciones ganaderas legales realizadas desde la región y trazar un panorama de una actividad económica que fue central hasta ser desplazada por la vitivinicultura. No se han incluido los años 1882 y 1890 por no disponer de datos confiables. Los datos de San Juan incluyen la Aduana de la ciudad y la Receptoría de Jáchal.

(1) Asnales.
(2) La fuente engloba equinos y mulares.
(3) Información publicada por *El Ferrocarril*, de Santiago de Chile, transcripta por *El Constitucional*, N° 1803, Mendoza, 3-4-1883. La fuente indica que el origen del ganado proviene "casi por iguales partes" de Mendoza y San Juan, por lo que la asignación de cifras a Mendoza en 1878-1879 y 1881 es arbitraria y sólo tiene valor ilustrativo. En cambio, para 1880 discrimina los datos incluidos en el cuadro. Para San Juan, los datos han sido tomados de las Memorias de Hacienda, Informes del Administrador de Rentas Nacionales.
(4) La fuente empleada para Mendoza (*Estadística General de la Provincia de Mendoza*, Boletín 4-1884) da cifras menores que otra publicación oficial. Esta última, tal vez por tratarse de una publicación realizada para exaltar los logros de Mendoza, señaló para ese año 45.741 bovinos, 17.208 equinos, 1.167 mulares y 1.140 ovinos. *Mendoza en su Exposición Interprovincial de 1885*, publicación oficial, Mendoza, 1885.

Fuentes: elaboración propia con datos tomados de diversas publicaciones: para 1870-1874, José L. Masini Calderón, *op. cit*.; "Informes de los Administradores de Rentas Nacionales", publicados en las *Memorias del Departamento de Hacienda*, 1869-1870, pp. 55, 70 y 71; 1872, p. 104, 1873-1874, pp. 239 y 257, e "Informe de la Inspección Nacional de Agricultura en Mendoza, 18-1-1876, publicado en *El Constitucional*, Mendoza, 8-5-1877. Para 1875, "Informe anual de la Comisión de Inmigración de la provincia de Mendoza", 1-1-1876, publicado en *El Constitucional*, N° 740, Mendoza, 2-5-1876. Para 1876, "Informe de la Comisión de Agricultura de Mendoza", en *Boletín del Departamento Nacional de Agricultura-1878*, p. 36, e "Informes de los Administradores de Rentas Nacionales en Mendoza y San Juan", en *Memoria del Departamento de Hacienda 1876*, pp. 303 y 313. Año 1877, "Informes de los Administradores de Rentas Nacionales en Mendoza y San Juan", en *Memoria del Departamento de Hacienda 1877*, pp. 314 y 321. Para 1878-1879, Para San Juan, "Informe del Administrador de Rentas Nacionales en San Juan", en *Memoria del Departamento de Hacienda 1879*, p. 404. Para Mendoza, sólo una aproximación basada en lo publicado por *El Constitucional*, N° 1805, Mendoza, 3-4-1883, transcribiendo información de *El Ferrocarril* de Santiago de Chile. Para 1880-1881, fuente indicada en nota (3). Para 1883, *Estadística General de la Provincia de Mendoza*, Boletín N° 3-1883. Para 1884, *Estadística General de la Provincia de Mendoza*, Boletín N° 4-1884, e "Informe del Administrador de Rentas Nacionales en San Juan", en *Memoria del Departamento de Hacienda 1885*, p. 268. Para 1885-1886, "Informe del Administrador de Rentas Nacionales en San Juan, en *Memoria del Departamento de Hacienda 1886*, p. 591. Para 1887, *Anuario Estadístico de la provincia de Mendoza correspondiente al año 1887*. Para 1888, "Informes de los Administradores de las Aduanas de Mendoza y San Juan", en *Memoria del Departamento de Hacienda 1888*, pp. 421 y 437. Para 1889, "Informes de los Administradores de las Aduana de Mendoza y San Juan", en *Memoria presentada al Congreso Nacional de 1890 por el Ministro de Hacienda, correspondiente al año 1889*, t. II, pp. 774 y 788.

Cuadro 2. Provincias de Mendoza y San Juan. Exportación de ganado a Chile, por especie, en cantidad de cabezas, en años seleccionados, 1893-1915

Años	Aduana	Bovinos	Equinos	Mulares	Ovinos	Otros	Total Mendoza	Total San Juan
1893	Mendoza	56.499	1.952	5.412	3.100	–	66.963	11.374
	San Juan	8.200	421	2.740	–	13(1)		
1894	Mendoza	48.899	3.848	5.111	14.832	–	72.690	25.572
	San Juan	17.837	708	4.060	2.854	113(1)		
1895	Mendoza	62.488	2.842	6.010	11.895	3(1)	83.238	45.247
	San Juan	33.214	538	5.651	5.114	730(1)		
1898	Mendoza	22.781	514	1.885	2.000	1(1)	27.181	11.030
	Jáchal	5.845	73	627	–	2(1)		
	San Juan	3.806	161	516	–	–		
1899	Mendoza	1.073	392	1.122	–	–	2.587	14.295
	Jáchal	3.846	43	827	–	–		
	San Juan	8.453	67	1.043	–	–		
1900	Mendoza	4.817	1.167	1.125	–	–	7.109	13.335
	Jáchal	6.634	92	1.178	–	–		
	San Juan	3.812	92	1.522	–	5(1)		
1901	Mendoza	4.485	1.059	1.435	600	–	7.579	4.419
	Jáchal	536	–	141	–	–		
	San Juan	2.580	248	914	–	–		
1902	Mendoza	8.993	1.119	1.716	1.400	1(1)	13.229	3.438
	Jáchal	–	–	–	–	–		
	San Juan	1.461	172	1.805	–	–		
1904	Mendoza	24.391	1.685	1.387	675	5(1)	28.143	4.985
	Jáchal	–	–	–	–	–		
	San Juan	4.215	85	685	–	–		
1905	Mendoza	15.942	1.355	2.031	–	513(2)	19.841	9.586
	Jáchal	6.191	–	1.332	–	–		
	San Juan	1.245	–	818	–	–		
1906	Mendoza	10.973	2.084	1.376	13.931	1.940(2)	30.304	7.212
	Jáchal	3.390	29	604	–	–		
	San Juan	2.591	46	552	–	–		
1907	Mendoza	11.976	1.178	1.017	11.986	1.063(4)	27.220	8.296
	Jáchal	2.574	–	429	–	–		
	San Juan	3.416	30	307	–	–		
1908	Mendoza	24.922	717	917	12.694	120(2)	39.370	4.863
	Jáchal	1.744	–	165	–	–		
	San Juan	2.745	21	188	–	–		

Cuadro 2. Provincias de Mendoza... (continuación)

Años	Aduana	Bovinos	Equinos	Mulares	Ovinos	Otros	Total Mendoza	Total San Juan
1909	Mendoza	57.596	862	650	5.033	36(1)	64.177	1.774
	Jáchal	128	1	15	–	–		
	San Juan	1.584	46	–	–	–		
1913	Mendoza	17.182	1.325	907	2.750	6(1)	22.170	6.440
	Jáchal	3.594	119	945	–	614(1)		
	San Juan	1.001	7	160	–	–		
1915	Mendoza	300	788	516	2.150	2.851(5)	6.605	2.980
	Jáchal	2.070	46	542	–	279(1)		
	San Juan	15	2	11	15	–		

Nota: aunque se dispone de información sobre los años 1896, 1897, 1903, 1910 y 1911, se los eliminó del cuadro por razones de espacio y porque los datos que aportan no modifican en absoluto el proceso descripto sobre el comercio ganadero. Además, los datos de 1903, 1910 y 1911 están incompletos, pues sólo registran exportaciones de Mendoza. En esos años, el total de cabezas exportadas fue el siguiente: 1896, 43.980 Mendoza y 34.693 San Juan; 1897, 41.941 Mendoza y 26.732 San Juan; 1903, 29.075 Mendoza; 1910, 36.082 Mendoza; y 1911, 65.927 Mendoza. Para los años 1912 y 1914 no se ha podido obtener información sobre exportaciones de ganado. Los datos de San Juan suman la Aduana de la ciudad y la Receptoría de Jáchal. Cuando se crea esta última Aduana, se incluyen desagregados.

(1) Asnales.
(2) Caprinos.
(3) 737 asnales y 5 caprinos.
(4) 1 asnal y 1.062 caprinos.
(5) 2.850 caprinos y 1 asnal.

Fuentes: elaboración propia con datos tomados de: año 1893, *Anuario del Departamento Nacional de Estadística correspondiente a 1893*, pp. 196 y 198. Para 1894-1899, República Argentina, *Anuario de la Dirección General de Estadística*, correspondientes a esos años, capítulos "Exportación por Aduanas durante el año"; 1894, *ibid.*, t. I, pp. 208 y 213; 1895, t. I, pp. 225-226 y 230-231; 1896, t. I, pp. 230 y 235; 1897, t. I, pp. 257 y 262; 1898, t. I, pp. 268, 271 y 276; 1899, t. I, pp. 242, 244 y 249. Para 1900-1902, 1904-1909 y 1913, República Argentina, *Anuario de la Dirección General de Estadística*, correspondientes a esos años, capítulos "Exportación por Aduanas durante el año"; 1900, t. I, pp. 248-253; 1901, t. I, pp. 196-197; 1902, t. I, pp. 307-311; 1904, t. I, pp. 323-328; 1905, t. I, pp. 289-291; 1906, t. I, pp. 444-446; 1907, t. II, pp.16-21; 1908, t. I, pp. 524-526; 1909, t. I, pp. 555-557; 1913, t. I, pp. 649-659. Para 1910-1911, Mendoza, *Anuario de la Dirección General de Estadística*, correspondientes a esos años; 1910, p. 432; 1911, p. 408. Para 1915, *Anuario del Comercio Exterior de la República Argentina-1915*, pp. 358-360.

50% de esa expansión. Las importaciones de vino que hizo el país crecieron de 283.803 hl en 1872 a 546.837 en 1879 y 628.632 hl en 1883.[59] Estos fuertes incentivos, que se combinaban para desarrollar una industria vinícola en gran escala, convertirían finalmente a la región en una competidora de Chile.

En fin, frente a todos estos factores y con la expectativa de una pronta llegada del ferrocarril, las élites decidieron revalorizar la vid, un cultivo que prometía alta rentabilidad y no era competidor de la agricultura pampeana.[60] A partir de esa decisión sería irreversible el proceso de desaparición de la antigua funcionalidad binacional y su reemplazo por una complementariedad económica con las otras regiones argentinas, factor clave de integración nacional.

En las dos últimas décadas del siglo XIX y las primeras del XX la especialización económica con el nuevo cultivo –también de carácter especulativo– transformó el paisaje y la estructura agraria regionales, como se verá en el próximo capítulo.

Los establecimientos rurales se transforman

La protección chilena a su producción ganadera y los problemas limítrofes de fines de la década de 1890 tuvieron también influencia en la reorientación económica regional, si bien para esos años el desarrollo capitalista con el modelo agroindustrial vitivinícola ya era una realidad inmodificable. Sin embargo, resulta de interés mostrar con un breve ejemplo los cambios que provocaban estas tensiones limítrofes. La estancia El Cepillo, lindante con la hacienda La Consulta fue propiedad de Eugenio Bustos y Pascual Suárez. En 1897, este último aparece como único propietario y, en carta dirigida a Julio A. Roca, le ofrece sin cargo alguno, por un tiempo determinado, el uso irrestricto de una parte del establecimiento (si no de todo) como asiento militar, campo de entrenamiento y, aunque no lo dice, como posible punto de invasión a Chile, teniendo en cuenta la "situación verdaderamente estratégica" que significaba llegar al límite y poseer dos caminos hacia los pasos cordilleranos de Piuquenes y Cruz de Piedra.

Suárez, fuerte hacendado, hacía el ofrecimiento "[...] con el fin que siempre persigo de hacer el mayor bien posible por mi patria [...]". Ponía a disposición del Ejército nacional, para su uso como campamento, una quebrada con abun-

---

[59] Datos de importaciones, en Rodolfo Richard-Jorba, *Poder, economía...*, op. cit., p. 247. Las cifras de población están tomadas de Vicente Vázquez Presedo, *El caso argentino. Migración de factores, comercio exterior y desarrollo, 1875-1914*, Buenos Aires, Eudeba, 1979, p. 92.

[60] El citado informe del director de la Escuela Nacional de Agronomía advertía que el ferrocarril eliminaría las invernadas en Mendoza, pues el ganado sería transportado directamente desde el este a Chile y propiciaba el cultivo de viñedos y olivares, en consonancia con las primeras políticas públicas iniciadas en la región, ya mencionadas. "Informe del Director...", *op. cit.*, p. 8.

dante agua y enormes tropillas de guanacos (de 500 a 1.000 ejemplares cada una), en un área de 150 cuadras (225 ha). Agregaba unas 100 ha alfalfadas y otras 50 donde se podría sembrar maíz, así como varios sitios en las "cierras" (sic) con invernadas para grandes cantidades de caballos, que servirían, además, para "[...] acostumbrarlos a trepar y bajar cerros". Ofrecía, asimismo, "mis casas y potreros del Cepillo, que son 500 hectáreas [...]" y otros campos de pastoreo y de extracción de leña.[61] Este establecimiento, como surge de la breve descripción, no registraba transformaciones dignas de mención, de modo que se mantenía especializado únicamente en cría, engorde y traslado de ganado. Sin dudar del sentimiento patriótico de Suárez, ignoramos, a la luz de la decadencia señalada anteriormente, el estado de sus negocios ganaderos con Chile. Si conservaban cierta estabilidad, podría pensarse que se perjudicaban sus intereses económicos personales, lo que resaltaría su desinteresada actitud; por el contrario, si también lo hubiera alcanzado aquella decadencia, el perjuicio económico habría sido mínimo o nulo. Este conflicto con el país trasandino, que casi condujo a la guerra, obligaría a reorientar la producción y el comercio hacia el mercado local.

No disponemos de datos sobre haciendas y estancias de la zona fronteriza de San Juan, pero sabemos que a fines del siglo XIX dominaban los campos alfalfados destinados al engorde de ganado que continuaba siendo exportado, aunque con marcada tendencia al descenso, hacia el Norte Chico chileno (cuadro 2). El conflicto limítrofe con el país trasandino y las políticas arancelarias aplicadas al ganado argentino determinarían una gradual reorientación productiva hacia el mercado interno,[62] pero conservando los tipos de cultivo tradicionales de forrajeras y cereales. La semilla de alfalfa se convertiría así en un importante rubro entre las ventas sanjuaninas a las provincias del este, alcanzando casi 1.000 t en 1895, con un valor de $ 406.000.[63]

En suma, las periferias que conformaban el territorio fronterizo con Chile, por sus características físicas (morfológicas y climáticas), retardarían los

---

[61] AGN, Archivo Julio A. Roca, Legajo 75. Correspondencia recibida junio-julio de 1897. Los campos leñeros y las tropillas de camélidos hablan de un ambiente todavía poco modificado, muy lejos de la realidad actual.

[62] Rodolfo Richard-Jorba, "Un panorama del sector ganadero...", *op. cit.*

[63] Los departamentos de Calingasta, Iglesia y Jáchal (físicamente no fronterizo con Chile pero económicamente vinculado por el negocio ganadero) tenían 20.071 ha cultivadas con alfalfa y 6.365 con cereales (*Segundo Censo Nacional 1895*, t. 3, Económico-Social, cap. IX, pp. 128 y 161). Ramírez estima, para 1898, superficies mayores, probablemente exageradas, pero destacando que Calingasta y Jáchal producían semilla de alfalfa destinada a la venta a otras provincias, representando valores significativos en la balanza comercial, P. P. Ramírez, *op. cit.*, pp. 16-17 y 109-110. Esta actividad, por supuesto, era incompatible con el pastoreo y confirma la reorientación productiva para atender demandas del mercado nacional (fundamentalmente de la región pampeana).

cambios o readaptaciones económicos, pero finalmente se volcarían al mercado interno, regional o nacional.

En cambio, entre los bordes y el interior de los oasis se verificaban las transformaciones que dejarían atrás la antigua estructura mercantil ganadera y el sistema espacial que la sustentaba o le daba funcionalidad. Hacia fines de la década de 1880 El Melocotón continuaba su desarrollo. Se cultivaban casi 4.000 ha, los álamos implantados sumaban 400.000 y el molino producía en plenitud, abasteciendo al Valle de Uco y otros mercados con sus harinas. El viñedo tenía más de 30 ha y el propietario había construido una bodega de 400 m². El valor de la propiedad había experimentado un crecimiento extraordinario: de 48.000 $ bolivianos en 1862 (precio que pagaron Funes y Tabanera), llegaba a $ oro 800.000 en 1888.[64] Los inquilinos ya no existían y habían sido reemplazados por una organización centralizada, con asalariados a cargo de un Administrador General, secundado por un empleado contable. La fuerza laboral estaba integrada por 14 capataces y 225 peones, todos los cuales vivían en el establecimiento con sus familias (800 personas) y cultivaban, en su beneficio, pequeñas huertas. El abastecimiento de trabajadores y pobladores era un servicio cumplido por la proveeduría de El Melocotón, una pulpería "modernizada". Es decir, el objetivo de ocupar y poner en valor las tierras cultivables había sido cumplido y resultaba más eficiente tener personal propio en la hacienda-estancia porque, entre otras cuestiones, integraba los costos de producción y mejoraba la rentabilidad.

A fines del siglo XIX El Melocotón había adquirido mayor complejidad, aunque el número de pobladores sólo llegaba a 855 y el de trabajadores se mantenía aproximadamente en las cantidades de 1888, lo que sugiere mejoras en la productividad del trabajo y, también, una marcada diferenciación técnica del mismo. El Censo de 1895 registró diversas "profesiones" técnicas que muestran esa mayor complejidad. Aparecen, así, un contador, comerciantes, un calígrafo, comisionistas, preceptores, molineros, sirvientes, albañiles, lavanderas, etc., junto a los capataces y peones, quienes, a su vez, tenían ciertas especialidades (regadores, carreros, etc.). Asimismo, destaquemos que dos viticultores franceses tenían a su cargo los viñedos.

Estas diferencias sociolaborales se reflejaban también en el espacio: el propietario y su familia habitaban la enorme y lujosa casa ya mencionada; los viticultores y el núcleo más importante (17 personas, cuatro de las cuales eran sirvientes) vivían en la casa patronal o en "casas de azotea"; por último, los capataces y tra-

---

[64] *Los Andes*, Mendoza, 7-4-1888, p. 1. Resulta evidente, a la luz de estas cifras, que el valor del establecimiento se multiplicó al ritmo de las transformaciones que potenciaban y diversificaban su producción. Para que se tenga una idea del valor monetario, en 1883, $ 1 boliviano equivalía a $ 0,64 m/n o $ oro (valor a la par). En 1888, por efecto inflacionario, $ 1 m/n tenía un valor de $ oro 0,74. (En Mendoza las fuentes indican que el peso boliviano se usó hasta 1883, al menos para algunas transacciones.)

bajadores lo hacían en "casas hechas de paja".[65] Habría, sin duda, diversidad de tamaño y calidad en las viviendas. También es seguro que su localización determinaría una clara diferenciación social del espacio destinado a uso residencial.

Otro aspecto, muy relevante, es la penetración de inmigrantes en estos grandes establecimientos, otrora núcleos cerrados. En efecto, donde se comenzaba a desarrollar la vitivinicultura moderna, algunos propietarios innovadores, como en el caso comentado, buscaban disponer de una dirección técnica de viticultores experimentados. También, y en forma más generalizada, encargaban nuevas plantaciones a terceros. Ambas tareas recaían, al menos inicialmente, en inmigrantes europeos.

Si bien La Consulta redujo su enorme superficie cuando falleció Eugenio Bustos, su fundador, y se resolvió la sucesión (1876), en 1895 sus herederos aún conservaban la mayor parte de las tierras. La porción que mantenía el nombre original del establecimiento, en posesión de Ricardo Bustos, había aumentado su complejidad, disponiendo para ese año de 2.993 ha con derecho de riego, de las que 903 ha estaban cultivadas con alfalfa y 25 ha con viñedos, el cultivo "estrella" que imponía el nuevo modelo de desarrollo capitalista y que se abría paso en toda la provincia.[66] Rosario Bustos y su esposo, José V. Zapata, disponían en la zona de una bodega fundada en 1892 y 600 ha con alfalfa.[67]

Al finalizar la segunda década del siglo XX, Rosario, ya viuda, tenía 35 ha con viñedos y 550 ha con alfalfa; y Elvira sumaba 300 ha de viñas.[68] En el distrito que hoy lleva el nombre del fundador, se localizaba otro gran establecimiento, propiedad de Celia Bustos y su esposo Bernardo Quiroga quienes, por esos años, tenían 800 ha de alfalfa y 600 ha de viña, además de bodegas.[69]

El proceso de disgregación de esta gran hacienda fue largo y complejo, pero sólo mencionaremos los puntos más destacados. Ricardo Bustos, residente en la ciudad de Mendoza y, por ende, propietario ausentista, tuvo frecuentes y recurrentes dificultades económicas. En 1886 hipotecó a favor de su madre, su parte de La Consulta para cubrir un aval que ésta le había otorgado ante el Banco Nacional.[70] Tres años después recibió del Banco Hipotecario Nacional (BHN) $ 80.000 oro sellado en cédulas hipotecarias a la par, garantizando el

---

[65] AGN, *Segundo Censo Nacional 1895*, Cédulas Censales, Población, Departamento Tunuyán, t. 1129, t. 153, fs. 1542 a 1547. El censo clasificaba a estas unidades habitacionales como "P 1".
[66] *Ibid.*, Económico y Social, Cédulas Censales, Departamento San Carlos, Boletín 27 –Agricultura–, t. 11, Distrito La Consulta, fs. 455.
[67] *Ibid.*, y Boletín 34 –Fabricación de vinos de uva–, fs. 418.
[68] *Los Andes*, número especial. "Vistazo retrospectivo a la Región de Cuyo al cerrar el año 1920", Mendoza, enero de 1921, p. 370.
[69] *Ibid.* Este gran establecimiento, hoy vitivinícola, conserva 600 ha, aprox., de viña y el nombre que le impusieron sus primitivos propietarios (Finca La Celia).
[70] AGPM, Protocolos N° 413 –Lemos–, fs. 602v, año 1886.

préstamo con las 2.993 ha de La Consulta.[71] En 1895 solicitó y obtuvo del BHN que la hipoteca se dividiera en tres, aplicándose cada una a otros tantos lotes en que se fraccionaba la hacienda.[72] Éste fue sin duda un intento de Bustos por evitar la pérdida total de la propiedad ante la imposibilidad de cancelar el préstamo inicial, estrategia que no funcionó, pues entre 1902 y 1906 el BHN remató los lotes, que fueron adquiridos por Agustín Videla.[73] La hermana de Bustos, Celia, por intermedio de su esposo, Bernardo Quiroga, recuperó esa propiedad en octubre de 1909, comprándosela a una hija de Videla. Sin embargo, dos años después, fue adquirida por capitales extrarregionales. Para ese entonces tenía 1.132,5 ha cultivadas; 1.683 cultivables con derecho de riego y sólo 103 incultas, habiéndose reservado Quiroga la propiedad de 57,5 ha con viñas y algunos edificios, presumiblemente de bodegas.[74] Otra parte de la hacienda La Consulta, que fuera también propiedad de Ricardo Bustos, en 1912 mantenía aún 600 ha cultivadas y 1.500 más con derecho de riego, pero el desarrollo del mercado de tierras agrícolas determinó que el establecimiento se fraccionara en lotes de 5 a 20 ha[75] aprovechando la valorización que provocaba la expansión vitícola y la llegada del ferrocarril a la zona.[76]

En el corazón del oasis norte mendocino, comenzaban a cambiar rápida y radicalmente el paisaje agrario y las fisonomías de los fundos, así como los agentes modeladores del territorio. Algunos breves ejemplos ilustrarán esas transformaciones. El 4 de mayo de 1886, Néstor Pontis, argentino, entregó en arriendo una propiedad en La Carrodilla (Las Heras) a los italianos Bernardo Curti y Sebastián Gallici. Ellos debían "limpiar" de alfalfa un potrero de la finca, erradicar de raíz los árboles del mismo, plantarlo con viña y demoler la muralla que lo separaba de la viña antigua. Al cabo de dos años, debían entregar la propiedad con las viñas podadas, arrodrigonadas, atadas y alambradas.[77] En otro contrato, el francés Gustavo Labadié se hacía cargo de la finca

---

[71] *Ibid.*, N° 448 –Lemos–, fs. 13v, año 1889. A fs. 6v del mismo Protocolo. Bustos obtuvo la liberación de la hipoteca previa sobre la misma propiedad por $ 75.000 a favor del Banco Nacional, lo que posibilitó el préstamo del BHN.

[72] *Ibid.*, N° 538 –Calvo–, fs. 273, año 1895. Los lotes se denominarían en adelante A (860,6 ha), B (860,6 ha) y C (1.264,99 hectáreas).

[73] *Ibid.*, N° 673 –Álvarez–, fs. 395, año 1902 (Lote C); N° 694 –Álvarez–, fs. 630, año 1903 (Lote B) y N° 778 –San Martín–, fs. 1666v, año 1906 (Lote A).

[74] *Ibid.*, N° 936 –Álvarez–, fs. 1012v, año 1911.

[75] *La Industria*, Mendoza, 1-5-1912, p. 8. Se fraccionaba y vendía en lotes de 5 a 20 ha o más, a razón de $ 800 la ha cultivada y $ 500 la cultivable. Estas operaciones, al parecer, fueron rápidamente concretadas, pues una publicación empresaria destacaba: "En el departamento San Carlos, la subdivisión del fundo La Consulta, ha dado los mejores resultados". *Boletín del Centro Vitivinícola Nacional*, N° 79, Buenos Aires, abril de 1912, pp. 2115-2118.

[76] Los terrenos para las estaciones ferroviarias habrían sido donados por miembros de la familia Bustos. Véase *San Carlos es futuro*, Municipalidad de San Carlos, s/f, p. 82.

[77] AGPM, Protocolos N° 413 –Lemos–, fs. 382v, año 1886.

de Francisco Álvarez, de poco más de 18 ha, situada en Maipú, por dos años. Labadié quedaba obligado a nivelar los terrenos, plantar con viña los dos potreros del fundo y eliminar la pared que los dividía (tapias), construir acequias y desagües, etc. El contrato establecía una fuerte densificación del cultivo en relación a lo conocido hasta la década de 1870: se debían implantar unas 3.300 cepas por ha, lo que suponía un cultivo exclusivo.[78] Éstos son sólo dos de innumerables casos que muestran, por una parte, el cambio de la forrajera por un viñedo que comenzaba a ocupar en exclusividad el suelo, y, por otra, que la viña se modernizaba, pasando a ser conducida en espaldero, los cercos de tapia –viejo elemento del paisaje regional–, desaparecían y los predios se dividían con alambrado.[79]

Por su importancia social, resulta de interés mostrar un tipo de contrato bastante frecuente. Pascual Carlomagno entregó a los italianos Vicente Zacchi y Antonio Tielli, una finca de 19,6 ha en Junín para que la plantasen íntegramente con viña. A los cuatro años debían entregar la plantación frutal (en producción), arrodrigonada, alambrada, etc., así como construir la infraestructura de riego. Carlomagno se apropiaba del fruto de la viña y aportaba herramientas, animales de trabajo, maderas y el dinero para mantener a los contratistas durante un año, quienes lo reintegrarían cuando vendiesen los cultivos de estación que hubieran realizado. Carlomagno transferiría en propiedad a estos inmigrantes, en pago por todo concepto, un terreno de 18 ha contiguo al que debían plantar.[80] Estos hombres eran trabajadores sin capital alguno, pues debían ser mantenidos por el propietario durante un año; pero, al cabo de cuatro años de labor, recibían en propiedad una superficie muy importante para una zona bajo riego, convirtiéndose en propietarios agrícolas y, seguramente más temprano que tarde, en viticultores.

Estos y muchos otros contratos contienen diversa información que permite reconstruir las transformaciones; pero una regularidad aparece casi constantemente: la obligación de plantar la viña en hileras de "Sud a Norte", cláusula que llevaría a dibujar el paisaje vitícola en su característica orientación y geometría, aun cuando el objetivo perseguido fuera, simplemente, que la planta tuviera un óptimo de exposición solar. Señalamos con esto la importancia que adquieren las decisiones privadas de los agentes económicos individuales en la construcción y transformación del territorio.

Otro caso muy interesante es el que corresponde al establecimiento El Trapiche. Originalmente era una hacienda de casi 80 ha, situada en el borde oes-

---

[78] *Ibid.*, N° 434 –Lemos–, fs. 292v, año 1888. Hasta la década de 1870, el cultivo del viñedo estaba asociado con alfalfa y la densidad oscilaba entre 1.000 y 1.600 plantas/ha.

[79] Por esos años, José Gomensoro entregó al italiano Luis Balbi una finca para que la plantara con viña, a razón de 4.560 plantas por ha (1,25 m entre planta y 1,75 m entre hilera). *Ibid.*, N° 400 –Lemos–, fs. 1053, año 1884. Sobre San Juan, véase P. P. Ramírez, *op. cit.*

[80] AGPM, Protocolos N° 483 –Puebla–, fs. 18, año 1891.

te del actual departamento Godoy Cruz. Fue adquirida por Tiburcio Benegas, quien le adicionó varios terrenos menores con derecho de riego –alrededor de 140 ha más– y una importante extensión de 786 ha de campos incultos sobre el piedemonte. Este innovador hombre público y empresario convirtió al establecimiento, desde 1883, en un modelo de explotación vitivinícola.[81] En 1887, en El Trapiche se había eliminado la alfalfa y se avanzaba rápidamente en la plantación del exclusivo viñedo, que llegaría a tener 200 ha en 1888 (y en la construcción de la bodega, una de las más grandes de la época),[82] empleándose en la nueva plantación y en la extensión del cultivo, 120 peones. Esto muestra la intensificación del trabajo agrícola que imponía la viticultura. En contraposición, recordemos que en El Melocotón, en ese entonces, había sólo 225 peones y 14 capataces para atender 40.000 ha entre campos cultivados y de cría de ganado. En el caso que comentamos, Benegas reconvirtió tempranamente la primitiva hacienda, en su totalidad, a la agroindustria vitivinícola.

En San Juan, pese a las similitudes con Mendoza, existían diferencias. Una de ellas era el ritmo más lento de implantación del viñedo moderno. En efecto, avanzada la década de 1890 y a pesar de la expansión de la vitivinicultura, los cultivos típicos del modelo de ganadería comercial mantenían la supremacía en las propiedades mayores, mientras que el viñedo aparecía sobre todo en los fundos medianos y pequeños.[83] La mayor rentabilidad de la vid aseguraba la viabilidad económica de estos últimos frente a la decadencia del negocio ganadero.

Otra diferencia significativa estaba dada por la presencia masiva que tuvo la inmigración europea –particularmente la italiana– en la vitivinicultura mendocina. La reconversión de antiguas haciendas centradas en la producción de cereales, harinas y engorde de ganado daría paso al desarrollo vitícola y a la constitución de un nuevo paisaje agrario, basado en tecnologías y escalas productivas industriales.

Anteriormente dijimos que San Juan comenzó este proceso antes que Mendoza. En los años 1870, la prensa mendocina destacaba los avances de San Juan y el estancamiento local y ponía como ejemplo la sociedad de Caraffa y Cía., que estaba produciendo buenos vinos de mesa y vendiéndolos con éxito en el Litoral en competencia con los importados, por valores que en pocos meses llegaban a 50.000 pesos fuertes, mientras que Mendoza vendía casi exclu-

---

[81] De origen rosarino, se radicó en Mendoza en la década de 1860. Fue comerciante, banquero, hacendado, molinero y político (Gobernador de Mendoza, 1887-1889; senador nacional, etc.). Como vitivinicultor fue un exponente destacado de una ínfima minoría preocupada, tempranamente, por producir vinos de calidad.

[82] *Los Andes*, Mendoza, 15-11-1887, p. 1.

[83] Una buena descripción al respecto la da Adrián Patroni, *op. cit.*, pp. 146-149. En el siguiente capítulo ampliaremos esta cuestión en relación con los trabajadores.

sivamente en el mercado local.[84] Un miembro de la élite local, el salteño Justo Castro,[85] es un ejemplo casi paradigmático del inicial adelanto sanjuanino. Comenzó desarrollando sólo la actividad mercantil ganadera, con lo que puede considerárselo dentro de la categoría de *comerciante no-productor*, viajando con sus mercancías por diversos circuitos.[86]

> [...] De sus viajes [...] regresaba Justo Castro algunas ocasiones con mucho oro, y otras sin traer más que la noticia de la pérdida total de la suma que importaban las haciendas cubiertas por gruesa capa de nieve [...] Después de muchos años de tan activa y laboriosa manera empleados, fue que Castro resolvió cambiar de negocio [...] plantar viñas y hacer con sus frutos vino [...].[87]

De acuerdo con esta fuente, en la década de 1870, "en un hermoso y fértil pedazo de tierra de su propiedad" (ignoramos cuándo lo adquirió) localizado en Caucete (al este del oasis del río San Juan, véase figura 1), cultivó trigo y construyó un molino a vapor para elaborar harina propia y de terceros; instaló "una gran casa de comercio" –seguramente un almacén de ramos generales– y, lo más importante, casi simultáneamente, comenzó en 1876 la plantación de viñedos modernos con cepas francesas "directamente introducidas de Burdeos".[88] Fueron 500 cepas que pronto se expandirían y, en 1882, produjo las

---

[84] *El Constitucional,* Mendoza, 30-10-1877 y 1-12-1877. Pedro Caraffa constituye, además, un ejemplo de empresario innovador. Nacido en Italia, ejerció el comercio en San Juan, donde integró la etapa industrial vitivinícola. Pero, simultáneamente, hizo negocios en Mendoza, entre 1872 y 1876, asociado con un compatriota (Bergallo) para compra-venta de bienes de ultramar y frutos del país. Ese último año se asoció con el sanjuanino Eliseo Marenco (también bodeguero en su provincia) para exportar ganado a Chile desde Mendoza, encuadrándose en la categoría de comerciante no-productor. Véase Rodolfo Richard-Jorba, *Poder, economía...*, *op. cit.*, p. 96. Estas actividades comerciales de Caraffa muestran la jerarquía que adquiriría Mendoza en el ámbito regional y la atracción que ejercía para los negocios.

[85] Nació en Salta. Su actividad comercial lo condujo a San Juan, donde se radicó. Hombre público, llegó a ocupar la gubernatura de la provincia, entre otros cargos, véase Emilio Maurín Navarro, *op. cit.*, p. 167. Como industrial del vino, gozó de reconocido prestigio en su época, adelantándose considerablemente a Mendoza en el desarrollo de viñedos de calidad.

[86] Una fuente contemporánea lo expresa muy gráficamente: "En negocio tan lucrativo como lleno de vicisitudes y peligros había por mucho tiempo Justo Castro empleado su capital, su actividad y su inteligencia: comprar hacienda de este lado de los Andes y pasar al otro a venderla era su negocio [...], cuando acompañando sus tropas se dirigía a Chile, Perú o Bolivia", Manuel Chueco, *op. cit.*, p. 168.

[87] *Ibid.*, p. 170.

[88] *Ibid.*, p. 173. Para Chueco, el cambio en los negocios de Castro habría obedecido a la expectativa por la llegada del ferrocarril (concretada sólo en 1885), que permitiría comerciali-

primeras 1.500 bordalesas de vino (3.000 hl), llegando a 7.000 en 1886,[89] año en que disponía de 250.000 cepas implantadas.[90] El cultivo vitícola y la bodega se completaron con el desarrollo de la etapa comercial, que convertiría muy tempranamente a Castro en un *bodeguero integrado* –concepto sobre el que volveremos–, con dos sucursales y fraccionadoras ("casas consignatarias") localizadas en Buenos Aires y La Plata.[91] En una destacada innovación para la época, contrató en 1887 a un enólogo alemán para que dirigiera su bodega.[92] Dos años más tarde, Justo Castro se asoció con el italiano conde de Médici, el catalán Luis Castells y su comprovinciano Francisco Uriburu.[93] Simultáneamente, llegaron desde Chile dos vagones cargados con sarmientos destinados a ampliar su plantación.[94] Al finalizar el siglo esta bodega era la más moderna de San Juan y una de las mejor equipadas del país.[95] Pocos años más tarde, Uriburu era el

---

zar los vinos en gran escala en el litoral y Buenos Aires. Como comerciante experimentado, además de la pérdida de rentabilidad de las exportaciones, ya mencionada, desde mediados de los años 1870, Castro debe haber previsto que el negocio del transporte de ganado concluiría en manos del ferrocarril. Las cepas fueron adquiridas al "señor Pullet". Se trata, sin duda, de Michel Pouget, agrónomo francés, inmigrante temprano a Mendoza, otrora director de la Quinta Agronómica, precursor de la moderna vitivinicultura de calidad y maestro de destacados productores mendocinos. En cuanto al molino a vapor, en esos años, constituía una rareza y una modernización técnica de primera magnitud en la región. Según el Censo de 1895, fue fundado en 1874, es decir dos años antes de la plantación de vid. AGN, *Segundo Censo Nacional 1895*, Cédulas Censales, San Juan, Boletín 33-Molinos, fs. 8.

[89] Alfredo Malaurie y Juan Galazzano, *La industria argentina y la Exposición del Paraná*, Buenos Aires, 1888, pp. 280-284. Esta fuente menciona también las 500 cepas iniciales y las identifica como variedad malbec.

[90] Manuel Chueco, *op. cit.*, p. 183. Si consideramos válidas las superficies indicadas por este autor, Castro tenía 317 ha (200 cuadras) en su finca, de las cuales, unas 52 ha estaban ocupadas por el viñedo. Esto da una densidad de más de 4.800 plantas por ha, cifra que, aunque muy elevada para la época, sugiere que se trataba de un viñedo moderno, preparado para la producción en gran escala, aunque carecemos de información acerca del sistema de conducción.

[91] *Ibid.*, pp. 190-191. Justo Castro estaba al frente de la casa consignataria en Buenos Aires y sus hermanos, incorporados a la firma como socios, se encargaban de la producción en San Juan.

[92] Alfredo Malaurie y Juan Galazzano, *op. cit.*, p. 283.

[93] Emilio Maurín Navarro, *op. cit.*, p. 168.

[94] El ingreso de los sarmientos, con la oposición del gobierno de Mendoza por temor a la introducción de plantas filoxeradas, fue autorizado por el gobierno nacional. AGPM, Carpeta N° 75-Ferrocarril, 1863-1892, Docs. 47 y 48. Sin duda, la relación de Castro con Uriburu, tanto económica como política, debió influir decisivamente en esa autorización.

[95] P. P. Ramírez, *op. cit.*, pp. 174-178; Karl Kaerger, *La agricultura y la colonización en Hispanoamérica. Los estados del Plata*, Buenos Aires, ANH, 2004, p. 796 [edición alemana de 1901]; Arminio Galanti, *La industria viti-vinícola argentina*, t. I, Buenos Aires, Talleres Ostwald & Cía, 1900, p. 138.

único propietario, con 250 ha de viñedos, divididos en tres secciones denominadas "Castro", "Castells" y "Uriburu", las cuales se subdividían en cuarteles de 2 ha cada uno. Sólo una pequeña parte de la viña inicial del fundador era conducida con técnicas de tradición colonial ("de cabeza"), pero el resto estaba implantada con tecnología moderna, en espaldero.[96]

Una rápida revisión de las cédulas censales de 1895 confirma la opinión que expresáramos más arriba en el sentido de que el viñedo moderno se expandía más rápidamente en las propiedades medianas y pequeñas que en las grandes, salvo excepciones como el establecimiento de Uriburu. Por ejemplo, en los departamentos de Concepción y Desamparados, la hacienda del argentino Antonio Cordero (130 ha cultivadas), sólo tenía seis con viña "de cabeza"; el español Florencio Aménaga, (104,6 ha), registraba 12 con viñedo tradicional; la Estancia San Pedro, del argentino Pedro Coll (202,4 ha), dedicaba 18 ha al mismo tipo de viñedo; o Salvador Zavalla (101,5 ha) cultivaba dos hectáreas de viña por el sistema de "encatrado" (parral montado sobre estructuras de madera, una tecnología colonial). Estas grandes diferencias aparecían también en propiedades menores, aunque la necesidad de dotarlas de viabilidad económica marcaban una tendencia a ocupar todo el fundo con viña. Se observa, en buena parte de los casos revisados, una mixtura entre viñedos muy antiguos (algunos del siglo XVIII) y plantaciones modernas. En estas últimas, conducidas en espaldero, predominaban las cepas de origen francés, las criollas o el cultivo mixto. Así, Antonio Maradona, argentino, tenía 6,2 ha, todas con viñedo criollo; Pedro Grossi, suizo, 54,6 ha en total y 21,7 con viñas (malbec y criollas); Juan M. Tierney, inglés, 45 y 20 (variedades francesas); los italianos Luis Cattani, 3 ha, todas con uvas criollas; Santiago Graffigna, una finca de 32 ha con 31 de viñedos franceses y criollos; y Cereseto y Cía., en un fundo de 152 ha tenía 112 con cepas francesas, etc. En el departamento fronterizo de Iglesia, valle longitudinal y lugar de engorde y recuperación del ganado, sólo se registraron ocho propiedades con viña, la mayor con 3 ha, otra con 1,6 y el resto de menos de 1 ha. El vino se producía para consumo en la finca y en la vecindad, es decir, que en esta zona típicamente ganadera, el viñedo se mantenía como parte de la antigua trilogía agrícola y no estaba destinado al mercado capitalista.[97] Por el contrario, la di-

---

[96] Un detalle muy completo de esta empresa lo proporciona Juan Bialet Massé, *Informe sobre el estado de la clase obrera*, t. II, Buenos Aires, Hyspamérica, 1985, pp. 934-944 [1904]. La superficie vitícola se había quintuplicado en menos de 20 años. La sección "Castro", al parecer, mezclaba sistemas tradicionales y modernos de conducción de la viña, constituyendo posiblemente una imagen "fotográfica" de los comienzos de la empresa, casi tres décadas antes.
[97] AGN, *Segundo Censo Nacional 1895*, Cédulas Censales, Económico y Social, San Juan, Legajo 204, Boletín 29, Viñedos, fs. 747 y siguientes. Antonio Maradona figura como argentino, pero en el Legajo 208, Boletín 34-Fabricación de vinos, ficha 22, se declaraba italiano. Cabe suponer se habría nacionalizado argentino.

fusión del viñedo moderno en Mendoza, como cultivo exclusivo, abarcaba fincas de todos los tamaños.

Para 1895, era evidente que Mendoza tomaba rápidamente la delantera, no sólo en la modernización del viñedo y en el predominio de cepajes franceses,[98] sino en su difusión espacial y en la consecuente expansión industrial, como se verá en el próximo capítulo.

Ganadería regional y vitivinicultura: cambios y continuidades

Aunque la asociación forrajeras-cereales tenía una larga tradición, llegaría finalmente a su fin con la gradual desaparición de uno de sus componentes. Tal como se ha mencionado, el desarrollo agrícola pampeano anuló el esquema con el cual había funcionado el negocio harinero en la región (tema que trataremos más adelante), pero la ganadería mantuvo por algunas décadas su vinculación con el mercado trasandino, aunque con altibajos enmarcados en una tendencia general descendente. Con el afianzamiento del moderno Estado nacional argentino y la estructura económica sobre la que se asentó, una parte de la economía de la región perdió sustento, pero la otra persistió, adaptándose a las nuevas condiciones. En efecto, con exportaciones en descenso, el grueso de la actividad ganadera se reorientaría a satisfacer, dentro de sus limitadas posibilidades, la demanda de carne y la provisión de animales de trabajo del mercado regional. El sector ganadero, en suma, dejaría de ser el centro de la economía de la región para convertirse en un apéndice de la misma, lo que trajo aparejada la consolidación de cambios sociales y políticos que se registraban desde los años 1870.

En el marco de un proceso que generaba acelerados cambios económicos, sociales y territoriales, el sector ganadero no podía sustraerse a la transformación y debió adaptarse para mantener presencia en la economía regional. Entre los cambios económicos, fue clave el descenso de las exportaciones y la pérdida de rentabilidad de las mismas. En las casi cinco décadas transcurridas desde 1870 a 1915 hubo bruscos altibajos en la cantidad de animales exportados, pero con una tendencia general que marcaba la decadencia de este comercio. Por ejemplo, en 1870, época de auge, la región exportó a Chile 65.785 animales; en 1880 fueron 29.982; en 1893, 78.337; en 1895, 128.485 –la cifra más alta de la década–; en 1899 sólo se vendieron 16.882; en 1907, 35.516 –la mayor de la primera década del siglo xx–; y, en fin, en 1915, 9.585 (los cuadros 1 y 2 discriminan las exportaciones por especie y cantidad de cabezas).[99]

---

[98] Un observador científico destacaba estas diferencias en 1899, describiendo el marcado atraso de San Juan respecto de Mendoza. Karl Kaerger, *op. cit.*, p. 795.
[99] Una mejor aproximación a la decadencia de las exportaciones regionales se puede establecer relacionando el movimiento exportador con los habitantes. Así, Mendoza exportó en 1871, 0,95 vacunos por habitante censado en 1869, o poco más de una cabeza si se inclu-

Por supuesto, hubo también factores externos concurrentes en la decadencia de la actividad exportadora, ya mencionados.

Por su parte, la nueva economía agroindustrial –el gran motor de las transformaciones– determinaba una mejora en las condiciones de vida de la población. El paralelo incremento demográfico y la expansión urbana aumentaron, asimismo, la demanda interna de carnes. En efecto, desde la década de 1880, al menos en Mendoza (no disponemos de datos sobre San Juan para esos años), los salarios del escalón más bajo en el mercado de trabajo, los peones, fueron incrementándose y, en la década de 1890, diversas categorías laborales superaban el "salario de supervivencia". El mayor ingreso incentivaba la demanda de alimentos y, aunque había abundante pobreza –urbana y rural–, también crecía el número de trabajadores calificados en los diversos sectores de la economía, con sueldos considerablemente superiores a los de un peón. Finalmente, un factor no menos importante en este aumento de la demanda fue el moderado descenso de la mortalidad general en la Argentina a partir del quinquenio 1870-1875, proceso que se aceleraría desde 1914. El desarrollo experimentado por el país en el último cuarto del siglo XIX, que Mendoza y San Juan acompañaban, como venimos mostrando, habría incidido en tal descenso.[100] Tampoco fue ajena a la gradual mejoría de los niveles de vida de la población, la formación y constante ampliación de una franja de pequeños y medianos propietarios vitícolas desde los años 1880 como resultado de las políticas de promoción fiscal del viñedo y de los sistemas de contrato para desarrollar nuevas plantaciones, cuestión que retomaremos en el capítulo II.[101] El aumento de las explotaciones vitícolas y de la cantidad de bodegas, las labo-

---

yen las otras especies. En 1895, esa relación se redujo a 0,5 vacunos y 0,7 cabezas del total exportado. En San Juan fue menor: 0,4 y 0,5. En 1914, la proporción se tornó insignificante: en Mendoza, 0,06 vacunos y 0,07 cabezas de ganado total; en San Juan, 0,04 y 0,05. Rodolfo Richard-Jorba, "Un panorama del sector ganadero...", *op. cit.*

[100] Sobre aumentos del ingreso desde los años 1880 en Mendoza, puede consultarse a Rodolfo Richard-Jorba, "El mercado de trabajo rural...", *op. cit.* Una investigación de 1990 definió el "salario de supervivencia" y mostró mejoras en los salarios, véase María R. Prieto y Susana Choren, "Trabajo y comportamientos familiares. Los sectores populares criollos en una ciudad finisecular. Mendoza, 1890-1900", *Xama*, N° 3, Mendoza, CRICYT, 1990, pp. 175-194. En la década de 1890 los jornales en Mendoza superaban a los de San Juan (véase el siguiente capítulo). Para la primera década del siglo XX, hay información sobre salarios en ambas provincias en Juan Bialet Massé, *op. cit.*, y Juan Alsina, *El obrero en la República Argentina*, Buenos Aires, s/e, 1905. Sobre cambio en la mortalidad general en el país, véase Alfredo Bolsi, y J. Patricia Ortiz de D'Arterio, *Población y azúcar en el Noroeste Argentino*, Tucumán, IEG-UNT, 2001, p. 42.

[101] Rodolfo Richard-Jorba, "Conformación espacial...", *op. cit.*, y "El mercado de trabajo vitivinícola en Mendoza y los nuevos actores: el 'contratista de viña'. Aproximación a un complejo sistema de empresarios y trabajadores. 1880-1910", en *Revista Interdisciplinaria de Estudios Agrarios*, N° 18, Buenos Aires, PIEA-FCE-UBA, 2003, pp. 5-37.

res culturales necesarias en la fase agrícola, el transporte de uva hacia los establecimientos elaboradores en vendimia, y del vino hacia las estaciones ferroviarias, etc., demandaban animales de trabajo de manera creciente, lo cual se refleja en las estadísticas. En efecto, entre los censos nacionales de 1888 (Agropecuario) y 1914 hubo un significativo y constante incremento de las existencias de animales de trabajo. El ganado caballar registró 70.697 cabezas en 1888 y 186.508 en 1914; y los mulares y asnales crecieron de 32.338 a 81.856. Los bovinos, por el contrario, lo hicieron lentamente, de 234.548 a 290.035, pero tuvieron un máximo de 411.915 en 1908. Este marcado retroceso en un período tan breve, posiblemente haya combinado causas ambientales (sequías) y económicas (liquidación de inventarios destinados a exportación ante la caída de este negocio) (cuadro 3).

Con respecto al aumento de la demanda de carnes en el mercado regional, sólo es posible comprobarla parcialmente pues no disponemos de datos extensos de San Juan.

La población urbana mendocina casi se decuplicó entre 1869 y 1914, y la rural se triplicaría largamente (cuadro 4), lo que dio lugar a una acelerada expansión, en toda la provincia, de la provisión de carne desde mataderos registrados oficialmente. A comienzos de la década de 1880 sólo se faenaban bovinos en el Matadero público de Mendoza y su número no superaba los 8.000 animales por año. Al iniciarse el siglo XX, se enviaron a faena entre 15.500 y 17.500 bovinos, unos 11.000 ovinos y varias centenas de cerdos. En 1910 se sacrificaron 95.757 bovinos, cifra que creció a 104.000 al año siguiente, descendiendo a 90.052 en 1913.[102] En esos años, los ovinos faenados sumaron 37.877, 39.000 y 28.301. La caída en la faena de 1913 se dio en simultáneo con un brusco descenso en las exportaciones a Chile en relación con 1911 (-72%), lo que sugiere que en ese último año se habría liquidado *stock* ganadero que no fue repuesto dos años después. Ese descenso en la actividad de los mataderos obedeció, probablemente, a una combinación de factores ambientales (sequías), variaciones de precios, falta de capital de trabajo para reponer las existencias ganaderas.[103] Tampoco puede soslayarse, por su impacto inmediato, el comienzo de una fuerte crisis de la vitivinicultura, con su secuela de desempleo y descenso de los ingresos de la población, que se extendería hasta 1918. Agreguemos que el grueso de los animales eran faenados en la capital y los departamentos vecinos, zona con mayor población y desarrollo urbano acelerado.

---

[102] *Estadística General de la Provincia de Mendoza*, Boletines 1 y 2, 1882, p. 25; Provincia de Mendoza, *Memoria de la Oficina de Estadística, año 1903*, Mendoza, 1904, p. 130; *Anuario de la Dirección General de Estadística de la Provincia de Mendoza correspondiente al año 1910*, Mendoza, 1912, p. 395; *Anuario de la Dirección General de Estadística de la Provincia de Mendoza correspondiente al año 1911*, Mendoza, 1912, p. 411 y *Anuario de la Dirección General de Estadística de la Provincia de Mendoza correspondiente al año 1913*, Mendoza, 1914, p. 372.
[103] Rodolfo Richard-Jorba, "Un panorama del sector...", *op. cit.*, p. 63.

Cuadro 3. Provincias de Mendoza y San Juan. Evolución de las existencias ganaderas, entre 1888 y 1914, por provincias y especie, en cantidad de cabezas

Provincia	Especie	1888	1895	1908	1914
	Bovinos				
Mendoza		180.009	268.746	329.998	226.749
San Juan		54.539	69.288	81.917	63.286
Total región		234.548	338.034	411.915	290.035
	Equinos				
Mendoza		44.849	80.590	131.858	139.575
San Juan		25.848	38.161	41.619	46.933
Total región		70.697	118.751	173.477	186.508
	Mulares				
Mendoza		11.184(1)	16.688	24.346	37.044
San Juan		21.154(1)	20.372	23.494	25.741
Total región		32.338	37.060	47.840	62.785
	Asnales				
Mendoza		– (1)	2.150	4.014	8.360
San Juan		– (1)	9.425	10.141	10.711
Total región		–	11.575	14.155	19.071
	Lanares				
Mendoza		122.298	169.937	290.123	298.487
San Juan		62.672	59.583	96.820	65.329
Total región		184.970	229.320	386.943	363.816
	Caprinos				
Mendoza		50.847	101.697	205.427	195.327
San Juan		35.347	54.192	90.796	81.846
Total región		86.194	155.889	296.223	277.173

Fuentes: elaboración propia con datos tomados del Segundo Censo Nacional-1895, t. 3-Económico y Social, cap. x-Ganadería; y Tercer Censo Nacional-1914, t. vi, vol. 1, p. 32, cuadro "Las variaciones numéricas del ganado argentino".
(1) La fuente no discrimina mulares y asnales.

Cuadro 4. Provincias de Mendoza y San Juan. Evolución de la población urbana y rural entre 1869 y 1914, en miles de habitantes y significación porcentual en la región

Provincias	1869				1895				1914			
	Urbana	%	Rural	%	Urbana	%	Rural	%	Urbana	%	Rural	%
Mendoza	9,9	48	55,5	53	30,4	72	85,8	54	88,9	81	188,6	66
San Juan	10,6	52	49,7	47	12,1	28	72,1	46	21,1	19	98,1	34
Total región	20,5	100	105,2	100	42,5	100	157,9	100	110,0	100	286,7	100

Fuentes: elaboración propia con datos tomados de: *Primer Censo Argentino-1869; Segundo Censo Nacional-1895,* tt. 1 y 2, y *Tercer Censo Nacional-1914,* t. II.

Nota: Los tres censos fueron corregidos por Alfredo Lattes, "Evaluación y ajuste de algunos resultados de los tres primeros censos nacionales de población", en Documento de trabajo N° 51, Serie Población y Sociedad, Instituto T. Di Tella, Buenos Aires, 1968. Este autor calculó totales de población superiores a los aquí consignados. Cabe lo mismo para las cantidades de población urbana en 1869 y 1895, corregidas en cifras menores por Zulma Recchini de Lattes y Alfredo Lattes, *La población de Argentina,* Buenos Aires, INDEC, 1975.

La población de Mendoza en 1913 estaba calculada en 261.000 personas, con lo cual el consumo anual aparente per cápita habría sido de 0,34 res vacuna y 0,11 ovina (en 1911, 0,46, casi media res, y cerca de un sexto de ovino). En San Juan, con una población total de 130.000 personas en 1919, se faenaron 19.000 bovinos y poco más de 4.000 ovinos, es decir que seis años después registraba un consumo per cápita sensiblemente menor al de Mendoza (habría sido de menos de un sexto de bovino y una proporción insignificante de ovinos).[104] Sin duda, también persistía la faena en las estancias, fincas y haciendas, no medida estadísticamente (cuadro 4).

Hubo, asimismo, otros factores internos clave, geográficos, económicos y culturales, que intervinieron en la decadencia de la ganadería orientada a la exportación. Entre los primeros, la limitada capacidad de soporte animal de los campos de cría, fueran los del sur de Mendoza o los del semidesierto regional, constituían una barrera infranqueable, teniendo en cuenta la precaria disponibilidad tecnológica durante el período en estudio. Entre los factores económicos, cabe mencionar que la producción regional era insuficiente para atender la demanda, por lo que necesariamente debía mantenerse la adquisición de ganado en el este del país a fin de conservar el negocio. Sin embargo, el ferrocarril (figura 2) prácticamente eliminó, desde 1885 (y desde 1903 en

[104] Los datos de San Juan han sido tomados de *Los Andes,* número especial, *op. cit.,* pp. 399 y 409. Los de la población de Mendoza son estimaciones del *Anuario de la Dirección General de Estadística de la Provincia de Mendoza correspondiente al año 1913,* Mendoza, 1914, p. 159.

San Rafael) otra fuente de recursos de los comerciantes integrados: el transporte. De tal modo se disociaba el negocio: para el exportador disminuían los ingresos y la región perdía poder de acumulación; mientras, el ferrocarril engrosaba sus ganancias y la capitalización la harían los accionistas en el extranjero.[105] La descripción que hacía uno de estos empresarios no deja lugar a dudas sobre el impacto que, según preveía, tendría el moderno transporte en sus negocios y en la sociedad toda:

> Este año es más difícil que el año pasado para vender el ganado a precio regular con Chile [...] ya la alfalfa en Mendoza, no tiene consumo, porque el ferrocarril ha suprimido nuestro tráfico, que lo hacíamos con nuestros carros y arrias de mulas [...]. A Chile le vino la ruina por el ferrocarril, y nosotros vamos caminando al mismo fin [...] pues es un negocio que consiste en un tropero grande, que viene a enterrar a todos los menores, ya que no nos deja más que el silbido de sus máquinas llevándose el producido de los fletes, que todo nos quedaba antes con nuestros propios recursos de transportes –que nos eran suficientes para lo que producimos en todas las Provincias. Cuando iban nuestras expediciones al Rosario, todos los provincianos ganábamos con el transporte [...].[106]

Además de apropiarse del negocio de los fletes, el ferrocarril haría ingresar el ganado a la provincia listo para ser exportado o necesitando, apenas, un breve tiempo para que los animales recuperaran alguna pérdida menor de peso. La nueva tecnología impactaría así negativamente sobre el sistema agrícola regional pues el negocio de la invernada quedaría reducido a su mínima expresión, especialmente cuando se habilitara el tramo ferroviario que vinculó la región con Chile (1910-1912), lo que cerraría el círculo del transporte en torno de las empresas extranjeras.

Como factores culturales, el impacto que causó la inmigración masiva fue determinante en la expansión y consolidación de la vitivinicultura como centro de la economía y en el cambio hacia un papel secundario de la ganadería regional, como se verá más adelante.

---

[105] El tramo ferroviario Villa Mercedes-Mendoza-San Juan fue inicialmente estatal (igual que el de Villa Nueva o Villa María-Villa Mercedes), pero pronto sería entregado por el presidente Juárez Celman (fines de 1886) a los ciudadanos chilenos Juan y Mateo Clark por una suma irrisoria. Éstos, a su vez, cedieron sus derechos a la británica compañía Gran Oeste Argentino, que se hizo de 514 km de vía construidos por ingenieros argentinos. Raúl Scalabrini Ortiz, *Historia de los Ferrocarriles Argentinos*, 5ª ed., Plus Ultra, Buenos Aires, 1971, pp. 303-324.
[106] Carta de Daniel González, Mendoza, diciembre de 1879, a su hermano Lucas (en Buenos Aires). Archivo Familiar Panquehua, Copiador de Daniel González, 1878-1879. En ese momento el ferrocarril sólo llegaba hasta Villa Mercedes (San Luis) y faltaban varios años para su extensión hasta Mendoza y San Juan.

Subproductos ganaderos al mercado interno

La expansión económica nacional, que el ferrocarril impulsaba fuertemente, motivó a los productores de la región a vender cueros, lanas y otros subproductos en el mercado interno, transacciones que agregaban valor localmente y constituían un factor más de acumulación, compensando la retracción del comercio externo y, en parte, la porción de ingreso que les sustraía el moderno transporte.

En efecto, el faenamiento para consumo interno generaba crecientes excedentes de cueros, que se comercializaban en otras provincias y contribuían a la consolidación de los intercambios dentro del mercado nacional en función de las diversas especializaciones regionales. Aunque no se dispone de información sobre San Juan, puede asimilarse la evolución de Mendoza a toda la región. En efecto, hacia 1881 existían en Mendoza siete curtiembres que procesaban cueros localmente –en cifras desconocidas– y se vendían a otras provincias entre 17 y 18 mil piezas vacunas (unas 240 t), de 36 a 55 t de cueros lanares y cabríos, y alrededor de 140 t de lana.[107]

En 1895 quedaban dos establecimientos en Mendoza y uno en San Juan y, para 1914, se mantenía el mismo número para la primera y se ampliaba a cinco en la segunda, aunque no es seguro que se tratara de curtiembres en todos los casos.[108] Eran talleres pequeños, que empleaban entre siete y nueve personas y, por lo tanto, disponían de una escasa capacidad de procesamiento. En 1908, en estrecha correlación con el crecimiento del *stock* ganadero y de la faena, Mendoza enviaba a otras provincias más de 90.000 cueros vacunos (unas 1.200 t), 140 t de lanares y cabríos y casi 500 t de lana.[109] La demanda regional de este último rubro se reducía rápidamente pues los censos muestran la constante retracción de los oficios de hiladores y tejedores, indicativo de la gradual desaparición de esos artesanados y de la absorción de la materia prima excedente por las nacientes industrias textiles de Buenos Aires y por los exportadores de lana sin procesar (cuadro 1 del capítulo II). El crecimiento de las ventas de cueros y lanas continuó: entre 1913 y 1914 salieron de Mendoza 1.368 t de lana y 5.336 t de cueros.[110] A diferencia de lo que ocurría en la época de auge de las exportaciones ganaderas, la demanda interna, regional y nacional, afianzaba otros encadenamientos productivos que agregaban valor y creaban empleo.

---

[107] Cálculos propios sobre datos tomados de *Estadística General de la provincia de Mendoza*, Boletín 1, Mendoza, 1882, p. 28.

[108] El Censo de 1895 agrupaba "curtiembres y peleterías" y el de 1914 incluía "curtiembres y charolerías, refinería y planchado de cueros". *Segundo Censo Nacional 1895*, t. 3, cap. XI, pp. 289 y 291, y *Tercer Censo Nacional 1914*, t. VII-Industrias, pp. 360 y 364.

[109] *Anuario de la Dirección General de Estadística de la provincia de Mendoza correspondiente a los años 1907, 1908 y 1909*, Buenos Aires, 1910, pp. 252-254.

[110] En 1913, 723 t de lanas y 3.209 t de cueros; en 1914, 645 y 2.127. La fuente agrupa

El trigo y la harina: auge y decadencia

Antes de concluir este capítulo haremos una síntesis de la actividad cerealera y la industria molinera. Esta última, sobre todo, constituía una importante fuente de ingresos para la economía mercantil pues contribuía a equilibrar la balanza comercial deficitaria con las provincias orientales.

La crisis de mediados de los años 1870, que obligaría a reorientar la economía regional hacia la especialización vitivinícola, era presentada por Vicente Fidel López en el Congreso de la Nación como resultado de las políticas librecambistas del gobierno nacional, que dejaban inermes a las producciones argentinas:

> Fijémonos en San Juan, donde había una cosecha notable de vinos. Esas cosechas han desaparecido y las viñas se han convertido en alfalfares, retrogradando el país de la agricultura y de la industria al pastoreo. ¿Y por qué? Porque se ha estancado el trabajo y el comercio, porque ha disminuido la población. La población se va por falta de trabajo [...] Y la provincia se ha empobrecido notoriamente.[111]

En verdad, una crisis casi terminal de la vitivinicultura sanjuanina –y también de la mendocina– había estallado décadas atrás y el sector se retrajo de tal modo que a comienzos de la década de 1850 satisfacía casi exclusivamente las necesidades de los mercados locales.[112] Pero el retroceso del viñedo que mencionaba López databa –al menos para Mendoza– de la década de 1830, cuando fue gradualmente desplazado por cultivos forrajeros y cerealeros, además del desarrollo de explotaciones de moreras, erradicadas en pocos años. Y efectivamente, hubo pobreza, falta de trabajo y emigración en ambas provincias.[113] La superación de esa profunda crisis y la reiniciación del crecimiento se produjo, como ya dijéramos, desarrollando la ganadería comercial con agri-

---

"cueros, cerda y grasa" sin desagregar la información. Puede estimarse que los cueros superaban el 85% de ese tonelaje. Cálculos propios con datos extraídos de los *Anuarios de la Dirección General de Estadística de la provincia de Mendoza* correspondientes a los años 1913, p. 339, y 1914, p. 361.

[111] Discurso del diputado Vicente Fidel López, consecuente defensor del trabajo y la industria nacionales, en la sesión del 18-8-1876, citado en: José Panettieri, *La crisis de 1873*, Buenos Aires, CEAL, 1984, p. 42.

[112] Rodolfo Richard-Jorba, *Poder, economía...*, op. cit. San Juan, no obstante, estaba en mejores condiciones que Mendoza, pues su antigua especialización en aguardientes y en pasas de uva mantuvo su presencia en el Litoral entre las décadas de 1850 y 1870.

[113] Echagüe trazó un panorama del viñedo sanjuanino que probablemente fue conocido por el diputado López. El relato reseñaba los altibajos que soportó este cultivo en el pasado, pero destacaba que estaba resurgiendo con fuerza a comienzos de la década de 1870. Hacía mención, además, a la emigración de sanjuaninos hacia California. Pedro Echagüe, "La vi-

cultura subordinada. El engorde y la exportación de ganado a Chile por una parte, y la venta de harinas y otros productos a las provincias orientales por la otra, fue un modelo que funcionó exitosamente casi tres décadas, permitiendo una importante acumulación regional que sentó las bases para que las élites locales invirtieran en vitivinicultura cuando se la revaloró como alternativa para sustituir al declinante negocio ganadero.

Para el momento en que Vicente F. López daba su discurso, la vitivinicultura estaba en proceso de recuperación e iniciaba tenuemente su modernización con el aporte de hombres que avanzaban en aquella dirección, como Justo Castro en San Juan, y, en Mendoza, Salvador Civit, junto con los franceses Eugenio Guerin e Hilaire Lasmartres (o Lasmastres) y el italiano Pedro Brandi, tema que ampliaremos en el capítulo II.

La visión de López no se ajustaba a la realidad pues la ganadería comercial en Mendoza y San Juan no constituía una mera economía pastoril. A la inversa de la actividad dominante en la región pampeana –ámbito cercano al legislador–, era, entre los años 1850 y los 1870, básicamente una agricultura especulativa de forrajeras dedicada casi exclusivamente al engorde de ganado, es decir una "fábrica" de carne y grasa destinadas al mercado chileno, de cuya demanda dependía toda la estructura económica regional. Para su funcionamiento, este modelo requería algo más que *pastores*. Necesitaba una división técnica y espacial del trabajo entre las escasas tierras irrigadas y los extensos pero poco productivos campos del semidesierto y valles cordilleranos de la región, ya mencionados. Este sistema productivo del centro-oeste hubo de abandonarse cuando el desarrollo agrícola pampeano se hizo realidad.

El cuadro 5 de este capítulo y el 3 del capítulo II permiten apreciar las transiciones y reorientaciones productivas de la región. Para 1888, el trigo, que venía en franco retroceso en Mendoza, ocupaba 6.976 ha,[114] casi tanto como el expansivo viñedo.[115] San Juan, por el contrario, mostraba cambios menos notorios, destacándose todavía el trigo entre los cuatro cultivos principales con una representatividad del 15,6%. En 1895 el contraste con Mendoza se

---

ña en San Juan", *Anales de la Sociedad Rural Argentina*, Buenos Aires, 1872, pp. 330-332. En la década de 1850 numerosos mendocinos también emprendieron viaje hacia el oeste norteamericano motivados por la "fiebre del oro".

[114] En 1881, la superficie con trigo en Mendoza superaba las 16.000 ha y en 1883 llegó casi a 23.000. El avance del viñedo desde 1885 y la caída de las ventas de harina provocaron una retracción sostenida en los años siguientes. Véase Rodolfo Richard-Jorba, "El trigo y la industria molinera en Mendoza (Argentina) en la segunda mitad del siglo XIX. Cambios económico-espaciales y comportamientos empresariales", *Relaciones. Estudios de Historia y Sociedad*, Nº 74, Zamora, El Colegio de Michoacán, 1998, pp. 267-294.

[115] En 1883 se habían registrado en Mendoza 2.788 ha de viñedos. Cinco años después, como muestra el cuadro 1 del capítulo II, eran 6.740 ha.

hizo más evidente, no sólo en la fase agrícola sino también en la industrial. En efecto, Mendoza tenía 52 establecimientos molineros en los años 1870[116] y San Juan 42.[117] Veinte años después ese número prácticamente se mantenía en San Juan mientras que había descendido una tercera parte en Mendoza. En esta última la molinería se retraía, no sólo por el avance vitivinícola sino también por un proceso de concentración y por la modernización de algunos establecimientos que dejaban fuera de competencia a otros de menor capacidad de elaboración y técnicamente obsoletos. En efecto, el promedio de harina elaborada por establecimiento creció casi diez veces –de 265 t en 1895 a 2.088 t en 1914–, en tanto que en San Juan, en el mismo período, los molinos no alcanzaban a duplicar su producción media (215 t a 389 t) (cuadro 5).

En Mendoza se intensificó el trabajo en el sector. Las 225 personas empleadas en los molinos en 1895 descendieron a 142 en 1914, reflejando el proceso de concentración y de mejoramiento técnico. San Juan, por el contrario, mantuvo casi invariable el personal ocupado en la actividad (148 en 1895 y 142 en 1914).[118] El resultado se traducía en un notable aumento de la productividad de la mano de obra en Mendoza (258%), frente a un magro 10% de la empleada en San Juan.[119]

Otra diferencia importante radicaba en que Mendoza se proveía de manera creciente y mayoritaria con trigo de otras provincias, en tanto San Juan continuaba abasteciendo su actividad molinera con materia prima predominantemente local, aunque algunas remesas llegaban desde otras zonas productoras.[120] La posición de San Juan, más alejada que Mendoza, probablemente permitía que sus trigos tuvieran todavía costos menores que los introducidos por ferrocarril desde la región pampeana.[121]

---

[116] Rodolfo Richard-Jorba, "El trigo y la industria...", *op. cit.*
[117] Emilio Maurín Navarro, *op. cit.*, p. 129.
[118] *Segundo Censo Nacional 1895*, t. 3, Económico y Social, cap. IX, cuadro V, p. 320, y Emilio Lahitte, "La industria harinera", *Tercer Censo Nacional 1914*, t. VII, Industrias, estudios especiales, Buenos Aires, 1919, p. 510.
[119] En 1895 Mendoza producía 41 t de harina por persona empleada y alcanzó 147 t en 1914; en San Juan, esos valores fueron de 60 y 66 t. Este aumento de productividad es sólo una aproximación pues, en rigor, no existen datos que permitan saber si los trabajadores cumplían sus tareas en cantidades de tiempo constantes en los años considerados.
[120] En un diario sanjuanino se ofrecía el cereal proveniente de otras zonas a precios competitivos: "Al Trigo. Ha llegado una comisión a esta provincia, con una gran cantidad de trigo, ofreciéndolo a seis y siete pesos la fanega al contado. Para tratar, avenida San Martín núm. 196", *La Unión*, San Juan, 15-2-1892. Si bien esa publicidad confirma el ingreso de trigo extrarregional a San Juan, la permanencia de extensas superficies cultivadas sugiere que estas "importaciones" eran puntuales y respondían, probablemente, a ventas de excedentes de calidad inferior.
[121] Una situación similar ha sido descripta para Mendoza en la segunda parte de la década de 1870, cuando sus harinas fueron gradualmente desplazadas, restringiéndose su merca-

Cuadro 5. Provincias de Mendoza y San Juan. Industria harinera. Cantidad de molinos en actividad y harina de trigo (en toneladas) elaborada en 1895 y 1914, y variación porcentual en el período

Provincia	1895		1914		Variación 1895-1914	
	N° molinos	Harina	N° molinos	Harina	Molinos	Harina
Mendoza	35	9.279	10	20.882	- 71,4	125
San Juan	41	8.836	24	9.345	- 41,4	5,8
Total región	76	18.115	34	30.227	- 55,3	66,8

Nota: en el cuadro sólo se incluyeron los molinos que estuvieron activos en cada año considerado. Por diversas razones (obsolescencia, falta de mantenimiento, escasa rentabilidad, etc.) numerosos establecimientos fueron abandonando la producción. En 1895, no trabajaron siete molinos en Mendoza y cuatro en San Juan; en 1914, ese número se elevó a cinco y ocho.
La molinería obtenía, además, otros subproductos (afrecho, afrechillo) y harina de maíz. Al respecto, los datos disponibles son casi inexistentes, porque el objetivo de la actividad estaba puesto en la harina de trigo. En 1914 se elaboraron 785 t de harina de maíz en Mendoza y 4 t en San Juan, es decir, cifras poco relevantes en comparación con el producto principal.

Advertencia: los censos relevaron el ganado existente, de modo que no resulta posible desagregar la cantidad de animales criados en la región y la correspondiente a los adquiridos en otras provincias para su engorde y posterior exportación a Chile. Sin embargo, como los censos se realizaban al promediar el año, coincidían con los momentos de mayor incorporación de ganado bovino extrarregional para invernada; y esto, a su vez, debe relacionárselo con las condiciones del mercado chileno: el crecimiento experimentado por los bovinos en 1895 respecto de 1888, tal vez pueda explicarse en el hecho de que aquel año fue muy bueno en exportaciones. Lo mismo cabría para 1908, ya que las exportaciones del año siguiente, centradas sobre todo en enero/marzo, fueron destacables. De todos modos, esto no parece suficiente y deberá profundizarse la investigación al respecto, incluyendo variables como el consumo de carne en el mercado regional, tema que se amplía en el texto. El Censo de 1914 marca un gran descenso, coincidente con la considerable retracción de las ventas a Chile, particularmente en 1915, pero también puede obedecer a que el relevamiento haya sido más riguroso que los anteriores. El importante incremento de equinos en Mendoza, al menos hasta 1908, tiene relación con el reemplazo de los bueyes como animales de trabajo y transporte que producía la especialización vitícola y la acelerada urbanización.

Fuentes: elaboración propia con datos tomados del *Segundo Censo Nacional-1895*, t. 3-Económico y Social, cap. XI, cuadros IV y V; AGN, Cédulas del censo económico y social de 1895, Provincia de Mendoza, Legajo 190, Boletín 33-Molinos y Provincia de San Juan, Legajo 208, Boletín 33-Molinos; *Tercer Censo Nacional-1914*, t. VII-Industrias, sección estudios especiales, Emilio Lahitte, "La industria harinera".

De tal manera, la transición del sector molinero regional hacia su decadencia y posterior desaparición adquiría dos modalidades. En Mendoza, pervivía mejorando su productividad y operando con criterios de funcionalidad entre los espacios proveedores de la materia prima y la zona de elaboración y comercialización. El mercado provincial tenía un consumo aparente que entre 1895 y 1914 varió de 80 a poco más de 100 kg/habitante/año. San Juan, al mantener mayores superficies cultivadas presentaba una modalidad productiva más territorial porque conservaba aún la integración de las etapas agrícola y de transformación. Su producción daba un promedio de 75 kg por habitante en 1895 y 78 en 1914.[122]

Sin embargo, la región no constituía un sistema cerrado, y se intercambiaba trigo y harina, aunque puede asegurarse que las ventas no superaban un ámbito regional amplio, que incluía a San Luis y La Rioja. En 1913, por ejemplo, ingresaron a Mendoza 24.120 t de trigo y 22.145 t de harina y afrecho; y se enviaron a otros mercados 233 t de trigo y 6.785 de harina y afrecho. Estas cifras sugieren que la demanda de materia prima para el funcionamiento de la actividad molinera mendocina era satisfecha, en parte, desde otras regiones; y muestran, además, la insuficiencia de la oferta local, posiblemente en el rubro de harinas de alta calidad, que era suplida con adquisiciones extraprovinciales.[123]

Las transformaciones económicas y espaciales en Mendoza, más intensas, sustituían los alfalfares y sementeras por viñedos, principalmente en la zona núcleo, que era donde radicaba todavía en 1895 la mayor parte de los establecimientos molineros (61%). Pero al terminar la primera década del siglo XX esa representatividad había descendido al 40%. El resto se distribuía en zonas más distantes y periféricas del oasis norte y en el oasis sur, donde coexistían aún las actividades ganaderas con alfalfares para invernada y el cultivo consociado de cereales.[124]

En San Juan se registraba un proceso similar. Hacia 1895 el viñedo avanzaba, desplazando al trigo en el oasis principal, aunque era poco representativo

---

do; primero, a un espacio relativamente amplio, que incluía zonas de Córdoba y, finalmente, a lo puramente local o provincial. La calidad inferior de las harinas mendocinas y sanjuaninas incidió también en su desplazamiento del mercado nacional. Rodolfo Richard-Jorba, *Poder, economía...*, *op. cit.*, cap. III.

[122] Estos cálculos, muy gruesos, están hechos sólo sobre la producción regional, pues no se dispone de información desagregada sobre ingreso y egreso de harinas hacia y desde las provincias. En las estadísticas de Mendoza generalmente se registraba como "harina y afrecho". El consumo nacional era de 99,7 kg, calculado sobre 786.219 t de harina de trigo destinada al mercado interno en 1913, según Emilio Lahitte, *op. cit.*, y la cantidad de habitantes en 1914 (7.885.200).

[123] *Anuario de la Dirección General de Estadística de la provincia de Mendoza correspondiente al año 1913*, p. 340.

[124] Rodolfo Richard-Jorba, "El trigo y la industria....", *op. cit.*, p. 292.

en los secundarios, donde el cereal mantenía su dominio. En el conjunto agrícola, el trigo ocupaba mayores superficies que los viñedos. De los 41 molinos que elaboraron harina ese año, el 57% –porcentaje similar al de Mendoza– operaba en el oasis principal y concentraba la mayor capacidad de molienda. Le seguía en importancia el oasis de Jáchal, mientras que Calingasta o Valle Fértil carecían de significación en el total provincial.[125]

De los molinos más avanzados, fundados o modernizados en las décadas de 1880 y 1890, ocho se localizaban en el oasis principal, tres en Jáchal y uno en Iglesia.[126] La propaganda en la prensa local anunciaba a los comerciantes y consumidores que la actividad se modernizaba:

> Harinas de Cochagual, Puesto en la ciudad, calle Gral. Acha y esquina Gral. Paz, del cuartel una cuadra al Sud. Habiendo reformado nuestro molino de Cochagual y completado su maquinaria para producir harinas excelentes, para lo que también contamos con buenos trigos, podemos ofrecer a nuestra vieja y numerosa clientela, las diferentes clases que elaboramos a *precios baratos y sin competencia* como siempre hemos vendido desde años atrás, garantiendo ahora sus buenas clases, baratura y precio por quintal de 100 libras [...].[127]

Se trataba en este caso del molino propiedad del ya mencionado hacendado y comerciante Faustino Espínola, único establecimiento en su tipo de Cochagual. Esta cita es muy rica porque informa sobre la modernización del establecimiento y de los trigales de la zona. Permite conocer, además, que efectivamente había diversas calidades y que sus costos le aseguraban todavía una rentabilidad aceptable frente a posibles competidores. Apelaba, además, a relaciones de tipo personal ("vieja y numerosa clientela") para asegurarse lealtades, tentadas con una oferta "de buenas clases, baratura...". Ese mismo año el molino fue destruido por un terremoto, como dijéramos anteriormente. Para 1898 Ramírez no indica si había sido reconstruido.[128]

Era notorio, entonces, que una cierta modernización del sector se producía en paralelo con la reorientación hacia la vitivinicultura, pero esos establecimientos industriales iban quedándose sin fuentes de materias primas, al menos en el oasis del río San Juan. Tal como sucedía en Mendoza, en los oasis menores o marginales todavía se prolongaría la actividad junto con el mantenimiento de la orientación ganadera.

Hacia 1914 esta situación tendía a consolidarse: el viñedo había triplicado largamente las superficies trigueras, que eran desplazadas hacia los bor-

---

[125] AGN, *Segundo Censo Nacional 1895*, Económico y Social, Cédulas Censales-San Juan, Legajo 208, Boletín 33-Molinos.
[126] *Ibid.*
[127] *La Libertád*, San Juan, 16-1-1894, resaltado en el aviso.
[128] P. P. Ramírez, *op. cit.*

des del oasis principal y conservaban la supremacía en los secundarios, donde aún la ganadería –con las características conocidas– constituía la actividad económica central. Jáchal tenía 3.000 ha con trigo en 1914, casi el 50% del total provincial; Iglesia 683 ha, Valle Fértil 542 ha y los sureños departamentos de Sarmiento (que integra a Cochagual) y 25 de Mayo, 859 y 857 ha, respectivamente.[129]

Aunque escapa a este trabajo, no es aventurado suponer que, con posterioridad a 1914, se mantenían activos los molinos más modernos del oasis principal, del de Jáchal y de algunos menores.

En definitiva, el sector productivo del trigo y la harina se desintegraba en la región y, de tradicional proveedor de las provincias de Córdoba, Santa Fe y aun Buenos Aires, restringía su papel al mercado del centro-oeste como etapa residual hasta su completa desaparición pocos años más tarde. La especialización vitivinícola aseguraría a la región altos ingresos –fiscales[130] y privados–, un mercado nacional amplio y, a pesar de la presencia de crisis que posteriormente se harían recurrentes, la necesaria complementariedad económica con otras zonas del país y el mejor empleo de sus potencialidades ambientales.

¿Qué hacer con la tierra: ganadería o vitivinicultura?

Tanto por la cultura que portaban como por la geografía desde la cual provenían, los inmigrantes que arribaban a la región se involucraron mayoritariamente en la vitivinicultura. Debe tenerse presente que, en general, sus relaciones étnicas y sociales habían comenzado en Buenos Aires o Rosario, y sólo conocían o les interesaba el mercado interno, porque allí vislumbraban la posibilidad de progreso económico y ascenso social. En consecuencia, la invernada y la exportación ganadera eran negocios que les resultaban ajenos. No debieron ignorar, por último, que a pesar de su decadencia, era un rubro económico controlado durante décadas por grupos muy reducidos y capitalizados, con los cuales se hacía casi imposible o no tenía mucho sentido competir. Por lo tan-

---

[129] *Tercer Censo Nacional 1914*, t. v, p. 915.

[130] En 1913, el valor de la harina producida en la Argentina fue calculado en $m/n 136,6 millones, véase Emilio Lahitte, *op. cit.*, p. 502. Como la región producía el 3% de la harina del país, puede estimarse su valor en $m/n 4 millones. Los ingresos fiscales generados por la actividad eran mínimos comparados con la recaudación obtenida de los tributos al vino. Por ejemplo, en 1907, el cálculo de recursos presupuestarios de la provincia de Mendoza preveía recaudar $ m/n 35.000 por impuestos a los "Frutos del país" (harinas, cueros, frutas secas, plumas, etc.), mientras que los del vino ascendían a $m/n 1.200.000, véase el cuadro de la evolución presupuestaria 1857-1907, en *Censo General de la Provincia de Mendoza año 1909*, Mendoza, 1910, p. LXXXIX. En años posteriores se incrementaron esos extremos.

to, los nuevos habitantes se dedicaron a hacer lo que sabían o lo que prometía renta rápida y segura: plantar vides y elaborar vinos. Muy pocos de ellos, por otra parte, tenían capital disponible para ingresar a la actividad ganadera; y la vitivinicultura era un atractivo casi excluyente para la inversión.[131]

Las fincas cultivadas con alfalfa no podían competir en rentabilidad con las dedicadas al expansivo viñedo. La demanda de un bien tan escaso como las tierras con derecho de riego se aceleró y aumentó la especulación. En los estrechos límites de los oasis se generó, así, un dinámico mercado inmobiliario que tentaba a los propietarios de grandes explotaciones a subdividirlas y venderlas, cultivadas o no. En San Juan también se convertían las viñas en el núcleo de la economía provincial. En el bienio 1910-1911 se estimaba que se habían implantado 6.000 o 7.000 nuevas ha, con las que el cultivo habría alcanzado casi 16.000 ha,[132] considerablemente inferior a la superficie vitícola mendocina.

En toda la región, cualquier finca implantada con viñedos *franceses* superaba holgadamente el valor de los mejores alfalfares, a veces en proporción de cinco a uno. Por ejemplo, en 1908, una hectárea con viñedos, cercana a la ciudad de San Juan y al ferrocarril, se vendía entre $ m/n 3.500 y 4.500, mientras que un terreno alfalfado oscilaba entre $ 600 y 700 por ha. En Mendoza, tierras con similares condiciones cotizaban entre $ m/n 2.000 y 5.000 por ha de viña. La hectárea de potreros con alfalfa costaba entre $ 350 y 1.000, con extremos –excepcionales– de $ 2.000. En San Rafael, las diferencias eran mayores: $ 200 a 350 los alfalfares y $ 1.500 a 3.000 los viñedos.[133] Cuatro años después una viña en las mejores zonas de Mendoza (Godoy Cruz, Luján, Maipú) costaba entre $ 4.500 y 6.000 por ha, mientras que los alfalfares no superaban los $ 2.500. En San Juan, alrededor de la capital (Desamparados, Trinidad, Santa Lucía...) la viña *francesa* en producción oscilaba entre $ 3.500 y 4.000 por ha (la criolla cotizaba por debajo de la primera cifra), en tanto las tierras alfalfadas se podían adquirir a precios sensiblemente menores, entre $ 500 y 800.[134] Y si bien los alfalfares conservaron grandes superficies hasta décadas posteriores (cuadro 5), fueron reorientados hacia producciones más rentables, vinculadas con el mercado interno: el pasto enfardado, demandado para la alimentación de animales de tiro y transporte, y la venta de se-

---

[131] En muy pocos casos –casi una rareza– hubo inmigrantes de la etapa masiva (posterior a 1870), con abundante disponibilidad de capital, que incluyeron en sus negocios la exportación de ganado. Véase Rodolfo Richard-Jorba, *Poder, economía...*, op. cit., cap. II, y Centro Viti-Vinícola Nacional, *La Viti-Vinicultura Argentina en 1910*, Buenos Aires, 1910, p. 238. En la nota 86 hemos citado el caso de Pedro Caraffa.

[132] Luis D. Rodríguez, *La Argentina en 1912*, Buenos Aires, 1912, p. 332.

[133] Luis D. Rodríguez, *La Argentina*, Buenos Aires, 1908, p. 278.

[134] Luis D. Rodríguez, op. cit., pp. 318-319 y 339-340. Agrega este autor que en San Juan predominaban las cepas criollas, dedicadas en parte a vinificación y, en parte, a consumo en fresco o elaboración de pasas.

millas a la región pampeana. Es decir, se fue abandonando el *talaje* o engorde directo de los animales en el potrero. En 1912, San Juan vendía pasto en fardos a Mendoza y La Rioja, y semilla de alfalfa a Córdoba y el Litoral. Los ingresos generados por estos rubros eran de importancia. No obstante, en algunas fincas se mantenía el servicio de talaje durante seis meses. En el oasis sur de Mendoza se enfardaba la alfalfa para abastecer, sobre todo en vendimia, parte de la demanda para alimentación de los animales empleados en el transporte de la uva y el vino. Aun así, debía traerse la forrajera del sur de San Luis, de Córdoba y, como queda dicho, de San Juan.[135]

Desde un punto de vista fiscal, el Estado nacional y, especialmente, las provincias, tenían una considerable fuente de ingresos derivada de la vitivinicultura, frente a los insignificantes aportes tributarios de la exportación ganadera.[136] En este sentido, no había interés en que la tradicional actividad se mantuviera y se fomentaba, en cambio, la nueva orientación productiva.

Para concluir, como generador de riqueza, el vino superaba largamente a las ventas externas de ganado. En 1895, por ejemplo, la producción vínica de la región tuvo un valor estimado de $ 12.600.000 y la exportación de ganado en ese año –el mejor de la década– llegó a $ 3.000.000.[137] En 1909, año de máximas exportaciones de la década para el conjunto regional, los animales enviados a Chile tuvieron un valor de plaza promedio de $ 1.900.000, mientras que el vino producido en 1910 se acercaba a $ 56.000.000.[138] En suma, desde mediados de la década de 1890 el vino cuadruplicaba el valor de las exportaciones de ganado y, para la época del Centenario, la proporción era de

---

[135] *Ibid.*, pp. 303 y 335.

[136] San Juan percibió impuestos a los "Frutos del país" en 1907 por $ 367.462 m/n (85% correspondía al vino); $ 99.669 por "carnes muertas" (faena local) y sólo $ 8.466 por gravámenes a los ganados de invernada para exportar, véase Luis Rodríguez, *op. cit.*, pp. 287 y 288. El mismo año, en Mendoza, el impuesto a los vinos representó para la provincia un ingreso de $ 1.196.126 m/n sobre un total de recursos presupuestados de $ 2.038.496. Los derechos de invernada habían sido eliminados por su escasa incidencia en el presupuesto, Rodolfo Richard-Jorba, *Poder, economía...*, *op. cit.*, p. 205. El Estado nacional percibía ingresos por "Impuestos Internos" aplicados a los vinos. El ganado en pie, en cambio, estaba eximido de derechos aduaneros a la exportación.

[137] Valor del vino, cosecha 1894, $ 8.989.715 en Mendoza y $ 3.674.894 en San Juan. Valor de las ventas de ganado a Chile: $ 1.895.839 en Mendoza y $ 1.108.541 en San Juan, véanse *Segundo Censo Nacional 1895*, t. 3, cap. XI, cuadro VIIIb, y *Anuario de la Dirección General de Estadística correspondiente al año 1895*, Buenos Aires, t. I. En el supuesto de que las exportaciones estuvieran expresadas en $ oro (la fuente no lo aclara), escasamente llegarían al 50% del valor del vino.

[138] En 1909, el valor promedio del ganado exportado desde Mendoza ascendió a $ 1.864.554 (64.177 cabezas) y el de San Juan a $ 56.108 (1.774 animales), con un total de $ 1.920.662 (cálculos propios con datos tomados del *Anuario de la Dirección General de Estadística correspondiente al año 1909*, Buenos Aires, t. I, pp. 555 y siguientes). El vino producido en la re-

29 a 1. Estos datos confirman que la otrora actividad económica central de la región había sido definitivamente desplazada por la vitivinicultura (figura 2) y colocada en un lugar enteramente secundario.

Por supuesto, las transformaciones económicas darían lugar a la aparición de nuevos actores sociales que dinamizaron los cambios y modificaron el espacio productivo, refuncionalizándolo. Así, *viñateros, productores agroindustriales, industriales bodegueros, bodegueros integrados, comerciantes extrarregionales* y *contratistas de viña*, sobre los que ampliaremos en el capítulo II, se convirtieron rápidamente en parte sustancial de una economía y una sociedad que se hacía más compleja con el desarrollo capitalista. Ellos convirtieron al sector vitivinícola en el motor del crecimiento económico de la región, aunque éste fue más acentuado en Mendoza.

---

gión en 1910, tuvo un valor de $ 55.759.125, correspondiendo $ 46.744.021 (84%) a Mendoza y $ 9.015.104 (16%) a San Juan. Deben agregarse $ 528.078 del alcohol, subproducto la industria vínica, véase "Informe de la oficina del Censo Industrial de la República, Industrias Vinícola y Azucarera", Buenos Aires, 15 de abril de 1910, firmado por E. C. Beccher, reproducido en *La Viticultura Argentina*, t. I, N° 5 y 6, Mendoza, septiembre-octubre de 1910, p. 203.

Capítulo II

Transiciones económico-sociales: inmigración y mundo del trabajo

Rodolfo Richard-Jorba

El Estado promotor: inmigrantes, vitivinicultura e industria

A lo largo del período estudiado, la inmigración europea cumplió un rol fundamental en la modernización de la economía regional, en sus transformaciones, en la dinamización del mercado de tierras y en la construcción de un nuevo paisaje: el vitivinícola, tal como hemos adelantado en el capítulo I; asimismo, generó cambios sociales que marcaron profundamente el mundo del trabajo y modificaron antiguas estructuras, ampliando los estratos medios de la sociedad.

En este capítulo trazamos un breve panorama sobre los inmigrantes en la región y algunos cambios cuantitativos y cualitativos que se registraron con los nuevos habitantes. Luego nos extenderemos sobre la constitución y transformaciones del mercado de trabajo, además de una muy breve referencia al mercado de tierras agrícolas.

En noviembre de 1871 el gobierno de San Juan estableció por ley premios en dinero a los productores que plantaran viñedos, frutales y olivos[1] y algunos hombres de la élite se incorporaron en esos años a la vitivinicultura y recibieron esos beneficios.[2] Las políticas de Mendoza comenzaron tres años más tarde, promoviendo la plantación de vides, olivos y nogales,[3] pero la ley no tuvo aplicación. Más efectiva resultó la reducción del 33% en los impuestos a bienes raíces que debían pagar los viñedos, dispuesta en 1875.[4]

---

[1] Emilio Maurín Navarro, *op. cit.*, p. 127.
[2] Horacio Videla, *Historia de San Juan*, t. VI, 1875-1914, San Juan, Academia del Plata y Universidad Católica de Cuyo, 1990, p. 353.
[3] La ley mendocina (7-9-1874) fijaba el premio en 100 $ bolivianos por cuadra cuadrada (1,587 ha) implantada con 2.500 cepas, es decir unas 1.600 plantas por ha; en San Juan se prometía $ 30 por igual superficie (Ley del 18-11-1871).
[4] *El Constitucional*, Mendoza, 26-8-1875.

Desde mediados de la década de 1870 algunos propietarios comenzaron a desarrollar viñedos relativamente extensos, con cepajes de buena aptitud enológica, genéricamente denominados "franceses" por oposición a las vides criollas.

Estos cepajes habían sido introducidos desde Chile y también –probablemente–, desde Francia por el agrónomo de esa nacionalidad, Michel Pouget, quien los difundió gradualmente durante dos décadas, desde mediados de los 1850. Precisamente uno de estos productores había iniciado una explotación vitícola de 52 ha en Caucete, al este de la capital de San Juan, incorporando inicialmente 500 plantas provistas por Pouget.[5]

Esta explotación superaba ampliamente a sus similares mendocinas, que mantenían la asociación de viña y alfalfa.[6] Sin embargo, esos avances no se traducían en una mayor calidad de los vinos elaborados, aunque Mendoza mejoraba más rápidamente. En este sentido, fue muy importante el rol desempeñado por inmigrantes franceses tempranos. Además de Michel Pouget, produjeron vinos finos Hilaire Lasmartres y Eugenio Guerin. A este reducido grupo se incorporarían Pedro Brandi, italiano, y algunos mendocinos, para ir conformando un núcleo de elaboradores preocupados por una calidad que, durante mucho tiempo, sería una excepción en medio de producciones masivas. En efecto, tanto Lasmartres como Guerin recibieron los primeros premios en la Exposición Industrial de 1877 en Buenos Aires. El tinto Trapiche, de 1874, de Guerin, fue considerado el mejor vino argentino. Lasmartres presentó vinos embotellados pertenecientes a diversas cosechas, desde 1864. En la Exposición Universal de París de 1878, los dos franceses y el italiano recibieron medallas de plata por sus vinos y cognac. En fin, en la Exposición Continental de 1882 en Buenos Aires, Lasmartres obtuvo medalla de oro y Brandi de plata. Desde ese año recibirían premios algunos bodegueros mendocinos y sanjuaninos.[7]

En 1881, el gobierno de Mendoza sancionó una ley que eximía de impuestos provinciales, hasta 1891 inclusive, a toda nueva plantación exclusiva de viñedos, olivos o nogales. Además de la superación de la crisis de la economía mercantil ganadera, se buscaba obtener una importante producción de uva y vinos para comenzar los despachos al este del país apenas se habilitara el servicio ferroviario. Sin embargo, como ya fuera dicho, el cultivo sólo creció lue-

---

[5] Eduardo Pérez Romagnoli y Rodolfo Richard-Jorba, "Conformación de la región...", *op. cit.*. El productor era Justo Castro, ya mencionado en el capítulo I.

[6] Rodolfo Richard-Jorba, "Hacia el desarrollo capitalista en la provincia de Mendoza. Evolución de los sistemas de explotación del viñedo entre 1870 y 1900", *Anales de la Sociedad Científica Argentina*, vol. 224, N° 2, Buenos Aires, 1994, pp. 1-34.

[7] Rodolfo Richard-Jorba, "La región del centro-oeste argentino. Economía y sociedad, 1870-1914", 2000, mimeo.

go de 1885. Leyes similares dictadas entre 1889 y 1902 redujeron las exenciones a períodos de cinco años. El costo fiscal que asumía el Estado provincial favorecía al productor porque mejoraba su capacidad de inversión, pero cuando los viñedos entraban en producción el gobierno percibía un ingreso importantísimo. Por ejemplo, en la primera década del siglo XX los impuestos a las viñas y al vino financiaban más del 50% del presupuesto provincial.[8] Esta fue la política más exitosa, aunque sólo en el plano cuantitativo. Hasta 1900 se iniciaron 2.900 explotaciones vitícolas modernas que ocuparon 17.830 ha.[9] San Juan sancionó una ley similar en 1883,[10] pero la información disponible sugiere que el resultado fue muy pobre, porque el crecimiento se produjo con extrema lentitud. En efecto, en 1888 registraba 7.119 ha con viña, y en 1895, 8.126, es decir sólo 14% de aumento frente al 106% experimentado por Mendoza en el mismo período (cuadro 1).[11]

La especialización vitivinícola requería, además, de un mercado libre de trabajo, para lo cual Mendoza promovió la incorporación de mano de obra, particularmente europea, a fin de superar una crónica escasez. La inmigración, se pensaba, traería "ciencia, capital y brazos".[12] Desde mediados de la década de 1870 comenzaron a arribar pequeños contingentes de inmigrantes. Pocos años más tarde, el gobierno dictó medidas para atraerlos desde Buenos Aires y, además, nombró a un ciudadano italiano, el señor Soglieri, "[...] para que contrate en Europa 400 inmigrantes destinados al cultivo de la vid en esta Provincia [...]".[13] En realidad, Soglieri sólo buscaría italianos del norte, como destacaba la prensa local. Este agente llevaba "[...] además varias cartas de inmigrantes establecidos en esta Provincia, en las que manifiestan a sus familias y compatriotas las ventajas de esta naturaleza, las facilidades que presenta para el trabajo y la vida, e incitándolos a que emprendan el viaje en busca de un tranquilo y holgado porvenir".[14] Resulta claro el funcionamiento de las

---

[8] Rodolfo Richard-Jorba, *Poder, economía...*, op. cit., p. 205.

[9] Rodolfo Richard-Jorba, "Conformación espacial de la viticultura en la provincia de Mendoza y estructura de las explotaciones, 1881-1900", *op. cit.*, pp. 131-172. En 1883 existían en Mendoza sólo 2.788 ha de viñedos en producción, implantados con sistemas tradicionales.

[10] Emilio Maurín Navarro, *op. cit.*, p. 135. Según Videla, por ley del 23-6-1883, el gobierno sanjuanino eximió del impuesto de contribución directa por cinco años a la plantación de nuevos viñedos y fijó un premio de $F 50 por cada 1.000 plantas, sin embargo, concluye que "muchas de aquellas medidas nunca se cumplieron, o se cumplieron a medias...", Horacio Videla, *op. cit.*, t. VI, p. 354.

[11] *Segundo Censo Nacional 1895*, t. 3, Económico-Social, cap. IX, cuadro X, p. 178.

[12] *El Constitucional*, Mendoza, 20-7-1875.

[13] Ley del 24-3-1884 y Decreto del 26-3-1884; y Decreto del 27-6-1884. *Registro Oficial de la Provincia de Mendoza*, 1884, pp. 84 y 180.

[14] *El Constitucional*, Mendoza, 28-6-1884.

Cuadro 1. Provincias de Mendoza y San Juan. Evolución de los cultivos principales
entre 1888 y 1914 (en ha y porcentaje de variación en el período).
Hacia la formación de la Región Vitivinícola Argentina

Año	Mendoza				San Juan				Total región*
	Alfalfa	Trigo	Maíz	Vid	Alfalfa	Trigo	Maíz	Vid	
1888	69.496	6.976	3.391	6.740	55.589	12.245	3.316	7.119	164.872
1895	82.081	5.358	5.688	13.905**	56.551	10.728	6.716	8.126**	189.153
1914	143.820	2.323	14.284	70.467	103.220	7.434	7.378	23.542	372.468
% v.	107	-66	321	945,5	86	-39	122	231	126

Nota: la información disponible para períodos anteriores es muy fragmentaria y escasamente confiable, proveniente de simples estimaciones globales y no de muestreos o relevamientos integrales. Un censo provincial levantado en Mendoza en 1864 tiene fallas muy gruesas, por lo que los datos sobre superficies cultivadas sólo tienen valor ilustrativo o indicativo. En este cuadro se prefirió incluir sólo los relevamientos censales nacionales pues, pese a manifiestos errores, fueron realizados con modernas técnicas estadísticas.

* Los cultivos restantes, secundarios (otros cereales, hortalizas y legumbres, árboles, frutales, plantas de jardín, etc.) no eran relevantes; en conjunto, no superaban el 5% de la superficie total cultivada. Los censos contienen errores importantes. Por ejemplo, el de 1895 señaló 36.002 ha de frutales implantadas en Mendoza. O fue un error de imprenta, o se anotó la cantidad de plantas, lo que podría dar 360 ha. En 1914 (t. v) aparecen errores semejantes: se consignan superficies frutícolas de 30,7 y 69,7 miles de ha para Mendoza y San Juan, respectivamente, tratándose de magnitudes nunca alcanzadas hasta el presente (San Juan tenía menos de 2.300 ha en 1994) o sólo superadas en un pasado cercano (Mendoza).

** El Censo de 1895, t. 3, cap. IX, cuadro IV, registró 11.753 ha; sin embargo, en el Resumen de viñedos por provincia indica 13.905 ha (cuadro XIVc), cifra ésta más realista y cercana al valor de 14.672 ha que surje de una investigación anterior (Rodolfo Richard-Jorba, "Conformación espacial de la viticultura en la provincia de Mendoza y estructura de las explotaciones, 1881-1900", op. cit., pp. 131-172). Para San Juan, también hay una diferencia en el mismo censo, consignándose en el cuadro la cifra mayor (7.935 y 8.126).

Fuentes: elaboración propia, con datos tomados del Segundo Censo Nacional 1895, t. 3, Económico Social, cap. IX, Agricultura; y Tercer Censo Nacional 1914, t. V, Explotaciones Agropecuarias, pp. XIII, 207 y 215.

"cadenas" mediante las cuales los inmigrantes difundían entre sus paisanos las favorables posibilidades existentes en esta tierra; pero, además, se apelaba a los parientes y amigos –y aquí aparece el concepto de "red"–, ofreciéndoles un lugar desde el cual comenzar a construir un nuevo proyecto de vida.[15] Esta política inmigratoria selectiva pronto sería abandonada frente a la espontánea y masiva afluencia de los tan valorados europeos, aunque muy pocos de ellos serían realmente expertos en vitivinicultura.

Es decir, que la escasa afluencia inicial de extranjeros condicionó la expansión del viñedo hasta mediados de la década de 1880, situación que se revertiría rápidamente con la habilitación del servicio ferroviario.[16]

San Juan tuvo una menor afluencia de inmigrantes. Posiblemente, la posición de Mendoza como núcleo ferroviario intermedio haya influido para que muchos inmigrantes descendieran en esta ciudad atraídos, además, por estímulos oficiales que no existían en la vecina provincia. Asimismo, los europeos arribados tempranamente a Mendoza en las décadas de 1850 y 1860 mantenían contactos e integraban redes familiares o se vinculaban a través de cadenas étnicas para atraer connacionales y ayudarlos a integrarse en una provincia que brindaba oportunidades ciertas de acceder a la propiedad de la tierra.

Tal como mencionáramos en el capítulo I, entre las dos últimas décadas del siglo XIX y las primeras del XX la especialización económica transformó ra-

---

[15] Este fenómeno, por supuesto, ha sido reiteradamente descripto para diferentes regiones latinoamericanas por estudios históricos, antropológicos y de otras disciplinas dedicadas a las migraciones, y es una estrategia que no ha experimentado variaciones sustanciales hasta el presente. Hay una amplísima producción historiográfica nacional y extranjera sobre migraciones. Destacamos, entre muchas, la obra de Fernando Devoto, *Historia de la inmigración en la Argentina*, Buenos Aires, Sudamericana, 2003; Fernando Devoto y Gianfausto Rosoli (eds.), *La inmigración italiana en la Argentina*, Buenos Aires, Biblos, 2000; Blanca Sánchez Alonso, *La inmigración española en Argentina. Siglos XIX y XX*, Barcelona, Júcar, 1992, y César Yánez Gallardo, *Saltar con red*, Barcelona, Alianza Editorial, 1996. Mariana Feyling investiga la inmigración en la provincia de Tucumán, lo que permitirá realizar estudios comparados de las regiones extrapampeanas; su más reciente trabajo es "La inmigración francesa temprana en Tucumán: 1830-1880", *Travesía*, N° 7-8, Tucumán, Universidad Nacional de Tucumán, 2003. Sobre Mendoza, puede consultarse a Adolfo Cueto, "La inmigración y la economía en Mendoza (1880-1900). El italiano", *Revista de Historia Americana y Argentina* Mendoza, N° 25-26, Universidad Nacional de Cuyo, 1986, pp. 99-121. Por otra parte, María R. Cozzani ha enfocado el tema inmigratorio, con un abordaje geográfico, en su libro *Sociedades y espacios de migración. Los italianos en la Argentina y en Mendoza*, Mendoza, Universidad Nacional de Cuyo, 1997.

[16] También resultó fundamental, la inversión de la élite regional en el prometedor cultivo. En Mendoza, hacia el año 1900, un tercio de los viñedos estaba en manos de 30 grupos familiares de la élite, Rodolfo Richard-Jorba, "Inserción de la élite en el modelo socioeconómico vitivinícola de Mendoza, 1881-1900", *Revista de Estudios Regionales*, N° 12, Mendoza, CEIDER, 1994, pp. 161-185. No hay datos sobre San Juan.

dicalmente la región: desde 1888 a 1914, el viñedo creció en Mendoza en 945%, frente al 107% de la alfalfa. En San Juan, tuvo una expansión considerablemente menor (231%), si bien superó ampliamente la de los alfalfares (86%).[17] Inicialmente los oasis fueron reconvertidos, al menos en las zonas que envolvían las ciudades capitales y pueblos importantes, en tanto los alfalfares eran desplazados hacia terrenos más alejados (cuadro 1). Estos cambios no pueden soslayar la influencia de la inmigración, aun cuando ésta no sea la única causa.

El desarrollo vitivinícola, por último, provocó entre 1895 y 1914 un incremento extraordinario en el número de fincas vitícolas pequeñas (-5 ha) y medianas (-30 ha), incorporando miles de propietarios que ampliarían los sectores medios de la sociedad regional, tornándola más compleja. Así, las fincas vitícolas de Mendoza y San Juan, que representaban en 1895 el 24 y el 28% de las explotaciones agrícolas, ampliaron su importancia y, en 1914, llegaron al 77% en ambas provincias (cuadro 2). El 80% de ese total eran fincas menores de 25 hectáreas.[18]

El cuadro 2 permite, asimismo, captar la rapidez con que la inmigración se fue incorporando a la actividad vitícola. En Mendoza era evidente la correlación entre el desarrollo del mercado de tierras y la incorporación creciente como propietarios de los agentes provenientes de la inmigración. En 1908 y 1909, por ejemplo, 52% de los compradores de tierras eran extranjeros (y sólo el 37% y 34% de los vendedores), con amplia mayoría de italianos, seguidos por españoles y franceses.[19] La información presentada, aunque incompleta, muestra que el proceso de acceso a la tierra por parte de los inmigrantes, entre 1895 y 1914, era en Mendoza verdaderamente acelerado y transformador, mientras que en San Juan se producía muy gradualmente, lo que sugiere restricciones, falta de incentivos y condiciones menos favorables para los nuevos habitantes en esta provincia.

La vitivinicultura moderna, con producción capitalista en gran escala, estaba instalada y consolidándose desde finales del siglo XIX. La elaboración de vinos de ambas provincias representaba el 95% del total nacional, aunque originada mayoritariamente en Mendoza, que rápidamente se convertía en el

---

[17] Los alfalfares se ampliaban para producir semilla y forraje para los animales de trabajo utilizados en la vitivinicultura, el ganado que todavía se exportaba o el que se faenaba localmente para consumo de la población. Aun así, la demanda de forraje no podía ser satisfecha, como se mostró en el capítulo I.

[18] *Tercer Censo Nacional 1914*, t. V, pp. 207 y 215.

[19] *Anuario de la Dirección General de Estadística de la Provincia de Mendoza correspondiente a los años 1907, 1908 y 1909*, Buenos Aires, 1910, pp. 198-199. En los años siguientes, estos porcentajes se mantuvieron sin variaciones significativas, según registraron los *Anuarios* de la Dirección General de Estadística correspondientes a 1911, p. 242, 1913, p. 252 y 1914, p. 226.

Cuadro 2. *Provincias de Mendoza y San Juan. Formación de la Región Vitivinícola Argentina. Cantidad de explotaciones agrícolas y vitícolas y porcentaje de propietarios y/o administradores según su nacionalidad, por provincia, en 1895 y 1914*

Nacionalidad propietarios o administradores	1895 N° explotaciones		1895 N° de viñedos		1914 N° explotaciones		1914 N° viñedos	
	Mendoza	San Juan	Mendoza	San Juan	Mendoza	San Juan	Mendoza	San Juan
(%)	7.308	8.431	1.770	2.353	7.937	7.630	6.160	5.854
Argentinos	s/d	s/d	71	90,5	48	80	48	78
Españoles	s/d	s/d	s/d	s/d	17	12	14	14,5
Italianos	s/d	s/d	s/d	s/d	22,5	4	26	4,8
Franceses	s/d	s/d	s/d	s/d	5	0,6	5,5	0,7
Chilenos	s/d	s/d	s/d	d/d	2,3	1,6	2	1
Otros	s/d	s/d	29(1)	9,5(1)	5,2	1,2	4,5	1
Total de extranjeros	s/d	s/d	29	9,5	52	19,4	52	22

(1) El censo sólo identificó argentinos y "extranjeros".

Fuentes: elaboración propia con datos tomados del *Segundo Censo Nacional 1895*, t. 3, Económico y Social, cap. IX, cuadro XIV; y *Tercer Censo Nacional 1914*, t. V, pp. 396-406 y 873-878.

núcleo central de la nueva economía regional en formación. El número de viñedos y de bodegas creció en esta provincia más del 240% entre el segundo y el tercer censo nacional, en tanto San Juan lo hacía a un ritmo menor. En cuanto a la producción de vinos, en 1899 se elaboraron en Mendoza 926.977 hl y en San Juan, 249.852 hl; en 1910, las cifras alcanzaron 2.915.685 hl y 662.277 hl, respectivamente. En los mismos años, el total de vino elaborado en el país registró 1.241.236 hl y 3.796.997 hl (cuadros 3 y 4), enormes volúmenes que respondían a una demanda, aún insatisfecha, que se estimaba ilimitada.[20]

Los capitales invertidos en la pujante vitivinicultura reflejaban para el Centenario el significado que adquiría el desarrollo de la agroindustria en el marco nacional y el afianzamiento de las diferencias en el interior de la región. Los vi-

[20] La importación de vinos en 1910 y 1911 representó para el país erogaciones por un total de 20.586.666 pesos oro, de los cuales 8.830.173 pesos (43%) correspondieron a vinos comunes y el resto a caldos especiales, medicinales, finos, champagnes, etc. En volumen, los vinos comunes ascendieron a 474.308 hl en 1910 y 408.709 en 1911. Véase *Boletín del Centro Vitivinícola Nacional*, Buenos Aires, N° 78, 1912, pp. 2085-2086.

ñedos estaban valuados en $ 135.530.500 en Mendoza y $ 47.325.000 en San Juan, en tanto las bodegas mendocinas sumaban $ 48.654.060 y $ 10.755.611 las de la provincia vecina.[21] El hecho de concentrar el 90% del sector vitivinícola nacional definía la conformación de la región vitivinícola argentina.

El crédito formal también crecía, acompañando el desarrollo productivo, aunque en este caso era muy notorio el desequilibrio a favor de Mendoza, donde doce bancos, cuatro de los cuales eran pequeños (y algunos fundados por *comerciantes* y productores inmigrantes), operaban con 86,7 millones de pesos, mientras que la provincia vecina agrupaba sólo siete entidades financieras con un giro inferior a los 14 millones de pesos.[22]

La expansión agroindustrial demandó el creciente equipamiento de centenares de bodegas que surgían y se integraban al nuevo paisaje. Los equipos para la industria vínica provenían de varios países, pero Francia fue sin dudas el más destacado proveedor, tanto en cantidad, calidad y variedad de los suministros (prensas Mabille, moledoras Marmonier, filtros Gasquet, bombas Coq, Noël y Faffeur...), como por su permanencia en el mercado regional. Y esto obedecía a que Francia en general, y Burdeos en particular, constituían el modelo a imitar propuesto por sectores de la élite, específicamente la de Mendoza.[23] Seguía Italia en importancia (moledoras Garolla, bombas Marelli) y su presencia se incrementó en el siglo XX, lo que se explica en buena medida por la gran cantidad de bodegueros de origen italiano que demandaban bienes fabricados en su país.

En relación con esta importación de equipos, cabe destacar que varios inmigrantes europeos, portadores de conocimientos técnicos, instalaron entre

---

[21] Centro Viti-Vinícola Nacional, *La Viti-Vinicultura Argentina en 1910*, Buenos Aires, 1910, pp. I-II. Los viñedos en el país superaban los 200 millones de pesos y las bodegas 65 millones, de modo que la región reunía el 89% de la inversión vitícola (66% Mendoza y 23% San Juan) y el 90% de los capitales industriales (74% Mendoza y 16% San Juan).

[22] San Juan tenía siete entidades (tres oficiales: Hipotecario, Nación y Provincial; una extranjera: Español del Río de la Plata; y tres locales, muy pequeños: Popular, Rosselot y Obrero, *ibid.*, p. XIV).Eran de capitales locales de Mendoza, el Banco Industrial y Comercial de Mendoza (S.A. Cooperativa, 1903), fundado por inmigrantes vinculados con la vitivinicultura (Genesy Carullo, Carlos Kalless y Augusto Raffaelli, entre otros); el Banco del Este (S.A. Cooperativa, 1904), fundado mayoritariamente por inmigrantes y situado en San Martín; el Popular de Mendoza (Cooperativa, 1905), fundado por miembros de la élite (Segundo Correas, Angelino Arenas, Manuel Ceretti... y algunos inmigrantes empresarios como Balbino Arizú, Domingo Tomba o Carlos Berri), y el Banco Agrícola de Guaymallén (1906, no llegó al Centenario). *El Comercio*, N° 638, Mendoza, 28-10-1903, p. 1; N° 1015, 17-2-1905, p. 6; N° 1016, 18-2-1905, p. 3; N° 1599, 15-1-1907, p. 2; Protocolos N° 717, Jellemur y Bustos, fs. 523, año 1904, y *La Industria*, Mendoza, 11-2-1910, p. 2. Más información sobre crédito y bancos en Mendoza, en el capítulo IV.

[23] Rodolfo Richard-Jorba, *Poder, economía...*, op. cit.

Cuadro 3. Provincias de Mendoza y San Juan. Formación de la Región Vitivinícola Argentina. Cantidad de explotaciones vitícolas y de bodegas entre 1895 y 1914 y variación porcentual en el período

Provincia	1895		1899		1914		Var. porcentual 1895 / 1914	
	Viñedos	Bodegas	Viñedos	Bodegas	Viñedos	Bodegas	Viñedos	Bodegas
Mendoza	1.770	433(1)	3.618(2)	1.082	6.160	1.398(3)	248	248
San Juan	2.353	231	1.800(2)	612(2)	5.854	499(3)	149	116
Total región	4.123	664	5.418(2)	1.694	12.014	1.897(3)	191	202

(1) La cantidad de bodegas era superior. El Censo omitió relevar el departamento de Luján de Cuyo.
(2) Estimación muy gruesa de A. Galanti sobre el número de viticultores que sólo debe ser tomada como valor referencial, pues muchos de estos actores poseían más de una explotación. La variación que se observa en San Juan en 1899 respecto de 1895 no es realista, porque entre 1895 y 1914, por caso, se mantuvo en valores similares la superficie media de los viñedos (en torno a las 4 ha), mientras que en la estimación de Galanti, superarían las 7 ha. El número de bodegas de San Juan posiblemente esté exagerado, tal vez por falta de información. Para Mendoza es más exacto, porque el editor de la obra de Galanti era el Centro Viti-Vinícola de Mendoza y es el que entregó la información cuali-cuantitativa aceptablemente bien elaborada. De cualquier modo, la cifra de San Juan es similar a la alcanzada en 1907 (632 bodegas).
(3) No todas las bodegas trabajaban cada vendimia. Por ejemplo, en 1912, sobre 1.139 establecimientos registrados en Mendoza y 306 en San Juan, trabajaron 927 (81%) y 228 (74%), respectivamente, véase *Boletín del Centro Vitivinícola Nacional*, N° 82, julio de 1912, p. 2209. Cabe señalar, además, la existencia de discrepancias en los datos sobre el número de bodegas. El Censo de 1914 consigna 1.507 establecimientos en Mendoza, mientras que el gobierno de la provincia registraba 1.398, véase *Anuario de la Dirección General de Estadística de la provincia de Mendoza correspondiente al año 1914*, p. 209. Existe la posibilidad de que esta diferencia surja de haberse relevado en el Censo la totalidad de bodegas construidas y sólo el número de las que trabajaron, en el Anuario provincial. Parece más realista el dato incluido en el cuadro por guardar cierta coherencia con cifras anteriores y posteriores, por ejemplo, 1.107 bodegas en 1923, véase Intervención Nacional en Mendoza, *El problema vinícola*, Mendoza, 1931.

Fuentes: elaboración propia con datos tomados del *Segundo Censo Nacional 1895*, t. 3, Económico y Social, cap. IX, cuadro XIVc y cap. XI, cuadro VIIIb; Arminio Galanti, *op. cit.*, y *Tercer Censo Nacional 1914*, t. V, pp. 207 y 215 y t. VII, pp. 357 y 361.

Cuadro 4. Provincias de Mendoza y San Juan. Formación de la Región Vitivinícola Argentina. Producción de vino en Mendoza y San Juan y total nacional, en años seleccionados, 1899-1912 (en hl)

Año	Mendoza	San Juan	Total región	Total país	% Región/País
1899	926.977	249.852	1.176.829	1.241.236	95
1900	806.670	260.681	1.067.351	1.150.552	93
1901	1.392.568	359.850	1.752.418	1.844.196	95
1902	1.051.189	235.050	1.286.239	1.360.153	94
1910	2.915.685	662.277	3.577.962	3.796.997	94
1912	2.941.684	636.593	3.578277	3.706.960	96

Fuentes: 1899-1902: Pedro Arata et al., "Investigación vinícola", en Anales del Ministerio de Agricultura, t. I, N° I, Buenos Aires, 1903, p. 219; 1910: Oficina del Censo Industrial de la República, informe del 15-4-1910, reproducido en La Viticultura Argentina, Mendoza, N° 5-6, septiembre-octubre de 1910, pp. 198-205; 1912: Boletín del Centro Vitivinícola Nacional, N° 82, julio de 1912, p. 2209.

los años 1890 y la década de 1900 talleres de servicios para reparación de máquinas y herramientas. Pronto comenzaron a fabricar repuestos y algunos modelos simples y fáciles de copiar y, además, adaptaron, innovaron y hasta desarrollaron nuevos productos. Italianos, franceses, españoles, austríacos, suizos... fundaron estos talleres metalúrgicos, algunos en fecha muy temprana,[24] como se verá en el capítulo III. Estos inmigrantes generaron, también, un destacado proceso de entrenamiento y transferencia de conocimientos que benefició a trabajadores extranjeros y argentinos, sentando las bases para que un pequeño "brote" industrial se desarrollara lentamente y se consolidara en décadas posteriores hasta llegar a la actual industria metalmecánica regional, proveedora del sector vitivinícola nacional y de otros sectores agroindustriales. Debe señalarse, no obstante, que no todos los inmigrantes se capacitaron en sus países de origen, pues el ferrocarril y algunos establecimientos de Buenos Aires fueron también un ámbito propicio para la formación técnica de muchos de ellos. Hacia el final de nuestro período de estudio, el Censo Industrial de 1913 registró 127 establecimientos metalúrgicos asentados en la re-

[24] En la década de 1850 el francés G. Ponceau, entre otros, instaló en Mendoza un taller "para hacer y componer" bombas, alambiques, etc. Véase El Constitucional de Los Andes, Mendoza, 13-1-1853. Todo indica que no tuvieron continuidad, pues la vitivinicultura tradicional venía de una larga crisis y sólo producía para el mercado local.

gión, que empleaban casi 1.000 trabajadores. En efecto, Mendoza tenía 85 talleres que daban trabajo a 499 personas; en San Juan eran 42 y empleaban 458 operarios. La industria era más compleja en Mendoza, donde el grupo de "Herrerías y talleres mecánicos, construcciones de máquinas, talleres metalúrgicos y artículos rurales" reunía 31 establecimientos con 266 trabajadores (casi nueve por taller), 59% de los cuales eran extranjeros. En San Juan, este grupo sólo comprendía 14 firmas y 89 operarios (seis por taller), con el 26% de extranjeros. En esta provincia la mayor fuente de empleo industrial estaba en el grupo de "Fundiciones de metales y minerales metálicos", con ocho firmas y 297 operarios, que incluía la tradicional actividad minera sanjuanina.[25]

La vitivinicultura moderna era dominada por los bodegueros integrados, un grupo muy reducido de propietarios de grandes empresas, que controlaban las diversas etapas productivas y tenían capacidad para formar los precios del vino y hacer intervenir al Estado en defensa de sus intereses. En los comienzos del siglo XX, estos bodegueros montaron establecimientos altamente tecnificados y sus estrategias empresariales los condujeron a integrarse a la burguesía nacional, fueran nativos o inmigrantes.[26] Estos últimos, con frecuencia, se vincularon parentalmente con familias de vieja raigambre y se insertaron plenamente en los grupos dominantes de la región. En corto tiempo, además, llegaron a controlar la industria. Cabe agregar que, en no pocos casos, participaron en política hasta donde les resultaba posible por su condición de extranjeros, pero sus hijos argentinos ocuparon destacados lugares en los partidos políticos y en los gobiernos de la región, particularmente en Mendoza. El nuevo modelo de desarrollo capitalista generó, además, un conjunto de actores integrados en relaciones asimétricas. El *viñatero* era un propietario o arrendatario que explotaba, en general, fincas menores a 5 ha y vendía la materia prima al elaborador de vinos. El *productor agroindustrial* integraba la producción de uva y elaboraba vino en establecimientos de tamaño variable, aunque con predominio de los pequeños. Vendían su producción en el mercado local, en ocasiones a otras provincias y también a grandes bodegas. El *industrial bodeguero* poseía o arrendaba bodegas y no producía la materia prima, fue una categoría de transición hacia fórmulas empresariales integradas.[27]

---

[25] *Tercer Censo Nacional 1914*, t. VII-Industrias, Buenos Aires, 1919.

[26] Jorge Balán, "Una cuestión regional en la Argentina: burguesías provinciales y mercado nacional en el desarrollo agroexportador", *Desarrollo Económico*, N° 69, Buenos Aires, IDES, 1978, pp. 49-87.

[27] Estos actores ha sido estudiados y definidos en Mendoza (véase, Rodolfo Richard-Jorba, *Poder, economía...*, *op. cit.*), aunque son extrapolables a San Juan, donde se reprodujeron estructuras casi idénticas a las de la sociedad mendocina. Cabe agregar a los *comerciantes extrarregionales*, que distribuían en otras provincias los vinos de la región o los compraban a granel para fraccionarlos con marcas propias. En las dos primeras décadas del siglo XX perdieron importancia frente a la maduración de la industria y el desarrollo de la integración

Como puede apreciarse, salvo la importante incorporación de inmigrantes a la vitivinicultura, las estructuras y las asimetrías sociales y espaciales guardan gran similitud con las existentes durante la vigencia plena del modelo de ganadería comercial con agricultura subordinada.

Los migrantes: del ámbito regional al cosmopolitismo

Las enormes distancias y la sobrecogedora soledad de las travesías entre el Litoral o Buenos Aires y Mendoza-San Juan seguramente desalentaban a los potenciales migrantes. Al comenzar la segunda mitad del siglo XIX los movimientos territoriales de la población eran escasos y lentos, en consonancia con los medios de transporte disponibles: las arrias de mulas, las carretas y alguna diligencia para aventurarse por las polvorientas huellas.

En 1854, el gobierno de la Confederación Argentina dispuso la creación de las Mensajerías Nacionales Iniciadoras. Administradas desde el puerto de Rosario, transportarían en galeras hasta 17 pasajeros y correspondencia, uniendo esa ciudad y los principales puntos del interior del país confederal. El trayecto de Rosario a Mendoza se preveía cumplirlo en diez días con sólo un viaje mensual. Llegar a San Juan supondría dos días adicionales. El servicio se concretó, finalmente, en la década de 1860 y se fueron ampliando gradualmente las frecuencias, aunque el recorrido Rosario-Mendoza-San Juan duraba, en realidad, quince días. Para 1882, las Mensajerías comunicaban la región con el Litoral realizando ocho viajes mensuales hasta Villa Mercedes (San Luis), desde donde se continuaba en ferrocarril. Sin embargo, el costo era accesible sólo para un reducida minoría,[28] por lo cual el sistema de transporte no creaba todavía condiciones para la libre afluencia de trabajadores extrarregionales al mercado laboral. Se sumaban a esto diversas reglamentaciones coactivas que procuraban mantener sujeto al trabajador a un patrón y a un determinado lugar en un vano intento de afrontar la crónica escasez de mano de obra.

¿Quiénes se movilizaron entonces en esta etapa previa? El cuadro 5 indica que el movimiento principal, en 1869, correspondió al ámbito regional. Las menores distancias facilitaban los traslados y los nativos de provincias conti-

---

vertical de muchas empresas vitivinícolas. También hubo casos de asociación de estos comerciantes con los industriales.

[28] En 1864-1865, el viaje Rosario-San Juan costaba 55 pesos bolivianos, véase José L. Masini Calderón, *op. cit.*, p. 27. Un trabajador agrícola en los años 1850 y 1860 cobraba entre 3 y 5 pesos bolivianos mensuales. En 1879, un viaje en galera o diligencia entre Villa Mercedes y Mendoza costaba 24 $Fuertes, y 36 si se extendía hasta San Juan, mientras que un peón de las obras ferroviarias, con un salario muy alto para la media de la época, cobraba neto en dinero 16 $Fuertes por mes. Rodolfo Richard-Jorba, "La región del centro-oeste...", *op. cit.*

Cuadro 5. Región del centro-oeste argentino. Cantidad de migrantes censados en Mendoza y San Juan por zona de origen, en 1869, 1895 y 1914

Provincias	Pobl. total	Origen de los migrantes					
		Mendoza	San Juan	Otras prov.	Países vecinos	Europa	Total
Año 1869							
Mendoza	65.413	(54.088)	1.767	3.414(1)	5.803(2)	285	11.323(3)
San Juan	60.319	931	(52.316)	4.760(4)	2.078(5)	216	8.003(6)
Total Región	125.732	931	1.767	8.174	7.881	501	19.326
Año 1895							
Mendoza	116.136	(80.788)	6.914	12.538(7)	5.383(8)	10.376	35.348(9)
San Juan	84.251	778	(74.165)	3.986(10)	1.552(11)	3.699	10.086(12)
Total Región	200.387	778	6.914	16.524	6.935	14.075	45.434
Año 1914							
Mendoza	277.535	(154.717)	14.525	19.340(13)	8.703(14)	76.690	122.818(15)
San Juan	119.252	1.859	(95.108)	5.715(16)	1.966(17)	13.709	24.144(18)
Total Región	396.787	1.859	14.525	25.055	10.669	90.399	146.962

Nota: Las cifras colocadas entre paréntesis corresponden a los nativos de Mendoza y San Juan censados en sus respectivas jurisdicciones.
1869: (1) 59% de provincias contiguas (2.014 de San Luis); (2) 5.774 chilenos (99,5%); (3) Incluye 54 migrantes de otros países americanos; (4) 72% de provincias contiguas (2.015 de La Rioja y 1.415 de San Luis); (5) 2.059 chilenos (99%); (6) incluye 18 migrantes de otros países americanos.
1895: (7) 23% de provincias contiguas (2.791 de San Luis y 48 del Territorio del Neuquén); (8) 5.210 chilenos (97%); (9) incluye 74 no europeos y 63 de otros países americanos; (10) 77% de provincias contiguas (2.516 de La Rioja y 557 de San Luis); (11) 1.500 chilenos (97%); (12) incluye 49 no europeos y 21 de otros países americanos.
1914: (13) 40% de provincias contiguas (7.579 de San Luis y 81 de Neuquén); (14) 5.539 chilenos (64%); (15) incluye 2.713 no europeos, 248 de otros países americanos y 3.560 con lugar de nacimiento desconocido o de origen extranjero nacionalizados argentinos; (16) 49% de provincias contiguas (731 de San Luis y 2.953 de La Rioja); (17) 1.402 chilenos (71%); (18) incluye 702 no europeos, 45 de otros países americanos y 895 con lugar de nacimiento desconocido o de origen extranjero nacionalizados argentinos.

Fuentes: elaboración propia con datos tomados del *Primer Censo Argentino-1869*, Agrupación del Oeste, tablas N° 3 y 4; *Segundo Censo Nacional-1895*, t. 2, cuadros IIb, pp. 371 y 408; *Tercer Censo Nacional-1914*, t. II, cuadros XI y XII, pp. 304 y 315; y Zulma Recchini de Lattes y Alfredo Lattes, *Migraciones en la Argentina*, Buenos Aires, Instituto Di Tella, 1969.

guas formaban los contingentes más numerosos. La dimensión de los oasis de la región y la diversidad productiva eran atractivos importantes para poblaciones de zonas en las que dominaba una economía pastoril muy extensiva, incapaz de generar empleo. Entre los extranjeros, los chilenos constituían el grupo más numeroso. Vicuña Mackenna había señalado esta presencia en 1855, atribuyéndola a las grandes posibilidades de progreso que ofrecía Mendoza frente a la semiesclavitud de los *inquilinos* en su país.[29] Cuando se levantó el Censo de 1869, florecía el negocio de exportación de ganado y los chilenos alcanzaron el máximo registrado en la región: casi el 9% de la población de Mendoza y un porcentaje inferior aunque no desdeñable en San Juan. Los antiguos lazos económicos y sociales, el dinamismo del intercambio comercial, la gradual ampliación de los oasis y la crónica escasez de trabajadores fueron, sin duda, los principales factores de atracción. El chileno era valorado por sus aptitudes para el trabajo con el ganado, la tejeduría, las artesanías del cuero y la agricultura.

La migración europea era numéricamente escasa. Ingresada al país desde Chile, Rosario y Buenos Aires, la componían mayoritariamente comerciantes, profesionales, técnicos y artesanos que fueron integrándose a la sociedad regional. Varios de estos agentes alcanzaron posiciones económicas encumbradas y prestigio social. Esta inmigración temprana aportó innovaciones que contribuirían a las transformaciones económicas finiseculares. Hemos mencionado a los franceses que introdujeron cepajes de buena calidad y elaboraron vinos finos, pero también hubo toneleros que enseñaron su técnica y su arte, con lo cual se terminaría por desplazar a las coloniales vasijas de barro cocido,[30] o herreros y fabricantes de carros, que sentaron las bases para el posterior desarrollo de los mencionados talleres de servicios, sin olvidar a los constructores de obras civiles, italianos y franceses.

El cambio que provocaría la especialización vitivinícola marca también una modificación en la dirección de las migraciones. Hubo para ello una confluencia de factores. Por una parte, el comercio ganadero —como ya indicáramos— entró en una profunda crisis desde mediados de los años 1870, lo que obligó a las élites a plantear la necesidad de transformar las bases económicas; por la otra, el ferrocarril, que consolidaría la reorientación de la región hacia el mercado interno.

A mediados de la década de 1890, cuando se levantó el Segundo Censo Nacional y el avance hacia la especialización agroindustrial era indetenible, Men-

---

[29] Benjamín Vicuña Mackenna, "La Argentina en 1855", *La Revista Americana de Buenos Aires*, Buenos Aires, 1936.

[30] Juan José Cornú, ¿francés?, abrió en 1853 un taller de tonelería con apoyo del Gobierno de Mendoza, *El Constitucional de los Andes*, Mendoza, 13-1-1853. Manuel Silveira, portugués, trabajaba como tonelero en 1855, Archivo General de la Provincia de Mendoza, Carpeta Nº 15-Censos, Doc. 4.

doza había alcanzado una clara posición de predominio. Y el papel jugado por el ferrocarril, como ya se expresó, no era ajeno a esta nueva situación. La llegada de migrantes crecía desde 1885 con un espectro amplio. Los argentinos eran mayoritariamente originarios de provincias no contiguas y su presencia invertía la relación existente en 1869. Los chilenos descendían en términos absolutos y su representatividad se reducía a la mitad, mientras que los europeos se multiplicaron entre los dos censos (3.540%). Españoles, italianos y franceses, en ese orden, explicaban más del 95% del aporte migratorio externo.[31]

El descenso porcentual de los mendocinos nativos en el total de la población provincial, registrado en 1895 (69,5% frente al 82,6% de 1869) indica la ruptura de cierto aislamiento con el resto del país, porque los argentinos de otras provincias avanzaron del 7,9 al 16,8%. El moderno transporte ferroviario no sólo integraba físicamente el territorio nacional, sino que el gradual abaratamiento tarifario daba pie a la movilidad geográfica de argentinos y, particularmente, extranjeros que se trasladaban a Mendoza atraídos por el crecimiento económico y las oportunidades laborales. La ciudad capital adquiriría aires cosmopolitas, con una pléyade de europeos y grupos menores de otros continentes.

San Juan iba quedando rezagada en este aspecto. No sólo había aumentado en 1895 el peso de su población nativa, alcanzando el 88%, sino que, en relación con Mendoza, los migrantes de otras provincias apenas significaban una tercera parte, lo que indica dónde estaban las preferencias de quienes se movilizaban. Pero, además, el 77% de ellos pertenecían a provincias contiguas, de manera que San Juan tenía una zona de atracción muy restringida, particularmente centrada en La Rioja, provincia expulsora de grandes contingentes humanos. Como el transporte de los riojanos en 1895 se hacía todavía en carretas o a caballo, es dable pensar que San Juan fuera utilizada como una etapa previa para movimientos posteriores, aprovechando su condición de punta de rieles. Los chilenos se redujeron al mismo ritmo que en Mendoza, lo que confirma la decadencia de los tradicionales y estrechos vínculos económicos de la región con el vecino país y su nueva orientación hacia el mercado nacional. En cuanto a los inmigrantes europeos, su aporte era considerablemente menor que el recibido por Mendoza.

En 1914 Mendoza lucía, orgullosa, el cosmopolitismo alcanzado. Sólo el 56% de sus habitantes había nacido en la provincia y más de un tercio eran extranjeros, con amplísima mayoría europea (27,6%). Los migrantes argentinos conservaban un porcentaje importante pero decreciente en relación a 1895, mientras que en San Juan se mantenía el sentido de los movimientos señalados para ese año e, incluso, se reforzaba, aunque logró atraer más europeos.

[31] La mayor cantidad de ingresos de inmigrantes a Mendoza se registró en 1890 (3.177), 1901 (4.160), 1906 (7.372), 1907 (9.107), 1908 (12.068), 1910 (14. 095), 1912 (15.914) y 1913 (16.138).

Es importante destacar, por último, la calificación educativa de la población. El Censo de 1869 mostraba en las dos provincias cantidades semejantes de profesionales, pero San Juan casi duplicaba a Mendoza en el número de educadores y su población alfabetizada era considerablemente mayor. En efecto, casi el 25% de los habitantes de 6 o más años leía y escribía, en tanto en Mendoza no alcanzaban el 18%.[32]

Para 1895, los índices educativos se igualaban en toda la región, con el 41% de pobladores alfabetizados,[33] lo que daba cuenta del éxito de las políticas educativas promovidas por el Estado nacional. En 1914, con el 55% de la población regional alfabetizada, se registraba una confluencia entre el sistema educativo argentino y la calificación de los inmigrantes, porque los índices de alfabetismo resultaban similares para los nativos del país y para los principales grupos extranjeros, salvo los franceses, de lejos los más instruidos. En efecto, en 1914 la población de Mendoza mayor de 7 años sumaba 219.718 personas, con el 56% de alfabetos; San Juan tenía 92.171 y el 54% que sabían leer y escribir. Los argentinos nativos mantenían esa misma proporción. Los españoles alfabetizados eran 55% en Mendoza y 48% en San Juan, pero los italianos de esta última superaban a los de aquella (66,5 a 54%). Los franceses promediaban 80% de alfabetos y sólo eran superados por grupos muy minoritarios que conformaban una inmigración altamente selectiva (uruguayos, suizos, ingleses y alemanes).[34]

La distribución de los principales grupos de migrantes refleja los cambios de modelos productivos en la región. Los chilenos tenían presencia más o menos pareja en 1869 en todo el territorio regional, orientado —como se ha señalado— a la producción de alfalfa y cereales, frutas y algo de vino y aguardientes y, centralmente, al comercio ganadero. Con la reconversión hacia la vitivinicultura en pleno desarrollo en 1895, una amplia mayoría de este grupo aparecía concentrada en las ciudades capitales (17% en Mendoza y 10% en San Juan) y en los departamentos de ambas provincias fronterizos con Chile o todavía dedicados a la ganadería (más del 45%).[35] Esta tendencia se consolidó en 1914.[36]

---

[32] San Juan tenía 113 educadores, preceptores, etc., y Mendoza sólo 63. El promedio entre quienes sabían leer o escribir en la población de 6 y más años ha sido calculado con datos tomados del *Primer Censo Argentino 1869*.

[33] Los porcentajes eran 41,4% en Mendoza y 41,5% en San Juan. Cálculos propios con datos tomados del *Segundo Censo Nacional 1895*, t. 2, cuadro XIII.

[34] *Tercer Censo Nacional 1914*, t. III, p. 324.

[35] En Mendoza, el 47% residía en espacios de frontera y, en San Juan, lo hacía el 45%, incluyendo al ganadero departamento de Jáchal. Cálculos propios, con datos del *Segundo Censo Nacional 1895*, t. 2, cuadros VIIa y VIIb.

[36] El 63% estaba radicado en áreas fronterizas de Mendoza y el 53% en San Juan, incluido Jáchal. Cálculos propios, con datos del *Tercer Censo Nacional 1914*, t. II, pp. 304 y siguientes.

Si los chilenos se distribuían mayoritariamente en zonas rurales, los europeos tenían otros patrones de asentamiento. Italianos, españoles y franceses se instalaban en fuerte proporción en las ciudades capitales en 1869, confirmando que la inmigración de ultramar temprana era selectiva, más cercana a las profesiones, al artesanado y al comercio que a los sectores del trabajo;[37] y aportaba, significativamente, al desarrollo de una anticipada urbanización.

En la etapa de aporte inmigratorio masivo los censos mostraron una reducción en estas proporciones, en parte porque al crecer la red de ciudades, la población urbana estaba más repartida y, en parte porque una gran franja de inmigrantes se incorporó a la agricultura. En la región, y más específicamente en Mendoza, los inmigrantes europeos tuvieron posibilidades ciertas de acceso a la propiedad de la tierra,[38] contrariamente a lo que sucedió en otras regiones del país. Esa dificultad, particularmente notoria en la región pampeana, sirvió de argumento para explicar la afluencia de los nuevos habitantes hacia las ciudades y los mercados de trabajo urbanos.[39]

Mientras la población urbana regional se quintuplicó entre 1869 y 1914, la rural se expandió a un ritmo mucho menor. En el transcurso de este período se consolidarían las jerarquías urbanas regionales y Mendoza afianzaría sus posiciones de preeminencia con su capital, pero también con la expansión del espacio irrigado y el consecuente poblamiento rural que acompañaba a la vitivinicultura (cuadro 4).

---

[37] En el Censo de 1869 los italianos se concentraban en las ciudades de Mendoza (59%) y San Juan (65%), igual que los franceses (46 y 55%, respectivamente). Los españoles, en cambio, sumaban el 31% en la capital mendocina y sólo 5% en la sanjuanina. Cálculos propios, con datos del *Primer Censo Argentino 1869*, pp. 350-353 y 388-391.

[38] Sobre el acceso a la propiedad rural en Mendoza, puede consultarse Rodolfo Richard-Jorba, "Conformación espacial...", *op. cit.*, y "El mercado de trabajo vitivinícola en la provincia de Mendoza y los nuevos actores...", *op. cit.*, pp. 5-37. Además de lo que hemos apuntado más atrás, los *Anuarios de la Dirección General de Estadística de la Provincia de Mendoza* en las dos primeras décadas del siglo XX confirman, sin lugar a dudas, la plena inserción de los inmigrantes (italianos, españoles, franceses y otros, en ese orden) en el mercado inmobiliario mendocino y la gradual apropiación de la mayor proporción de la tierra disponible, fuera con viña u otros cultivos, con derecho a riego o inculta; véase, por ejemplo, el *Anuario 1907, 1908* y *1909*, p. 198, y el correspondiente a 1914, p. 226. En San Juan, según Videla, predominaba la inmigración española, no obstante lo cual era escasa. Y agregaba, citando a Elsa Ebrecht y Hortensia Agüero Zand: "Un vez en San Juan... [el inmigrante] se contrataba como peón o, en mejores condiciones como contratista, en las fincas de criollos o de compatriotas ya establecidos", Horacio Videla, *op. cit.*, p. 562. Es decir, que muchos de los inmigrantes iban a la agricultura, pero no se menciona una incorporación significativa como propietarios.

[39] Este argumento es sostenido por Blanca Sánchez Alonso, *op. cit.*, p. 23, y por María Cristina Cacopardo y José Luis Moreno, "Características regionales, demográficas y ocupacionales de la inmigración italiana a la Argentina (1880-1930)", en Fernando Devoto y Gianfausto Rosoli (eds.), *op. cit.*, p. 76.

Debe investigarse aún en profundidad por qué las corrientes inmigratorias de ultramar se dirigieron mayoritariamente a Mendoza en detrimento de San Juan. Sin embargo, consideramos que algunos factores tuvieron su influencia en este proceso. En primer lugar, la ya mencionada posición nodal ferroviaria de Mendoza debió obrar como fuerte atractivo; también las políticas para captar inmigrantes. Tampoco pueden soslayarse las promociones fiscales para facilitar la inversión en viñedos, exitosas en Mendoza y con escasos resultados en San Juan. Sin embargo, hay otras dos cuestiones que probablemente incidieron de modo directo, una de las cuales es económica. San Juan, en la década de 1890, tenía como moneda provincial, letras emitidas por el gobierno, las cuales, pese a tener valores nominales equiparables a la moneda nacional, estaban fuertemente devaluadas. Si bien esa pérdida de valor ofrecía la ventaja de hacer más competitivos los vinos sanjuaninos frente a los de Mendoza para concurrir a los mercados, los trabajadores cobraban salarios devaluados y eso debió obrar como un factor de expulsión de población local, a la vez que convertía a San Juan en un destino poco atractivo para los inmigrantes, cuestión sobre la que volveremos.[40]

La otra, no menos importante, tiene que ver con un marcado conservadurismo que percibimos entre la élite sanjuanina, muy diferente del carácter más receptivo y de alta valoración hacia el extranjero que tuvo el grupo oligárquico modernizante mendocino, lo que llevó rápidamente a la constitución de un empresariado integrado por nativos y extranjeros y al acceso al poder político de argentinos de primera generación.[41] En San Juan pareciera, siguiendo algunas fuentes, que el inmigrante era tenido en cuenta, salvo excepciones, sólo para integrar o ampliar el mercado laboral, sin que se fomentara y valorara el ascenso social. Por el contrario, éste era permanentemente resaltado en Mendoza, presentándoselo a través de ejemplos de vida,[42] claro que considerando sólo a los individuos "exitosos" para contraponerlos al "vicio y la inmoralidad" de los trabajadores. El caso de los italianos puede resultar ilustrativo. Como ya mostráramos al comienzo de este capítulo, en Mendoza accedían rápida-

---

[40] Dos fuentes calificadas advertían esta situación. Uno de los autores estimaba, en 1899, que el valor de las letras era 30 o 40% menor que la moneda nacional, véase Karl Kaerger, *La agricultura y la colonización en Hispanoamérica. Los estados del Plata*, Buenos Aires, ANH, 2004, p.797 [1901, edición alemana]. Bialet Massé expresaba en 1904: "[...] San Juan está sometido al régimen matador de la moneda variable, plaga que le viene de sus letras de tesorería, las que, como todas las monedas de esta clase, son objeto de especulaciones ruinosas", Juan Bialet Massé, *op. cit.*, t. II, p. 913.
[41] Rodolfo Richard-Jorba, *Poder, economía...*, *op. cit.*, cap. V.
[42] Véase, por ejemplo, las notas sobre establecimientos vitivinícolas de Mendoza, propiedad de extranjeros, en las que se destacan las virtudes del trabajo, el ahorro, el tesón y la visión empresaria. Centro Viti-vinícola Nacional, *La Viti-Vinicultura...*, *op. cit.*, p. 106, sobre Juan Giol; p. 50, sobre Justo Pelegrina; p. 48, sobre Calise Hnos, etcétera.

mente a la propiedad de la tierra, y su presencia fue definitoria en el desarrollo de la moderna vitivinicultura.[43] Pero en San Juan, Kaerger apuntaba que a los trabajadores peninsulares debía abonárseles los salarios en moneda nacional, no en letras devaluadas,[44] lo que seguramente convertiría a estos inmigrantes más en un *gasto* que en una *inversión* para los patrones, acostumbrados a que la mayor parte de los criollos "se contentaran" con lo que se les ofrecía. En ese contexto, se explicaría que la mayoritaria corriente europea, incluyendo el gran colectivo italiano, se dirigiera a Mendoza y contribuyera sustancialmente a construir y consolidar el mayor desarrollo relativo de esta provincia, puesto de manifiesto en la significación de su vitivinicultura (y las industrias conexas) en el marco regional y nacional.

Otro indicador que deberá tenerse en cuenta en futuras investigaciones, es la participación política de los extranjeros en Mendoza, lo cual pone en evidencia que la élite local integraba a los nuevos habitantes de cierto nivel social y éstos respondían dentro de los límites que marcaban las leyes. Un ejemplo es el Club Extranjero del Partido Nacional, "[...] centro político que ha de cooperar en la obra patriótica iniciada por el Partido Nacional". Se constituyó con la presidencia honoraria del general Rufino Ortega y la comisión directiva la presidía el ingeniero Jorge Evans, acompañado por Benjamín Lombardozzi, Eduardo Gruin, Carlos Hellbach, Alfredo von Kunovsky, Eduardo Núñez, Daniel Hodge y W. Janklos. Este club político organizó comisiones de propaganda, a razón de una "por cada colonia de residentes",[45] de modo que había núcleos propagandísticos italianos, franceses, alemanes, rusos, españoles e ingleses, un amplio espectro capaz de influir entre los argentinos que deberían votar.

---

[43] Apuntemos, por caso, que en 1914 la población rural de nacionalidad italiana era la corriente extranjera más importante en la zona núcleo de difusión de la vitivinicultura moderna de Mendoza, mientras que en los principales departamentos vitivinícolas de San Juan, su presencia era numéricamente muy escasa, casi insignificante, véase *Tercer Censo Nacional 1914*, t. II, Población, pp. 304-324. En ese año, el 26% de los viñedos mendocinos eran dirigidos por italianos y el 14% por españoles, en tanto que en San Juan esos valores representaban sólo el 5% para los primeros y, al igual que en Mendoza, el 14% de españoles, *ibid.*, t. V, pp. 396 y 401-402.

[44] "Ahora bien, de ordinario los trabajadores nativos se contentan en la provincia con la misma suma de letras que los que viven en Mendoza ganan en moneda nacional [...] En cambio, si se da ocupación a trabajadores italianos, lo que suele ocurrir en muchos viñedos plantados según un sistema moderno, se les debe pagar los mismos salarios en moneda nacional que en Mendoza", Karl Kaerger, *op. cit.*, p. 797. Tres años antes, otra fuente confirma estas importantes diferencias salariales a favor de los extranjeros, probablemente motivadas por sus propias exigencias. En 1886 la hacienda, viñedo y bodega de Justo Castro Hnos. en Caucete ocupaba 150 obreros permanentes, sólo seis de ellos eran extranjeros "... los cuales ganan buenos salarios", Manuel Chueco, *op. cit.*, p. 185.

[45] *Los Andes*, Mendoza, 8-10-1891, p. 1.

La inmigración no sólo influyó en el proceso de urbanización de Mendoza por su peso demográfico; hubo también varias iniciativas individuales orientadas expresamente a promover el desarrollo de ciudades. Diversos bodegueros de origen europeo fundaron núcleos urbanos, algunos de gran importancia, fuera para favorecer sus negocios vitivinícolas o para involucrarse en emprendimientos inmobiliarios. Por ejemplo, Rodeo de la Cruz, fundado por Agustín Piccione, italiano, en 1912 y pueblo Passera (hoy dentro de Rodeo de la Cruz), fundado por Francisco Passera, francés, el mismo año. Ambos inmigrantes donaron lotes para espacios de uso público y estatal, además de realizar inversiones para desarrollar sus proyectos. La ciudad de San Rafael, actual centro regional del oasis sur de Mendoza, es el fruto de una idea de Rodolfo Iselin, francés. Este empresario diseñó en su Colonia Francesa, fraccionamiento rural puesto en valor por él, una prolija urbanización, donó parte de la misma para edificios públicos y logró que por ley provincial de 2-10-1903, se trasladara la cabecera departamental desde la Villa 25 de Mayo a la Colonia, núcleo original de San Rafael.[46]

En San Juan, un hombre de la élite sólo valoraba al extranjero que venía a trabajar disciplinada e individualmente, sin hacer política, y lo consideraba mejor que el criollo por el hábito del ahorro: "[...] El inmigrante que luego de llegar, a fuerza de trabajos labra su fortuna y luego se hace propietario, aunque sea de un pequeño pedazo de suelo, olvida el nihilismo, las comunas, el socialismo, las ligas agrarias, el fenianismo [los revolucionarios anticolonialistas de Irlanda], el anarquismo y se vuelve un buen ciudadano [...]".[47] Otra fuente, para el Centenario, mantiene esta visión del inmigrante; describiendo un pequeño establecimiento vitivinícola señala:

> La constitución de esta firma industrial en la que entran un ingeniero y catedrático de la Escuela Nacional de Minas e Industrias, que funciona en la capital de la provincia y el escribano señor Young, vecino caracterizado y hombre de luces, no deja de inspirarnos consideraciones favorables, en lo que respecta a la entrada *de elementos de reconocida preparación y cultura, a un ramo de la*

---

[46] W. Jaime Molins y Jorge Dantil, *La República Argentina. Región de Cuyo: San Juan, Mendoza, San Luis*, Buenos Aires, 1921-1922, pp. 57 y 66; Rodolfo Richard-Jorba, "La especialización vitícola y el desarrollo del mercado de tierras agrícolas en Mendoza (Argentina), 1870-1910", *Anuario IHES*, N° 19, Tandil, Universidad Nacional del Centro, 2004, pp. 443-468; y Paul Ives Denis, "San Rafael. La ciudad y su región", en *Boletín de Estudios Geográficos*, N° 64-65, Mendoza, Universidad Nacional de Cuyo, 1969, pp. 131-432.

[47] P. P. Ramírez, *op. cit.*, pp. 28-29. Es decir, que el extranjero sólo debe venir a trabajar; y la posibilidad de hacer política no cabe en los partidos de la "situación dominante", pues sólo piensa en ideologías que portaban los obreros europeos. En Mendoza, los partidos tradicionales incorporaron a los hijos de los inmigrantes, además del accionar de apoyo que éstos cumplieron, como acabamos de mostrar.

economía nacional, donde sólo habían actuado personas de labor, pero de pocos rudimentos. Ya no es sólo el ganapán inmigrante el que se inicia en las labores industriales, realizando así, por un camino corto, seguro y rápido, sus ensueños de fortuna. Es ahora el catedrático, el educacionista y el empleado deficientemente remunerados, que se lanzan por el mismo rumbo [...].[48]

En la nueva tierra

De la variada gama de situaciones que vivieron las decenas de miles de europeos y de ciudadanos de otros continentes que arribaron a Mendoza y San Juan, presentaremos algunos casos muy sintéticamente para conocer sus itinerarios económico-sociales vinculados con la vitivinicultura. La mayoría de los inmigrantes fueron trabajadores; otros arribaron con pequeños capitales o portando conocimientos específicos (artesanos, técnicos, profesionales universitarios) o experiencia de gestión empresaria. En general, buscaron ascender social y económicamente en relación con lo que habían dejado en sus tierras de origen y, entre sus variadas estrategias, hubo dos que se reiteraron: los negocios intraétnicos –en la mayoría de los casos– y los relacionamientos familiares con la élite local, en algunos de los que hicieron grandes fortunas.

Muchos inmigrantes mediterráneos, especialmente italianos, actuaron como *contratistas de plantación*. En esa función –el desarrollo del cultivo vitícola moderno– tuvieron decisiva responsabilidad en la transformación económica y geográfica de Mendoza, como veremos más adelante. Felipe Rutini, italiano de Ascoli-Piceno, arribó a Mendoza en 1887, con algo de capital y conocimientos técnicos como egresado de la Reale Scuola Pratica di Agricoltora "An-

---

[48] Centro Viti-vinícola Nacional, *op. cit.*, p. 318 (resaltado nuestro). Frente a la imposibilidad de estudiar críticamente a esta fuente en el presente trabajo, haremos alguna reflexión que sirva para futuras investigaciones al respecto. Este álbum fue escrito por redactores de la institución patrocinante, pero los propietarios de establecimientos que figuraron en él, pagaron para aparecer, tal como hoy sucede con cualquier guía u obra temática. Existe una clara diferencia entre los textos sobre Mendoza y San Juan, seguramente como respuesta a contextos distintos, a pesar de estar dentro de una misma obra; y los específicos de cada establecimiento, incluyen, además, ciertos elementos, proyectos, anhelos y hasta posiciones ideológicas que deseaban ser especialmente destacados por los propietarios. Por ello, el texto que hemos transcripto revela, desde nuestra apreciación, un cierto desprecio por el inmigrante y molestia por quienes ascendían socialmente. Destaca que un miembro de la élite, el catedrático no identificado –seguramente el dueño del capital, que no deseaba figurar públicamente–, se incorpore a la industria, acompañado por un escribano, "vecino caracterizado" pero que ni siquiera merece que se mencione su nombre de pila; y, finalmente, el "socio industrial", el empleado que trabajará efectivamente y a cuyo nombre figura la empresa. Es decir, se intenta mostrar una separación tajante entre la élite local y sus clientes, gente "de preparación y cultura" por un lado y el "ganapán" extranjero por el otro.

tonio Orsini". Fue contratista de plantación del general Rufino Ortega y en 1889 fundó la Bodega y Viñedos La Rural. Aunque ya era empresario, Rutini (y otro connacional, Agustín Ciarpella) continuaba en 1889 firmando contratos de plantación, lo cual ratifica que eran una buena fuente de acumulación.[49] En 1900 elaboraba 1.800 hl de vino; y, en 1910, producía 30.000, con 135 ha de viña y un capital social de $ 1.000.000.[50] Una parte del capital de la empresa se mantiene todavía en poder de descendientes del fundador. La bodega es actualmente uno de los más prestigiosos establecimientos vitivinícolas de Mendoza, dedicado íntegramente a la producción de vinos finos para el mercado interno y la exportación.

Numerosos empresarios vitivinícolas de origen europeo se iniciaron en actividades mercantiles y luego hicieron inversiones en la agroindustria; otros, en cambio, comenzaron directamente con la producción. Algunos constituyeron casos emblemáticos por la influencia, de diferentes órdenes, que ejercieron en la sociedad receptora.

El italiano Lorenzo Vicchi, un agente con permanentes prácticas económicas intraétnicas, llegó a Mendoza en 1885, muy probablemente con un mínimo capital y se dedicó al comercio asociado con sus connacionales Lázaro, Luis y Antonio Moretti y Andrés Bardotti. La sociedad operaba en la "compra de propiedades, almacén, especulación con vinos y zapatería", sin duda un amplio espectro de actividades. Esta primera sociedad, disuelta en agosto de 1887,[51] fruto de una cadena étnica, sirvió a Vicchi para introducirse en el mundo de los negocios que hacía eclosión en Mendoza a partir de la habilitación del servicio ferroviario. Pronto asoció a sus hermanos, José, Emilio, Antonio y Pedro, en el marco evidente de una red familiar.[52] En 1894, cuando su bodega en la ciudad de Mendoza y otros negocios funcionaban a pleno, formalizó una nueva sociedad con sus hermanos y otros dos italianos, Mascimo Bardotti y Pascual Gancia, que operaría "en los ramos de agricultura, vinicultura....", etcétera.

---

[49] AGPM, Protocolos Notariales (Protocolos) N° 446 –Corvalán–, t. 3, fs. 1071v, año 1889. Rutini estuvo asociado (1900) en La Rural con su concuñado Angel Cavagnaro, también italiano. Mayor información sobre esta empresa en Adolfo Cueto, *Bodega "La Rural" y Museo del Vino*, Mendoza, 1987.

[50] *Ibid.*, y *Álbum Argentino Gloriandus. Número extraordinario dedicado al señor Gobernador Doctor Emilio Civit*, Mendoza, 1910.

[51] Vicchi quedaba como propietario de un viñedo de 11,8 ha adquirido en diciembre de 1885, lo que lo introdujo en la vitivinicultura; los hermanos Moretti y Bardotti, con los otros negocios y algunos terrenos. AGPM, Protocolos N° 427 –Navarro–, fs. 769v, año 1887. Los Moretti se convirtieron, a su vez, en destacados vitivinicultores entre 1886 (industriales bodegueros) y 1894 (bodegueros integrados), Rodolfo Richard-Jorba, *Poder, economía...*, op. cit., p. 314.

[52] César Yánez Gallardo, op. cit., p. 169.

La firma Vicchi hermanos y Cía. desarrolló, efectivamente, una amplia diversidad de negocios vinculados con la vitivinicultura (viñedos, bodegas, destilería) y con el transporte.[53] Gancia era "socio industrial", figura que correspondía al hombre que se incorporaba a una empresa con sólo su trabajo. En el caso de los inmigrantes era, con seguridad, un vehículo por medio del cual los compatriotas le daban un lugar significativo a los recién llegados (último eslabón de la "cadena") que vinieran recomendados o fueran conocidos y de absoluta confianza. El crecimiento de la actividad vitivinícola de Vicchi fue extraordinario, pasando de 1.000 hl de vino en 1886, a 22.000 en 1908 y 40.000 hl al año siguiente, cuando ya arrendaba otras dos bodegas y disponía de extensos viñedos.[54]

Antonio Tomba, en fin, fue el fundador de una enorme empresa integrada que, durante décadas, tuvo un fuerte peso en la formación de los precios en el mercado nacional de vinos. Nacido en Valdagno, Italia, ingresó al país por Buenos Aires en los años 1870. Comenzó como empleado, dedicándose luego a la actividad mercantil. Fue comerciante móvil, proveedor del ferrocarril y de sus trabajadores en su avance hacia el Oeste. Con un capital considerable, llegó a Mendoza a comienzos de los años 1880. Contrajo matrimonio con Olaya Pescara, miembro de una familia tradicional de la élite, con importantes propiedades rurales. Su actividad inicial fue una casa de zapatería y almacén.[55] En 1886 instaló su bodega y elaboró 1.000 hl de vino. En ese mismo año implantó 4,7 ha de viñas para las que solicitó eximición de impuestos en 1887. Pocos años más tarde hizo venir de Italia a sus hermanos (Pedro, Francisco, Gerónimo y Domingo) y fundó la sociedad Antonio Tomba y Hermanos.[56] A fines de 1899, Antonio, enfermo de cáncer, intentó regresar a su

---

[53] José y Lorenzo Vicchi administrarían la empresa. El capital inicial era considerable: $ 152.589, 26% de Lorenzo, 18,5% de José, 18% de Antonio, 13% de Emilio, 12% de Pedro y otro tanto de Bardotti. AGPM, Protocolos N° 532 –Videla–, fs. 226, año 1894. Independientemente de las actividades económicas, un hijo de Lorenzo, Adolfo Vicchi, argentino de primera generación, ocupó, entre varios cargos de una larga vida pública, el de gobernador de la provincia de Mendoza a comienzos de la década de 1940.
[54] Centro Viti-vinícola Nacional, *op. cit.*, p. 242.
[55] *Estadística General de la Provincia de Mendoza*, Boletín N° 3-1883, Mendoza, 1885, p. 66.
[56] AGPM, Protocolos N° 467 –Lemos–, fs. 1056, 1890. La sociedad se constituyó el 27-10-1890. Del capital total ($ 398.000), Antonio, que administraría la firma, aportó el 73% ($ 290.810) y sus hermanos el 27%. Para ese momento, Antonio era propietario de la bodega y dos fincas en Maipú que sumaban 203 ha (81 con viñedos), las cuales se incorporaban a la nueva empresa junto con otros inmuebles (casas, terrenos). La generosidad de Antonio debe ser destacada. Aunque por falta de información sólo podemos presumir que el capital de sus hermanos pudo haber sido donado (o prestado), el dato objetivo es que Antonio, con el 73% del capital, sólo recibiría el 40% de las ganancias; y sus hermanos el 15% cada uno. Resulta evidente la intención de ayudar a sus familiares a convertirse en empresarios.

pueblo, pero terminó sus días en alta mar.[57] En ese año, la empresa ya tenía 800 ha de viñedos y, en 1900, superaba las 1.000 ha y producía alrededor de 80.000 hl de vino. Para 1910, la elaboración alcanzó unos 300.000 hl.

En abril de 1899, Pedro y Francisco (Gerónimo había fallecido) se retiraron de la sociedad y sólo quedaron Antonio y Domingo, con un capital de $ 4.000.000. Al fallecimiento del fundador, Domingo siguió con la parte principal de la empresa y, en 1911, la transformó en S.A. Bodegas y Viñedos Domingo Tomba (incorporó accionistas ingleses del grupo Leng-Roberts al directorio), con un capital de $ oro 3.000.000 y domicilio en Buenos Aires.[58] No cabe desarrollar aquí los avatares de la empresa y los problemas generados en el interior de la familia. Sin embargo, señalamos los diferentes itinerarios de Domingo y Pedro. Mientras el primero mantuvo la empresa por largo tiempo, Pedro "hizo la América" y regresó a Valdagno.[59] En tanto, Antonio sólo buscó morir en su tierra natal, dejando sus bienes y familia en Mendoza.

De los europeos arribados a Mendoza poseedores de una profesión universitaria, hubo numerosos casos en que incursionaron en la vitivinicultura, con resultados variados. Varios alcanzaron el "éxito" económico (y social), mientras que otros sólo cosecharon rotundos fracasos.[60]

En la provincia de San Juan, en cambio, la influencia de la inmigración europea se manifestó de una manera considerablemente más reducida y la gran diferencia con Mendoza, entre otros factores, estuvo dada, probablemente, por la masividad del ingreso de italianos a esta última, como hemos señalado anteriormente. Decíamos también que entre las diferencias con Mendoza se destacaba el ritmo más lento de modernización del viñedo, aunque quedaba claro que los europeos (Tierney, Ligoule, Devoto, Grossi, Cereseto, Graffigna, Russo...) implantaban mayores superficies con viñedos modernizados e introducían cepajes franceses, modificando gradualmente el peso tradicional de las

---

[57] *Los Andes*, Mendoza, 14-11-1899, p. 5.
[58] *Los Andes*, Mendoza, 14-5-1899 y *Boletín del Centro Vitivinícola Nacional*, N° 68, Buenos Aires, mayo de 1911, pp. 1814-1815. La empresa desapareció en 1937.
[59] Al momento de retirarse de Antonio Tomba y Hermanos, Pedro vendió su parte en la empresa a Antonio y Domingo en $ 600.000, una fortuna en la época. Una porción se canceló con propiedades y el resto debía ser girado a Valdagno en cuatro cuotas anuales, véase Patricia Barrio de Villanueva, "Grandes empresarios vitivinícolas en crisis, Mendoza, Argentina (1901-1904)", en *História Econômica e História de Empresas*, San Pablo, 2005, en prensa. Esta deuda con Pedro tuvo, finalmente, otra solución, pero la información sirve para mostrar los diferentes comportamientos entre miembros de una misma familia; por problemas judiciales, Domingo perdió sus bienes, regresó a Italia y falleció en Roma, véase Jaime Correas, "Historias de familias", Mendoza, *Diario UNO de Mendoza*, sin fecha, p. 263.
[60] Rodolfo Richard-Jorba, "¿Echar raíces o hacer la América? Un panorama de la inmigración europea hacia la región vitivinícola argentina y algunos itinerarios económicos en la provincia de Mendoza, 1850-1914", *Les Cahiers ALHIM (Amérique Latine Histoire et Mémoire) Migrations en Argentine II*, N° 9, París, Université de Paris 8, 2004, pp. 113-142.

variedades criollas, de baja calidad enológica. Al igual que en Mendoza, una pequeña porción de inmigrantes corresponde a la etapa previa a la llegada del ferrocarril, es decir de la década de 1870 o antes, más selectiva, en tanto los que arribaban generalmente poseían calificaciones técnicas para el trabajo y, sobre todo, disponían de recursos económicos. Algunos de estos europeos fundaron bodegas tempranamente. Los datos del Censo de 1895 aportan valiosa información. Antonio Maradona disponía de una bodega de 1.000 m², fundada en 1870, y operaba con un capital de $ 80.000. Otro italiano, Juan Graffigna, había comenzado también la elaboración de vinos en 1870 y su sobrino, Santiago, se hizo cargo del establecimiento en 1875, que 20 años después alcanzaba 3.000 m², disponía de un capital de $ 180.000 y elaboraba 2.100 hl de vino. El inglés (de Canadá), naturalizado argentino, Juan M. Tierney, había comenzado en 1872 con un modesto establecimiento, y su capital en 1895 alcanzaba a $ 9.000 y producía 760 hl de vino. Cereseto (y Cía.), un importante empresario, comenzó con la bodega en 1876. Dos décadas más tarde elaboraba 8.000 hl en edificios que ocupaban 20.000 m² y su capital alcanzaba a $ 1.000.000, únicamente superado por la gran bodega del argentino Francisco Uriburu ($ 2.600.000),[61] productora de más de 11.000 hl de vino. Paradójicamente, Uriburu era un inversor extrarregional, como se explicó en el capítulo I.

De la etapa inmigratoria posterior a la habilitación del servicio ferroviario en 1885, los europeos que invirtieron en la industria vínica desarrollaron establecimientos de cierta importancia, registrados también en 1895. El español Manuel Pérez fundó su empresa en 1893, contaba con 26 ha de viña, 9.450 m² de bodega (800 hl de vino) y un capital de $ 250.000, mientras que los italianos Devoto y Cía., con bodega desde 1894, sólo tenían 3 ha de viña y 4.000 m² de bodega, con un capital de $ 345.000. Elaboraban casi 25.000 hl, de modo que debían comprar uva a terceros para suplir su escasa producción propia. Finalmente, Antonio Lanteri Cravetti, italiano, fundó su bodega en 1893, muy pequeña (poco más de 100 hl) cuya propiedad era de sólo 2.500 m² cubiertos, de modo que sería un caso de industrial bodeguero. Este inmigrante se destacó posteriormente, además, como propietario de un taller metalúrgico.[62] Otro ejemplo de inmigrante dedicado a la metalurgia que se incorporó a la vitivinicultura fue el francés Pedro Richet, con bodega en el departamento Concepción hacia 1898.[63] Todas estas bodegas eran unidades productivas de

---

[61] AGN, *Segundo Censo Nacional 1895*, Cédulas Censales, Económico y Social, San Juan, Legajo 208, Boletín 34-Fabricación de vinos, folios N° 11 –Caucete–, 39, 42, 44 y 96 –Desamparados.
[62] *Ibid.*, folios N° 57, 70 y 78 –Desamparados–, y 142 –Santa Lucía–. La bodega de Wiedembrüg Hnos. alcanzaba, en 1898, 16.000 m². Véase P. P. Ramírez, *op. cit.*, p. 201.
[63] *Ibid.*, p. 218. Al no figurar en el Censo de 1895, presumimos que Richet se incorporó a la actividad vitivinícola entre el Censo y la obra de Ramírez.

escala muy inferior a las de Mendoza, en su mayoría de escasa capacidad de elaboración, salvo Cereseto, Devoto y Wiedembrüg Hnos. Estos últimos, alemanes, eran propietarios de una cervecería y comercializadora de bebidas en Rosario y compraron una bodega fundada en 1889 por el francés Luis Ligoule (y otra en Mendoza, a las que denominaron La Germania), con 1.000 m² y un capital de $ 100.000. Este es un caso típico de integración "hacia atrás", que convirtió a estos empresarios en bodegueros integrados. Hacia 1904 la capacidad de elaboración de La Germania habría ascendido a 56.000 hl, casi cinco veces más que en los primeros años de operación.[64] En torno del Centenario, algunos establecimientos habían desaparecido o no tenían significación (Maradona), mientras que otros crecieron, como Santiago Graffigna (60 ha de viñedos y 40.000 hl de vino) o la bodega de Tierney (50 ha de viña y 4.000 hl de vino), además de nuevas empresas vitivinícolas creadas en la primera década del nuevo siglo. La Germania operaba con tres bodegas: la adquirida inicialmente y otras dos que pertenecieron una a Marenco y Cereseto, y la otra a Del Bono. En 1912, esta firma rosarina producía, con las tres bodegas, unos 200.000 hl, lo que la convertía en la principal empresa del sector.[65] Sin embargo, la bodega de Francisco Uriburu seguía siendo el modelo indiscutido. Convertida en sociedad anónima por sus sucesores en 1909, sus viñedos alcanzaban 280 ha y elaboraba 66.000 hl en 1910, aunque descendía a 47.000 hl dos años después.[66]

Los ejemplos presentados han mostrado diferencias en las escalas productivas de las empresas vitivinícolas de San Juan y Mendoza, que confirman los niveles de producción vínica ya señalados para cada provincia. La inmigración jugó en esto un papel preponderante, como hemos dicho. Junto a factores como la masividad del ingreso de italianos, consideramos también que las condiciones en que fueron recibidos e integrados los inmigrantes incidieron de modo decisivo en el dinamismo que adquirió desde el comienzo la industria del vino en Mendoza y en la menor fuerza que desarrolló en San Juan. En efecto, hacia el Centenario, sobre 1.077 bodegas registradas en Mendoza, 630 (58%) eran propiedad de extranjeros, 168 (17%) de argentinos, siete mixtas (0,6% asimilable dentro de los dos primeros) y 272 (25%) sin especificar. Entre estos últimos seguramente habría otros extranjeros y argentinos, tanto de vieja raigambre cuanto de origen en la corriente inmigratoria pero nacidos en el país. Asimismo, entre los bodegueros "nativos" habría también argentinos de primera generación. La comparación con San Juan muestra diferencias

---

[64] Juan Bialet Massé, *op. cit*. La producción inicial habría sido de 6.000 bordalesas (12.000 hl).
[65] Mayor información en Centro Viti-vinícola Nacional, *op. cit*., pp. 302, 312, 352 y 353, además de todo el capítulo referido a San Juan; y Luis D. Rodríguez, *op. cit*., pp. 333-334.
[66] *Ibid*., p. 334. Este último dato parece más realista, pues la obra de Rodríguez, a diferencia del álbum del Centro Vitivinícola Nacional, no buscaba resaltar cualidades de empresas y personas sino informar sobre las diferentes provincias argentinas.

abismales: de un total de 396 bodegas, 139 (35%) eran propiedad de extranjeros, 141 (36%) de argentinos, dos mixtas (0,5%) y 114 (29%) sin especificar.[67] Estas cifras son elocuentes en cuanto a la influencia inmigratoria en el desarrollo vitivinícola de la región, pero, sobre todo, en el mayor dinamismo que caracterizó a Mendoza.

Mundo del trabajo y mercado laboral libre

Hemos visto que durante la crisis de los años 1870, las élites de ambas provincias debieron reorientar la economía hacia una producción en gran escala destinada a abastecer un mercado nacional en formación, a fin de sostener el crecimiento económico y la acumulación de capital. La especialización económica debería ser complementaria de las producciones del espacio estratégico pampeano y de otras regiones. El viñedo, de larga tradición, fue el cultivo elegido, aunque se imponía su modernización, acompañado por una instalación industrial capaz de procesar una masiva producción de materia prima. El resultado sería la formación de la *región vitivinícola argentina* o, lo que es lo mismo, la *economía regional vitivinícola*.

Este desarrollo capitalista sería definitorio, además, en la conformación de un mercado de trabajo libre[68] que, sin embargo, debería esperar hasta los co-

---

[67] Ministerio de Agricultura, División de Comercio e Industrias, "Informe de la oficina del Censo Industrial de la República, Industrias Vinícola y Azucarera, Buenos Aires, 15 de abril de 1910, firmado por E. C. Beccher", reproducido en *La Viticultura Argentina*, t. I, Nº 5 y 6, Mendoza, septiembre-octubre de 1910, p. 202.

[68] Algunos autores han enfocado aspectos puntuales del mundo del trabajo en Mendoza. Puede consultarse a Arturo Roig, "El concepto de trabajo en Mendoza durante la segunda mitad del siglo XIX. La polémica de 1873", en Pedro S. Martínez (coord.), *Contribuciones para la historia de Mendoza*, Mendoza, Universidad Nacional de Cuyo, 1969, pp. 331-362; María R. Prieto y Susana Choren, "El trabajo familiar en el contexto rural de Mendoza a fines del siglo XIX", *op. cit.*, pp. 121-140; Ricardo Salvatore, "Control del trabajo y discriminación: el sistema de contratistas en Mendoza, Argentina, 1880-1920", *Desarrollo Económico*, Nº 102, Buenos Aires, 1986, pp. 229-253. Daniel Campi y Rodolfo Richard-Jorba tratan brevemente cuestiones laborales en la etapa de modernización de Mendoza y Tucumán a fines del siglo XIX: "Las producciones regionales extrapampeanas", en *Nueva Historia Argentina. Liberalismo, Estado y orden burgués (1852-1880)*, t. IV, dir. Marta Bonaudo, Buenos Aires, Editorial Sudamericana, 1999, pp. 363-422. Por último, hacen menciones parciales sobre los trabajadores y las condiciones laborales, José Luis Masini Calderón, *op. cit.*, y Rodolfo Richard-Jorba, *Poder, economía...*, *op. cit.* Investigaciones recientes han tratado específicamente sobre los mercados laborales, véanse Daniel Campi y Rodolfo Richard-Jorba, "Un ejercicio de historia regional comparada: coacción y mercado de trabajo", pp. 111-148; Rodolfo Richard-Jorba, "El mercado de trabajo rural en Mendoza. Un panorama sobre su formación y funciona-

mienzos del siglo XX para su concreción plena, aunque con la realidad de explotación y pobreza que nos describiría Bialet Massé.[69] En las décadas finales del siglo XIX sobrevivían decadentes instituciones coactivas, que terminarían por caer frente a la resistencia de los trabajadores, los elevados costos que demandaba el sostenimiento de los sistemas de control (público y privado), el ingreso de inmigrantes europeos y el superior rendimiento de quien trabajaba libre de toda coacción, entre otros factores.[70] Pero ese mercado libre generaría una enorme masa de trabajadores precarios, dedicados a realizar cualquier tarea temporaria como única fuente de ingresos.

La actividad económica de Mendoza y San Juan, concentrada en oasis de muy reducidas superficies (figura 1 del capítulo I) si las comparamos con la región pampeana, daba lugar a mercados de trabajo que incluían a pequeños propietarios y trabajadores permanentes y temporarios, rurales y urbanos, que podían residir en el campo, las ciudades capitales u otros poblados, pero que en porcentajes importantes se desplazaban por el interior de los oasis, en movimientos locales e, incluso, interprovinciales.

En el Censo de 1869, los trabajadores de las diversas categorías, calificados o no, estaban inicialmente vinculados con la tierra, aun cuando pudieran tener residencia en la capital o en poblados menores y desarrollar también alguna labor típicamente urbana. La naturaleza de los espacios valorizados, los oasis, marcaba esa característica. Estos territorios, por sus diminutas dimensiones, no impedían, sin embargo, que la *sombra urbana* los influenciara fuertemente. Fuera de las áreas irrigadas, en el reino de las *estancias*, por distancias

---

miento entre la segunda mitad del siglo XIX y comienzos del XX. Coacciones, regulaciones y trabajo libre", *Población y Sociedad,* N° 8-9, Tucumán. Fundación Yocavil, 2002, pp. 211-267, y "El mercado de trabajo vitivinícola...", *op. cit.* Sobre San Juan no hay investigaciones publicadas referidas al mercado de trabajo, salvo un reciente artículo que analiza brevemente la legislación sobre jornaleros a fines del siglo XIX, véase Rosa Correa Gil, "Sin derechos sociales pero a favor del orden y el progreso: el obrero rural en San Juan (Argentina) a fines del siglo XIX", *Actas Americanas,* N° 10, La Serena-Chile, Universidad de La Serena, 2002, pp. 39-59.

[69] Juan Bialet Massé, *op. cit.*

[70] Daniel Campi y Rodolfo Richard-Jorba, "Un ejercicio de...", *op. cit.* Sobre San Juan sabemos que existían las herramientas coactivas, como por ejemplo la papeleta de conchabo, cuya entrega a los patrones era una fuente de ingresos (poco significativa) para el presupuesto del Estado, véase Provincia de San Juan, *Memoria del Departamento de H. y Obras Públicas correspondiente al año 1879 presentada a la Honorable L. Provincial en 1879,* San Juan, 1879, Sección Segunda, Impuestos Indirectos, p. 17 y Anexo "A", p. 12. El presupuesto estaba calculado en $ 161.574 y la recaudación por papeletas en $ 168,88, es decir, un escaso 0,1%. En otra investigación, pese a que no hay cuantificación alguna, se afirma que los pagos de los jornaleros por sus "libretas" de trabajo constituían un importante ingreso tributario para la provincia, Rosa Correa Gil, *op. cit.,* p. 52.

y relativa incomunicación, el trabajo adquiría una mayor *pureza* rural. Entre ambos espacios y en las vinculaciones extrarregionales volvía a darse la mixtura, con los encargados del transporte, arrieros, carreros, troperos, etcétera.

Junto a las grandes explotaciones coexistía una variada gama de pequeñas y medianas propiedades rurales (véase capítulo I), pero en todas ellas la alfalfa era el cultivo dominante. Los productores de alfalfa estaban subordinados, igual que los criadores de ganado, a los actores que controlaban la totalidad del negocio ganadero, los *comerciantes integrados*. En este sentido, estos grupos subalternos no sólo les proveían de pasturas o ganado de cría, sino que los pequeños productores, para subsistir, estaban obligados a trabajar para los grandes propietarios que controlaban la economía y la sociedad.

Mostraremos a continuación la evolución que experimentó el mercado laboral en la región en función de las transformaciones económicas reseñadas, tomando como base la información de los primeros tres censos nacionales. El desarrollo capitalista complejizó la sociedad y el mercado de trabajo, pero aumentó el empleo precario hasta límites desconocidos en la economía mercantil, cuestión que generaría otro tipo de problemas sociales, señalados por Bialet Massé, sobre los que aportamos información de la provincia de Mendoza que complementa cuantitativamente las evaluaciones del perceptivo catalán.

Especialización económica y precarización laboral

Hasta 1869 la población había crecido casi vegetativamente pues la inmigración era aún insignificante, salvo la chilena (cuadro 5) y el mercado de trabajo estaba circunscripto a los pequeños propietarios y a los mayoritarios grupos que sólo tenían sus brazos para ofrecer (cuadro 6). De un modo semejante a lo que acontecía en Tucumán y otras provincias del norte,[71] por ejemplo, los criterios censales asimilaban el *labrador* al pequeño productor agrícola que conservaba técnicas tradicionales y consideraban al *agricultor* como el que modernizaba su explotación. Pero estos criterios, aplicados con escaso rigor por los censistas, deben ser considerados con mucha cautela, pues en Mendoza y San Juan la gran mayoría de la población, igual que en el Noroeste Argentino (NOA), estaba asentada en zonas rurales, de manera que el estudio de estos actores debe contemplar un universo mayor dentro del cual coexistieron diversos agrupamientos socio-ocupacionales típicos de esos espacios. Pero, además, por las características geográficas de los oasis, las poblaciones trabajadoras de Mendoza y San Juan se desplazaban en busca de trabajos de temporada entre las ciudades y el campo circundante. El jornalero, peón, gañán o personal "de

---

[71] Daniel Campi, "Las provincias del norte. Economía y sociedad, 1880-1930", Tucumán, 2000, mimeo.

fatiga", que vivía en la más absoluta indefensión y precariedad,[72] constituía la mayoritaria fuerza de trabajo en ambas provincias.

La composición de la mano de obra rural era simple. En la agricultura, los mejor situados eran los *agricultores* y los *labradores*, pequeños propietarios o arrendatarios que completaban sus ingresos trabajando en otros establecimientos, como queda dicho. En la ganadería existía una mayor diferenciación de especialidades, al menos mientras duró la preeminencia de la ganadería comercial. Los *mayordomos* o los *capataces* de haciendas y estancias, sus *inquilinos* y *puesteros*, integraban los niveles superiores, seguidos por los *domadores, castradores, trenzadores*... En el transporte, que vinculaba localmente al campo con las ciudades y a éstas con el Litoral, Buenos Aires o Chile, tenían significación los *arrieros* y *troperos*. Dentro del ámbito urbano, los *cocheros* movilizaban pasajeros entre quienes podían pagar sus servicios. El grueso de los oficios se relacionaban con los servicios personales (costureras, lavanderas...).

Sin embargo, como se dijo antes, los peones, gañanes y jornaleros conformaban el grupo mayoritario, encargado de hacer tareas múltiples no especializadas. En 1869, época de oro del modelo de ganadería mercantil, el 90% de las peonadas estaban concentradas en las áreas rurales de ambas provincias.[73] Respecto de los migrantes, ya hemos analizado quiénes se movilizaron en esta etapa previa.

Durante el período en estudio –en especial al finalizar el siglo XIX– persistía, real o figuradamente, el problema de la escasez de mano de obra. De allí surgían imputaciones degradantes para los trabajadores que contribuirían a generar un estereotipo de los mismos que aún hoy conserva una vigencia no menor en los estratos medios de la sociedad regional. Eran considerados vagos, holgazanes, viciosos, ladrones, inmorales, borrachos, etc., calificaciones que Bialet Massé aceptaba como válidas, aunque sus concepciones y propuestas para superarlas estaban en las antípodas de las sostenidas por los grupos propietarios y los dueños del poder, quienes no tenían más idea de la "[...] cuestión social que la de pagar el menor jornal y hacer trabajar al obrero lo más que se pueda [...]".[74]

Junto con la construcción de aquel estereotipo, las fuentes de la época mencionaban que la "abundancia del país" hacía que muchos individuos tra-

---

[72] El concepto de trabajo precario está basado en definiciones de S. Labini para referirse a aquellos trabajadores que "[...] no tienen garantía alguna de estabilidad, ni de su empleo, ni de sus ingresos y en consecuencia no cuentan con garantías precisas de mejora [...]", "Estudio sobre los campesinos de Sicilia", 1976, citado por María R. Prieto y Susana Choren, "El trabajo familiar...", *op. cit.*, p. 126. La inexistencia de leyes protectoras del trabajador tornaban precario cualquier empleo, pero en absoluto lo alcanzaban los trabajadores temporarios.
[73] Rodolfo Richard-Jorba, "El mercado de trabajo rural...", *op. cit.*, p. 256; *Primer Censo Argentino 1869*, pp. 358 y 396.
[74] Juan Bialet Massé, *op. cit.*, pp. 863 y 865.

Cuadro 6. *Región vitivinícola argentina. Aproximación a la evolución del mundo socio-ocupacional en Mendoza y San Juan entre 1869 y 1914, por sectores de la economía y ocupaciones más relevantes*

A. Agricultura y ganadería

Categoría socio-ocupacional	1869 Mendoza	1869 San Juan	1895 Mendoza	1895 San Juan	1914 Mendoza	1914 San Juan
Agricultores	534	1.048	7.211(3)	6.984(3)	18.558	8.798
Cuidadores hacienda y pastores	–	49	450	7	180	52
Hortic. y chacareros	16	9	21	19	134	26
Estancieros	–	–	531(4)	453(4)	1.025(6)	436(6)
Hacendados	768(1)	302(1)	432	2	41	4
Labradores	1.524	3.271	–	–	291	467
Mayordomos	18	13	242	116	35	–
Peón de campo	–	–	–	–	288	104
Puesteros	4	–	–	–	120	1
Vitivinicultores	–	–	447	122	603	86
Otros	692(2)	288(2)	133(5)	165(5)	272(7)	140
Total	3.556	4.980	9.467	7.868	21.547	10.114

(1) El Censo no desagrega estancieros y hacendados.
(2) Incluye ocupaciones vinculadas con la ganadería. En Mendoza, 117 pasteros, 70 abastecederos y reseros, 77 rastreadores, un boyero, 214 capataces, 153 domadores; en San Juan, un pastero, 117 abastecedores y reseros, 111 capataces y 8 domadores. También se agregan pescadores (60 en Mendoza y dos en San Juan), que aprovisionaban los centros urbanos con los peces extraídos de las lagunas de Huanacache. Este sistema lacunar desapareció con la expansión de los oasis y la utilización total de las aguas de los ríos San Juan y Mendoza. Actualmente sólo subsisten algunos bañados y humedales.
(3) Agricultores y labradores.
(4) El Censo define como estancieros "a todos los que se ocupan de crías de ganado y su amansamiento" y los distingue del hacendado, "propietario de haciendas y campos" (t. 1, p. CXLI). Resulta obvio, observando 1869 y 1914, que a los estancieros deberíamos considerarlos propietarios de campos dedicados a la cría de ganado.
(5) En Mendoza, 28 leñadores, 11 pasteros, 12 pescadores, nueve domadores y 73 abastecedores; en San Juan, 87 abastecedores, dos domadores, 19 pescadores, 55 leñadores y 2 cazadores.
(6) En este censo se agrupan 1.011 estancieros y 14 "Criadores cabañeros" en Mendoza; en San Juan, 434 estancieros y dos invernadores.
(7) 69 abastecedores, 11 arboricultores, 10 avicultores, cuatro barraqueros, 19 capataces de campo, un cerealista, un colonizador, 137 jardineros, siete leñadores y 13 tamberos.
Los "peones de campo", registrados sólo en 1914, parecen una cifra irreal. Seguramente las peonadas deben haber sido consideradas dentro de los jornaleros, grupo que clasificamos como empleados precarios.

Cuadro 6. Región vitivinícola argentina... (continuación)

B. Industrias y Artes manuales

Categoría socio-ocupacional	1869 Mendoza	1869 San Juan	1895 Mendoza	1895 San Juan	1914 Mendoza	1914 San Juan
Albañiles	304	202	916	563	2.552	859
Aprendiz de oficios	4	12	–	–	74	24
Bodegueros (1)	–	–	–	–	142	22
Caldereros	–	–	–	–	102	6
Carpinteros	550	533	882	551	1.687	561
Constructor obras	–	–	–	–	163	26
Costureras	3.859	5.577	4.151	6.588	3.897	2.340
Electricistas	–	–	–	–	175	37
Foguistas	–	–	–	–	196	43
Fundidores	–	1	8	2	26	7
Herreros	127	141	386	174	860 (4)	324 (4)
Hiladores/tejedores	2.718	3.420	1.093	2.039	188	430
Hojalateros	11	14	39	41	118	28
Lavanderos	2.133	1.892	4.701	4.263	4.001	1.687
Maquinistas	6	3	52	15	175	40
Mecánicos	–	–	136	25	950	144
Modistas	6 (2)	–	105	74	1.037	263
Planchadores	2	–	137	276	299	83
Talabarteros	196	129	169	99	293	135
Téc. enológos	–	–	–	–	136	17
Toneleros	33	26	439	165	1.114	256
Otros (3)	980	838	1.332	524	4.977	1.709
Total	10.929	12.788	14.546	15.399	23.162	9.041

(1) Entre los "bodegueros" es posible que hubiera propietarios; sin embargo, esta figura generalmente caracterizaba a un capataz o encargado de la bodega y, en ocasiones, al enólogo.
(2) Tres modistas y tres miriñaqueras.
(3) Suma aproximada de diversos oficios "industriales" y artesanales. Incluye zapateros, panaderos, etc. Por ejemplo, en 1895, habían en Mendoza 382 zapateros y 170 panaderos; en San Juan, 232 y 143, etcétera.
(4) Incluye herreros y herradores (9 en Mendoza y 8 en San Juan).

Cuadro 6. Región vitivinícola argentina... (continuación)

C. Servicios

Categoría socio-ocupacional	1869 Mendoza	1869 San Juan	1895 Mendoza	1895 San Juan	1914 Mendoza	1914 San Juan
1. Comercio						
Empresarios	34(1)	–	31(5)	9(5)	197(8)	55(8)
Comerciantes	726(2)	822	2.993(6)	2.430(6)	6.205	2.515
Contratistas	–	–	–	–	583(9)	55(9)
Empleados jerárq.	20(3)	–	18(7)	1(7)	252(10)	86(10)
Empleados comercio	19	59	618	160	3.992(11)	792(11)
Sub-total Comercio	799	881	3.660	2.600	11.229	3.503
2. Transporte						
Carreros y otros	50	45	659	579	675	347
Cocheros	38	34	363	162	597	296
Conductores	–	–	–	–	219	42
Choferes	–	–	–	–	222	26
Empleado FFCC	–	–	257	33	374	99
Telegrafistas	–	–	74	18	176	65
Troperos, arrieros...	587(4)	1.881(4)	335	746	40	125
Otros	–	–	19	4	139	36
Sub-total Transporte	675	1.960	1.707	1.542	2.442	1.036
Total	1.474	2.841	5.367	4.142	13.671	4.539

(1) Un "empresario" y 33 rematadores.
(2) Incluye cinco tenderos.
(3) 17 corredores y tres "medianeros" o habilitados.
(4) Agrupa arrieros, troperos y carreteros.
(5) En Mendoza incluye nueve rematadores y un banquero; en San Juan, cinco rematadores y un banquero.
(6) Incluye almaceneros, comisionistas, plateros y tenderos.
(7) Incluye corredores, cobradores, tenedores de libros.
(8) Se incluyen administradores, agentes de seguros, representantes, apoderados, exportadores, gerentes, etcétera.
(9) Los contratistas eran agentes que prestaban servicios muy variados y no deben ser confundidos con la figura del "contratista de viña".
(10) Dependientes de comercio, tenedores de libros, viajantes de comercio, corredores.
(11) Empleados de comercio y repartidores.

Cuadro 6. Región vitivinícola argentina... (continuación)

D. *Actividades diversas*

Categoría socio-ocupacional	1869 Mendoza	1869 San Juan	1895 Mendoza	1895 San Juan	1914 Mendoza	1914 San Juan
1. Rentistas	283	–	1.061	117	1.890	291
2. Serv. doméstico	3.515 (1)	3.902 (1)	5.433 (4)	5.352(4)	5.708	2.394
3. Empleo precario (2) Jornalero, peón, gañán	8.699	2.107	10.251	7.800	30.404	10.251
Sin profesión, sin especificar...	–	–	22.995	8.318	69.509	31.123
Sub-Total empleo precario	8.699	2.107	33.246	16.118	99.913	41.374
4. Varias (3)	2.156	2.540	3.338	1.673	8.256	3.223
Total	14.653	8.549	43.078	23.260	115.767	47.282

(1) En Mendoza, 2.199 sirvientes/as, 77 mucamos/as y 1.239 cocineros/as; en San Juan, 2.545 sirvientes y 1.357 cocineros/as. Las "lavanderas" y "planchadoras" están incluidas en 1914 dentro del sector industrial, por lo que se optó por mantenerlas allí en los censos previos, sin ignorar que la gran mayoría trabajaba en servicio doméstico. (2) Se incluye en este grupo al personal con empleo precario, subocupado, con ocupación temporal, etc., que hacía indistintamente trabajos rurales o urbanos, todos de muy baja calificación. El Censo de 1895, los denominaba "personal de fatiga". Entre las profesiones no especificadas, figuran en primer lugar las amas de casa. Su trabajo era reconocido como productivo por el Censo de 1895. (3) Militares, religiosos, educadores, personal sanitario, artistas, etc. (4) Cabe la aclaración de nota (1).

E. *Resumen. Cantidad por sectores y porcentaje sobre el total de cada provincia*

Categoría socio-ocupacional	1869 Mendoza	1869 San Juan	1895 Mendoza	1895 San Juan	1914 Mendoza	1914 San Juan
Agricultura y ganadería	3.556 (11,6)	4.980 (17)	9.467 (13)	7.868 (15,5)	21.547 (12,4)	10.114 (14,2)
Industria y artes...	10.929 (35,7)	12.788 (43,8)	14.546 (20)	15.399 (30,4)	23.162 (13,3)	9.041 (12,8)
Servicios	1.474 (4,8)	2.841 (9,7)	5.367 (7,4)	4.142 (8,1)	13.671 (7,8)	4.539 (6,4)
Actividades diversas	14.653 (47,8)	8.549 (29,3)	43.078 (59,4)	23.260 (45,9)	115.767 (66,5)	47.282 (66,6)
Total general	30.612 (99,9)	29.158 (99,8)	72.458 (99,8)	50.669 (99,9)	174.147 (100)	70.976 (100)

Fuentes: elaboración propia con datos tomados del *Primer Censo Argentino-1869*, tabla N° 6; *Segundo Censo Nacional-1895*, t. 2, cuadros XXVIa y XXVIb, y *Tercer Censo Nacional-1914*, t. VI, Población, pp. 288 y siguientes.
Nota metodológica: se han incluido las principales categorías socio-ocupacionales. No hay correspondencia perfecta entre las clasificaciones empleadas en los tres censos. La más elaborada corresponde a 1914 y es la que ha sido tomada como base, incluyéndose en los dos primeros censos, las categorías que pueden correlacionarse con el tercero. El cuadro incluye la totalidad de la población que declaró oficio o profesión, de modo que reúne también a los grupos propietarios.

bajaran por su cuenta. Eran pequeños propietarios, arrendatarios o contratantes de tareas "a destajo", que generaban ingresos suficientes como para no tener que recurrir a vender su fuerza de trabajo en el mercado. Fueron los pasteros, chacareros, etc., inmigrantes y criollos, que actuaban como proveedores de los mercados urbanos.[75] Y si llegaban a emplearse, lo hacían ocasionalmente, de manera tal que su presencia o ausencia podía modificar la oferta de trabajo en momentos de fuerte demanda estacional.

Un aspecto que nos interesa recalcar es el referido a los trabajadores temporarios. La coacción sobre los trabajadores de Mendoza durante las décadas de 1870 y 1880, controlada por la policía, se basaba en la obligación de portar la papeleta de conchabo, exigencia que aumentaba en los meses de verano, cuando crecía la demanda de mano de obra temporaria, pero disminuía en invierno, dejando al peón librado a su suerte, a la mera posibilidad de sobrevivir con changas, si las conseguía. Junto con la falta de trabajo, se incrementaban otras contravenciones, principalmente la ebriedad, hecho que años después también destacaba Bialet, asociando el desempleo y los bajos salarios con la criminalidad.[76] Como veremos más adelante, la ebriedad y los desórdenes eran las infracciones mayoritariamente cometidas por los peones, como probable respuesta a la precariedad laboral, la falta de horizontes y la despersonalización de las relaciones, entre otros factores.

El desarrollo del sistema agroindustrial moderno centrado en el cultivo de la vid comenzaría a demandar crecientes contingentes de trabajadores temporarios desde mediados de la década de 1880 y, particularmente, entre los años 1890 y el fin del período estudiado. En efecto, entre 1895 y 1914, los peones crecieron en Mendoza a un ritmo anual de 49 por mil y en San Juan llegaron a 46 por mil. Es posible que esta menor tasa tenga relación con la salida de trabajadores sanjuaninos hacia Mendoza, donde los salarios más elevados y un menor costo de vida obraban como factor de atracción, tal como observaron Kaerger, Bialet y Alsina.[77] El informe sobre San Juan, incluido por Alsina, describe las migraciones estacionales campo-ciudad y destaca que muchos trabajadores concluían radicándose en ámbitos urbanos o los utilizaban como una etapa de un proceso migratorio desde un pueblo o una ciudad secundaria hacia Mendoza.[78] Esta ciudad estaba adquiriendo rápidamente su actual jerarquía de metrópoli regional. Se sumaban, además, los

---

[75] *Ibid.*, pp. 884-885; Rodolfo Richard-Jorba, "El mercado de trabajo rural...", *op. cit.*, p. 238.
[76] En rigor, a partir de la Ley de Estancias de 1880, la papeleta quedó limitada al ámbito urbano, aunque el peón rural, pese a alguna mejora en sus derechos laborales, seguía fuertemente condicionado en su libertad de circulación y sujeto a otros modos de coacción. *Ibid.*, pp. 253-255; Juan Bialet Massé, *op. cit.*, p. 866.
[77] Karl Kaerger, *op. cit.*, p. 797; Juan Bialet Massé, *op. cit.*, pp. 914 y 944, y Juan Alsina, *op. cit.*, pp. 298 y 304.
[78] *Ibid.*, p. 301.

masivos arribos de inmigrantes de ultramar y los aportes de migrantes nativos de otras provincias que, como hemos mostrado, eran más significativos en Mendoza. A medida que la sociedad regional se tornaba más compleja, los peones se integraban, tal vez mayoritariamente, en los mercados urbanos, demandantes de fuerza de trabajo para la construcción privada, las obras públicas, las nacientes industrias y talleres, casi industriales muchos de ellos, que surgían con el estímulo de la vitivinicultura y el desarrollo de los servicios. El acelerado proceso urbanizador (cuadro 4) actuaba como un imán para los trabajadores, argentinos o inmigrantes, porque las ciudades, principalmente en la provincia de Mendoza, ofrecían una variada gama de oportunidades para la subsistencia.

Las nuevas relaciones de producción trajeron aparejada una sostenida expansión de la precariedad laboral. Si el empleo precario se había mantenido en Mendoza en torno del 28% de la población en actividad en 1869, con el desarrollo capitalista representó 45% y 57% en los censos de 1895 y 1914. En los mismos años, la precariedad en San Juan pasó del 7,2% al 32% y 58%.[79] Sin embargo, la formación de un mercado de trabajo específicamente vinculado al sector vitivinícola, desde la década de 1890, redundó en una mejora en el ingreso de los jornaleros, siempre superior en Mendoza, aun en valores nominales.[80]

Si bien el viñedo y la bodega demandaban personal estacional, también incorporaron trabajadores permanentes en número superior al de cualquier otra actividad rural, agropecuaria o de transformación (molinería). Este personal tenía cierta calificación, imprescindible para determinadas labores culturales (podar la vid, por ejemplo) u operaciones industriales (hacer la molienda, controlar la fermentación, filtrar los caldos, trasegar, envasar, reparar toneles y máquinas, operar calderas, destilerías, etc.). La división del trabajo y la complejidad del mercado en la industria del vino era también mayor en Mendoza, y se relacionaba con la cantidad de nuevas bodegas y la tecnificación de muchas de ellas. La diversidad de trabajadores calificados que servían en las principales bodegas, así como sus ingresos, los describe Bialet, y, cuando menciona funciones similares, surge la diferencia salarial a favor de Mendoza, especialmente en trabajos claves para la industria, como los maquinistas o los toneleros. Por ejemplo, un mecánico ganaba entre 125 y 150 pesos y su simi-

---

[79] Rodolfo Richard-Jorba, "El mercado de trabajo rural...", *op. cit.*, p. 225, y cálculos sobre datos del cuadro 6.

[80] A comienzos del XX, los jornaleros obtenían en vendimia u otros trabajos temporarios entre 42,5 y 45 pesos de salario mensual. En San Juan cobraban 30 pesos nominales en letras devaluadas y agregaban ración de alimentos y alojamiento, véase Juan Bialet Massé, *op. cit.* pp. 886 y 940. En 1905 se mantenían en general esos valores, Juan Alsina, *op. cit.*, pp. 386-387. En todos los casos hemos considerado 25 días de trabajo para mensualizar el salario, aunque durante la vendimia generalmente se trabajaba toda la semana.

lar sanjuanino recibía 112,50 (tal vez en letras); los toneleros variaban de 100 a 200 pesos en Mendoza y 75 en San Juan.[81]

Con elegante retórica, Chueco señalaba, en el temprano 1886, que muchos obreros "hijos del país", fueron formados en la bodega sanjuanina de Marenco y Cereseto en "[...] el lucrativo y útil oficio de tonelero; y en este oficio trabajan en Mendoza y en otros puntos de la República [...]". Si los obreros se trasladaban es claro que lo hacían porque en Mendoza u otras regiones tendrían mejores ingresos y, tal vez, posibilidades de ascenso social. Al barroco escritor sólo le quedaba disfrazar esta situación agregando que debía "[...] contarse este hecho entre los servicios que el país debe a los progresistas industriales Marenco y Cereseto [...]".[82]

La misma multiplicidad de funciones y diferenciales de ingresos también está presente en Alsina, quien nos informa, además, que muchos de los salarios vitivinícolas incluían alimentación y vivienda. Esto último es significativo porque numerosas bodegas, con sus viviendas para empleados y obreros fueron núcleos que contribuyeron a la rápida expansión de las ciudades capitales y los centros aledaños, además de las fundaciones de núcleos urbanos ya mencionadas.[83] Alsina da un detalle de sueldos y jornales más sistemático que Bialet; y los valores que informa, a veces, son menores, probablemente por tratarse de promedios, frente a los casos aislados (y principales) presentados por el primero.[84] Sin embargo, no debe descartarse que esta diferencia obedeciera a una baja temporal de los salarios impulsada por el desempleo como efecto de la crisis de 1901-1903. En 1902, por ejemplo, la prensa mendocina indicaba que a mediados de junio habían 2.000 desocupados sólo entre peones albañiles y ayudantes mecánicos, que habían organizado un *"meeting"* con 500 asistentes para reclamar por la paralización de obras ferroviarias y de la industria vitivinícola. Paralelamente, faltaban brazos en la viticultura.[85] Esta información con-

---

[81] Juan Bialet Massé, *op. cit.* pp. 895, 896, 898, 928, 940 y 941.

[82] Manuel Chueco, *op. cit.*, p. 242. Esta fuente constituye otra confirmación de la atracción que ejercía Mendoza en el contexto regional desde la aceleración de la modernización capitalista a mediados de los años 1880.

[83] Diversas fuentes informan de la existencia de viviendas para empleados y obreros de grandes bodegas, lo cual, sin perjuicio de un objetivo de control estricto de su personal –entre otras posibles motivaciones–, constituyó, en ocasiones, el punto de partida para la gradual transformación del uso del suelo, de agrícola a residencial, asociado a la agroindustria. Muchos de estos núcleos terminarían expandiéndose o serían incorporados a las tramas urbanas. Véase por ejemplo, *Álbum Argentino..., op. cit.*, y Centro Viti-vinícola Nacional, *La Viti-Vinicultura..., op. cit.*, los casos de las bodegas de Calise Hnos., en Godoy Cruz; Rodolfo Iselin, en San Rafael, Tomba Hnos., en Luján, etc. De San Juan sólo disponemos de una referencia muy imprecisa sobre la bodega de Uriburu y Médici, véase Juan Bialet Massé, *op. cit.*, p. 934.

[84] Juan Alsina, *op. cit.*, pp. 386-387.

[85] *El Comercio*, Mendoza, 9-8-1902, p. 2.

firmaría no sólo el peso de la crisis, sino también que los trabajadores no permanentes fluctuaban entre el empleo urbano y el rural. Si faltaba mano de obra en la viticultura, el discurso del diario advertía elípticamente a los desocupados: en lugar de hacer un *"meeting"* y quejarse, vayan a trabajar al campo.

Antes de la modernización capitalista centrada en la vitivinicultura no había gran diferenciación técnica de la mano de obra en el mercado de trabajo rural. En la agricultura, los *agricultores* y *labradores* eran quienes se encontraban en mejores condiciones socioeconómicas pues, como hemos dicho, a su condición de pequeños propietarios –un elemento de seguridad, creador además de lazos territoriales y sentido de pertenencia– sumaban recursos económicos provenientes de su trabajo en establecimientos mayores y más complejos (haciendas). Con la vitivinicultura se reconvirtieron, tornando más rentables sus pequeñas explotaciones, lo que mejoraba sus ingresos.

Los trabajadores vinculados a la ganadería, por el contrario, tendrían una lenta decadencia, acompañando la pérdida de representatividad del sector en la economía provincial. Los mercados urbanos carecían también de la complejidad que provocarían la vitivinicultura, el "brote" industrial que originó, la inmigración masiva y, en fin, la urbanización. En efecto, en Mendoza, ciertas actividades clasificables como protoindustriales estaban radicadas en su mayoría en la ciudad capital. En 1887, sobre 16 fábricas de carros, 13 estaban en Mendoza y tres en la vecina Belgrano (hoy Godoy Cruz), unidos ambos centros por el eje longitudinal representado por la actual calle San Martín. Las nueve fábricas de carruajes estaban en la capital, igual que nueve de las 10 hojalaterías. En cambio, las herrerías se repartían por toda la provincia (12 en la capital sobre un total de 40), pues debían servir tanto a los núcleos urbanos como a las zonas rurales. Poco más tarde, algunos inmigrantes europeos comenzaron a fundar los primeros talleres-industrias metalúrgicos, por cierto muy escasos, algo que también ocurriría en la vecina San Juan.[86]

Desde fines de la década de 1880, la acelerada difusión de la moderna vitivinicultura agudizó en Mendoza la escasez de mano de obra, que no sólo era cuantitativa. En efecto, el nuevo cultivo y, parcialmente, la industria, incorporaban peones criollos que eran prácticos en regar, sembrar y segar alfalfa o trillar trigos, pero desconocían las técnicas de implantación de las cepas, la finalidad de los nuevos sistemas de conducción y el modo de instalarlos, las podas, el despampanado, los tratamientos fitosanitarios, etc. De manera que

---

[86] *Anuario Estadístico de la Provincia de Mendoza correspondiente al año 1887*, Mendoza, Tip. Bazar Madrileño, 1889, p. 102; Eduardo Pérez Romagnoli, "Aportes para una geografía histórica de Mendoza. Intentos y logros en la constitución de industrias derivadas de la fabricación del vino en las primeras décadas del modelo vitivinícola (1880-1920)", *Boletín de Estudios Geográficos*, N° 94, Mendoza, Universidad Nacional de Cuyo, 1998, pp. 133-156, y "San Juan: la metalurgia productora de instrumentos para bodegas y destilerías entre 1885 y 1940", *Población & Sociedad*, N° 6-7, Tucumán, Fundación Yocavil, 2000, pp. 369-398.

estos agentes requerían de un proceso de adaptación que no era fácil ni rápido. Por otra parte, los inmigrantes agricultores o viticultores –estos últimos muy escasos– desconocían, en su mayoría, el riego artificial o el manejo de los bueyes, que eran los animales de trabajo usualmente empleados. Por último, los europeos eran poco afectos al trabajo agrícola asalariado y se inclinaban, con razón, por la paga a destajo, que es la que en muchos casos les permitió el acceso a la propiedad de la tierra y hasta la construcción de enormes fortunas, en un proceso que, en no pocos casos, incluyó el salto, a veces muy rápido, de trabajador a empresario,[87] como mencionamos anteriormente.

La escasez de personal calificado y en cantidades apreciables se agudizaba, además, por las nuevas demandas que originaban otras actividades urbanas (obras públicas, construcciones privadas, servicios varios) y el ferrocarril, tanto para su plantilla permanente, cuanto para las nuevas construcciones que ampliaban el servicio en el oasis norte de Mendoza o la posterior extensión de las vías hacia Chile y hacia el sur provincial.[88]

Esta nueva demanda desequilibró el mercado laboral y obligó a un incremento de los jornales agrícolas para retener personal y, probablemente, sirvió de justificativo a los propietarios para perfeccionar antiguas tradiciones de arrendamientos y generar la figura del mencionado *contratista de plantación*. Este fue un actor principal en la rápida transformación de la geografía y la economía regionales, que integraría la nueva clase de propietarios vitícolas surgida, sobre todo, desde la década de 1890. Estos trabajadores, que tenían claros rasgos empresariales en tanto asumían riesgos (heladas, granizo, langostas...), pactaban con el propietario de la tierra hacerse cargo de implantar viñedos en determinadas superficies, mediante la reconversión productiva de la explotación, la incorporación de terrenos incultos o ambas cosas. Generalmente, el contratista percibía, al término del período fijado, una suma de dinero por cada cepa implantada y se apropiaba del fruto de una a diez cosechas o recibía en pago determinadas superficies de terrenos incultos. El usufructo de las fincas tuvo influencia en la dirección que tomó el modelo vitivinícola, orientado a la gran producción con ausencia de calidad, aspecto muy negativo para la moderna agroindustria.

En general, los ingresos de estos agentes resultaban considerables y muchos de ellos no sólo accedieron a la propiedad de la tierra, sino que lograron

---

[87] Rodolfo Richard-Jorba, "El mercado de trabajo vitivinícola...", *op. cit.*
[88] Antes de que estallara la primera gran crisis de la vitivinicultura a la que ya nos hemos referido, un artículo periodístico destacaba que había escasez de brazos para la agricultura, culpando a las empresas de ferrocarril Gran Oeste Argentino y Trasandino, que tenían absorbidas en sus trabajos "un crecido número de peones" (*Los Andes*, Mendoza, 19-3-1901, p. 5). Recordemos que el diario *El Comercio* (véase nota 85), ya en plena crisis, hablaba de la desocupación de trabajadores urbanos y de ferroviarios, pero resaltaba la falta de brazos para la viticultura.

construir grandes empresas e inmensas fortunas, algunos partiendo de un pequeño capital de trabajo propio y otros haciéndolo con sólo la fuerza de sus brazos y ayuda del propietario para mantenerse el primer año.

La inserción de los contratistas de plantación en el mercado laboral tuvo características especiales. En efecto, se autoempleaban junto con sus grupos familiares, incluyendo los niños; y preferían trabajar a destajo en lugar de sujetarse a un salario porque además de mejorar sus ingresos, rechazaban los instrumentos de coacción extraeconómica existentes. Ellos contribuyeron, con su resistencia, a erradicarlos antes de que concluyera el siglo XIX. Este actor fue un modelo de trabajador "a destajo".[89]

Por otra parte, aunque los muy pequeños propietarios de viñedos debieron continuar trabajando para fincas y bodegas medianas o grandes, tal como sus predecesores agricultores lo hacían en las haciendas, la mejora de la rentabilidad de sus explotaciones debió influir también en el mencionado incremento de salarios. Efectivamente, entre 1886 y 1895, los viñedos menores de 1 ha aumentaron el 1.506% (de 30 a 482 explotaciones), y los de 1 a 2,5 ha crecieron el 267% (de 80 a 294). En 1900, el 49% de las fincas vitícolas tenían menos de 2,5 ha. El ingreso bruto promedio, en 1895, era de $ 900 por ha si sólo se vendía la uva y de $ 1.300 si se hacía vino.[90] Calculando una renta neta del 25%, una finca de 2 ha daría de $ 37,5 a $ 54 mensuales. Estas cifras podrían contribuir a explicar que un viticultor recibiera en esos años entre $ 100 y $ 150 mensuales, muy lejos del jornalero, que cobraba de $ 20 a $ 40.[91]

No obstante, el personal jornalero "que no tiene trabajo fijo", las peonadas, los "sin profesión" constituían la mayoritaria clase trabajadora, fueran rurales o urbanos, analfabetos o casi, sumidos todavía en la absoluta precariedad y mantenidos en la más pura *condición proletaria*.[92] Al despuntar el siglo XX, de 146 jornaleros que trabajaron en una hacienda vecina a la capital entre septiembre de 1900 y agosto de 1901, el 98% (143) fueron peones temporarios.[93]

---

[89] Rodolfo Richard-Jorba, "El mercado de trabajo rural...", *op. cit.*, y "El mercado de trabajo vitivinícola...", *op. cit.* La Ley de Estancias de Mendoza de 1880 consideraba a los trabajadores a destajo como empresarios, una solución para evitar que los extranjeros que comenzaban a arribar a la provincia fueran perseguidos con instrumentos de coacción extraeconómica. También, un método eficaz para suplir la falta de personal para las labores agrícolas. Cuando la llegada masiva de inmigrantes determinó una mayor oferta de trabajo habría, junto con la disminución del "costo laboral", un aumento de trabajadores asalariados.
[90] Rodolfo Richard-Jorba, "Conformación espacial de la viticultura...", *op. cit.*
[91] Centro Comercial, Agrícola e Industrial, *Memoria descriptiva y estadística de la Provincia de Mendoza*, Mendoza, 1893, p. 101. No disponemos de otra fuente para corroborar la veracidad de los ingresos del viticultor entre 1893-1895, pero con posterioridad descendieron, acompañando la baja en los precios de la tierra y las uvas.
[92] Robert Castel, *Las metamorfosis de la cuestión social*, Buenos Aires, Paidós, 1997, p. 325.
[93] Libros de Jornales de Bodega y Viñedos Panquehua, citado por María R. Prieto y Susana

La precariedad y la explotación, a veces brutal, también estaban presentes en la ciudad. Resulta ilustrativo un ejemplo, que no es único. Corresponde a un trato entre inmigrantes de un mismo grupo étnico: Teófilo Saade tomó a "su servicio a don Pedro Nora por el término de un año para que le atienda una casa de comercio [...] en esta Capital [...] Nora por todo concepto [recibirá] el diez por ciento de las utilidades que hubieren en el año". Nora quedaba obligado a permanecer "al frente del negocio durante el tiempo expresado, a toda hora, no siéndole permitido disponer de su tiempo para cosa alguna [...]". Debía rendir diariamente el producido de las ventas, etc.[94] El señor Saade era quien definiría la utilidad del negocio y pagaría a Nora en consecuencia. En otros casos se contrataban personas de la misma etnia, para hacer venta ambulante en la ciudad y la campaña, por salarios inferiores a los de los peones peor pagados e, incluso, a los que percibían algunos niños.

Como ya expusimos, no disponemos de estudios sobre el mercado de trabajo de la provincia de San Juan a finales del siglo XIX, pero todo indica que el atraso que llevaba en relación con la modernización de Mendoza, establecía marcadas diferencias también en este campo. La información correspondiente a los primeros años del siglo XX confirma ese menor desarrollo relativo y presenta a San Juan como una provincia excedentaria en mano de obra, cuyos trabajadores migran hacia su capital o bien, hacia Mendoza y otras zonas, como hemos visto que describían Bialet y Alsina y ratifica el cuadro 5.

Desarrollo productivo, crecimiento y mayor complejidad del mercado de trabajo

Para superar la crónica escasez de mano de obra, dijimos que el gobierno de Mendoza promovió la inmigración, particularmente europea, política abandonada rápidamente frente a la espontánea y masiva afluencia. Y si bien los escasos aportes iniciales de extranjeros limitaron la expansión del viñedo hasta mediados de la década de 1880, vimos que la situación se revertiría a partir de la habilitación del servicio ferroviario, momento en que comenzó a difundirse sostenidamente el nuevo cultivo. En efecto, entre 1881 y 1885, aun contando con exención de impuestos, sólo se implantaron 174 ha con vid, mientras que en 1886-1890 fueron 4.462 ha, 7.248 en 1891-1895 y 5.946 en

---

Choren, *op. cit.*, p. 126. Entre numerosísimos ejemplos, en la bodega La Magdalena, con 40 ha de viñedos, trabajaban 15 peones permanentes y en vendimia (40 días hábiles) se incorporaban 70 personas, entre hombres, mujeres y niños. Arminio Galanti, *La Industria Viti-Vinícola Argentina*, t. I, Buenos Aires, Centro Viti-vinícola de Mendoza, 1900, p. 99.
[94] AGPM, Protocolos N° 709 –Videla–, fs. 161v, año 1903.

1896-1900.[95] Sobre San Juan no existe información que permita comparar los ritmos de implantación del viñedo en ambas provincias, pero sin duda el proceso fue mucho más lento, pues en 1888 disponía de 7.119 ha de viñas y hasta 1895 sólo se habían agregado 816 hectáreas.[96]

El desarrollo vitivinícola entre la década de 1880 y la de 1910 –y la consecuente especialización económica– no sólo transformó el paisaje y la estructura agraria, sino el conjunto de la sociedad regional.

Si volvemos al cuadro 6 tendremos un panorama cuantificado del crecimiento y las transformaciones experimentados por el mercado de trabajo en ambas provincias. En el grupo de actividades rurales, el crecimiento experimentado por los agricultores sugiere que, al menos en 1914, se incluyeron trabajadores agrícolas junto con propietarios, pues en el mismo censo se relevaron menos de 8.000 explotaciones en cada una de estas provincias. Lo mismo ocurría con los "estancieros", grupo en el cual, sin dudas, se incorporaron pequeños criadores, puesteros o inquilinos, propietarios sólo de su ganado.[97] De todos modos hay en estas cifras un claro indicio del proceso de subdivisión de la tierra que caracterizó al desarrollo intensivo del viñedo moderno.

Entre 1869 y 1895 es el período en que se verifica el impacto del vertiginoso cambio económico en el mercado de trabajo rural. El grupo "otros" incluye diversos oficios directamente relacionados con la actividad ganadera, en pleno auge en 1869, que desaparecen o disminuyen considerablemente con la especialización vitivinícola, en tanto surgen otros nuevos. En 1869, los pasteros, capataces de campos, rastreadores y domadores reunían un conjunto numeroso que desciende abruptamente en 1895. En cambio, en este año se refuerza la figura del leñador, que se encargaba de la tala del monte nativo para abastecer con leña a las crecientes poblaciones urbanas y al ferrocarril, de manera que las demandas urbanas y del moderno transporte inducían una transformación ambiental que tendría un indudable impacto en el posterior proceso de desertificación en extensas zonas de la región.[98] Hacia 1914 hay

---

[95] Rodolfo Richard-Jorba, "Conformación espacial...", op. cit.
[96] Segundo Censo Nacional 1895, t. 3, Económico-Social, cap. IX, cuadro X, p. 178.
[97] En 1895, existían 7.308 explotaciones agrícolas en Mendoza (1.770 viñedos) y 8.431 en San Juan (2.353 viñedos). En 1914 eran, respectivamente, 7.937 (6.160 viñedos) y 7.630 (5.854 viñedos). Ibid., cuadro XIV y Tercer Censo Nacional 1914, t. V, pp. 207 y 215. En el último censo citado, Mendoza registró 813 estancias y San Juan 293, ibid. Aunque se relevaron separadamente 120 puesteros en Mendoza y uno en San Juan, la organización de las estancias demandaba a estos semitrabajadores o semiempresarios, de modo que entre los estancieros debió incluirse un buen número de puesteros.
[98] Para mayor información, puede verse un muy bien fundamentado estudio sobre el tema, que abarca desde finales del siglo XIX hasta la década de 1930, Elena M. Abraham y María R. Prieto, "Vitivinicultura y desertificación en Mendoza", en Bernardo García Martínez y Alba

una mezcla de trabajadores y probablemente pequeños propietarios, como los avicultores y tamberos, típicos productores orientados a aprovisionar los mercados urbanos; y acopiadores como los barraqueros y cerealistas, generalmente conectados con mercados más distantes.

Es interesante señalar en 1914 el crecimiento, sobre todo en Mendoza, de los horticultores y chacareros, mayoritariamente extranjeros, indicativo de la constitución de un cinturón hortícola que generalmente acompaña el desarrollo de grandes ciudades. Asimismo, el cambio de modelo económico se verifica en la aparición de personas que identifican la viticultura como su actividad principal en 1895 y 1914, algo inexistente en el primer censo.

Sobre el grupo de "industrias y artes manuales" habría mucho por decir, pero las cifras son suficientemente claras para mostrar la diversificación del mercado laboral y la decadencia de trabajos vinculados directamente con la ganadería, como los hiladores y tejedores. Es significativo, además, el desequilibrio que se va produciendo a favor de Mendoza, tal como hemos señalado más arriba. San Juan, aunque registra todas las profesiones vinculadas con trabajos urbanos (construcción) u otros relativamente complejos o de carácter "industrial", es superada por Mendoza, en algunos casos, de modo apabullante, lo que indica el desarrollo como metrópoli regional de la capital mendocina y la atracción de los oasis de esta provincia. Así, los caldereros, foguistas, electricistas, maquinistas, mecánicos y hojalateros, con fuerte presencia en Mendoza –y algo menor en la vecina provincia–, muestran la rápida instalación de talleres que darían origen al mencionado "brote industrial" regional. Es notable, asimismo, el crecimiento de los toneleros, profesión que encabezaría movimientos huelguísticos en la primera década del siglo XX. Estos trabajadores eran imprescindibles para la industria vinícola y su incremento acompañó el de la producción de vinos. Los enólogos (también los "bodegueros"), por último, indican que para 1914 algunas bodegas mendocinas –muy pocas por cierto– se iban ajustando a criterios técnicos modernos para la elaboración de sus vinos (y también perfeccionando ciertos fraudes), mientras que San Juan, con un número ínfimo de estos técnicos, conservaría todavía la tradición de empirismo y baja calidad que caracterizó durante décadas a la vitivinicultura regional. En este sentido, se confirma también el mayor dinamismo de la agroindustria mendocina que establecía ventajas sobre la de San Juan.

El desarrollo del mercado laboral trajo aparejado, como resulta obvio, la frecuente aparición de conflictos sociales en los que los trabajadores exigían reconocimiento de derechos y mejoras salariales y de las condiciones de trabajo. Precisamente, los toneleros comenzaron una huelga en marzo de 1907 –período de vendimia– en una bodega grande (Arturo Dácomo), en protesta

---

González Jácome, *Estudios sobre historia y ambiente en América*. I, México, IPGH y El Colegio de México, 1999, pp. 109-135.

por la adición de una hora a la jornada laboral sin el correspondiente aumento del jornal. La patronal cesanteó a los que no aceptaron el nuevo horario. Los huelguistas reclamaron, además, un aumento del jornal a $ 6 diarios, "como se paga en todas partes".[99] Entre otros grupos (costureras, cocheros, talabarteros), los toneleros sanjuaninos también fueron a la huelga en marzo, obviamente el mejor momento para la presión sobre los bodegueros por ser época clave de vendimia.[100] Asimismo, entre abril y junio hubo huelgas del personal ferroviario, por sueldos y reclamos contra trabajadores "a destajo", que fueron ganadas.

El grupo de "servicios" es probablemente el más expresivo de los cambios comentados y el que mejor permite captar el desarrollo de las ciudades de la región, proceso en el cual predomina Mendoza. En el comercio, destacamos la importante expansión en 1914 de los "empresarios" y los "empleados jerárquicos". Estos últimos indican la modernización de las empresas, que comienzan a incorporar personal técnicamente capacitado para la gestión, administrativa, económico-financiera o comercial. En el sector transporte, pese a su importancia numérica, el personal ferroviario censado representa la décima parte, en promedio, del que trabajaba efectivamente, lo que sugiere la existencia de un ámbito laboral en el que predominaba la precariedad. En efecto, las dos empresas ferroviarias (Gran Oeste Argentino y Ferrocarril Transandino) tenían un número muy superior de trabajadores, la mayoría de los cuales serían temporarios y, probablemente, fueron censados como jornaleros o peones, reservándose el término "empleado de ferrocarril" para el personal jerárquico y técnico. Así, en Mendoza, el Gran Oeste, en promedio, empleaba a lo largo del año alrededor de 4.000 personas; y el Trasandino cerca de 550.[101] En San Juan, seguramente, se mantendrían proporcionalmente estas relaciones entre plantilla efectiva y temporaria.

Los ferroviarios eran la contracara de arrieros y troperos. La "modernidad" fue tornando monopólico al transporte ferroviario, llevando casi a la extinción a quienes, con su actividad, comunicaban y traficaban entre las provincias occidentales y los mercados del este y de Chile.

Finalmente, en el agrupamiento "actividades diversas", impacta el incremento de la precariedad laboral, de los desafiliados que sólo pueden vivir de changas en una eterna migración circular campo/ciudad/campo. Los *proleta-*

---

[99] *Los Andes*, Mendoza, 10-3-1907, p. 5. Aunque es un tema que está en estudio, no existen dudas de que la influencia de los inmigrantes llevó a muchos trabajadores a pasar de la resistencia individual del siglo XIX, a la acción colectiva en busca de reivindicaciones. Los conflictos sociales se instalaban como una realidad insoslayable.
[100] *Boletín del Departamento Nacional de Trabajo*, Buenos Aires, N° 3, diciembre de 1907, pp. 397-398.
[101] *Anuario de la Dirección General de Estadística de la Provincia de Mendoza correspondiente al año 1914*, Mendoza, 1916, p. 355.

rios, cuya organización, por la naturaleza de sus trabajos, es improbable y casi imposible, dan a la cuestión social otro matiz. La resistencia no es colectiva, sino que conduce a estos trabajadores a la desesperanza por falta de posibilidades de construir un proyecto de vida en el marco de una identidad gremial, de modo que muchos de ellos se inclinaban a los "vicios", la "inmoralidad", o a la "embriaguez", que describía Bialet, culpando –acertadamente– a los "empresarios", sólo preocupados por "pagar el menor jornal y hacer trabajar al obrero lo más que se pueda".

Las cifras expuestas parecen indicar que entre 1869 y 1895, San Juan habría tenido una economía con mayor proporción de empleo estable, posiblemente por la pervivencia de sectores no modernizados, relictos del modelo ganadero.

En el capítulo I hemos visto la transformación de los establecimientos agropecuarios a medida que cambiaban las condiciones económicas y se avanzaba hacia la especialización productiva que imponía la modernización capitalista. En San Juan, sin embargo, a fines del siglo XIX se conservaban todavía antiguas estructuras en la campaña, con su organización espacial, económica y social y los consecuentes mecanismos de control. Un autor de la época pinta así el cuadro social vigente y el funcionamiento del mundo del trabajo rural:

> La finca [que hemos denominado hacienda] es una especie de aldea, aislada por la distancia, de los centros de población. El propietario es uno. Allí hay un matadero, hay tienda, hay almacén, despacho de bebidas, escuela, todo cuanto puede satisfacer las necesidades de los cincuenta o cien trabajadores que en ellas viven. Por último, circula una especie de moneda en forma de vales que es con la que se paga al peón, colocables sólo en las casas de comercio que posee el afincado; cínicamente declara que no tiene plata abonándoles, si quieren, en ese papel de nuevo cuño así los saldos no corren peligro de que se vayan a engrosar el capital de otro afincado u otro comerciante.[102]

Los peones de las grandes fincas tenían trabajo todo el año

> [...] si no en la bodega, es en el campo, si no es arriando tropas es esquilando ovejas porque, *no son especialistas sino enciclopédicos* y el patrón [...] los consi-

---

[102] Adrián Patroni, *Los trabajadores en la Argentina*, Buenos Aires, 1897, p. 147. Patroni describe la situación sanjuanina sobre la base de un informe que le fue suministrado por el ex diputado provincial Víctor Mercante, hombre de la élite local. En esas haciendas el patrón daba de uno a dos kilogramos de carne por día y pan. La ropa, el calzado o los abrigos eran provistos por la tienda del establecimiento a cuenta del trabajo. Esa tienda "[...] se surte en los remates judiciales o del Monte Piedad [...]", *ibid.*, p. 148, es decir ropa usada, seguramente a precios de nueva.

dera seres de la familia o miembros de una tribu [...] y los distribuye por su territorio en ranchujos de ramas, techados con paja o cueros donde viven de a cuatro o cinco, hombres, mujeres y niños, en confusa promiscuidad.[103]

Estas dos citas, de gran riqueza, revelan un amplio panorama e invitan a abordar sus múltiples facetas en futuras investigaciones. Sugieren que, al conservarse viejas estructuras productivas y sociales, el proceso de valorización y posterior subdivisión de la tierra al concluir el siglo era poco significativo. Esto parece haber sido así al menos en las zonas dominadas por la gran propiedad rural, en el interior de los oasis,[104] en consonancia con la señalada escasa difusión de la viticultura moderna, de modo que las haciendas habrían seguido funcionando como en un pasado lejano. Los textos de Patroni y Mercante indican, asimismo, que si los peones sabían hacer de todo y permanecían en funciones a lo largo del año, se confirmaría la escasa división del trabajo en estos establecimientos, pues daba lo mismo hacer tareas en la bodega (tradicional), que arriar el ganado o esquilar ovejas. Las relaciones sociales patrón-trabajador aparecen enmarcadas en un crudo paternalismo. Y al control social que ejercía el dueño, se sumaba la inmovilidad geográfica de estos grupos subalternos, sujetos a la finca, no sólo por ser miembros de "la familia", por abastecerse en el lugar (con la posibilidad de cierta retención por deudas) y "tener" un rancho donde vivir, sino también por cobrar en una "moneda" sin valor fuera de los límites del establecimiento o en las casas de comercio que pudiera tener el propietario.[105]

---

[103] *Ibid.*, p. 148, resaltado nuestro.

[104] "A medida que nos alejamos de los grandes centros [urbanos], que lo son a la vez, de libertad y emancipación, las clases menesterosas son víctimas de mayores injusticias explotadas bajo todas las formas imaginables [...]", *ibid.*, p. 146. Patroni menciona fincas de 150 a 180 cuadras (240 a 285 ha aproximadamente) con 500 a 1.000 cabezas de ganado.

[105] Hay en esto cierta similitud con El Melocotón (véase capítulo I), salvo que allí se estaba en plena modernización una década antes (1888) y el establecimiento se localizaba a gran distancia de la ciudad de Mendoza, en los bordes del oasis norte. También en este caso se pagaba con "moneda" emitida por el propietario (con un argumento similar al de los hacendados sanjuaninos, a saber, que no había circulante) y se procuraba mantener la inmovilidad geográfica del trabajador, véase Rodolfo Richard-Jorba, "El mercado de trabajo rural....", *op. cit.*, p. 233. De manera que, con matices y cierta variación temporal, las fuentes coinciden en mostrar prácticas patronales comunes en la región. La ley del 7-11-1885 obligaba a los jornaleros sanjuaninos a comprar una "libreta de trabajo" en la que el patrón anotaba "las cuentas" que tuviese con ellos, y si el peón cambiaba de patrón manteniendo deudas con el anterior, la policía podía obligarlo a retornar hasta que las cancelara, a menos que el nuevo empleador se hiciera cargo de los pagos (artículos 2º, 3º, 4º, 5º y 7º), véase Horacio Videla, *op. cit.*, apéndice documental, pp. 1144-1145. Esta legislación fue prorrogada por leyes sucesivas hasta su derogación en 1896, Rosa Correa Gil, *op. cit.*, pp. 52-53.

Además de las grandes haciendas, prosigue Patroni, había propiedades menores, de 40 a 70 ha, que cultivaban cereales y vid o sólo forrajeras. En estas fincas se empleaban trabajadores temporarios para las cosechas.

> Estos peones gozan de más independencia que los de las grandes fincas y por consiguiente su condición moral es más elevada. Viven en ranchos más cómodos, que construidos en pequeños pedazos de terreno, forman en conjunto la pequeña propiedad que explotan por su cuenta, sin que les dé en ningún caso lo suficiente para vivir. El pequeño propietario nunca tiene más de dos o tres manzanas de tierra, generalmente son fundos, sitios de media hectárea; lo suficiente para tener un parralito, construir un rancho donde las mujeres ganan su día como lavanderas o como planchadoras, mientras el hombre trabaja en las fincas.[106]

Esta cita confirma que los agricultores y labradores eran muy pequeños propietarios que, por insuficiencia de ingresos generados en sus terrenos, se veían obligados a trabajar en propiedades mayores para segar forrajes y trigos, trillarlos, o cosechar las uvas; y sus mujeres, a prestar servicios domésticos diversos. Demuestra también que los trabajos rurales y urbanos, dentro de la pequeñez de los oasis, involucraban a hombres y mujeres independientemente de su lugar de residencia, aunque desconocemos las distancias que deberían recorrer para cumplir sus labores.

Pese a todo, el imparable desarrollo capitalista avanzando en plenitud llegaría a 1914 con la región vitivinícola conformada; y el mundo laboral, con una fuerte presencia del empleo precario, no mostraría diferencias sustanciales entre ambas provincias.

La "inmoralidad" de los trabajadores: justificación para la dominación social

Bialet hace constante mención de los problemas que ocasionaba el alcohol entre los trabajadores de la región, por lo que procuramos conocer su real dimensión con información de Mendoza.

Los cuadros 7, 8 y 9 muestran un panorama de las contravenciones cometidas por varones, que motivaron su detención por la policía en Mendoza. En el primero, destacamos lo que parece una tendencia a la disminución de esas contravenciones, midiéndolas en relación con la población total. Habrían pasado así, del 7,3% en 1905 al 4% en 1914. La expansión de los cultivos, de la

---

[106] Adrián Patroni, *op. cit.*, p. 148. Estos peones se empleaban como jornaleros, pero también en "conchavos", por una paga de 15 pesos mensuales con alimentación o 30 a 35 pesos sin ella (nominales en letras).

agroindustria, de los talleres e industrias, la construcción y los servicios, aumentó sin duda los requerimientos de trabajadores y podría haber incidido en una distribución menos estacionalizada de la demanda laboral, cuestión que aún debemos investigar. Pero también es probable que haya tenido influencia en la disminución de la representatividad de las contravenciones el arribo de enormes contingentes de inmigrantes en 1912 y 1913, que incrementaron la población en más de 30.000 personas.

El cuadro 8 es más complejo y con él buscamos confirmar las afirmaciones de Bialet y lo que acabamos de expresar, a saber, que los trabajadores precarios, los desafiliados, los más indefensos y explotados, los jornaleros, tenían actitudes resistenciales individuales y eran quienes mayoritariamente resultaban apresados por ebriedad o por "desorden". Las fuentes que permitieron construir el cuadro también informan que en porcentajes abrumadoramente altos –entre 70 y 80%– los contraventores eran criollos. Bialet, a lo largo de todo su Informe, destaca el menosprecio que sufría el trabajador criollo por parte de las clases propietarias, de modo que la discriminación contra estos grupos,[107] sin dudas influía, significativamente, en sus conductas. Lo que resalta a primera vista en el cuadro es el número de jornaleros presos por ebriedad, siempre por encima del 70% del total. Esa masividad tal vez hizo percibir a Bialet, equivocadamente, "la decadencia, la inmoralidad, la lujuria y el vicio" en que habría caído la clase trabajadora. Obviamente, lo que informaban los patrones a Bialet y la estadística policial que tenía en sus manos eran contundentes, coincidentes y ratificaban aquella idea.[108] Además, era un hecho real y palpable que si 6.000 o 7.000 jornaleros iban presos, por caso, durante un día, por embriaguez o "desorden", ello representaba como mínimo 60.000 o 70.000 horas de trabajo perdidas en fincas, bodegas o talleres, lo que explica la reacción contra el peón y la elaboración de estereotipos descalificadores de la totalidad de los trabajadores.

Sin embargo, también objetivamente, puede demostrarse que los jornaleros no se embriagaban más que otros grupos, incluyendo encumbrados propietarios. En efecto, aunque sólo podemos hacer el cálculo en un solo año (1914), los porcentajes que se obtienen muestran que los jornaleros detenidos por ebriedad representaron casi la misma proporción que los hacendados (18 y 17% respectivamente);[109] y ambos grupos están por encima de otras profesiones, como los carpinteros (8,1%), mecánicos (3,9%), comerciantes (1,3%) o agricultores (1,5%).

---

[107] Ricardo Salvatore también advirtió la discriminación de los trabajadores criollos. Ricardo Salvatore, "Control del trabajo...", *op. cit.*

[108] Juan Bialet Massé, *op. cit.*, p. 865.

[109] Sobre los años anteriores incluidos en el cuadro 8 no existe información estadística o censal que indique el número de individuos en cada oficio o profesión para poder establecer la relación con las contravenciones. Se ha calculado el porcentaje de los jornaleros sobre la cantidad censada de estos trabajadores y no sobre la totalidad del personal con empleo precario.

Cuadro 7. Provincia de Mendoza. Cantidad y porcentajes de varones ingresados a la Policía según las principales contravenciones cometidas y total general de las mismas, 1905-1914

Años	Ebriedad		Desorden		Total general contraventores		Contraventores/ población	
	Cantidad	%	Cantidad	%	Cantidad	%	Población	%
1905	8.299	78,7	1.847	17,5	10.536	100	144.368	7,3
1906	8.001	78,2	1.747	17,0	10.227	100	147.544	6,9
1907	6.121	71,4	1.669	19,4	8.569	100	150.790	5,7
1908	7.558	67,8	2.092	18,8	11.139	100	154.107	7,2
1909	9.851	76,9	2.514	19,6	12.797	100	192.924	6,6
1910	8.327	61,0	3.013	22,0	13.644	100	206.393	6,6
1911	10.184	64,7	3.355	21,3	15.745	100	223.532	7,0
1912	8.684	76,0	2.148	18,8	11.414	100	239.298	4,7
1913	8.573	71,6	2.867	23,9	11.969	100	261.128	4,6
1914	7.413	67,0	2.922	26,0	11.060	100	277.535	4,0

Nota: las contravenciones cometidas por mujeres representan porcentajes que oscilan alrededor del 4%. La cantidad de habitantes desde 1909 a 1913 son estimaciones publicadas en el Anuario, 1914, p. 109.

Fuentes: elaboración propia, con datos han sido extraídos de furntes diversas. 1905 y 1906: *Anuario de la Dirección General de Estadística de la Provincia de Mendoza correspondiente al año 1906*, Mendoza, 1907, pp. 118, 121, 126, 137, 140 y 145; 1907, 1908 y 1909: *Anuario de la Dirección General de Estadística de la Provincia de Mendoza correspondiente a los años 1907, 1908 y 1909*, Mendoza, 1910, pp. 155, 161, 163, 165, 169, 171, 180, 182 y 186; 1910, 1911, 1912 y 1913: *Anuario de la Dirección General de Estadística de la Provincia de Mendoza correspondiente al año 1910*, Mendoza, 1912, p. 146; *Anuario de la Dirección General de Estadística de la Provincia de Mendoza correspondiente al año 1911*, Mendoza, 1913, p. 164; *Anuario de la Dirección General de Estadística de la Provincia de Mendoza correspondiente al año 1912*, Mendoza, 1913, p. 146, y *Anuario de la Dirección General de Estadística de la Provincia de Mendoza correspondiente al año 1913*, Mendoza 1914, pp. 158 y 159; 1914: *Anuario de la Dirección General de Estadística de la Provincia de Mendoza correspondiente al año 1914*, Mendoza, 1916, p. 176, y *Tercer Censo Nacional- 1914*, t. II, Población.

Cuadro 8. Provincia de Mendoza. Varones ingresados a la policía por ebriedad, clasificados por profesiones, en 1905 a 1909, 1913 y 1914

Profesión u oficio	1905 Cantidad	%	1906 Cantidad	%	1907-1908* Cantidad	%	1909 Cantidad	%	1913 Cantidad	%	1914 Cantidad	%
Agricultores	292	3,5	548	6,8	739	5,4	313	3,2	366	4,3	279	3,8
Albañiles									344	4,0		
Artesanos	883	10,6	635	7,9	2984	21,8	735	7,5			295	4,0
Carpinteros									156	1,8	137	1,8
Comerciantes	121	1,4	95	1,2	193	1,4	37	–	119	1,4	80	1,0
Foguistas									23	–	19	–
Hacendados	12	–	14	–	33	–	28	–	11	–	7	–
Herreros									92	1,0	65	–
Industriales	161	1,9	23	–	37	–	12	–	2	–	1	–
Jornaleros	6258	75,4	6075	75,9	7169	52,4	7104	72,1	6503	75,8	5502	74,2
Mecánicos									39	–	37	–
Maquinistas									10	–	7	–
Militares	11	–	9	–	165	1,2	41	–	2	–	2	–
Otros	561	6,7	602	7,5	2359	17,2	1581	16	906	10,6	982	13,2
Total	8299	99,5	8001	99,3	13679	99,4	9851	98,8	8573	98,9	7413	98,0

Nota: sólo se han calculado los porcentajes superiores a 1 punto. Desde 1913 la estadística refleja la diversidad creciente de oficios y profesiones en un mercado laboral que se ampliaba. Desaparece la categoría de artesano y se registran otras nuevas, probablemente desagregando la primera (albañiles, carpinteros, foguistas, herreros, mecánicos, maquinistas).

* La fuente indica el total del bienio 1907-1908 y sólo desagrega por año las contravenciones por sexo y nacionalidad de sus autores.

Fuentes: elaboración propia. 1905 y 1906: *Anuario de la Dirección General de Estadística de la Provincia de Mendoza correspondiente al año 1906*, Mendoza, 1907, pp. 118, 121, 126, 137, 140 y 145; 1907, 1908 y 1909: *Anuario de la Dirección General de Estadística de la Provincia de Mendoza correspondiente a los años 1907, 1908 y 1909*, Mendoza, 1910, pp. 155, 161, 163, 165, 169, 171, 180, 182 y 186; 1910, 1911, 1912 y 1913: *Anuario de la Dirección General de Estadística de la Provincia de Mendoza correspondiente al año 1913*, Mendoza 1914, pp. 158 y 159; 1914: *Anuario de la Dirección General de Estadística de la Provincia de Mendoza correspondiente al año 1914*, Mendoza, 1916, p. 176, y *Tercer Censo Nacional- 1914*, t. II, Población.

Cuadro 9. Provincia de Mendoza. Varones ingresados a la policía por desorden, clasificados por profesiones, en 1905 a 1909, 1913 y 1914

Profesión u oficio	1905 Cantidad	%	1906 Cantidad	%	1907-1908* Cantidad	%	1909 Cantidad	%	1913 Cantidad	%	1914 Cantidad	%
Agricultores	139	7,5	150	8,7	178	4,7	175	7,0	251	8,7	252	8,6
Albañiles									137	4,8	126	4,3
Artesanos	155	8,4	225	13	827	22	263	10,5				
Carpinteros									63	2,2	55	1,9
Comerciantes	111	6,0	78	4,5	59	1,6	61	2,4	235	8,2	251	8,6
Foguistas									7	–	5	–
Hacendados	4	–	7	–	2	–	15	–	10	–	7	–
Herreros									25	–	46	1,6
Industriales	4	–	8	–	10	–	1	–	1	–	7	–
Jornaleros	1150	62,2	1053	60,8	1886	50,1	1648	65,5	1435	50,0	1479	50,6
Mecánicos									30	–	22	–
Maquinistas									8	–	7	–
Militares	6	–	5	–	37	–	10	–	3	–	–	–
Otros	278	15	204	11,8	762	20,3	341	13,6	662	23,1	665	22,8
Total	1847	99,1	1730	98,8	3761	98,7	2.514	99,0	2867	97,0	2922	98,4

Nota: sólo se han calculado los porcentajes superiores a 1 punto. Desde 1913 la estadística refleja la diversidad creciente de oficios y profesiones en un mercado laboral que se ampliaba. Desaparece la categoría de artesano y se registran otras nuevas, probablemente desagregando la primera (albañiles, carpinteros, foguistas, herreros, mecánicos, maquinistas).

* La fuente indica el total del bienio 1907-1908 y sólo desagrega por año las contravenciones por sexo y nacionalidad de sus autores.

Fuentes: elaboración propia. Los datos han sido extraídos de: 1905 y 1906: *Anuario de la Dirección General de Estadística de la Provincia de Mendoza correspondiente al año 1906*, Mendoza, 1907, pp. 118, 121, 126, 137, 140 y 145; 1907, 1908 y 1909: *Anuario de la Dirección General de Estadística de la Provincia de Mendoza correspondiente a los años 1907, 1908 y 1909*, Mendoza, 1910, pp. 155, 161, 163, 165, 169, 171, 180, 182 y 186; 1910, 1911, 1912 y 1913: *Anuario de la Dirección General de Estadística de la Provincia de Mendoza correspondiente al año 1913*, Mendoza 1914, pp. 158 y 159; 1914: *Anuario de la Dirección General de Estadística de la Provincia de Mendoza correspondiente al año 1914*, Mendoza, 1916, p. 176, y *Tercer Censo Nacional- 1914*, t. II, Población.

En el cuadro 9 calculamos los porcentajes de contravenciones por "desorden" y los resultados indican que los hacendados mantuvieron el 17%, lo que nos hace suponer que los siete contraventores, junto con su ebriedad, deben haberse resistido a la detención y provocado algún disturbio. Los jornaleros, en cambio, sólo representaron el 4,9%, los comerciantes el 4%, los carpinteros el 3,3%, etc. Esta información confirmaría que la mayor parte de los jornaleros que se embriagaban lo harían individualmente y sólo menos de una tercera parte habría provocado lo que la policía definía como "desorden". En suma, estos trabajadores, aunque superaran a otros grupos, no constituían una excepción dentro de la sociedad frente al alcohol.

Finalmente, otra forma clara de precariedad se manifestaba en las condiciones de baja seguridad laboral, también señalada por Bialet, y su consecuencia directa: los accidentes de trabajo. Fueron los jornaleros quienes los sufrieron en mayor proporción desde que comenzaron los registros, seguidos por los artesanos. En efecto, en el trienio 1907-1909, los jornaleros padecieron entre 60% y 70% de los accidentes de trabajo y los artesanos entre el 10% y el 20%. Las causas principales fueron la conducción de vehículos (23,7%), ferrocarril (29,7%), albañilería (14,8%), etc. Se trata de accidentes más vinculados al hecho urbano que a las actividades agrícolas o de la agroindustria. Esto lo confirma la estadística de 1913, que registró 44% de accidentes laborales en la ciudad capital y 18% en dos departamentos con fuerte desarrollo urbano e instalación industrial (San Rafael, 12% y Godoy Cruz, 6%).[110]

Transiciones y marcha hacia el futuro

A lo largo de este capítulo hemos buscado integrar los procesos económicos que condujeron a una radical transformación en las provincias de Mendoza y San Juan y los aportes cuantitativos y cualitativos de una corriente inmigratoria que contribuyó sustancialmente a la modificación de la economía, la sociedad y el territorio, hasta convertirla en la gran región vitivinícola de la Argentina.

Una inmigración temprana, desde los años 1850 y 1860 del siglo XIX, se caracterizó por su selectividad. Los bajos ingresos, transportes caros y lentos, enormes distancias a recorrer desde el oriente nacional y la inseguridad reinante en los caminos, eran fuertes barreras para los movimientos masivos de población. Arribaron, entonces, comerciantes, técnicos y artesanos europeos, generalmente ingresados desde Chile, que fueron innovando y dinamizando

---

[110] *Anuario de la Dirección General de Estadística de la Provincia de Mendoza correspondiente al año 1907, 1908 y 1909*, Mendoza, 1910, pp. 189-191; y *Anuario de la Dirección General de Estadística de la Provincia de Mendoza correspondiente al año 1913*, Mendoza, 1914, p. 161.

la economía regional; pero también lo hicieron ciudadanos de ese país y argentinos de provincias vecinas.

La crisis internacional iniciada en 1873 y el impacto de la filoxera en Europa sobre la producción y los precios del vino –como factores externos–, junto con el desarrollo agrícola pampeano y las construcciones ferroviarias –como factores internos–, provocaron la decadencia del negocio ganadero y reconvirtieron la economía regional. La nueva especialización estuvo centrada en la vitivinicultura, actividad de tradición colonial, modernizada y promovida con políticas públicas que llevaron en pocos años al desarrollo de un sistema agroindustrial, elaborador de vinos de baja calidad en gran escala y orientado enteramente al mercado nacional. Generadora de una fuerte demanda laboral y tecnológica, la vitivinicultura requirió la rápida incorporación de trabajadores, por lo cual la provincia de Mendoza incentivó fuertemente la inmigración europea, con la idea de que traería "ciencia, capital y brazos". Sus aportes modificaron el paisaje, las estructuras agrarias y fueron decisivos en la implantación de la agroindustria y en el temprano desarrollo de un "brote industrial" que respondía, inicialmente, a demandas puntuales de las bodegas.

Los inmigrantes complejizaron, además, la sociedad regional, incorporando amplias franjas de pequeños y medianos propietarios agrícolas, industriales, comerciantes y trabajadores calificados a los sectores medios. Todos ellos, asimismo, desempeñaron un rol esencial en la caída de los instrumentos de coacción extraeconómica que retardaban la formación de un mercado de trabajo libre.

En el análisis de la inmigración fueron surgiendo interrogantes, que deberán ser investigados, fundados en perceptibles diferencias en actitudes y comportamientos de las sociedades de acogida frente a los nuevos habitantes, lo que pudo haber incidido en el mayor desarrollo relativo alcanzado por Mendoza y en la consolidación de su capital como metrópoli regional. Un cambio en la escala de análisis permitió seguir los itinerarios económicos de algunos inmigrantes relacionados con la actividad vitivinícola en Mendoza. Hemos visto individuos que en sus comienzos pertenecieron al mundo del trabajo y otros que comenzaron en actividades empresariales o sirvieron como profesionales o técnicos. El acceso a la propiedad de la tierra no presentó un obstáculo significativo para muchos de ellos, sobre todo en las dos décadas finales del siglo XIX. De sus trayectorias surgen rasgos comunes y comportamientos opuestos, aun entre miembros de una misma familia. Los unía el común objetivo de hacer fortuna; pero se diferenciaron entre quienes adoptaron a la Argentina como su nueva patria y aquellos que, habiendo "hecho la América", retornaron a su tierra natal. En todos los casos presentados, extrapolables sin dudas a la mayoría de los inmigrantes, fueron claves los contactos y apoyos –cadenas étnicas y redes familiares– para iniciar su nueva vida. Señalemos que estos ejemplos –sólo una ínfima parte de un enorme universo registrado–

muestran una constante abrumadoramente mayoritaria: la asociación económica entre connacionales o entre europeos en el período estudiado.

Hemos caracterizado el mercado laboral de comienzos del período como esencialmente rural, integrado por pequeños propietarios y jornaleros, la parte mayoritaria de una población en lento crecimiento. Los aportes migratorios provenían de un ámbito regional que incluía Chile y las provincias contiguas, aunque ampliados con pequeños grupos de europeos. Éstos contribuyeron a dinamizar e innovar en el comercio y la producción en una economía todavía mercantil ganadera.

La crónica escasez de mano de obra y la necesidad de mantener bajo control los salarios prolongarían hasta finales del siglo XIX la vida de viejas herramientas coactivas, justificadas con discursos moralizantes para sacar del *vicio* y la *vagancia* a los trabajadores. El peón temporario era el que estaba en peores condiciones, obligado a trabajar en las cosechas y abandonado a su suerte el resto del tiempo.

Con la rápida transformación económica provocada por la agroindustria y el ferrocarril desde la década de 1880, las migraciones se incrementaron hasta hacerse masivas, particularmente hacia Mendoza, y tendieron a equilibrar la oferta y la demanda laborales. El crecimiento económico promovió la aparición y consolidación de otras actividades productivas y de servicios que aceleraron el proceso de urbanización y fueron tornando complejo el mercado de trabajo con nuevos y diversos oficios especializados, mejor remunerados, sobre todo en Mendoza. Los pequeños propietarios, atraídos por la buena rentabilidad del viñedo, reconvirtieron sus explotaciones, pero, además, los mejores salarios vitivinícolas los estimularon a mantenerse dentro del mercado de trabajo. Asimismo, aparecieron nuevos actores, como los contratistas de plantación, trabajadores a destajo con rasgos empresariales, muchos de los cuales tuvieron un rápido ascenso social.

Sin embargo, la principal actividad productiva necesitaba una fuerza de trabajo estacional masiva, tanto para realizar las labores de la vendimia y la elaboración de los mostos, como para mantener estables los salarios. El empleo precario se incrementó exponencialmente desde la década de 1890, y los peones circulaban en una constante migración por el interior de los oasis de la región. Las cifras del crecimiento económico y las de la evolución del mercado de trabajo confirman que aquella demanda de mano de obra se satisfizo acabadamente.

Los jornaleros, por la naturaleza de su trabajo temporario rural-urbano, no se organizaban ni estaban en condiciones de exigir reivindicaciones más allá del plano individual. Resistían al sistema que los explotaba como podían. Desesperanzados, muchos de ellos se fugaban de la realidad con el alcohol, elemento que era funcional al discurso moralizante de las élites y los patrones. Pero estos discursos estaban claramente fundados en cuestiones puramente económicas, en el trabajo que se dejaba de hacer y en la potencial renta perdida.

Entre las élites y los grupos propietarios o empresarios regionales nadie se planteaba, como lo haría Bialet Massé, correlacionar pobreza, marginación y discriminación con el vicio, la lujuria, la inmoralidad y el crimen. Es decir que todavía no se percibía –o no se quería ver– la grave problemática social que estaba instalada en la sociedad regional. Apropiándonos de expresiones de Castel, "[…] era la cuestión del pauperismo […] momento en que apareció un divorcio casi total entre un orden jurídico-político fundado sobre el reconocimiento de los derechos del ciudadano y un orden económico que suponía miseria y desmoralización […]".[111]

---

[111] Robert Castel, *op. cit.*, p. 20.

Capítulo III

Las industrias inducidas y derivadas de la vitivinicultura moderna en Mendoza y San Juan (1885-1914)

Eduardo Pérez Romagnoli

De la metalurgia artesano-industrial a los primeros intentos de producción de ácido tartárico

Desde finales del siglo XIX, la vitivinicultura capitalista generó producciones complementarias en los oasis irrigados de Mendoza y San Juan. Ellas comprendieron dos tipos de actividades regionales: las industrias *inducidas* y las *derivadas*, componentes esenciales del "brote" industrial.

Las industrias inducidas son las que producen diversos objetos demandados por la elaboración de vino y de alcohol vínico. La actividad inducida que mejor se constituyó en el período abordado fue, aunque incompleta, la metalurgia reparadora y productora de bienes para bodegas y destilerías; más tarde, de un modo incipiente, se sumó la producción de instrumentos agrícolas para tracción animal. Otra actividad inducida esbozada por el modelo vitivinícola regional durante estos años fue la construcción de envases para vino, en particular las vasijas de madera para el transporte de la bebida en los lugares de producción y hacia los centros de consumo. En cambio, las industrias derivadas, denominadas también *afines* a comienzos del siglo XX, son las que recuperan subproductos de la vinificación (orujos, residuos incrustados en vasijas vinarias y otros objetos) o que emplean la propia uva como materia prima para sus procesos productivos; dos ejemplos de ellas son la elaboración de alcohol vínico y la de ácido tartárico. Las industrias inducidas corresponderían a lo que modernamente fueron definidos como *eslabonamientos hacia atrás* y las derivadas serían, desde nuestra interpretación, un tipo de *eslabonamiento hacia adelante*, en tanto la materia prima proviene –salvo para el jugo de uva– de los subproductos proporcionados por la agroindustria regional.

Aunque la presencia de sus talleres y pequeños establecimientos era muy difusa y éstos se confundían en el paisaje urbano de los núcleos de Mendoza y San Juan con otros usos del suelo, las industrias inducidas y derivadas de la vitivinicultura moderna fortalecieron el discontinuo espacio industrial en formación, dominado desde un principio por las bodegas modernas. Con el tiempo, las actividades inducidas y derivadas contribuyeron también a convertir a los dos núcleos urbanos principales de ambas provincias –sobre todo Mendoza, transformada en metrópoli regional– en centros industriales de cierta relevancia a nivel nacional, fuera del espacio pampeano. Ambas industrias se relacionan, asimismo, con el surgimiento de un empresariado regional y la formación de obreros especializados (metalúrgicos, toneleros).

Nos proponemos trazar un panorama general sobre las principales actividades inducidas y derivadas de la vitivinicultura moderna, desde sus orígenes hasta la mitad de la segunda década del siglo XX. En el caso de la metalurgia regional reparadora y productora de equipos para bodegas y destilerías e instrumentos agrícolas, se tendrán en cuenta los rasgos considerados más sobresalientes de los talleres y algunas características socioeconómicas de sus fundadores y propietarios. Sobre la producción de envases de madera para vino –la otra actividad inducida del período– y las industrias derivadas, se abordará algunas características sobre sus orígenes y algunos problemas que debieron enfrentar para constituirse en el período que se indaga.

Las industrias inducidas

La actividad metalúrgica

Los primeros talleres al finalizar el siglo XIX

En vísperas de la conexión ferroviaria con la Capital Federal (1885) en las provincias de Mendoza y San Juan fueron fundados los clubes industriales, inspirados en el de Buenos Aires. Si bien no se puede señalar con exactitud su influencia en la constitución de la metalurgia regional, es claro que ellos promovieron la actividad agroindustrial, demandante de instrumentos y equipos producidos con metal. Primero se constituyó el Club Industrial de San Juan, impulsado por empresarios y políticos que buscaban recuperar la decaída economía del oasis, floreciente en la década de 1870. Con objetivos y actividades similares emprendidas por el de San Juan, el Club Industrial de Mendoza, conformado por miembros prominentes del grupo social dominante, organizó exposiciones y exhibió en su local máquinas y herramientas de labranza, contribuyendo a difundir su disponibilidad con el propósito de emplearlas en las distintas labores culturales.[1]

---

[1] Eduardo Pérez Romagnoli, "Preludios de la industria argentina extra-pampeana: metalurgia artesanal e industrial en Mendoza y San Juan en los inicios del modelo de desarrollo vitivinícola", *Boletín de Estudios Geográficos*, N° 97, Mendoza, Facultad de Filosofía y Letras, Universidad Nacional de Cuyo, 2001.

Entre el año de la articulación ferroviaria de Mendoza y San Juan con Buenos Aires y 1914, fueron numerosos los pequeños talleres metalúrgicos que acompañaron a las bodegas en el "brote" industrial regional.[2] Muchos de los talleres nacieron para componer instrumentos y prestar servicios a las bodegas y destilerías industriales que empleaban bienes importados, principalmente de Francia, Italia y Alemania.[3] Algunos establecimientos comenzaron a producir piezas y equipos a partir de la imitación de los diseños europeos. Es que, además de una calidad en general aceptable de la mayoría de sus productos, los talleres aprovecharon las ventajas resultantes de su ubicación. Ellos proveían con rapidez partes y bienes terminados demandados por bodegueros, destiladores y, en algunos casos, por agricultores. Cuando faltaban piezas –por diversas causas– para permitir el funcionamiento de aparatos y equipos importados, se verificaba la importancia de los talleres metalúrgicos locales, los que suplían esas carencias. Además, el precio de los instrumentos producidos en la región podía competir con el de los bienes importados o los salidos de los talleres metalúrgicos de Buenos Aires y Rosario, ya que estos últimos se encarecían por el flete ferroviario.

Los trabajos de reparación y producción metalúrgica eran diversos y no se reducían únicamente a las demandas de la vitivinicultura moderna, sino que –salvo dos o tres cobrerías– los talleres también atendían otras, propias del crecimiento demográfico y del avance urbano en varios núcleos de los principales oasis. Además de bienes de uso doméstico (estufas, braseros, cocinas económicas) estaban los requeridos por la industria de la construcción, tales como cañerías para agua, rejas de ventanas, puertas, canaletas... Por otra parte, es oportuno señalar que entre los talleres les correspondió un lugar importante –por su cantidad y el número de trabajadores que ocupaban– a las *carrocerías*, nombre que en general se daba a las unidades constructoras de carros, carruajes y otros vehículos de tracción animal, de gran demanda en la época; las carrocerías daban trabajo a carpinteros y obreros metalúrgicos. Acompañando a los otros talleres, ellas se ubicaban en las capitales provinciales y también en varios departamentos, en particular en Mendoza, allí donde se difundía el modelo vitivinícola. Hubo casos de talleres que produjeron ins-

---

[2] Hay talleres metalúrgicos regionales vinculados a la producción de vino y aguardiente que preceden a la vitivinicultura moderna, como el de G. Ponceau, citado en el capítulo II. En 1856, Casimiro Arnoux, francés, componía y producía "estufas, cocinas de fierro y en adobes, alambiques, bombas" y diversos objetos en cobre, véase *El Constitucional*, Mendoza, 26-02-1856; el término "bombas" se refiere a bombas manuales para el trasiego de vino. Posteriormente, en sociedad con Vicente Magaldy, Arnoux ofrecía alambiques "garantidos, un mes de ensayo", *ibid.*, 27-11-1856.

[3] Rodolfo Richard-Jorba y Eduardo Pérez Romagnoli, "El proceso de modernización de la bodega mendocina (1860-1915)", *Ciclos*, N° 7, Buenos Aires, IIHES, Facultad de Ciencias Económicas, Universidad de Buenos Aires, 1994.

trumentos para la vitivinicultura y vehículos de tracción a sangre, como se verá más adelante.

Fundados principalmente por inmigrantes, tal como fue anticipado en el capítulo II, los primeros talleres ya operaban en la segunda mitad de la década de 1880, y algunos aún antes, como por ejemplo la hojalatería del italiano Vicente Arturo, premiado en la Exposición Provincial de Mendoza de 1883 y de 1885, organizadas por el club industrial.[4]

En 1883 el club de San Juan efectuó también su primera exposición, en la que el francés Juan Babié presentó una máquina para estirar alambre de su invención.[5]

En Mendoza, la mayoría de los primeros talleres se localizaban en el departamento Capital. Además de las reparaciones, producían tornillos y válvulas para cubas, grifería para bodegas, alambiques, caños y otros objetos de cobre y algunos de hierro. Así, entre otros, se sucedieron los talleres de los socios alemanes Roberto Fink y Guillermo Schmidt (1886), del cobrero italiano Vicente Guzzo (1887), de Stroppiana y Arisio (1887), del francés Santiago Tissandier (1888), del alemán Roberto Meyer (1889). Este último comenzó su labor metalúrgica en un local situado en las cercanías de la estación ferroviaria de la ciudad de Mendoza;[6] pero ocho años después era dueño de una herrería –devenida en un importante taller que heredará su hijo– en la villa cabecera de Maipú,[7] uno de los departamentos donde el modelo vitivinícola se difundió con mayor fuerza. A comienzos del siglo XX, Meyer era allí productor de rejas, arados y carruajes.[8]

Como sucede, en general, en un proceso de industrialización incipiente, la mayoría de los talleres eran pequeños y técnicamente simples, con equipamiento escaso, donde trabajaban su propietario y uno o dos aprendices. El combustible que empleaban para hacer funcionar sus máquinas/herramientas era el carbón de leña y la leña; y algunos incorporaron el carbón mineral importado desde Gran Bretaña. Hubo talleres que utilizaron la energía hidroeléctrica para hacer funcionar turbinas, algunas producidas localmente; en estos casos, los canales de riego actuaron como factor de localización de las pequeñas fábricas.

Dos de los talleres inaugurados en la segunda mitad de la década de 1880 sobresalieron del resto de los considerados en el período estudiado. Ello se debió a la conjunción de una serie de rasgos, entre los cuales se incluyen un me-

---

[4] *El Constitucional*, Mendoza, 05-07-1883; *La Palabra*, Mendoza, 08-05-1885.
[5] Emilio Maurín Navarro, "Algunos antecedentes de nuestro pasado industrial", *Boletín de la Junta de Estudios Históricos de la Provincia*, San Juan, 1948.
[6] *La Palabra*, Mendoza, 14-11-1889.
[7] Archivo General de la Provincia de Mendoza (AGPM), Época Independiente, 1896-1917, Padrón de industrias y casas de comercio, carpeta 538, documento 16, Maipú.
[8] *Los Andes*, Mendoza, 01-07-1903.

jor equipamiento en máquinas/herramientas, la diversidad de bienes producidos —relacionados o no con el sector abordado—, el mayor número de obreros ocupados y un área geográfica de sus ventas que superaba los límites del oasis norte mendocino. Se trata del taller fundado por el catalán Antonio Baldé y el de los hermanos italianos Carlos y Héctor Berri.

A fines de 1885, casi al mismo tiempo que inauguró la ferretería industrial, Antonio Baldé abrió su establecimiento de calderería, fundición y fábrica de balanzas en el departamento Capital.[9] En 1888, se asoció con otro catalán, Gil Miret, quien se había iniciado como obrero en el taller[10] y se convirtió desde ese año en su director. Desde entonces, la sociedad añadió la producción de cocinas económicas, cajas para caudales, calderas e instrumentos para bodegas y destilerías. Aunque transitoriamente, la ampliación de la diversidad de objetos fabricados comprendió también herramientas agrícolas (rastras) y utensilios para toneleros. La firma incorporó además una sección de carpintería, a cargo de dos hermanos de Baldé.[11] El aumento del trabajo y la necesidad de mayor espacio condujo a una relocalización del taller, lo cual fue acompañado por la incorporación de una turbina que transformaba en energía hidroeléctrica la fuerza proporcionada por el canal Tajamar, paralelo a la céntrica calle San Martín y desviado hacia la calle Salta, donde el nuevo establecimiento ocupaba media manzana. A comienzos del siglo XX, cuando el taller contaba con 27 obreros y dos capataces, los principales rubros de producción correspondían a distintos modelos de prensas para uva (sistemas Marmonnier, Mabille), moledoras, bombas tipo Fafeur para trasegar, pasteurizadores, alambiques, filtros para vino y artículos de grifería.[12]

Los Berri abrieron su taller en 1888 en el departamento de Belgrano (actual Godoy Cruz), pero en el límite con la capital. Fue levantado a orillas del canal Tajamar —muy próximo a su nacimiento— para emplear el agua como accionadora de una turbina que proveía de fuerza motriz al establecimiento, constituyéndose en uno de los pioneros en el uso de la energía hidroeléctrica regional. Además de reparar y construir compuertas para el sistema de riego artificial en expansión al difundirse el modelo vitivinícola, el taller de los Berri fue quizá el primero en fabricar prensas, moledoras y otros instrumentos para bodegas en la región.[13] También estuvo asociado a una actividad muy temprana en el país y que tuvo una duración pasajera: la producción de cohetes para la lucha an-

---

[9] *Los Andes*, Mendoza, 31-01-1886.
[10] Francisco Miret, "Recuerdos", Mendoza, sin fecha, mimeo. (gentileza de su hija, Ana M. Miret).
[11] *Ibid*. Una vez instalado en Mendoza, Antonio Baldé hizo venir de Cataluña a Tomás y Salvador, sus dos hermanos carpinteros; constituye un claro ejemplo de cadena migratoria familiar.
[12] *El Debate*, Mendoza, 02-04-1902.
[13] Eduardo Pérez Romagnoli, "Preludios de la industria argentina...", *op. cit.*

tigranizo. Ello ocurrió entre 1900 y 1902,[14] compitiendo con los cohetes importados de Italia. En 1895, cuando el taller era sólo de Carlos Berri (la sociedad con su hermano se disolvió en 1892), empleaba 25 obreros; y 30 en 1904,[15] cuando la firma ya era Sucesores de Carlos Berri y Cía.

La década de 1890 afianzó la concentración de pequeños talleres metalúrgicos en la capital. Entre los reparadores y productores de piezas y simples instrumentos para bodegas y destilerías distinguimos las unidades de Antonio Franco, Federico Mörle, José Mosca, David Covarrubias, "El Motor" (se desconoce el nombre de su propietario); en 1898 ya estaba instalado en Mendoza el ruso Julio Nicolaiev Marienhoff,[16] quien se destacará en las primeras décadas del siglo XX como fabricante de alambiques.

Pero la década de 1890 es también anunciadora de un hecho que se confirmará en décadas posteriores con relación a la localización de los talleres: la pérdida de la hegemonía del departamento Capital, expresada por una tendencia a la dispersión en otros departamentos de la zona núcleo de difusión de la vitivinicultura moderna o fuera de ella.

En efecto, en 1895 ya operaba en el distrito Los Barriales, departamento de Junín, 50 km al este de la ciudad de Mendoza, la herrería del francés Pablo Ramonot;[17] diez años después se había transformado en la primera fábrica de arados de la región vitivinícola. En Alto Verde, un distrito contiguo a Los Barriales pero del departamento de San Martín, el mismo año funcionaba el taller de "trabajos mecánicos agrícolas en general" de Roger Michel, otro francés.[18] En realidad, las cédulas del Segundo Censo Nacional no dilucidan si Michel sólo reparaba o también producía instrumentos agrícolas, pero consignan que el taller contaba con cuatro máquinas a vapor equivalentes a 25 caballos de fuerza, 19 máquinas herramientas y tenía 50 trabajadores, una cifra muy elevada para la época y muy difícil de atribuir a una unidad exclusivamente reparadora de instrumentos. Probablemente, Michel haya tenido una fábrica de carros y carruajes, y producido también algunas herramientas agrícolas. Lo

---

[14] *El Comercio*, Mendoza, 02-09-1901. La empresa productora aseguraba que los cohetes alcanzaban una altura de 2.500 m. Posteriormente, la meteorología moderna demostrará que el piso de estas nubes se encuentra, en general, por encima de los 4.000 m. Lo llamativo es que el periódico contiene una carta –publicada en varios números– firmada por usuarios de los cohetes fabricados en el taller de Berri, señalando la "indiscutible eficacia" de un instrumento que estaba lejos de alcanzar las nubes graniceras.

[15] Archivo General de la Nación (AGN), *Segundo Censo Nacional*, 1895, Económico y Social, Cédulas Censales, Provincia de Mendoza, Legajo 190, Industrias, Boletín 32, t. 1; Juan Bialet Massé, *op. cit.*

[16] Eduardo Pérez Romagnoli, "Preludios de la industria argentina...", *op. cit.*

[17] AGN, *Segundo Censo Nacional*, 1895, Económico y Social, Cédulas Censales, Provincia de Mendoza, Legajo 190, Boletín 32, departamento de Junín, t. 12.

[18] *Ibid.*, departamento de San Martín.

Figura 1. Plano de la ciudad de Mendoza (principios del siglo XX) con ubicación del canal Tajamar (al sur de la calle San Martín)

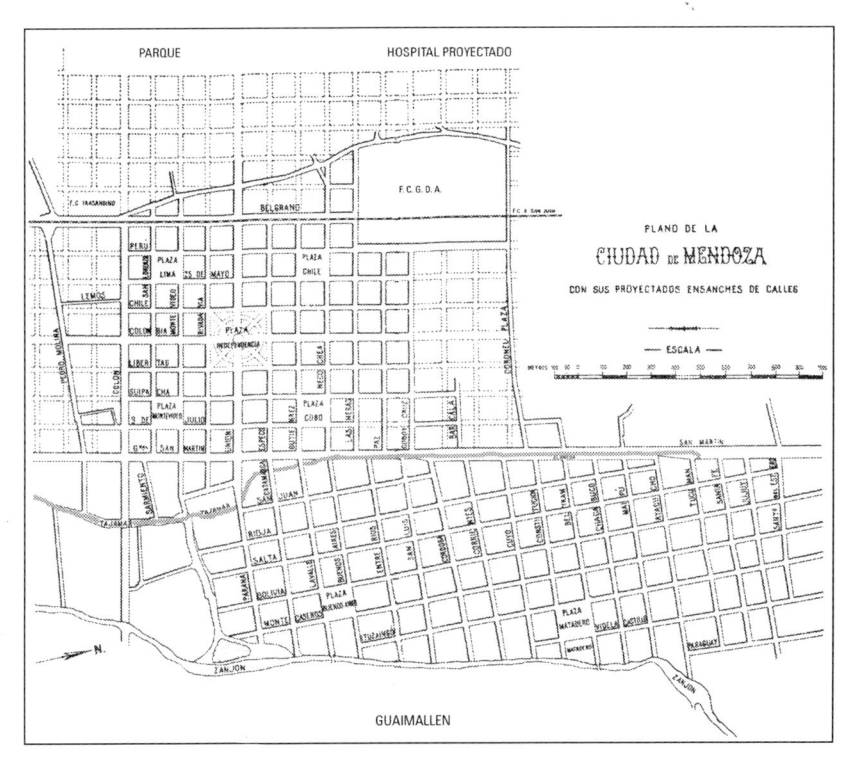

Tomado de Ricardo J. Ponte, *Mendoza aquella ciudad de barro*, 1987, p. 276.

sorprendente es que, hasta ahora, no hemos encontrado en ninguna de las otras fuentes que lo mencionan una referencia a que haya sido un artesano o un empresario metalúrgico productor de instrumentos agrícolas.

En la capital de San Juan también operaba un grupo de pequeños talleres en la segunda mitad de la década de 1880 (véase cuadro 1). El austríaco Antonio Fabián lo hacía desde 1887 y al año siguiente abrieron los suyos los españoles José Carracedo y José Piedra.[19] Los tres eran artesanos cobreros, reparadores y productores de alambiques, al igual que el francés Pedro Richet quien en 1890 era ya conocido en el ámbito de la vinicultura de la provincia,[20]

---

[19] Eduardo Pérez Romagnoli, "San Juan: la metalurgia productora de instrumentos para bodegas y destilerías entre 1885 y 1940", *Población & Sociedad*, N° 6-7, Tucumán, Fundación Yocavil, 1998/1999.
[20] *La Unión*, San Juan, 28-01-1892.

Cuadro 1. *Talleres metalúrgicos en Mendoza y San Juan entre 1885 y 1914, reparadores y productores de instrumentos para bodegas y destilerías y agrícolas*

Nombre de los fundadores y propietarios	Nacionalidad	Año de fundación	Provincia y Dpto.	Principales bienes producidos
Antonio Baldé (Baldé y Miret)	Española	1886	Mendoza-Capital	Alambiques, instrumentos para bodegas, cocinas, otros
Pedro Richet	Francesa	?	San Juan-Capital	Alambiques y otros
Antonio Fabían	Austriaca	1887	San Juan-Capital	Alambiques y otros
Vicente Guzzo	Italiana		Mendoza-Capital	Alambiques y otros
Fink y Schmidt	–	1887	Mendoza-Capital	Cocinas económicas y otros
Stroppiana y Arisio	Italiana	1887	Mendoza-Capital	Alambiques y reparaciones
Jose Piedra	Española	1888	San Juan-Capital	Alambiques y otros
José Carracedo	Española	1888	San Juan-Capital	Alambiques y otros
Carlos y Héctor Berri	Italiana	1888	Mendoza-Godoy Cruz (Belgrano)	Prensas, moledoras, bombas para bodegas y otros
Florencio Zabala (Zelada y Heinze)	Argentina	–	Mendoza-Capital	Producción de diversos repuestos y reparaciones
José Cabello y Fermín Gómez	Española-argentina	1888	San Juan-Capital	Diversas menores
Roberto Meyer	Alemana	1889	Mendoza-Capital	Reparaciones diversas, producción de arados, carros
Juan Lauga	Francesa	1889	San Juan-Capital	Bombas, moledoras para bodegas, arados
Julio Oscar Rousselle	Francesa	1891	San Juan-Capital	Alambiques y otros de cobrería
Antonio Franco	Italiana	1892	Mendoza-capital	Cortinas y reparaciones varias
Kellenberger y González	Suizo-argentina	1893	San Juan-Capital	Diversas piezas metalúrgicas
Federico Mörle	–	1895	Mendoza-Capital	Cocinas económicas
Pablo Ramonot	Francesa	1895(1)	Mendoza-Junín	Herrería, arados
Roger Michel	Francesa	1895(1)	Mendoza-S.Martín	Reparaciones varias, producciones desconocidas
Pollino y Casale	Italiana	1900	Mendoza-Godoy Cruz (Belgrano)	Reparaciones diversas
Luis Ugarte	Española	1900	San Juan-Concepción	Fundición, prensas, moledoras, bombas, instrumentos agrícolas
David Covarrubias(2)	–	–	Mendoza-Capital	Fundición, cocinas económicas
Masetto Hnos.	Italiana	1901	Mendoza-Maipú	Carruajes y reparaciones, arados
Justino Camy	Francesa	¿1902?	San Juan-Capital	Cobrería

Cuadro 1. Talleres metalúrgicos... (continuación)

Nombre de los fundadores y propietarios	Nacionalidad	Año de fundación	Provincia y Dpto.	Principales bienes producidos
Sardi y Loyola	Italiana-argentina	1903	San Juan-Capital	Cobrería, calderería, alambiques, varios p/ bodegas y destilerías
Justino Gómez	Argentina	1904	San Juan-Capital	Cobrería
José Politi	Italiana	1904	Mendoza-Luján	Arados, rejas, carros
José Girini	Italiana	1904	Mendoza-Luján	Arados, rejas, carros
Isabel Soler de Piedra	Española	1905	San Juan-Capital	Cobrería, alambiques
Ozcoidi Hermanos	Española	1906	Mendoza-Capital	Carritos volcadores uva y orujos
F. C. Roger	¿	1907	Mendoza-Capital	Cobrería
E. E. Pescarmona	Italiana	1907	Mendoza -Capital	Prensas, carritos volcadores
A. Gonzalez	Argentina	1908	Mendoza-Capital	Cobrería
Julio N. Marienhoff	Rusa	1908	Mendoza-Capital	Alambiques
H. Ambrossi	Italiana	1908	Mendoza-Capital	Cobrería, alambiques
Juan Casa M.	Española	1909	San Juan-Capital	Cobrería
Rambaud y Sardi	Francesa-italiana	1910	San Juan-Capital	Cobrería, alambiques
Jorge Royón	Francesa	1910	San Juan-Capital	Fundición, diversas
Pacífico Buccolini	Italiana	1910	Mendoza-Maipú	Varios para bodegas
Massarentez Hnos.	¿	1912	Mendoza-capital	Cobrería y calderería
Catania Hnos.	Italiana	1912	Mendoza-Capital	Repuestos p/bodegas
Merino Hnos.	Española	1912	San Juan-Capital	Varios p/bodegas y otros
Fernando de Lara	Española	¿1912?	San Juan-Capital	Prensas, moledoras, bombas
José Martín Ariza	Española	¿1912?	San Juan-Capital	Filtro, bombas, pasteurizador
Mattiello Hnos.	Italiana	¿1913?	Mendoza-G. Cruz	Prensas, moledoras
Victorio Ronchietto	Italiana	1914	Mendoza-G. Cruz	Prensas, moledoras, bombas

(1) Se desconoce el año de fundación pero lo registra el Segundo Censo Nacional, 1895.
(2) Se desconoce el año y década de fundación, pero en 1901 trasladó su taller del sitio en donde funcionaba a San Luis y Salta, en Capital. *Los Andes*, 19-10-1901.

Fuentes: realizado por el autor a partir de entrevistas a informantes calificados; periódicos *El Debate* (Mendoza), *El Ferrocarril* (Mendoza), *La Unión* (San Juan), *La Libertad* (San Juan), *La Palabra* (Mendoza), *Los Andes* (Mendoza), varios años; *Revista de la Junta de Estudios Históricos de Mendoza*, segunda época, N° 9, t. II, 1980; *Segundo Censo Nacional, 1895*, Fichas Censales de Industria.

Figura 2. Provincias de Mendoza y San Juan. Distribución de talleres metalúrgicos entre 1880 y 1900

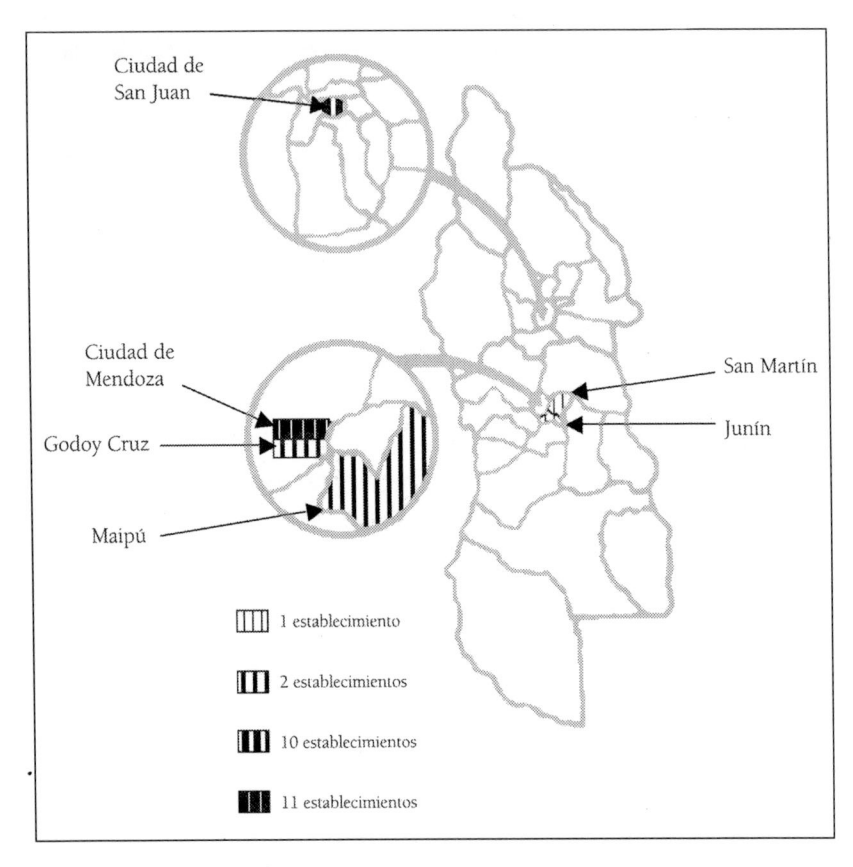

Fuente: Cuadro 1 de este capítulo.

aunque, como se dijo en el capítulo precedente, ignoramos cuándo se instaló en ella. Al año siguiente inició labores otra cobrería, la del también francés Julio Oscar Rousselle, quien fue aprendiz en el taller de Richet. Los establecimientos que cierran el círculo de los individualizados en San Juan antes de entrar al siglo XX son también de dos franceses: Juan Lauga y Emilio Meizenq.

Desde 1870, protocolos notariales de la ciudad de San Juan registran a Lauga como conectado con empresarios locales en varios negocios, ninguno de ellos relacionados con instrumentos o equipos metalúrgicos.[21] Sin duda, fue un empresario que percibió las transformaciones que acompañaban el pa-

[21] Eduardo Pérez Romagnoli, "San Juan...", *op. cit.*

so de la vitivinicultura artesanal a la capitalista, dirigiendo la inversión hacia la producción de bienes metalúrgicos que la modernización demandaba. Además de estar ubicado en el departamento de Concepción, hay otras diferencias de su taller con relación al resto. Una es que, en 1889, Lauga instaló la primera fundición de hierro en San Juan y otra que fue el iniciador de la producción de prensas y moledoras de uva, además de incursionar en la producción de instrumentos agrícolas (arados y rastras) y de carruajes.[22] En 1895, tenía dos máquinas a vapor (16 caballos de fuerza), 10 máquinas herramientas y ocupaba 15 personas.[23] Al finalizar el siglo XIX era el principal establecimiento metalúrgico provincial, aunque debilitado por problemas financieros.

Al terminar la década de 1890, la fundición de hierro y bronce de Emilio Meizenq producía artículos para bodegas en la capital.[24]

Los talleres a comienzos del siglo XX

La primera década del siglo XX significó una continuidad en la apertura de pequeños establecimientos metalúrgicos, confirmándose algunas características insinuadas en la década anterior, pero también surgieron otras que se agregaron a las precedentes. No se detiene el aporte de la inmigración europea en el origen de talleres metalúrgicos y se afianza el rol preponderante en su fundación por inmigrantes italianos en Mendoza y por españoles en San Juan, aunque se debilita la participación de nuevos inmigrantes franceses en ambas provincias.

Aunque, como se dijo, la herrería de Pablo Ramonot en Mendoza fue registrada por el Censo de 1895, a comienzos del siglo XX se encuentran datos precisos sobre lo que ya era su "fábrica" de arados. El metalúrgico francés eligió el departamento Junín, alejado de la zona núcleo, porque allí se habían radicado varios franceses,[25] quienes se dedicaban a la agricultura (alfalfa, cereales, viña) y algunos al comercio. Hacia 1905, la "fábrica" de Ramonot era conocida.[26] Producía arados de distintos tamaños y luego incorporó la producción de carros y carruajes.

---

[22] *Ibid.*
[23] AGN, *Segundo Censo Nacional*, 1895, Económico y Social, Cédulas Censales, provincia de San Juan, Legajo 208, Boletín 32, departamento de Concepción, t. 6.
[24] C. Casanovas, *Guía General de la Provincia de San Juan*, Tipografía y Librería Sarmiento, 1900.
[25] Información verbal del señor Milton Enrique Ramonot (02-08-1998).
[26] En una recorrida por los departamentos de San Martín y Junín, el gobernador Carlos Galigniana Segura, junto con su gabinete y otros acompañantes, fue recibido en Junín en la bodega Lavoisier y luego "visitó la fábrica de arados boers [...] siendo la comitiva atenciosamente agasajada por los propietarios de dicha fábrica que representa una industria nueva llamada a abrirse fácilmente camino en nuestra provincia [...] estos arados han obtenido un espléndido resultado en la práctica compitiendo con ventaja con sus similares importados", *El Debate*, Mendoza, 07-08-1905.

Los hermanos italianos Jacobo y Nazareno Masetto (uno era carpintero, el otro metalúrgico) reparaban objetos variados y producían rejas para arados en su herrería ubicada cerca de la estación ferroviaria y de la plaza de la villa de Maipú. En 1907 constituyeron una sociedad para "explotar el negocio de herrería y sus anexos",[27] aunque una fuente oral indica que operaban desde comienzos de siglo, lo cual es coincidente con la adquisición en 1901 del terreno donde levantaron el pequeño taller.[28] Como sea, muy pronto empezaron a producir carros para el transporte de uva y de vasija vinaria, además de otros vehículos de tracción a sangre. También producían arados, rubro en el que, junto a otros instrumentos de labranza, se especializaron en las décadas posteriores.

En 1900, en el departamento de Godoy Cruz, utilizando dos turbinas movidas por el agua del canal Zanjón,[29] comenzó a operar el taller de los italianos Luis Pollino y Pablo Casale.[30] La sociedad se disolvió en 1902 pero Casale prosiguió con reparaciones y producciones diversas (incluyendo piezas para máquinas importadas), centrando estas últimas en turbinas y máquinas para bodegas.[31]

Los "útiles de agricultura" figuraban entre los instrumentos producidos por el taller de Rolando Politi, en 1904, en el departamento de Luján.[32] Cuatro años después, el establecimiento de carrocería de José Girini producía arados en el mismo departamento.[33] El español Luis Ozcoidi inauguró su taller en 1906 y el italiano Enrique Epaminondas Pescarmona lo hizo en 1907, ambos localizados en la capital. A los pocos años, los dos ofrecían carritos volcadores para el transporte de uvas y orujos, aunque los fabricados por Luis Ozcoidi eran de ruedas giratorias y supuestamente fijas las de los carros pro-

---

[27] AGPM, Protocolo 803, notario José B. de San Martín, 1907, folio 1053, escritura 480, 12-08-1907. El capital social era de $ 50.000 m/n "aportados por los socios en igual proporción" y la sociedad se constituía por diez años.

[28] AGPM, Protocolo 653, notario Francisco Alvarez, t. 3, 1901, folio 1000, escritura 498, 26-01-1901.

[29] Curso de agua que atraviesa la aglomeración mendocina y que durante las primeras décadas de la vitivinicultura moderna se comportó como un verdadero factor de localización industrial, atrayendo en sus márgenes a otras pequeñas fábricas, algunas no metalúrgicas, particularmente en el departamento de Belgrano; el antes mencionado Tajamar es un canal que nace del Zanjón.

[30] *Los Andes*, Mendoza, 02-10-1900.

[31] Pablo Casale fue premiado por una turbina y una bomba para trasiego exhibidas en la Exposición Industrial del Centenario, *Boletín de la Unión Industrial Argentina,* N° 508, Buenos Aires, 15-04-1911. A fines de la primera década del siglo XX, producía diversos tipos de caños flexibles para uso en las bodegas, véase Francisco Follino, *Guía práctica del bodeguero,* Mendoza, Félix Best, 1909.

[32] Félix Best, *Guías de las Provincias de Mendoza, San Juan y San Luis,* Mendoza, 1904.

[33] Luis Montbrun, *Guía comercial e industrial,* editor Jaime Mas, Mendoza, 1908.

ducidos por Enrique Pescarmona. Pero éste se había sumado al todavía reducido grupo de los talleres fabricantes de moledoras y bombas para trasiego.

El italiano Pacífico Buccolini, ayudado por sus jóvenes hijos Luis y Enrique, se instaló en Maipú (distrito de Gutiérrez) al promediar la primera década del siglo XX. El taller constaba de una fundición y en él se realizaban reparaciones y producciones variadas, especialmente piezas para máquinas de bodegas, establecimientos que se multiplicaban en sus adyacencias. A los pocos años, Luis Buccolini sucedió a su padre en la conducción del taller.[34]

Antes de 1914 fueron fundados otros tres talleres directamente vinculados con la producción de instrumentos y equipos para bodegas (moledoras, prensas, bombas). Primero, en un año impreciso pero que se sitúa entre 1910 y 1912, el del español Domingo Cilveti, en la capital.[35] Segundo, en 1913 o 1914, el de los hermanos italianos Antonio y Victorio Mattiello.[36] Y, en fin, el de Victorio Ronchietto en 1914, muy próximo al taller de Carlos Berri.[37] Los dos últimos se levantaron en Godoy Cruz. A ellos debe sumarse algunas hojalaterías localizadas principalmente en la capital, que también producían piezas para equipos de bodegas, como la de los hermanos Catania.[38]

Antes de principiar la segunda década del siglo XX, se registra en Mendoza la apertura de varios talleres de cobrería,[39] estimulados particularmente por la demanda de las destilerías industriales, en constante aumento, pues prácticamente cada nueva bodega incorporaba su sección para destilar alcohol vínico. Entre las nuevas unidades productoras de alambiques y grifería para bodegas se encuentran las de F. C. Roger,[40] Amaranto González,[41] E. Montpellier, Humberto Ambrossi[42] y Massarentez Hermanos.[43] Estas cinco unidades de producción se ubicaron en la capital pero también nacen cobrerías en otros departamentos. Al despegar el siglo XX, entre los industriales que se incorporaron a la metalurgia regional en San Juan se destacó Luis Ugarte. Adquirió el establecimiento fundado por Juan Lauga, quien ante la apremiante situación financiera que enfrentaba se vio obligado a venderlo a fines del siglo XIX. Ugar-

---

[34] Información verbal del señor Italo Buccolini, hijo de Enrique Buccolini (11-11-02).

[35] Información verbal del señor Juan Carlos Cilveti, nieto del fundador del taller (03-06-1992).

[36] Información verbal del ingeniero Alejandro Melis (07-03-2003).

[37] Eduardo Pérez Romagnoli, "Preludios...", *op. cit.*

[38] *Victoria*, suplemento, Mendoza, 25-04-1928.

[39] Cobrería y cobrero son expresiones que aparecen en avisos periodísticos desde los inicios de la vitivinicultura moderna. Ambos términos fueron acuñados por el uso, a imitación de otras formas existentes, como *bronce* y *broncería*.

[40] *El Comercio*, Mendoza, 04-01-1907.

[41] *Los Andes*, Mendoza, 07-01-1907.

[42] Luis Montbrun, *Guía...*, *op. cit.*, 1908.

[43] Salvioli Hnos., *Guía de Mendoza*, Mendoza, 1908.

te era una español que había llegado en 1885 a San Juan para dirigir un aserradero y se convirtió en uno de los empresarios más destacados de la provincia durante esos años.[44] En realidad, hasta donde conocemos, después de los intentos y logros de Lauga, el taller de Ugarte fue el primero en producir equipos para vitivinicultura con continuidad, incluyendo prensas de diversos sistemas, moledoras, bombas sistema Fafeur y otros instrumentos para bodegas, entre ellos carritos volcadores de uva y orujo.[45] En 1901, al poco tiempo de iniciar actividades, tenía más de 40 operarios[46] y en 1904, cuando daba trabajo a 28 personas, era considerado el establecimiento metalúrgico mejor equipado de San Juan.[47]

En 1901 Alejo Loyola (argentino) estaba al frente de su cobrería en la capital y en 1903 era socio de Ernesto Sardi (italiano) en un taller de cobrería y calderería. Pero dos años después ambos metalúrgicos estaban separados, cada uno con su propia unidad de producción. Otra pequeña cobrería era la del francés Justino Camy, localizada en la capital.[48] Nuevos talleres empiezan a funcionar en San Juan entre 1905 y 1914 (véase cuadro 1), entre ellos la cobrería de Isabel Soler de Piedra, probablemente familiar del mencionado José Piedra, quien continuaba con su taller; otro, el puesto en marcha por el francés Jorge Royón en 1910, con una fundición,[49] y los abiertos por inmigrantes españoles: los hermanos Diego y Francisco Merino, José Martín Ariza y el granadino Fernando De Lara. Estos tres últimos harán aportes sustanciales dentro de la geografía industrial regional como productores de prensas, bombas, moledoras, filtros para vino, pasteurizadores y, en la década de 1920, como innovadores y difusores de la tecnología generada regionalmente.[50]

Algunos rasgos de los metalúrgicos y sus talleres

Durante las tres primeras décadas de funcionamiento de la moderna vitivinicultura las características conocidas de los talleres y de sus fundadores y propietarios permiten establecer similitudes y también algunas diferencias entre ellos.

---

[44] Eduardo Pérez Romagnoli, "San Juan...", *op. cit.*
[45] *El Heraldo*, San Juan, 29-07-1901.
[46] Alicia Ugarte, "Los inmigrantes vascos en Argentina a través de las fuentes epistolares. Análisis de un caso", *Actas de Seminario Internacional: el País Vasco más allá de sus fronteras*, Vitoria, 2004.
[47] Juan Bialet Massé, *op. cit.*
[48] Archivo Histórico de San Juan (AHSJ), *Impuesto de Patente*, Capital, segundo Distrito, San Juan, 1902.
[49] *La Voz de Cuyo*, San Juan, 04-01-1910.
[50] Eduardo Pérez Romagnoli, "San Juan...", *op. cit.*

El aprendizaje metalúrgico se hizo principalmente en los países de origen. Como se ha visto, con excepción de dos o tres cobrerías en las que los dueños eran argentinos, los fundadores y propietarios de los talleres metalúrgicos fueron inmigrantes europeos, al igual que lo sucedido con el origen de la metalurgia en la Capital Federal y algunos núcleos de la región pampeana. En los casos en que se ha podido conocer la modalidad de adquisición del aprendizaje metalúrgico, resulta que la mayoría de los inmigrantes lo obtuvo antes de llegar a la Argentina. Ellos habían sido trabajadores en talleres –algunos de familiares– u operarios en una fábrica o taller de su país de origen (herrería, fundición, forjado, fábricas de metalurgia de transformación...) y, en unos pocos casos, habían estudiado en escuelas técnicas. Los últimos años del período abordado insinúan una tendencia que se ampliará en décadas posteriores, incluso antes de que terminara el "aluvión inmigratorio": la adquisición del saber tecnológico en nuestro país, sea en talleres de la provincia de Buenos Aires o de la región vitivinícola.

Los mencionados Antonio Baldé y Gil Miret, por ejemplo, trabajaron desde niños en talleres de Cataluña. El primero aprendió mecánica en Cardedeu[51] y Miret el trabajo del metal en Sabadell y Martorell y luego fue obrero en la Maestranza de Artillería de Barcelona.[52] Ambos se conocieron en Buenos Aires y desde allí se dirigieron a Rosario –donde permanecieron un corto tiempo– para instalarse por último en Mendoza. Pablo Ramonot trabajó como operario en una fábrica de material ferroviario de Saint-Etienne y fue socio de un compatriota en una fábrica de calesitas, en Buenos Aires; el paso siguiente fue su definitiva radicación en las tierras mendocinas.[53] Los hermanos Masetto se formaron en el taller de su padre en Soave, un pueblo de Verona; desde allí partieron hacia Brasil donde intentaron radicarse pero su destino final fue Mendoza, donde, antes de abrir su herrería, trabajaron en la carrocería del alemán Otto Arnold, en el departamento Capital.[54] Los italianos Enrique Epaminondas Pescarmona y Victorio Ronchietto egresaron de escuelas técnicas de la provincia de Torino, de donde provenían. Pacífico Buccolini devino metalúrgico en Osimo, su pueblo natal de la provincia de Macerata y sus hijos se instruyeron en el trabajo del metal con él.[55] Luis Ugarte aprendió mecánica en un taller familiar de Vitoria, y Luis Ozcoidi y Domingo Cilveti fueron aprendices en establecimientos metalúrgicos de Pamplona, todos en el País Vasco.[56]

Entre los que aprendieron el oficio en nuestro país se encuentran Julio Os-

---

[51] Fany Torres, "Historias de mi familia", 2001, inédito.
[52] Francisco Miret, *op. cit.*
[53] Información verbal del señor Milton Ramonot, nieto de Pablo Ramonot (02-08-1998).
[54] Información verbal de la señora Lila Masetto, hija de Nazareno Masetto (04-07-1998).
[55] Información verbal del señor Italo Buccolini, hijo de Enrique Buccolini (11-11-2002).
[56] Información verbal de los señores Eduardo Gómez Centurión, nieto de Luis Ugarte (07-12-2001), Juan Carlos Cilveti, nieto de Domingo Cilveti (03-06-1993) y Luis Ozcoidi, nieto del fundador del taller (26-04-2005).

car Rousselle y Pablo Casale. El primero, como se dijo, fue aprendiz en el taller de Pedro Richet, en San Juan. Casale, por su parte, fue aceptado desde muy joven en los talleres del ferrocarril de la ciudad de Mendoza, una verdadera escuela para la formación de metalúrgicos en la época;[57] entre otros, también se formó allí Diego Merino, uno de los dos hermanos españoles que, como se dijo, se radicaron en San Juan.[58] Ambos ingresaron a Mendoza desde Chile, donde habían residido un tiempo, sumándose así al grupo de metalúrgicos que realizaron la migración hacia la región vitivinícola por etapas.

El comienzo de generación regional de tecnología. En este período también se gesta un avance que, aunque discontinuo, tendrá su mayor desarrollo en la década de 1920: el origen local de tecnología. En efecto, si bien la imitación de los diseños importados fue dominante en la metalurgia regional, también es cierto que hubo mejoramientos aplicados a los procesos mecánicos por parte de algunos metalúrgicos y técnicos e, incluso, por empresarios vitivinícolas. Algunos de esos perfeccionamientos fueron patentados en el país. No se ha podido determinar si todas las adaptaciones e innovaciones tuvieron una difusión o si sólo se mantuvieron al servicio de sus creadores.

Uno de los primeros innovadores fue el austríaco Antonio Fabián, quien, en su etapa sanjuanina, patentó un filtro para vino en 1898.[59] En la década siguiente, Julio Nicolaiev Marienhoff patentó su sistema de alambiques cónicos para orujos,[60] de buena aceptación entre los bodegueros y destiladores mendocinos. Precedentemente, aunque no fueron patentadas, Pedro Richet y Moisés Rodríguez habían introducido pequeñas modificaciones en alambiques, las cuales eran adaptaciones que respondían a las nuevas normativas impuestas por las autoridades para la elaboración de alcohol. En 1907, el registro de la propiedad industrial argentino aceptó la patente de la "bomba rotativa perfeccionada" presentada por el ingeniero Baldo Balducci,[61] quien cinco años antes había ingresado como socio capitalista y gerente de Sucesores de Carlos Berri y Cía., cuyo taller la fabricó.[62] Fue 1911 el año del comienzo de la admisión de las catorce patentes obtenidas por Pedro Cazenave en nuestro país hasta la década de 1930.[63] En este caso correspondió a la "bomba de compensación", fabricada por Talleres Metalúrgi-

---

[57] "Pioneros de la Industria", *Revista de la Junta de Estudios Históricos de Mendoza*, segunda época, t. II, Nº 9, Mendoza, Junta de Estudios Históricos, 1980.
[58] Eduardo Pérez Romagnoli, "San Juan...", *op. cit.*
[59] Patente 2267, en *Boletín de la Unión Industrial Argentina*, Nº 353, Buenos Aires, 10-04-1898.
[60] Patente 6578, Ministerio de Agricultura, *Patentes y marcas*, Buenos Aires, junio 1909.
[61] Patente 5347, Ministerio de Agricultura, *Patentes y marcas*, Buenos Aires, agosto 1907.
[62] Fue distinguido en la Exposición Industrial del Centenario por esa bomba, véase *Boletín de la Unión Industrial Argentina*, Nº 508, Buenos Aires, 15-04-1911.
[63] Eduardo Pérez Romagnoli, *Metalurgia artesano-industrial en Mendoza y San Juan, 1885-1930 (la producción de instrumentos para la vitivinicultura)*, en prensa.

cos Rousselle. Cazenave constituyó una fecunda sociedad con Julio Oscar Rousselle y con el hijo de éste y su sucesor en el taller, Julio Pedro, la cual fructificará después del período estudiado.

Como se dijo, los perfeccionamientos en equipos para la vitivinicultura también procedieron de la inventiva de técnicos, industriales y empresarios del vino. El caso más destacado fue el mezclador inventado y patentado por el bodeguero Pedro Battaglia (bodega en el distrito Gutiérrez, de Maipú) con el propósito de mejorar el proceso de fermentación del vino.[64] No fue un taller regional sino Vilmar, Rimpler y Cía., una empresa alemana con sede en Hamburgo y sucursal en Buenos Aires, la que, desde 1911, lo fabricó y comercializó durante más de dos décadas. Otro aparato fue el Follatore Minoprio, inventado en Mendoza al promediar la primera década del siglo XX por el vitivinicultor y enólogo José D. Minoprio.[65] No hemos encontrado que Minoprio haya patentado en nuestro país su invento, pero sabemos que en 1912 intentaba fabricarlo en Italia,[66] con resultado desconocido. En cambio, en 1903, el alemán Carlos Kalless, uno de los fundadores y dueño durante varios años de la bodega Santa Ana (Guaymallén, Mendoza), recibió la patente de su refrigerador para mostos.[67]

Aunque tampoco se conoce si fueron producidos y comercializados por algún establecimiento metalúrgico regional, deben mencionarse las adaptaciones introducidas en refrigeradores por Tomba Hnos., y por Emilio Astié, a comienzos del siglo XX; el primero fue construido a partir del modelo del sistema Tibodeaud, francés.[68] En Wiedembrüg Hnos., de la bodega La Germania, en Godoy Cruz, idearon y utilizaron un filtro para vino. Para su bodega en el mismo departamento, Luis Filippini diseñó una caldera tubular.[69]

Metalúrgicos pero algunos, también empresarios. La acumulación original de varios fundadores y propietarios de talleres provino de la actividad metalúrgica, aunque algunos se iniciaron simultáneamente –o casi– en la actividad comercial. Otros, en cambio, invirtieron un capital que inicialmente provenía del comercio, de negocios y las finanzas (Lauga) u otras actividades artesano-industriales; incluso, existe el caso de quien llegó al país con recursos económicos suficientes para equipar un taller e iniciar una actividad sin haber tenido que trabajar previamente en otra empresa (Ramonot).

---

[64] Rodolfo Richard-Jorba y Eduardo Pérez Romagnoli, "El proceso...", *op. cit.*; Patente 6765, Ministerio de Agricultura, *Patentes y marcas*, Buenos Aires, octubre 1909.
[65] *Revista Vitivinícola Argentina*, N° 4, Mendoza, 25-02-1908.
[66] *Il Tricolore*, Mendoza, 15-12-1912.
[67] Patente 3497, *Patentes y marcas*, Buenos Aires, mayo 1903; no hemos encontrado información sobre su fabricación o difusión regional.
[68] Rodolfo Richard-Jorba y Eduardo Pérez Romagnoli, "El proceso...", *op. cit.*
[69] *Ibid.*

Durante los años que mantuvieron la sociedad, los hermanos Berri fueron representantes de firmas extranjeras productoras de turbinas, instrumentos agrícolas y equipos para bodegas, principalmente de Italia. Con posterioridad, continuaron como importadores y representantes comerciales separadamente; Sucesores de Carlos Berri y Cía. comercializaba, entre otros bienes metalúrgicos, las vías Decauville, fabricadas en París, por las que corrían los carritos volcadores de uva y orujo. Más de veinte años después de haberse radicado en Mendoza, Héctor Berri era miembro activo y vitalicio de una sociedad italiana con sede en Milán.[70] En San Juan, Juan Lauga también comercializó bienes importados y fue accionista del Banco de Cuyo.[71] Baldé y Miret poseyeron la ferretería industrial (iniciada por Baldé) e incursionaron en el negocio turístico de la estación andina de Cacheuta,[72] ubicada a 25 km de la ciudad de Mendoza. Baldé Hermanos (sin Miret) probó suerte un corto tiempo en una empresa de lavado de ropa. Los socios Baldé y Miret invirtieron también parte de las ganancias acumuladas con la ferretería y el establecimiento metalúrgico en la plantación de un viñedo de 30 hectáreas y una pequeña bodega en el distrito Rodeo del Medio, en el departamento de Maipú.[73]

La vitivinicultura fue la actividad que atrajo también a otros metalúrgicos mendocinos, acogiéndose, al igual que Baldé y Miret, a las leyes sobre exención del impuesto territorial. Así, entre 1893 y 1901, plantaron sus viñas Santiago Tissandier, Pablo Ramonot, Guillermo Schmidt y Luis Stroppiana, no superando ninguna de ellas las diez hectáreas.[74] Schmidt y Ramonot –en Maipú y Junín, donde tenían sus viñas– fueron también bodegueros;[75] además, Schmidt se ocupó del negocio de propiedades en Maipú.[76] En Mendoza, hubo metalúrgicos que se convirtieron en viticultores (Luis y Enrique Buccolini) y vitivinicultores cuando ya no estaban vigentes las leyes de exención impositiva y con posterioridad al período que abordamos (Pablo Casale, Marienhoff, los hermanos Masetto).[77] En la primera década del siglo XX, Pablo Casale fue representante de una empresa metalúrgica norteamericana con sucursales en varios países, pero desarrolla-

---

[70] *Álbum Argentino Gloriandus*, número extraordinario dedicado al Sr. Gobernador Emilio Civit, Mendoza 1910.

[71] AGN, *Segundo Censo Nacional, 1895*, Económico y Social, Cédulas Censales, Provincia de San Juan, Legajo 208, Boletín 45, Establecimientos de Crédito.

[72] *Los Andes*, Mendoza, 04-02-1899.

[73] Fany Torres, *op. cit.*

[74] Eduardo Pérez Romagnoli, *Metalurgia artesano-industrial..., op. cit.*

[75] *Ibid.*

[76] En octubre de 1906, fraccionó y vendió –a compradores de distintas nacionalidades– una propiedad cultivada de más de 10 hectáreas; la había adquirido en julio del mismo año. AGPM, Protocolo 778, notario José B. de San Martín, escrituras Nº 754, 755, 756, 776, 779, 788, 789 y 861.

[77] Eduardo Pérez Romagnoli, *Metalurgia artesano-industrial..., op. cit.*

rá lo esencial de su múltiple actividad empresarial después de 1914. Marienhoff, por su parte, adquirió tierras en varios puntos de la provincia, incluso en el sector andino.[78] Como se adelantó, aunque no está claro si Roger Michel produjo o sólo reparó instrumentos agrícolas, se sabe que ocupó un cargo público a nivel municipal y emprendió varias actividades, algunas posteriores al marco temporal que comprende este trabajo. Además de vitivinicultor, al finalizar el siglo XIX Michel cultivó cáñamo y produjo arpilleras, demandadas en Mendoza para envasar hortalizas y otros productos del agro.[79]

Pedro Richet, en San Juan, fue propietario de una bodega en el departamento Concepción y de una tierra inculta en el de Santa Lucía, contiguo a Capital; hoy existe allí la "colonia Richet", donde inicialmente se instalaron colonos españoles.[80] Un caso interesante es el de Luis Ugarte. Antes de comenzar las actividades metalúrgicas en 1900, dirigió el aserradero de Benjamín Bates en Capital, fue molinero y dueño de un aserradero en Caucete desde 1897, un corto tiempo en sociedad.[81] No hemos podido constatar si al radicarse en Capital, Ugarte lo hizo como comerciante o como nuevo dueño del taller metalúrgico fundado por Lauga o si realizaba conjuntamente ambas actividades desde el comienzo. Fue vendedor de máquinas e instrumentos importados y desde 1910 se convirtió en agente exclusivo de Agar, Cross y Cía. en San Juan y en el único distribuidor de maquinaria agrícola de una poderosa empresa estadounidense. Su peso en la colectividad española lo condujo a ocupar dos veces la presidencia de la Sociedad Española de Socorros Mutuos y fue socio del club Unión, lugar donde la burguesía local construía redes y articulaba negocios. En fin, Ugarte se encuentra entre los integrantes de la empresa pionera proveedora de energía hidroeléctrica a la ciudad de San Juan, en la primera década del siglo XX[82] y, en 1918, fue uno de los fundadores del Banco Comercial de San Juan.[83]

La comercialización de los bienes metalúrgicos, diferentes escalas. Si bien no podemos conocer cuál fue el área de comercialización de los bienes producidos por todos los talleres, sabemos el alcance espacial que tuvieron las ventas de algunos y, a través de la información obtenida, deducimos las de otros.

Hasta la mitad de la segunda década del siglo XX, la mayoría de los talleres tenían una zona reducida de irradiación, limitada al distrito y, a lo sumo, al de-

---

[78] AGPM, Protocolo 802, notario José B. de San Martín, 1907, t. 3, folio 898, escritura 402, 22-07-1907.
[79] *Ecos de la Actualidad*, Mendoza, 25-04-1897.
[80] Eduardo Pérez Romagnoli, *Metalurgia..., op. cit.*
[81] Jaime Molins y Jorge Cantil, *La República Argentina. La región de Cuyo: San Juan, Mendoza y San Luis*, Buenos Aires, 1922.
[82] *Ibid.*
[83] Horacio Videla, *Retablo sanjuanino*, Buenos Aires, Peuser, 1953.

Figura 3. Provincias de Mendoza y San Juan. Distribución por departamentos de las ferreterías que comercializaban los arados y repuestos producidos por el taller de Pablo Ramonot (en 1909)

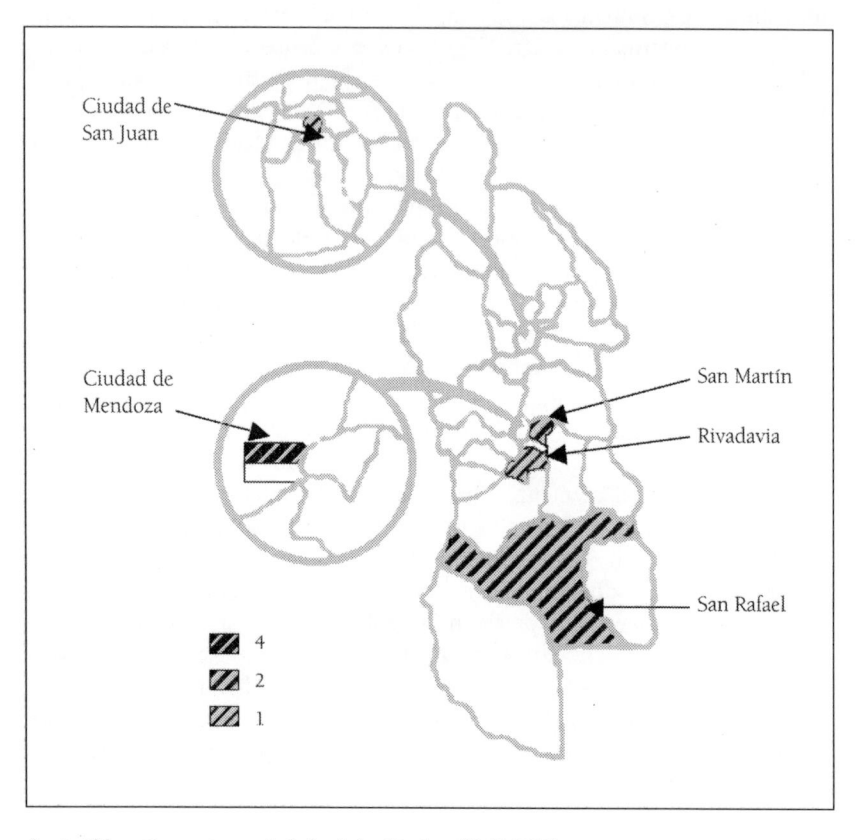

Fuente: Elaboración propia a partir de *Los Andes*, Mendoza (02-09-1009)

partamento o a éste y a los departamentos contiguos, es decir, un ámbito estrictamente local. Pero también existió el caso de firmas que aprovecharon el ferrocarril como factor de integración territorial, consiguiendo el paso del mercado local al regional en la comercialización de sus productos. Un ejemplo es el taller de Ramonot. Sus cinco modelos distintos de arados para tracción a sangre eran vendidos no sólo por comercios y ferreterías industriales del oasis norte mendocino (departamentos de Rivadavia, San Martín, Godoy Cruz, Capital), sino que también llegaban al oasis sur (San Rafael) y al de San Juan. En la ciudad de Mendoza eran distribuidos, entre otras, por la ferretería de Baldé y Miret a comienzos del siglo XX. En 1909, a través del ferrocarril llegaba a todos los oasis de la región con sus ventas (figura 3). Un dato a resaltar en los anuncios periodísticos de Ramonot es que él se sumaba a los metalúrgicos regionales que llamaban la atención de los potenciales compradores acerca de la importancia que tenía asegurar la permanente provisión de piezas para sus arados, situación que no siempre ocurría con los instrumentos importados.

Pero antes de Ramonot, hubo un comercio interprovincial en el rubro de máquinas y equipos para bodegas industriales, aunque en una sola dirección: de Mendoza a San Juan. Al iniciarse la década de 1890, Berri tenía un agente comercial en San Juan y Baldé y Miret publicitaban sus productos y servicios en periódicos de esa provincia[84] y al finalizar la década lo hacían en el oasis del sur.[85]

El comercio de la producción metalúrgica reforzaba la condición de metrópoli regional de Mendoza, en consonancia con el mayor desarrollo económico relativo descripto en los capítulos precedentes.

Algunos talleres prolongaron su actividad durante décadas, otros tuvieron un paso efímero. ¿Cuál fue el destino de los talleres fundados antes de 1914? Algunos de los abiertos en la década de 1880 tuvieron una vida muy corta, entre ellos los de Santiago Tissandier, Fink y Schmidt y "El Motor". Aunque funcionó más tiempo, el de Juan Lauga tampoco superó el siglo XIX. Otros operaron hasta la primera década del siglo XX y algunos extendieron su actividad varias décadas, llegando incluso hasta nuestros días. Federico Mörle vendió su taller a principios del siglo XX.[86] Los sucesores de Carlos Berri lo conservaron hasta promediar el mismo. La cobrería de José Piedra todavía tributaba en 1908 su patente en el municipio Capital de San Juan.[87]

Entre los que se desprendieron de su unidad de producción se encuentran Antonio Fabián y los socios Baldé y Miret.[88] Los catalanes también vendieron la viña y la bodega de Maipú y retornaron definitivamente a su región natal, Baldé en 1904 y su socio al año siguiente, constituyendo un ejemplo de empresarios "exitosos" que consiguieron hacerse de un capital e invertir en su país de origen, en particular en inmuebles urbanos. Sin embargo, continuaron como socios en la ferretería industrial, a la que ingresó –sin aporte de capital– como socio gerente Lincoln Pagés, quien se desempeñaba como tenedor de libros de la empresa.[89] Antonio Fabián, por su parte, vendió su taller a otro metalúrgico al promediar la década de 1900, el que continuó con el mismo rubro.[90]

---

[84] *Unión*, San Juan, 02-04-1891; *El Ciudadano*, San Juan, números de febrero de 1892; *La Unión*, San Juan, 03-01-1893.
[85] *Ecos de San Rafael*, Mendoza, 04-11-1898.
[86] *Los Andes*, Mendoza, 09-04-1903.
[87] Dirección de Rentas, *Impuesto de Patentes*, Ciudad de San Juan, Primer Distrito, 1908.
[88] Stroppiana y Jorba fueron los compradores del establecimiento metalúrgico de Baldé y Miret, véase *Revista Agrícola*, N° 2, Mendoza, agosto 1904.
[89] Francisco Miret, *op. cit.*
[90] *Revista Vitivinícola Argentina*, N° 2 y 3, Mendoza, 1905.

Varios de los pequeños talleres nacidos en los tres primeros quinquenios del siglo XX extendieron su actividad hasta la década de 1940 o más: Fernando de Lara, Martín Ariza, los hermanos Merino, el fundado por Luis Ozcoidi y continuado por sus hijos... Algunos cambiaron de actividad (Fernando de Lara devino molinero) o de rubro dentro de la metalmecánica (hijos de Luis Ozcoidi).[91] El hijo de Domingo Cilveti mantuvo el taller en actividad hasta la década de 1960,[92] lo mismo hicieron los sucesores del fundado por Victorio Ronchietto.

Talleres Metalúrgicos Rousselle es uno de los casos más destacables. En efecto, es la única firma nacida en el siglo XIX que no modificó su orientación metalúrgica inicial –enriquecida con el paso del tiempo– y que alcanzó un siglo de existencia, operando hasta la mitad de la década de 1990. De los nacidos entre 1900 y 1914, hay dos "longevos" que continúan en la metalurgia pero de modo diferente por la envergadura actual de sus empresas y la orientación de sus actividades. Los sucesores del taller fundado por Pacífico Buccolini lo mantienen, no sin dificultades, en el mismo lugar que naciera, dedicado a reparaciones diversas y a la fabricación de máquinas y equipos para la agroindustria, principalmente para la elaboración de aceite. Por su parte, el pequeño taller que puso en marcha Enrique Epaminondas Pescarmona se ha transformado hoy en una de las sociedades más importantes de la Argentina, distanciada desde hace tiempo de las orientaciones productivas iniciales. En las décadas de 1960 y 1970, las construcciones mecánicas la condujeron a una expansión –en parte favorecida por contratos con el Estado nacional– que en las décadas siguientes la situará en el lugar de privilegio que hoy ocupa entre las empresas metalúrgicas y de servicios de ingeniería y tecnología en América Latina.

La producción de envases para vino

Como se anticipó, otra actividad inducida por la vitivinicultura moderna fue la construcción de envases para distintos usos en el proceso de vinificación y comercialización del vino. Se trata principalmente de envases de madera, pues los intentos de producir envases de vidrio fracasaron apenas iniciados, como se verá más adelante. Además de los tipos de tonelerías según su ubicación y equipamiento, abordaremos el modo como se fue constituyendo la actividad, incluyendo algunos de los problemas que debió enfrentar, los cuales, en cierto modo, impidieron su consistente constitución en el período indagado.

---

[91] Eduardo Pérez Romagnoli, "San Juan: la metalurgia productora...", *op. cit.*; información verbal del señor Luis Ozcoidi y de la señora Vicenta Vázquez (25-03-2005).
[92] Información verbal del señor Juan Carlos Cilveti (03-06-1992).

La producción de envases de madera: toneleros y tonelería. Los recipientes mayoritariamente empleados durante la elaboración artesanal de vino eran de cerámica y cuero, ambos producidos en la región. Sin embargo, ya en los últimos tiempos de esta modalidad de producción hay registros de toneleros (inclusive existían durante la colonia), lo cual está indicando el uso de la madera en la construcción de vasijas. Al progresar la elaboración industrial de vino, aumentó la demanda de envases de madera tanto para la producción (fermentación, conservación) como para la comercialización (transporte) de la bebida. Esta última actividad requería cantidades apreciables de recipientes, pues, desde Mendoza y San Juan, el vino era enviado por ferrocarril en cascos de distintos tamaños hacia los centros de distribución y consumo, donde era fraccionado en envases menores, modalidad predominante en el período estudiado.

Como se sabe, la reparación y la producción de toneles, bordelesas, pipas, tercerolas y otros recipientes de madera eran efectuadas por los toneleros –los trabajadores y artesanos conocedores del oficio especializado– en las tonelerías, talleres de variada dimensión y equipamiento. Al igual que lo sucedido con los metalúrgicos, en Mendoza y San Juan había toneleros antes de la década de 1880.[93] Pero es a partir de esos años cuando las fuentes revelan el aumento de su existencia en las dos ciudades capitales y en algunos departamentos, particularmente en Mendoza. En efecto, tomando periódicos de las dos provincias como fuentes, los registros que señalan un incremento de la apertura de tonelerías autónomas o separadas de las bodegas y de ofrecimientos de madera para vasijas corresponden a la primera mitad de la década de 1880.[94]

Un ensayo sobre la localización de las tonelerías. Apoyándonos en el criterio espacial, diferenciamos dos tipos de tonelerías: las localizadas en el interior de las bodegas y las que funcionaban fuera de ellas. Esta separación se aprecia desde los comienzos del modelo de desarrollo vitivinícola y se extiende más allá del período aquí abordado.

---

[93] "El que suscribe, bajo la protección del Exmo. gobierno, abrirá su taller de tonelería el lunes 17 del corriente en la calle Gral San Martín n° 1, en donde ofrece sus servicios en cuanto tenga relación su arte, y a los precios más equitativos, Juan José Corniú", *El Constitucional de Los Andes*, 13-01-1853. "Si desea comprar pipas viejas, barriles viejos, así como madera de roble, duelas, etc., etc., en fin, todo lo que pueda servir al trabajo de tonelería, pueden dirigirse a la Tonelería Francesa, Plaza de la Independencia", *ibid.*, 11-01-1856. "Tonelería francesa. El que firma avisa a los padres de familia que recibirá niños desde la edad de 12 años para arriba para el aprendizaje de la tonelería. El que se interese véase con Fernando Durance, calle Buenos Aires, mayo 12", *ibid.*, 16-05-1870. Un año antes, el Primer Censo Nacional registra algunos toneleros en el norte provincial.

[94] *El Ferrocarril*, Mendoza, 03-03-1882; *El Constitucional*, Mendoza, números de enero de 1884.

Respecto de las tonelerías localizadas fuera de las bodegas, el Segundo Censo Nacional (1895) consigna once tonelerías en Mendoza y cuatro en San Juan. En Mendoza, cuatro correspondían al departamento Capital, tres al de Belgrano (Godoy Cruz), dos a Rivadavia y una a Maipú y San Rafael, respectivamente (figura 4). En San Juan, dos se ubicaban en la capital y dos en Desamparados.

A comienzos del siglo XX, podemos reconocer dentro de esta clasificación dos tipos de tonelerías, diferenciadas principalmente por su equipamiento y el número de obreros que empleaban:[95] las *pequeñas tonelerías* y las *tonelerías mecánicas*. También hubo tonelerías que funcionaban fuera de la región vitivinícola.

Varias pequeñas tonelerías operaban en las dos capitales provinciales.[96] Y en el caso de Mendoza, también lo hacían en los departamentos donde se difundía la vitivinicultura moderna. Los toneleros no empleaban máquinas o lo hacían muy pocos de ellos. En las tonelerías más pequeñas trabajaba su dueño o un reducido número de obreros (no más de tres o cuatro).[97] Realizaban principalmente tareas de reparación de envases de distinto tamaño. Aunque con un número mayor de trabajadores, en este tipo de tonelerías podría incluirse un taller sin duda particular: el que funcionó transitoriamente en el interior de la Penitenciaría Provincial de Mendoza.[98]

En la región hubo tonelerías de mayor tamaño, equipadas con algunos instrumentos que superaban en complejidad a los utensilios manuales empleados por toneleros en los establecimientos pequeños. En las épocas se las denominaba tonelerías mecánicas. Además de calderas y motores que proporcionaban energía, entre los equipos usados por los obreros en estas tonelerías se encontraban las máquinas para jablear y cepillar exteriormente las bordelesas, para cortar, curvar y colocar los sunchos o aros, para diseñar los fondos de bordelesas, para cortar y curvar las duelas, para curvar los cascos y para la realización de otros trabajos.[99]

---

[95] No se conoce información sobre la superficie ocupada por las tonelerías, sino que su tamaño se infiere a partir del equipamiento y el número de obreros.

[96] Es imposible precisar la cantidad de las pequeñas tonelerías. Muy probablemente su número superó al de las tonelerías mecánicas, pero, sin duda, fue inferior al de las tonelerías localizadas en el interior de las bodegas.

[97] AGN, *Segundo Censo Nacional*, 1895, Económico y Social, provincia de Mendoza, Legajo 190, Boletín 32, tt. 1 y 11, y provincia de San Juan, Legajo 208, Boletín 32, tt. 7 y 16.

[98] *La Industria*, Mendoza, 19-02-1909. Es probable que empresarios locales, frente a la insuficiencia de vasijas y la necesidad agudizada por ciertas labores vinícolas estacionales, hayan convencido al gobierno provincial de que en los talleres de la penitenciaría se debían realizar trabajos de tonelería. No se ha encontrado otra información al respecto. En 1918, un informe sobre la "Organización del trabajo penal en Mendoza" no menciona la sección tonelería, véase *Revista de Agricultura, Industria y Comercio*, N° 158, Buenos Aires, CVN, 25-10-1918.

[99] *Revista Vitivinícola Argentina*, N° 22, Mendoza, 25-11-1907.

De igual manera de lo que ocurría con las pequeñas tonelerías, en Mendoza las tonelerías mecánicas se localizaban en la capital y en algunos de los departamentos donde se difundía el modelo vitivinícola. A fines de la década de 1890, probablemente ya existían, pero es en los inicios del siglo XX cuando se identifica a varias de ellas. En 1902, en la estación ferroviaria del distrito Gutiérrez, en el departamento de Maipú, operaba el establecimiento de J. J. Schellenberg, quien unos años más tarde abrió otro en el distrito Fray Luis Beltrán, en el mismo departamento. Schellenberg era un empresario estadounidense, de una trayectoria avanzada en la producción y provisión local de vasijas —con roble traído de su país— para ciertos clientes renombrados de Mendoza, entre ellos los miembros de la familia Ortega.[100]

En la primera década del siglo XX fueron fundadas otras empresas en Mendoza, aunque su suerte fue dispar. Al promediar el decenio se formó la Sociedad Tonelería Mecánica Internacional, una iniciativa del Centro Vitivinícola Nacional (CVN) e integrada por varios de sus socios (véase capítulo IV). En 1907 se constituyó Aserradero y Tonelería Puerto Almirante Brown SA, con sede en Buenos Aires pero con fábrica de envases en la capital mendocina —en el edificio de la antigua bodega Serú— y explotación de bosques y aserradero en Tierra del Fuego. Al igual que en el caso precedente, intervinieron empresarios de Buenos Aires y de la región vitivinícola en la constitución de la sociedad. Entre los empresarios más activos figura Luis Stoppel, un chileno con varios años en Mendoza y que en 1895 era dueño de una fábrica de carruajes en sociedad con el alemán Federico Wittenstein. Casi un año después del comienzo de algunas de las actividades previstas, la Tonelería Puerto Almirante Brown dejaba de existir.[101]

En Guaymallén funcionaba en 1908 la tonelería mecánica La Torino, propiedad del italiano Emilio Mossino.[102] Dos años después, operaba en la capital la tonelería Sicilia de los hermanos Lamacchia,[103] trasladada posteriormente al distrito Gutiérrez del departamento Maipú y convertida en la Gran Tonelería Mecánica y con una sucursal en el distrito de Palmira, departamento de San Martín.[104] Los alemanes José Westhofen y Otto Fink (socio capitalista) constituyeron en 1909 una sociedad para la construcción mecánica de vasija vina-

---

[100] *Boletín del Centro Vitivinícola Nacional*, N° 15, Buenos Aires, 31-10-1905. Familia del grupo dominante.
[101] "Aserradero y Tonelería Puerto Almirante Brown, Sociedad Anónima, convoca a los accionistas para una Asamblea General Extraordinaria", el 14 de noviembre de 1908, figurando en el orden del día la consideración de la disolución anticipada de la sociedad y el nombramiento del liquidador o liquidadores, *La Industria*, Mendoza, 29-11-1908.
[102] *Los Andes*, Mendoza, 04-01-1908.
[103] AGPM, Protocolo 891, notario Lucio Bustos, 1910, Mendoza, t. 3, Folio 806, escritura N° 635, 14-05-1910.
[104] *La Industria*, 15-03-1912; *Guía Salvioli*, 1912.

ria, con madera traída de Alemania; la tonelería estaba ubicada en la capital mendocina.[105]

Dentro de las tonelerías localizadas fuera de las bodegas no se puede ignorar a las tonelerías mecánicas que producían y reparaban vasijas y que estaban ubicadas fuera de la región vitivinícola. En efecto, estas tonelerías, con clientes en la región, operaban desde Buenos Aires y Rosario y publicitaban sus servicios en periódicos y revistas de Mendoza y San Juan.[106] Se trataba de empresas en cuyas fábricas también se armaban envases para otras bebidas. Algunas firmas llegaron a abrir sucursales productoras-reparadoras en la región vitivinícola, ingresando, de esta manera, al tipo de tonelerías descripto más arriba.[107]

Las tonelerías localizadas en el interior de las bodegas eran una sección existente en la mayoría de los establecimientos vinícolas industriales de capacidad media y grande y, también probablemente en algunos pequeños. La necesidad de asegurarse la existencia de recipientes de madera requería el funcionamiento de tonelerías que por la superficie ocupada, el número de obreros empleados y, a veces también, por su equipamiento, semejaban una fábrica en el interior de otra fábrica. En efecto, numerosas bodegas, sobre todo a partir de las semanas previas a la cosecha de uva, ocupaban a decenas de obreros en sus tonelerías.[108] Su equipamiento era variado, pero en el caso de las pertenecientes a las bodegas de mayor capacidad instalada, algunas eran verdaderas tonelerías mecánicas.

Empresas extranjeras y recipientes de madera. Así como ocurrió con bienes metalúrgicos demandados por la vitivinicultura moderna y fabricados por empresas europeas (de Francia, Italia, Alemania...), la región vitivinícola en formación fue también un mercado muy atractivo para firmas extranjeras pro-

---

[105] AGPM, *Protocolo* 847, notario Francisco Álvarez, tomo 3, 1909, folio 1010, escritura 445....
[106] Por ejemplo, la de Romualdo Gregotti, fundada en 1900, en la Capital Federal, véase *Victoria*, Mendoza, 18-04-1942. Otra que publicitaba en periódicos de Mendoza era la de Juan Salmonese, ubicada en la calle Almagro de Palermo, véase *La Industria*, Mendoza, 01-03-1912.
[107] Aunque no puede asegurarse, en realidad, que fuera una tonelería mecánica, en 1899 operaba en Mendoza la Tonelería Sucursal del Rosario de Juan Rosell y José Terré, en la calle San Martín 310. *Los Andes*, Mendoza, 18-02-1899.
[108] En 1904, en la bodega Barraquero (departamento Belgrano), en Mendoza, al frente de donde se encuentran las moledoras, "en un cobertizo, está la tonelería, donde trabajan sesenta obreros", Juan Bialet Massé, *op. cit.*, p. 576; en el establecimiento de Domingo Tomba y Hermanos, en el mismo departamento, la "tonelería tiene hasta cien hombres, la mayoría extranjeros", *ibid.*, 579. En 1908, también en Belgrano, la bodega Arizu tenía treinta y cinco toneleros, *La Industria*, Mendoza, 31-12-1908. La bodega Colón, de Santiago Graffigna, en San Juan, ocupaba cuarenta toneleros en 1916, véase *La Nación*, número especial, 9 de julio de 1916.

Figura 4. Provincias de Mendoza y San Juan. Distribución de las tonelerías autónomas (localizadas fuera de las bodegas) en 1895

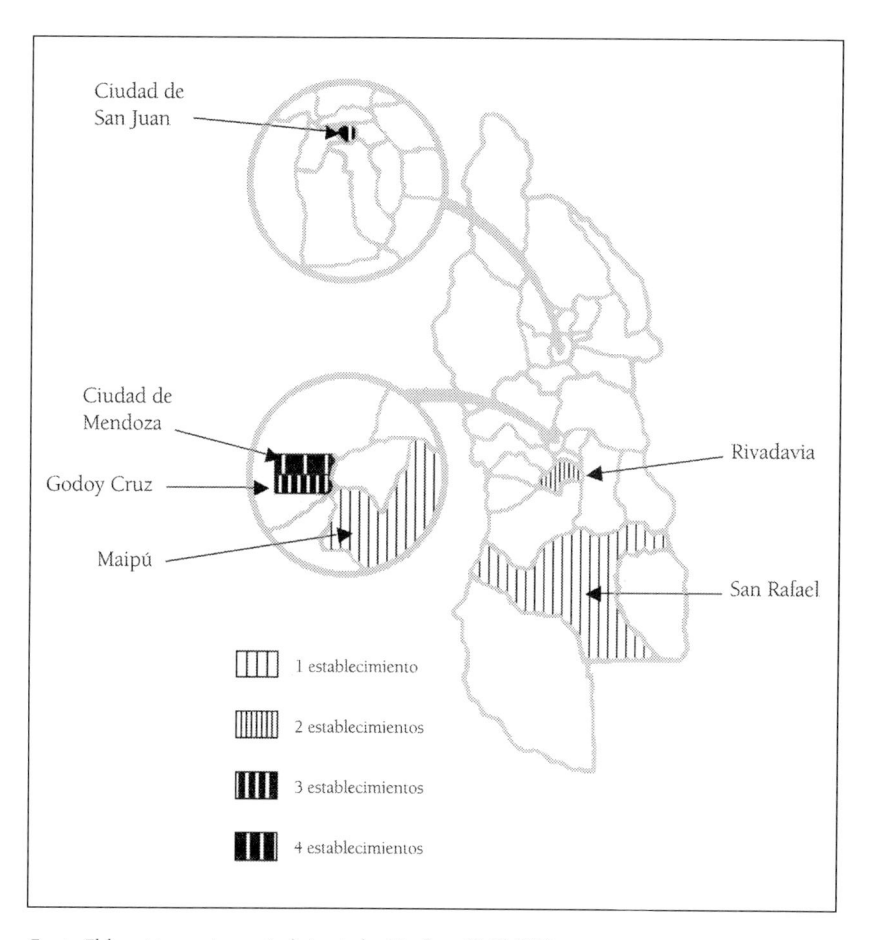

Fuente: Elaboración propia a partir de *Los Andes*, Mendoza, 02-09-1909.

ductoras de duelas, toneles, bordelesas y otros recipientes de roble, particularmente estadounidenses y francesas con sede en Alsacia, donde tenían sus fábricas, atraídas por los bosques de roble de los Vosgos (aunque también utilizaban materia prima de Eslovenia y de Hungría). Puestas en marcha para abastecer el mercado francés y parte del europeo, las firmas de Alsacia incorporaron entre sus clientes a centenas de bodegas y a muchos comerciantes argentinos de vino. Las empresas extranjeras exportaban principalmente las duelas hacia nuestro país y los recipientes eran armados en las tonelerías de la región vitivinícola o, como se dijo, en algunas localizadas en el litoral y Buenos Aires.

Además del mencionado J. J. Schellenberg, otras firmas estadounidenses se interesaron en el mercado de la región vitivinícola, como la American Trading Company[109] y las de la marca Chiekasaw.[110] En la primera década del siglo XX estaban en la región, con sus respectivos representantes, algunas de las firmas alsacianas más significativas, como la Societé Française des Etablissements de Tonnellerie Mécanique Adolfo Fruhinsholz[111] y Tonnelleries Lorraines Jarville,[112] ambas de Nancy, y la Tonellerie Alsacienne (antigua casa Fruhinsholz), de Schiltigheim.

Había también comerciantes regionales de envases de madera. Se los encuentra desde mediados de la década de 1880 y en los primeros años del siglo XX. Algunos de estos intermediarios eran, supuestamente, ocasionales. Otros, en cambio, se dedicaban con continuidad al negocio y comercializaban diversos productos, incluyendo en esta categoría a importadores de instrumentos agrícolas y máquinas y equipos para bodegas y destilerías, como el caso de la empresa Nicolás Arzeno y Compañía.

Complementando lo apuntado en el capítulo II, una de las principales características del mercado de trabajo era la casi permanente demanda de toneleros, algo que, a pesar de tratarse también de trabajadores especializados, no hemos constatado en la misma medida en el caso de los obreros metalúrgicos. Aunque son una fuente indicativa y no absoluta, si evaluamos a partir de los avisos periodísticos, era frecuente que, cuando se acercaba la cosecha de la uva, aumentaba la demanda de toneleros, la cual adquiría así un carácter marcadamente estacional. Se repiten los pedidos de toneleros en los primeros meses del año, especialmente en bodegas que tenían tonelerías en su interior. En los periódicos también aparecen anuncios de toneleros que ofrecen sus servicios en distintos meses del año. En ocasiones, la oferta no era individual sino que incluía un grupo de trabajadores.[113]

Los trabajadores de las tonelerías eran numerosos en ambas provincias y no sorprende que, junto con los talabarteros, carroceros, carpinteros, hayan sido uno de los primeros grupos obreros en agremiarse en Mendoza. A comienzos del siglo XX ya existía la Sociedad Cosmopolita de Toneleros de la Provincia de Mendoza,[114] la cual entró en conflicto con algunos empresarios y el poder po-

---

[109] *Boletín del Centro Vitivinícola Nacional*, N° 5, Buenos Aires, 31-10-1905.

[110] Tenía agentes comerciales en Buenos Aires y en Mendoza. *La Industria*, Mendoza, 25-02-1912.

[111] *El Comercio*, Mendoza, 29-12-1902. Una publicidad de 1930 presentaba a esta firma como "la primera que vendió toneles y cubas en Mendoza en 1896. La única que sigue vendiendo hoy sus famosas vasijas de bodegas y toneles tanques de roble para vagones [...]", *Victoria*, Mendoza, 08-07-1930.

[112] *La Industria*, Mendoza, 24-03-1909.

[113] "Se ofrece una cuadrilla de toneleros para trabajo grande [...] Villa Maipú", *Los Andes*, Mendoza, 04-01-1907.

[114] La Sociedad amenazaba a los toneleros que no se inscribieran en sus registros a "aplicar

lítico provincial por cuestiones laborales en varias ocasiones. También en San Juan los toneleros consiguieron reivindicaciones laborales durante esos años.

Para enfrentar los problemas derivados de las huelgas y porque afirmaba que la insuficiencia de toneleros afectaba la actividad, el CVN bregaba por la difusión de la enseñanza de la tonelería en la región, presionando a los poderes públicos nacionales en esa dirección. Pedía que en las escuelas técnicas de Mendoza y San Juan hubiera toneleros entre los maestros. Aunque ocurrió después de 1914, hubo una repuesta favorable del Estado, al incorporarse la enseñanza teórico-práctica de tonelería en una escuela de San Juan.[115]

Algunos problemas relacionados con la vasija. Desde los comienzos de la elaboración moderna de vino y hasta más allá del período estudiado, hubo por lo menos dos problemas –de frecuente aparición en las fuentes– relacionados con los recipientes de madera. El primero se refiere a la búsqueda de la madera adecuada para la fabricación de cascos para quebrar la dependencia del roble importado. El segundo problema tiene que ver con la cantidad de envases disponibles para la comercialización del vino, en particular hacia los grandes centros de consumo; en ocasiones, el déficit era notable, más aún cuando se permitía la exportación de otros productos en envases de madera utilizados por los industriales del vino. En realidad, ambos problemas se vinculan pues la dificultad para encontrar una madera sustituta del roble incidía, en cierto modo, en la cantidad de cascos disponibles.

El roble, norteamericano y francés, ampliamente difundido desde la modernización vitivinícola, era muy caro y, en ocasiones, también escaso (primera guerra mundial). Por ello, los bodegueros y comerciantes de vasijas buscaban maderas sustitutas, pero la solución no resultó sencilla.

La madera de álamo común (*Populus nigra*), provista por productores de la región, fue utilizada desde los inicios para la fermentación y conservación del vino. Pero sus propiedades no son las más adecuadas para ello, en particular por su blandura y porosidad. Para el fondo de las vasijas, se empleaba también tempranamente la madera de caldén (*Prosopis caldenia*),[116] proveniente del bosque del oeste de la región pampeana; a pesar de ser más dura que el álamo, no cumplía con otras exigencias. Una madera importada que se utili-

---

medidas reglamentarias que tienen las sociedades gremiales", véase *El Comercio*, Mendoza, 31-01-1905.
[115] *Revista de Agricultura, Industria y Comercio del Centro Vitivinícola Nacional*, N° 168, Buenos Aires, agosto 1919.
[116] "Tablas de caldén. Se venden en la vinería de D. Nicolás A. Villanueva, en la calle San Nicolás", *El Constitucional*, Mendoza, 19-02-1891. "Interesante para los bodegueros y los toneleros. En la casa de los que firman se ha recibido una partida de tablas de caldén que es la mejor y única madera para el fondo de las pipas [...] C. Junod y Cía.", *El Ferrocarril*, Mendoza, 03-03-1882.

zaba antes de 1885 en Mendoza era el castaño (*Castana sativa*), aunque posteriormente no la hemos encontrado mencionada en las fuentes.

Si bien a fines del siglo XIX ya hubo manifestaciones de empresarios acerca de las dificultades provocadas por el uso de maderas inapropiadas en la vinicultura regional, fue al iniciarse el siglo XX cuando el problema provocó la intervención de los interesados directos. Un grupo de industriales del CVN proponía ensayar con materia prima nacional o chilena para reemplazar las maderas locales blandas y para no depender del roble importado, el cual, a medida que se afianzaba el modelo vitivinícola, se convertía en la madera de uso predominante. Una delegación de bodegueros del CVN viajó a Chile después de haber recibido y analizado información acerca del empleo del raulí (*Nothofagus procera*) para la fabricación de envases por parte de empresarios trasandinos.[117]

Pero la suerte corrida por la madera de raulí en la región no fue la que pretendieron los impulsores de su utilización. Además de las dificultades inherentes a la importación hasta Mendoza y San Juan, probablemente ello se haya debido a su uso limitado, ya que se la empleaba principalmente para el transporte del vino. Además, en Chile, no todos los conocedores de las propiedades del raulí opinaban de la misma manera. Había quienes minimizaban y hasta desaconsejaban sus condiciones para ser empleado en vinicultura. Publicaciones especializadas de Mendoza reflejaban esas opiniones y advertían sobre la inconveniencia de su uso.[118] El resultado fue que la Sociedad Tonele-

---

[117] Domingo Toro Zelaya, gerente del Centro Vitivinícola Nacional, hizo un pedido a empresarios chilenos sobre el uso de esta madera. Carlos Concha Subercaseaux respondió que "se emplea el raulí con el mejor resultado en Chile"; el empresario trasandino agregaba que la madera se usaba para el transporte del vino en el interior del país y en la exportación hacia Bolivia y Perú, véase *Boletín del Centro Vitivinícola Nacional*, N° 15, Buenos Aires, 1905, p. 328. La respuesta hizo que un grupo de bodegueros del Centro Vitivinícola Nacional visitara Chile y produjera un informe favorable –aunque incompleto– sobre su uso: "el raulí es una madera insuperable para cascos destinados a la exportación, a viajes, a trasbordos y a largas conducciones, por su flexibilidad y consistencia [...] la exportación de vino se hace exclusivamente con raulí"; el informe amplía que el raulí abunda en Chile y su precio es accesible pero no dice nada acerca de su aptitud para fermentación y conservación del vino, *ibid.*, N° 16, 1905, p. 346. "Las duelas de raulí pueden adquirirse en Chile a precios muy convenientes [...] puesto en Mendoza un casco completo de 200 litros por poco más de tres pesos m/n de curso legal [...]", *ibid.*, N° 18, 1906, p. 397. En ninguna parte hemos encontrado precisiones acerca de cómo se transportaría el raulí desde el bosque andino-patagónico hacia la región vitivinícola argentina.

[118] La *Revista Vitivinícola Argentina* señaló que expresiones de conocedores chilenos sobre el comportamiento del raulí en vinicultura eran contradictorias. En Concepción se fabricaban toneles con su madera y "los ensayos hechos por nuestra Sociedad de Viticultores para llevar los vinos chilenos a Alemania no han sido bien afortunados por una multitud de causas fáciles de explicar. Muchas pipas han fermentado por el camino (por ir mal elaborados los vinos), otras han llegado a Hamburgo casi vacías (por la mala madera de los toneles de

ría Mecánica Internacional no alcanzó a producir vasijas pues por razones que no están muy claras, cesó al año siguiente.[119]

Para fermentación y conservación del vino común, en la segunda década del siglo XX y sobre todo después del período abordado, comienzan a difundirse las piletas de mampostería (de escasa utilización hasta ese momento) y de cemento armado, con resultados satisfactorios.[120] Ello fue acompañado por el aumento de la capacidad de la vasija vinaria, en particular para la fermentación.

El otro problema, agravado después del período aquí considerado, fue el de la cantidad de envases disponibles, en particular para el transporte de vino. La generalización del uso de botellas se hizo tardíamente, después de la década de 1930, aunque hubo bodegas pioneras en el embotellamiento del vino desde principios del siglo XX.[121] La creación de la mencionada Tonelería Mecánica Internacional, en 1905, tenía como propósito principal hacer frente a este problema.

Tonelerías e industria metalúrgica regional. Aunque las principales máquinas con las que estaban equipadas las tonelerías mecánicas de la región para las

---

raulí)", *Revista Vitivinícola Argentina*, N° 25, Mendoza, noviembre 1905, p. 392. La publicación menciona, además, bodegas representativas del Chile de la época –algunas lo son hasta nuestros días– que no emplean el raulí o lo hacen mínimamente, entre ellas: la Bodega Subercaseaux, de Santiago, usa sólo roble americano; la Bodega Concha y Toro, toda la vasija de roble americano; la Bodega Santa Catalina utilizaba sólo catorce cubas de raulí para fermentación, el resto roble americano; la Bodega Urmeneta, todo roble americano... La redacción de la revista no sólo desaconsejaba el proyecto del Centro Vitivinícola Nacional desde el punto de vista técnico –lo descarta totalmente para la conservación del vino–, sino también desde el económico, *ibid.*

[119] En una nota dirigida a Emiliano Guiñazú, presidente provisorio del Centro Vitivinícola Nacional, Domingo Toro Zelaya señalaba que a causa de la invasión de la langosta y los problemas del tráfico en el ferrocarril –acumulación de carga en varias estaciones que averiaban el vino– se desistía de importar el raulí chileno, pues ambos problemas acaparaban la atención de los industriales y empresarios del sector, *Boletín del Centro Vitivinícola Nacional*, N° 25, Buenos Aires, 31-03-1906. La nota también hace referencia a que "el momento actual, por hechos notorios" no era el propicio para llevar adelante la iniciativa, pero no está claro si "los hechos notorios" son las dos causas mencionadas. Probablemente aludía también al conflicto entre Domingo Tomba y su agente comercial en Buenos Aires, Francisco Janello, que provocó divisiones entre conspicuos integrantes de la asociación y que condujo a la renuncia de Toro Zelaya a su función en la comisión del Centro Vitivinícola Nacional, pero no como miembro de la sociedad (véase capítulo IV).

[120] Gaudencio Magistocchi, *Tratado de enología*, Mendoza, 1934.

[121] El Trapiche, de la familia Benegas, es considerada la primera bodega en la región en emplear botellas para envasar y comercializar sus vinos, véase *Revista de Agricultura, Industria y Comercio del Centro Vitivinícola Nacional*, N° 175, marzo de 1920. En Mendoza, le siguieron Luis Tirasso, Balbino Arizu y otras bodegas.

distintas operaciones eran importadas, hemos encontrado relaciones económicas entre las dos principales industrias inducidas por la vitivinicultura moderna. En efecto, por lo menos un taller metalúrgico mendocino produjo instrumentos utilizados en los trabajos por las tonelerías locales mencionadas. En 1893, Baldé y Miret ofrecían la máquina para lavar bordelesas y cubas salida de sus talleres.[122] Diez años más tarde, el mismo taller producía una prensa para marcar a fuego el fondo de las bordelesas.[123]

Producción de envases de vidrio: iniciativas frustradas

Con anterioridad a 1914, hubo en la región dos intentos para producir botellas y otros objetos de vidrio, uno de ellos antes de la conexión ferroviaria con Buenos Aires.[124] A comienzos de la década de 1870,[125] cuando la vitivinicultura capitalista comenzaba a dibujarse en los proyectos de los transformadores de la economía regional, existió un emprendimiento que se propuso instalar la primera fábrica de vidrios en la capital de Mendoza: la Sociedad Anónima Fábrica de Cristales que contó entre sus accionistas al Estado provincial y a miembros modernizantes de la oligarquía local. Adquirió los equipos en Francia y contrató también allí a parte del personal técnico.[126] Pero desde un principio debió enfrentar dificultades que perjudicaron su buen funcionamiento,[127] las que, seguramente, repercutieron para que la experiencia se interrumpiera muy pronto.[128]

---

[122] *El Debate*, Mendoza, números de mayo de 1893.

[123] *Ibid.*, 03-04-1902.

[124] Rodolfo Richard-Jorba y Eduardo Pérez Romagnoli, "El proceso...", *op. cit.*

[125] En realidad, diez años antes, en 1860, un adelantado planteaba la producción de botellas en la provincia. Un profesor de química, Manuel Rogelio Tristany, sin preguntarse por el mercado de consumo, por los costos de producción y transporte, por la forma de comercialización de la bebida que envasarían las botellas y otros aspectos a tener en cuenta durante esos años, consideraba que "la [industria] de vinos adquirirá una gran importancia con la fabricación de botellas y además por estarse introduciendo también los sistemas usados en España para la fabricación de vinos comunes y generosos, y por consiguiente la de aguardientes mejorará porque habiendo botellas se desarrollará la industria de la fabricación de licores", véase Manuel Rogelio Tristany, *Guía Estadística de Mendoza*, Mendoza, Imprenta del Constitucional, 1860.

[126] El encargado de realizar esas tareas fue Pedro Carlos Raymond, vice-cónsul de Francia en Mendoza. Los equipos fueron desembarcados en Rosario y desde allí transportados en carreta hasta la provincia, *El Constitucional*, Mendoza, 12-12-1872.

[127] Hubo una confluencia de hechos desfavorables que conspiraron contra el proyecto: la guerra franco-prusiana atrasó la salida de los equipos desde Francia; la epidemia de fiebre amarilla en Buenos Aires detuvo mucho más de lo previsto al personal y sus acompañantes en esa ciudad; en consecuencia, su traslado significó un aumento de los gastos, a lo que hubo que sumarle un agravamiento del costo de los fletes de los equipos desde Europa hasta Mendoza, *ibid*.

[128] A principios de 1875, se anunció la venta de la fábrica de cristales y una transacción en

Aunque sería exagerado afirmar que la fábrica de cristales tuvo la pretensión de abastecer una industria del vino que aún no existía, debe aceptarse que uno de sus propósitos fue producir botellas en un oasis donde se realizaba una producción artesanal de la bebida y que representó el primer intento de una empresa no metalúrgica que en décadas siguientes hubiera podido responder a las demandas de la industria regional del vino y otras bebidas alcohólicas.

El otro intento antes de finalizar el siglo XIX también se registró en Mendoza. En la segunda mitad de la década de 1880, en un contexto regional distinto al ensayo precedente, un grupo de franceses residentes en la provincia –y probablemente otros llegados para llevar adelante el emprendimiento– puso en marcha una cristalería en el departamento de Belgrano. La experiencia terminó como la de la década precedente, pues, al poco tiempo, la fábrica dejó de operar por problemas financieros insuperables, probablemente originados por la crisis de 1890 y sus consecuencias en la región.[129]

Como sea, durante esos años, la modalidad de comercialización del vino de mesa desde la región vitivinícola hacia los principales centros de consumo en recipientes de madera, no propiciaba la producción de botellas en los lugares de fabricación de la bebida.[130] El transporte a granel por ferrocarril en envases de madera, hacia Buenos Aires, Rosario y otros núcleos, y el fraccionamiento del vino en los centros de consumo ayudaron al surgimiento en algunos de esos lugares de las fábricas de botellas y de otros envases de vidrio. Además de la vinicultura, esas fábricas abastecían a otras industrias de bebidas, localizadas principalmente en Buenos Aires, y producían recipientes para otras demandas.

Las industrias derivadas

Hace un siglo, estudiosos de la vitivinicultura regional coincidían en señalar el limitado desarrollo de las industrias derivadas en Mendoza y San Juan. Galanti (1900) y el Informe de la Comisión de Investigación Vinícola (1903) su-

---

los juicios entablados por los operarios, decidido en asamblea de accionistas, *ibid.*, 14-10-1877. "La fábrica de cristales, que funcionó más de un año, se remató últimamente, quedando sus existencias en poder del Banco de Mendoza. Se trabajaron allí botellas, copas, vasos, lámparas, tubos, dulceras, platos, etc., de muy buena clase", *ibid.*, 14-10-1877.

[129] *Los Andes*, Mendoza, número especial, 1921.

[130] A comienzos del siglo XX hubo un intento para reducir el empleo de los envases de madera en la comercialización de la bebida. En efecto, en 1902, para enfrentar la crisis vitivinícola y como un modo de combatir el fraude, el proyecto cooperativista del gobernador Elías Villanueva incluía la propuesta de que la tercera parte de los vinos producidos en la provincia y destinados al mercado interno –en la época las exportaciones eran insignificantes– debían ser embotellados; el proyecto fracasó (véase capítulo IV).

brayaban su atraso con relación a la masiva producción de vino de mesa y la consecuente disponibilidad de materia prima, expresada en la abundancia de uva, mostos, orujos y borras. En las dos provincias, una apreciable proporción de orujos se perdía o se destinaba a usos no industriales, tales como abono para suelos o combustible para calderas. Además, desde comienzos del siglo XX, parte de las borras y residuos se exportaban para fabricar ácido tartárico que después ingresaba a nuestro país para ser empleado como insumo en la elaboración del vino en la región.

En opinión de Galanti, el escaso avance de las industrias derivadas hasta 1900 obedecía a la convergencia de varias causas. Entre ellas, este autor asignaba el primer lugar al preponderante interés de los bodegueros en fabricar vino de mesa. Se consideraba que ello permitía el acceso en poco tiempo a una situación económica acomodada. El carácter marcadamente especulativo de la industria proporcionaba fáciles ganancias a los elaboradores en los primeros años de la modernización vitivinícola, lo cual condujo a los industriales a despreciar otros usos para la uva y sus subproductos. Entre los motivos que no favorecían la diversificación industrial Galanti añadía la insuficiencia de conocimientos técnicos y la inseguridad y la desconfianza que provocaban las nuevas industrias. Sin embargo, al terminar el siglo XIX, se perfilaba una actividad derivada que se consolidaría: la producción de alcohol.

Las dos provincias elaboraban alcohol vínico

La destilación de los orujos para la elaboración de aguardiente se practicaba en ambas provincias desde la colonia, pero fue San Juan la que logró destacarse. Su aguardiente era consumido localmente y comercializado en Buenos Aires[131] y, en la segunda mitad del siglo XVIII, hasta en Montevideo. Si bien en los primeros años de vitivinicultura moderna la información es escasa, todo indica que la existencia de alambiques era mayor en San Juan que en la provincia vecina. En 1870, en vísperas de la participación de empresarios sanjuaninos en la Exposición Nacional de Córdoba, realizada en 1871 en la ciudad, existían 221 bodegas y 173 alambiques que producían 14.613 arrobas de aguardiente (4.822 hectolitros);[132] ese dato sobre las bodegas es poco creíble, teniendo en cuenta que en 1895 había 231; como sea, la cantidad de bodegas duplicaba a las de Mendoza y, según el Primer Censo Nacional (1869), esta provincia registraba sólo 17 alambiques (aún no se empleaba el término *des-*

---

[131] "El aguardiente cuyano es, después de la yerba mate, el producto de la tierra más importante que registran las guías de alcábalas. En esto años [fines del siglo XVIII], más del 90% del total de barriles entrados a Buenos Aires son de procedencia sanjuanina", Juan Carlos Garavaglia, *Economía, sociedad y regiones*, Buenos Aires, Ediciones de la Flor, 1987, p. 31.

[132] Emilio Maurín Navarro, *Contribución al estudio...*, op. cit.

Cuadro 2. Producción de vino y alcohol en la región vitivinícola en 1910

Provincias	Producción anual				Valor total
	Vino		Alcohol		
	Litros	Valor	Litros	Valor	
Mendoza	291.568.512	46.744.021	1.470.463	411.654	47.155.675
San Juan	66.227.715	9.015.104	271.438	116.424	9.131.518
Total país	379.699.708	59.785.849	1.955.516	662.878	60.448.727

Fuente: *Censo Industrial de la República*, Informe del 15-4-1910, transcripto en *La viticultura Argentina*, t. I, N° 5 y 6, 1910, pp. 198-203.

tilerías), todos localizados en Guaymallén, departamento contiguo a la capital.[133] Veinte años después, una fuente provincial indica una cifra similar de alambiques (en realidad, ahora se habla de destilerías) pues eran 16, pero no refería su distribución espacial.[134]

No podemos saber cuál fue la evolución de la producción de alcohol pues no hemos encontrado series estadísticas que incluyan la fabricación anual y todos los tipos de alcohol vínico durante los primeros tiempos. No obstante, se conoce la producción durante algunos años en ambas provincias.

Si bien un informe de la Oficina del Censo advierte sobre la baja exactitud de la estadística vitivinícola, el censo industrial de 1910 proporciona un panorama al respecto, sintetizado en el cuadro 2. Mendoza produjo 1.470.463 litros de alcohol por un valor de $ 411.654 y, muy alejada, San Juan alcanzó 271.438 litros que representaban un valor de $ 116.424. Entre las dos provincias elaboraron el 90% del total nacional de alcohol vínico y ello significó casi la misma cifra en valor. Un año antes, en 1909, según la Oficina de Impuestos Internos, las 710 destilerías registradas en Mendoza elaboraron 3 millones de litros de alcohol y aportaron $ 496.680 en concepto de impuestos.[135]

---

[133] Sorprende que el censo consigne alambiques sólo en Guaymallén, conociéndose que había bodegas y destilerías artesanales en otros departamentos (Ciudad, Belgrano, Las Heras, Junín...). Presumiblemente, se trata de un error. En trabajos anteriores hemos hecho referencia a fallas de los censos nacionales de 1895 y 1914, vinculadas con la cantidad de establecimientos industriales, comparadas con censos provinciales (Mendoza) y fuentes privadas (guías industriales y comerciales, por ejemplo).
[134] Abraham Lemos, *Mendoza. Memoria descriptiva de la Provincia*, Imprenta de Los Andes, Mendoza, 1888.
[135] Este valor de la producción contrasta con los $ 800.000 mencionados por el gobernador

Localización y cantidad de las destilerías. Desde los comienzos de la vitivinicultura moderna hubo dos tipos de localización de las destilerías en la región: en el interior y fuera de las bodegas. La diferenciación de los dos tipos de localización es a veces difícil de establecer ya que las fuentes públicas –nacionales y provinciales– y las privadas, no siempre precisan si las destilerías estaban en el interior o fuera de las bodegas.

La localización de las destilerías en el *interior* de las bodegas fue preponderante desde comienzos de la producción industrial, aunque hasta ahora se desconoce el número de unidades de producción en funcionamiento. Sus dueños eran los propietarios de las bodegas donde se levantaban las destilerías. En la mayoría de los casos se trataba de una sección de producción contigua a las instalaciones donde se elaboraba el vino, proveedora de la materia prima. Las bodegas con mayor capacidad instalada para producir vino eran las que, en general, también tenían mayor capacidad para producir alcohol.

Además de las relaciones técnicas y económicas de producción favorables, la localización de las destilerías en el interior de las bodegas estaba promovida por la ley nacional 3671 de 1899, que eximía de impuestos a los alcoholes vínicos producidos y utilizados en el interior de las bodegas respectivas. Se gravaba con $ 0,30 el litro de alcohol inferior a 55 grados transportado de una bodega a otra. Este sistema beneficiaba a los bodegueros con destilerías pero no al que debía comprar el alcohol, quien además tenía que pagar $ 1 m/n de impuesto por litro de alcohol superior a 55 grados, fuera importado o nacional de origen industrial. Asimismo, la localización interior favorecía el encabezado de los vinos, práctica muy difundida en los primeros tiempos de la vitivinicultura moderna.[136]

La localización *fuera* de las bodegas se caracterizaba por la proximidad entre éstas y las destilerías. Se facilitaba así el transporte de la materia prima de gran volumen y se abarataban los costos de traslado hacia donde se producía el alcohol. Los propietarios de estas fábricas eran industriales no bodegueros. Del mismo modo que lo que ocurría en algunas destilerías instaladas en pequeñas bodegas, a principios de la segunda década del siglo XX la elaboración a escala industrial no había conseguido que muchas de esas destilerías sustituyeran la leña por otros combustibles para el funcionamiento de sus alambiques;[137] lo

---

Rufino Ortega (h) en el discurso de inauguración del pabellón de Mendoza en la Exposición del Centenario, véase *Boletín del Centro Vitivinícola Nacional*, N° 62, Buenos Aires, 1910.
[136] El encabezado es el procedimiento mediante el cual se añade alcohol al vino para elevar su graduación. El Informe de la Comisión de Investigación Vinícola (1903) señalaba la práctica abusiva del encabezado y su vinculación con el fraude.
[137] *Los Andes*, número especial, 1921. En la década de 1890, eran ofrecidos como combustibles árboles característicos de la provincia fitogeográfica del monte: "Leña seca de retamo. Se vende una cantidad de leña seca de retamo y algarrobo para alambique, a precio módico. Para tratar, Catamarca 53, con Manuel Rodríguez", *El Debate*, Mendoza, 01-04-1892.

cual, junto con las demandas de la viticultura (capítulo I), impactaban en la modificación del ambiente e incidían en el proceso de desertificación.

La producción de alcohol comprendía la grapa o alcohol impuro, llamado también "aguardiente de orujo", y los alcoholes superiores a 55 grados. La calidad de los alcoholes mejoró a comienzos del siglo XX, pero, en general, ésta variaba según el equipamiento de las unidades de producción. A comienzos de la década de 1920, expertos de la región criticaban la calidad de los alcoholes, en particular los elaborados por las pequeñas destilerías que tenían una equipamiento incompleto y deficiente.[138] A veces, los industriales que obtenían un producto de calidad aceptable eran reconocidos en el país y hasta internacionalmente.[139]

No se ha podido establecer el número de destilerías y su capacidad instalada. La dificultad principal radica en la imprecisión y discrepancia de las fuentes, cuestión notable en Mendoza, donde, a medida que se consolidaba la vitivinicultura moderna, prácticamente menos se conocía sobre la cantidad y las condiciones de producción de las destilerías. Entre otros inconvenientes, ello ha impedido ensayar una clasificación sobre su capacidad instalada. Sobre esta dificultad se lamentaba la Comisión de Investigación Vinícola, en 1903. El enigma acerca de la cantidad de destilerías y sus condiciones de funcionamiento eran un problema que el Estado nacional pretendió corregir en 1911. Un decreto estableció la caducidad de los permisos de funcionamiento vigentes para las fábricas de alcohol. Para seguir operando, las destilerías debían solicitar una nueva autorización a partir del primer día de 1912. Pero numerosos productores no cumplieron con el requisito. Por pedido de los propios destiladores, el Estado prorrogó la exigencia que emanaba del decreto hasta 1916.[140]

Véase María Elena Abraham y María Rosario Prieto, "Vitivinicultura y desertificación en Mendoza", en Bernardo García Martínez y Alba González Jacomé (comps.), *op. cit.*.

[138] Aunque es una consideración posterior a 1914, Mario Bidone destacaba "la dificultad de rectificar las flemas para evitar que vayan al mercado grapas y alcoholes de calidad inferior o que por falta de una necesaria amplitud de facilidades, los industriales se retraigan de la elaboración. Sucede que los pequeños industriales no tienen sino modestos aparatos imperfectos y no pueden rectificar las flemas por carencia de rectificadores. Esta última manipulación para obtener alcohol puro sólo podría efectuarse permitiendo el libre traslado a las destilerías que poseen aparatos rectificadores, sometiendo dicho traslado, naturalmente, a la fiscalización y vigilancia que la administración creyera oportuno establecer", *Los Andes*, Mendoza, 1921, p. 66. Bidone se refiere a Mendoza, pero su apreciación es válida también para San Juan.

[139] En la Exposición de San Francisco (California), en 1915, recibieron una medalla de plata por sus alcoholes tres empresarios sanjuaninos: Antonio Posleman, José A. Terán y Salvador López, *Boletín del Centro Vitivinícola Nacional*, N° 120, 1915.

[140] Junta Reguladora de Vinos, *Recopilación de Leyes, Decretos y Disposiciones sobre la Industria Vitivinícola*, t. II, Buenos Aires, 1938.

El Segundo Censo Nacional registró 433 bodegas y 15 destilerías en Mendoza y 231 bodegas y 33 destilerías en San Juan. El mayor número de destilerías en San Juan es coherente con la ya indicada tradición sanjuanina en la producción artesanal de aguardiente. En San Juan, poco más del 70% de las destilerías se concentraba en tres departamentos: Concepción, Santa Lucía y Trinidad. Ocupaban 78 personas y la mayoría de los propietarios (63%) eran argentinos. En cambio, en Mendoza, el 66% de los dueños eran extranjeros y el total de asalariados era de 64. La mayor cantidad de propietarios de destilerías argentinos y el menor número de personas empleadas por establecimiento (un promedio de poco más de dos) en San Juan ante el mayor porcentaje de propietarios extranjeros y de empleados (alrededor de cuatro por unidad de producción) en Mendoza, seguramente está relacionado con lo expuesto en el capítulo II acerca del impacto inmigratorio en el mayor desarrollo relativo de esta última provincia.

En el caso de Mendoza, es sorprendente la diferencia entre fuentes estatales provinciales con mínima separación temporal (cuadro 3). Las siete destilerías censadas en 1909 contrastan con las cantidades proporcionadas por el *Anuario de la Dirección General de Estadísticas de la Provincia de Mendoza 1907, 1908 y 1909*, que señala que en 1908 –único año que menciona la cantidad de fábricas– había 406 destilerías pero sólo tributaron 284; precedentemente se dijo que la Oficina de Impuestos Internos registraba 710 destilerías en Mendoza en 1910.

El Tercer Censo Nacional señaló algunos cambios pero no precisó si las destilerías se encontraban en el interior o fuera de las bodegas. El número de bodegas se elevó a 499 en San Juan y 1.507 en Mendoza, aunque en esta obra se han tomado otras cifras (cuadro 3). Las destilerías eran 29 en Mendoza y sólo 16 en San Juan. La caída del número de destilerías en San Juan con relación a 1895, no modificó la prevalencia de los propietarios argentinos (56,3%) sobre los extranjeros. El número de empleados, 72, casi no varió. En cambio, en Mendoza el incremento de las destilerías fue acompañado de un marcado avance de los dueños extranjeros: 86% (más una fábrica de propietario argentino y extranjero). El número de trabajadores era de 365, con un promedio de 12 por destilería, mientras que en San Juan era de cinco trabajadores. Esto corroboraría lo revelado por el censo de 1895 acerca del mayor avance del proceso de industrialización en Mendoza y debe interpretarse como una ratificación de las diferencias entre ambas provincias en el equipamiento para la producción industrial de alcohol.

Una diferencia a destacar entre las dos provincias es que las destilerías de mayor capacidad de producción localizadas fuera de las bodegas estaban en Mendoza. Entre ellas sobresalió la fundada en Guaymallén por el italiano Angel Rossi, un comerciante de borras y tartratos, continuador de la actividad comenzada por su padre, Pablo Rossi, y exportador de esas materias primas hacia Europa para la elaboración de ácido tartárico. A fines de la década de 1910, la destilería de Rossi era considerada como la mayor productora de alcohol vínico de la región.

Cuadro 3. Provincias de Mendoza y San Juan. Cantidad de destilerías según diversas fuentes (período 1885-1930)

Año	Mendoza	San Juan
1869	17 (1)	173 (1)
1888	16 (2)	–
1892	7	
1895	15 (3)	33 (5)
1904	320 (4)	–
1909	7 (5)	–
1910	710 (4)	420 (4)
1910	406	–
1914	29 (6)	16 (5)

(1) El censo habla de "alambiques " y no de destilerías. 2) Se refiere a "destilerías", término empleado en las siguientes fuentes. 3) Entre los propietarios figuran conocidos bodegueros de la época (Benegas Hnos., Tomba), con lo cual suponemos que incluye destilerías localizadas dentro y fuera de las bodegas. 4) Basado en informes oficiales de la *Oficina Nacional de Impuestos Internos*. No discrimina el tipo de localización. Tampoco indica la distribución de las destilerías por departamentos en las dos provincias. 5) No discrimina el tipo de localización.
A modo de comparación con las dos provincias de la región vitivinícola, en 1892 había 19 destilerías de alcohol de maíz que elaboraban 30 millones de litros, ubicadas en Capital Federal y Barracas al Sur, y 13 destilerías de caña que producían 13 millones de litros de alcohol, según Dimas Helgueras (citado por Dorfman, 1970). Dorfman destaca que el predominio de las destilerías de maíz se modificaría sustancialmente años más tarde.

Fuente: elaboración del autor con datos tomados de: Primer Censo Argentino, 1869; Lemos, Abraham, 1888; Memoria Descriptiva y Estadística de la Provincia, 1893; Segundo Censo Nacional, 1895; Guía de Best, 1904; Censo General de la Provincia de Mendoza, 1909; Centro Vitivinícola Nacional, Boletín, N° 61, 1910; Anuario de la Dirección de Estadística de la Provincia de Mendoza 1907,1908,1909 y 1910; Tercer Censo Nacional, 1914; Los Andes, número especial, 1921.

La comercialización del alcohol. Una parte del alcohol producido en el interior de las bodegas tenía, en muchos casos, un destino local. En efecto, como se anticipó, ciertas cantidades se destinaban al encabezado de los vinos y, desde comienzos del siglo XX, a la elaboración de licores en la región. Otra parte del alcohol vínico se comercializaba con las licoreras del litoral, principalmente las ubicadas en Buenos Aires, en donde competía con el llamado alcohol "industrial", como se denominaba al proveniente del maíz y de la molienda de la caña de azúcar.[141] Al avanzar el modelo vitivinícola, con su innegable carácter

[141] Al iniciarse el siglo XX, en la ciudad de Mendoza se ofrecía "alcohol de maíz para encabezar vinos. Vende en grandes cantidades solamente Angel Bustello, calle San Juan 1466", *El Comercio*, Mendoza, 18-09-1901.

especulativo, la comercialización del alcohol vínico era a veces problemática pues se complicaba aún más por la existencia de vinos enfermos o dañados por diversas razones: una de sus salidas era la destilación. El problema estaba asociado con un conflicto que, a pesar de sus altibajos, fue persistente en la segunda década del siglo XX. Se trata de las tensiones que se creaban entre bodegueros de la región y fabricantes de alcohol industrial, principalmente tucumanos, elaboradores del alcohol de melaza. Cuando coincidían la acumulación de stocks vínicos y las crisis de la industria azucarera tucumana por superproducción, los conflictos de intereses entre los industriales mendocinos y tucumanos eran de difícil resolución, pues la oferta crecía y el mercado no estaba en condiciones de absorberla.[142]

Para hacer frente a los problemas creados por la acumulación de excedentes de alcohol vínico, los productores e industriales proponían diversificar su uso. En realidad, esta cuestión es parte del ya mencionado carácter marcadamente especulativo de la vitivinicultura moderna desde un comienzo. La concienciación acerca de la necesidad de diversificar la producción industrial a partir de la uva y los subproductos vínicos es una consecuencia de las sucesivas crisis (1890, 1901-1903, 1911-1913...). Las advertencias y los llamados a la diversificación industrial existían desde principios del siglo XX y crecían en la segunda década, especialmente en algunos periódicos regionales y la publi-

---

[142] A modo de comparación es pertinente señalar que en otros países vitivinícolas también existió un problema con características parecidas al desarrollarse la producción industrial de vino. Uno de esos países fue España, durante un tiempo. En efecto, en las décadas de 1870 y 1880, el principal competidor del alcohol vínico no fue un producto nacional, sino el alcohol obtenido de la destilación de la papa e importado desde Alemania. El alcohol alemán ingresaba a España por un acuerdo, renovado en 1886, a pesar de la oposición de los productores de alcohol vínico. Mientras sucedía esto, se constituía el sector español de alcohol no vínico, el cual bregaba por su parte en el mercado nacional y propiciaba una elevación de los aranceles para disminuir la importación de los alcoholes extranjeros. Esta cuestión es tratada por Juan Pan-Montojo, *La bodega del mundo*, Madrid, Alianza, 1994. La situación era complicada, ya que para asegurar las exportaciones españolas de vino, debía contarse con alcohol suficiente para poder efectuar su encabezado y la producción nacional de alcohol vínico no estaba asegurada debido al ataque filoxérico. Durante esos años también existió en España —como sucedió después en nuestro país— el problema de la mala rectificación de los alcoholes empleados en el encabezado de los vinos, con los consecuentes perjuicios para la salud de los bebedores. Al iniciarse el siglo XX, persistían en España las dificultades para la salida de los alcoholes vínicos. Las quejas de los industriales españoles recaían ahora en los fabricantes nacionales de alcoholes industriales y allí estaba incluido el maíz importado desde la Argentina, utilizado como materia prima en la elaboración de alcohol. Los vitivinicultores demandaban que se respetara una ley de 1895 que prohibía el uso del alcohol industrial en la fabricación de bebidas, véase Pascual Carrión y Carrión, "La crisis vitícola de los primeros veinte años y sus soluciones", *Estudios Agrosociales y Pesqueros*, N° 185, Madrid, 1999.

cación del CVN.[143] Se alentaba a los industriales a intentar otras fabricaciones a partir de la uva y de los subproductos vínicos, tales como la preparación de jugo, extracción de aceite de semilla, mejor aprovechamiento de los orujos, ampliación del uso de los mostos y otras.[144] Los industriales también solicitaban al Estado que legislara para que la elaboración de licores finos se hiciera exclusivamente con alcohol vínico, como sucedía en países europeos mediterráneos importantes productores de vino (Francia, Italia).

Además de la producción de alcohol, otras industrias derivadas se fueron incorporando al mapa industrial de la región vitivinícola antes de 1914, modificando la evaluación trazada por los informes de Galanti y Arata sobre el atraso en su constitución con relación a la disponibilidad de materia prima. Aunque lentamente, el escaso uso de los subproductos vínicos para otras elaboraciones se fue transformando, pues, además de algunos bodegueros que diversificaron su producción, se formaron en la región pequeñas empresas productoras de licores, independientes de aquéllos. Algunas destilerías sumaron la elaboración de licores y también nacieron licoreras que adquirían la materia prima. De cualquier manera, esos cambios estaban lejos de conformar un sector industrial amplio y bien diversificado, capaz de sustituir cantidades significativas de importaciones.

La producción de algunas bebidas. En los primeros años del siglo XX existieron firmas productoras de anisado, coñac, grapa y otras bebidas. Fueron fundadas principalmente por inmigrantes. Aunque hubo firmas precedentes,[145] entre las más representativas de San Juan se encuentra la destilería y fábrica de licores del español Lorenzo García, en actividad desde 1901. En la misma provincia se radicó en 1903 el sirio Checre Zogbe, quien abrió una tienda en la capital. Al poco tiempo invirtió en la compra de maquinaria para poner en funcionamiento su destilería y producción de anisado, aunque en los primeros años alquilaba el establecimiento donde funcionaba la fábrica. En 1912 elaboraba 30 mil litros del anisado "Zogbe" y al comenzar la década de 1920, y en su propio edificio, elaboraba 350 mil litros de mistela.[146] También en la ciudad de San Juan y cinco años después de haber ingresado al país, Antonio Posleman

---

[143] En realidad, los llamados a la diversificación industrial son muy anteriores. En la prensa de Mendoza se los encuentra en los inicios de la transformación que conduciría a la vitivinicultura moderna, por ejemplo, en números de *El Ferrocarril* de 1882.
[144] Véase el editorial del *Boletín del Centro Vitivinícola Nacional*, N° 105, Buenos Aires, 1915.
[145] El Segundo Censo Nacional consigna la fábrica de licores del austríaco Juan Gambetta y la de los socios Genaro Marchese (italiano) y Alfonso Retamar (español). AGN, *Segundo Censo Nacional*, Económico y Social, Provincia de San Juan, Legajo 208, Boletín 32, tt. 15 y 16.
[146] W. Jaime Molins y Jorge Dantil, *La República Argentina. Región de Cuyo: San Juan, Mendoza, San Luis*, Buenos Aires, 1921-1922.

inició en 1903 la elaboración de vino, mistela y alcohol. Mientras, ensayaba la producción del "anís turco", a la que se orientó posteriormente.

Mendoza también tuvo productores de licores, algunos antes de 1890.[147] Las fábricas de José Brandi y Hermanos (La Porteña) y de José Patri y Pedro Posleman (anisado La Otomana) operaban en Capital.[148] También allí José Pérez Fajardo fundó en 1907 La Española, una fábrica de anisado, licores, refrescos y aguas gaseosas. Lo interesante es que la estrategia empresarial de esta sociedad familiar era de avanzada para la época pues incluía una sucursal en el sureste de Brasil.[149]

Estos industriales comercializaban sus licores en las provincias productoras y utilizaban el ferrocarril para transportarlos hacia otros puntos del país. Por ejemplo, envasados en botellas y damajuanas, los productos de Zogbe y Antonio Posleman se distribuían en Buenos Aires, Córdoba, el litoral y el noroeste argentino.

El interés por elaborar otras bebidas con los subproductos vínicos o con la uva fue muy escaso durante estos años. Muy pocas bodegas produjeron jugo de uva, a pesar de que el producto importado tenía mercado. En Mendoza, la firma El Trapiche lo elaboraba a comienzos del siglo XX.[150] Y unos años más tarde lo hacían tres empresas de San Juan: Tierney y Pons, Driollet y Cía., y la del industrial Segundo Delgado.[151]

Intentos de elaboración de ácido tartárico

Dentro de las industrias derivadas de la vinicultura moderna no puede eludirse una referencia a los primeros ensayos de producción de ácido tartárico, in-

---

[147] "Gran destilería a vapor y bodega. Alambiques a fuego indirecto y baño maría. Se elaboran licores de vino puro, nada de alcohol de industria ni esencias perjudiciales, licores que se detallan: anisado El Mirlo, ginebra La gaucha de Cuyo, coñac Tridente, Mistela del Señorito [...] todo por bordalesas, barrilitos, damajuanas y cajones [...] calle Belgrano 60, Maximino Lorente y Cía.", *El Ferrocarril*, Mendoza, 05-07-1888.

[148] Salvioli Hnos, *Guía de Mendoza*, Mendoza, 1912. El Censo de 1895 registra la licorería de José Patri. Otros establecimientos que registraba el Segundo Censo Nacional eran los del italiano José Laverone y el de los socios Juan Brignone (italiano) y los hermanos Zabalequi (españoles). AGN, *Segundo Censo Nacional*, Económico y Social, Provincia de Mendoza, Legajo 190, Boletín 32, tt. 8 y 9.

[149] Hijos de Pérez Fajardo, Rua Almeida Lima 165, São Paulo. Véase *El Heraldo del Comercio*, Mendoza, 10-01-1918.

[150] En números del periódico *La Industria* de 1908 ya se anuncia su comercialización. La empresa recibió el "gran diploma de honor" por su producto en la Exposición del Centenario.

[151] El jugo de uva de Tierney y Pons fue premiado en la Exposición de San Francisco (EUA) de 1915, véase *Boletín del Centro Vitivinícola Nacional*, N° 120, Buenos Aires, 1915. Driollet y Cía. ya existía a fines del siglo XIX y fabricaba el jugo Puruva, formándose una nueva sociedad vitivinícola con miembros de la familia Driollet en 1919, *Revista de Agricultura, Industria y Comercio del Centro Vitivinícola Nacional*, N° 164, Buenos Aires, 1919.

sumo utilizado para la fabricación industrial de vino desde fines del siglo XIX.[152] Las características climáticas de Mendoza y San Juan –en particular los veranos muy cálidos– provocan altos contenidos de azúcares en las uvas que influyen en la baja acidez de los mostos. Para modificar esta insuficiencia y favorecer su fermentación se apela al ácido tartárico, que se añade a los mostos.[153] Pero en los inicios de la vinicultura moderna, los bodegueros de Mendoza y San Juan consumían el ácido tartárico importado, ya que, al igual que otros productos químicos demandados por actividades finales, no se elaboraba en el país. A medida que crecía la producción regional de vino aumentaba la importación del insumo. Al promediar la segunda década del siglo XX, sólo las bodegas mendocinas consumían alrededor de un millón de kilogramos por año.

Los principales proveedores de la región durante los primeros años eran Italia, Francia y Alemania, agregándose después otros países, entre ellos Gran Bretaña y Austria-Hungría. Estados Unidos aprovechó la situación generada por la guerra de 1914-1918 para ingresar al mercado regional, aunque con baja proporción en comparación con los abastecedores europeos.[154]

En los comienzos, a la vez que importaba el ácido tartárico de Europa, Mendoza era proveedora de la materia prima para las fábricas que lo producían en Francia, Inglaterra e Italia,[155] sumándose más tarde como compradoras empresas de otros países (Bélgica, Holanda...). Este proceso se registra a comienzos del siglo XX, cuando se inicia en el oasis norte de Mendoza un co-

---

[152] Una publicación de comienzos de siglo XX informaba que "el ácido tartárico tiene muchas aplicaciones; se emplea en el tinte y estampado de tejidos; en la fotografía; en medicina, ya en estado libre o en forma de emético (tartrato de antimonio y potasio), de cremor tártaro, etc. En lo que mayor uso se hace es en la vinificación y en la fabricación de bebidas gaseosas", *Revista Vitivinícola Argentina*, N° 6-7, Mendoza, marzo-abril, 1911.

[153] "[...] En ningún caso sería demasiado poner tres gramos de ácido tartárico por litro de mosto y muchas veces se necesita más aún para las vendimias tardías". El Informe de Arata (o Informe de la Comisión de Investigación Vinícola) afirmaba que "después de las malas condiciones en que se hace la vendimia [...] las principales dificultades para hacer una mala fermentación consisten en la falta de acidez de los mostos" son estas dos "dificultades las causas de la mala elaboración de los vinos corrientes", Pedro Arata *et al.*, *Investigación vinícola*, t. 1, N° 1, Buenos Aires, Anales del Ministerio de Agricultura, 1903, p. 131.

[154] Eduardo Pérez Romagnoli, "Industrias derivadas de la vitivinicultura: la fabricación de ácido tartárico en Mendoza, un intento de sustitución de importaciones (1900-1920)", *XVIII Jornadas de Historia Económica*, Asociación Argentina de Historia Económica, Facultad de Ciencias Económicas, Universidad Nacional de Cuyo y CRICYT-Me, Mendoza, 2002.

[155] *Revista Vitivinícola Argentina*, N° 2, Mendoza, 25-11-1904. "Varias partidas importantes de este artículo se exportaron a Europa sobre plaza de Nápoles, Génova y Marsella. En Mendoza y San Juan los precios corrientes son: borras, según graduación, de 5 a 7 centavos el kilogramo; tártaros y cremores, según graduación, de 26 a 32 centavos el kilogramo; limos, 15 centavos", *ibid.*, N° 20, 25-08-1905, p. 230.

mercio de residuos vínicos al recuperarse borras, tartratos y otros residuos depositados e incrustados en toneles y otros envases, y también en alambiques.[156] Los intermediarios eran comerciantes locales, de Buenos Aires y empresas extranjeras con representantes comerciales en la región.

En la primera década del siglo XX son numerosos los ejemplos sobre el comercio de residuos de la vinificación, practicado sólo por inmigrantes europeos,[157] algunos de los cuales se convirtieron en empresarios regionales. Quizá el mejor ejemplo es el del ya mencionado Pablo Rossi, activo comprador y comerciante de residuos vínicos que luego enviaba al mercado de ultramar,[158] principalmente al italiano. Al convertirse en un importante productor regional de alcohol, Rossi no abandonó el comercio de exportación de la materia prima para la fabricación de ácido tartárico.

Al comenzar el siglo XX, analistas de la vitivinicultura regional señalaban la necesidad de que la industria contara con un abastecimiento regional de ácido tartárico, conociendo los niveles de consumo alcanzados y percibiendo un aumento de la demanda en los años venideros. El crecimiento de la demanda se relacionaba con la puesta en marcha de nuevas bodegas y con la incorporación de tecnología moderna en numerosas bodegas artesanales, las que, al comenzar el siglo XX, no utilizaban el insumo en la elaboración de vino.[159] La producción regional de ácido tartárico fue una propuesta del Informe de la Comisión de Investigación Vinícola. El primer proyecto materializado de producción de ácido tartárico fue una iniciativa de empresarios nacionales, principalmente de Buenos Aires, que dio origen a una fábrica extrarregional. Pero ello sucedió después que, en 1904, el Congreso nacional sancionara la ley

---

[156] "En los dos centros vinícolas más importantes de la República –Mendoza y San Juan– ha empezado desde hace unos tres años a esta parte, si bien no en forma del todo completa, a utilizarse las borras" y los demás residuos de la vinificación. *Ibid.*, N° 2, 25-11-1904, p. 3.
[157] "Tártaros y borras, compran en cualquier cantidad Baudron Hermanos, Belgrano", *El Comercio*, Mendoza, 18-11-1902. "Enrique Busseti y Cía., San Martín 927. Únicos compradores de tártaros y borras para la gran fábrica de Mante y Cía. de Marsella. Se pagan los precios más altos de plaza", *ibid.*, 30-03-1905. "Borras de tártaro de vino. Después de haber sido nombrados únicos representantes de las Fábricas Unidas de ácido tartárico alemanas, avisamos a los señores bodegueros que desde ya compramos cualquier cantidad de borra y de tártaro de vino. En comunicación telegráfica diaria con nuestros representantes, estamos en la posición de pagar siempre los precios más altos del día. Solicitamos ofertas. Vilmar, Rimpler y Cía., calle Las Heras 98", *La Industria*, Mendoza, 01-01-1909. Esta firma era una importadora de máquinas y equipos, especialmente para bodegas y destilerías.
[158] Eduardo Pérez Romagnoli, "La constitución de industrias derivadas de la fabricación del vino en Mendoza. Intentos y logros: 1880-1920", *Boletín de Estudios Geográficos*, N° 94, Mendoza, Facultad de Filosofía y Letras, Universidad Nacional de Cuyo, Mendoza, 1998.
[159] Pedro Arata *et al.*, *op. cit.* Arminio Galanti había expresado una opinión similar en 1900 pero señalaba que la producción regional de ácido tartárico no sería inmediata, pues advertía que los conocimientos tecnológicos eran aún escasos.

4434 –proyecto del mendocino Julián Barraquero– mediante la cual se eximía de impuestos durante diez años a las fábricas de ácido tartárico y concedía la libre introducción del equipamiento necesario para su funcionamiento. Asimismo, la ley redujo a la mitad los derechos de aduana de los ácidos tartárico y cítrico –su sustituto– hasta que la producción nacional reemplazara a la importación.[160]

La Compañía Argentina de Productos Tartáricos, una iniciativa extrarregional. En 1905 se formó la Compañía Argentina de Productos Tartáricos, con sede y fábrica en Buenos Aires.[161] Constituida por capitales provenientes del comercio y de la industria vitivinícola, tenía como propósito producir 150 mil kilos por año de ácido tartárico cristalizado a partir de la materia prima regional, la cual estaba asegurada puesto que en 1904 se exportaban alrededor de 500 mil kilos de materias tartáricas.[162] La fábrica de la compañía comenzó a operar a fines de 1908[163] y presentó su producto en la Exposición del Centenario, por el que recibió una distinción.[164] Pero también en 1908 la misma sociedad equipaba una fábrica de ácido tartárico en Mendoza, en el departamento de Guaymallén, seguramente para aprovechar la materia prima en el lugar donde se obtiene, eliminando los costos de su transporte a Buenos Aires. En este caso, la participación de empresarios mendocinos fue decisiva, en particular la de Pedro B. Ugalde, su principal impulsor.[165]

---

[160] Noemí Martínez de Gorla, *La problemática de la industria vitivinícola argentina y su influencia en el desarrollo de la vitivinicultura en el Alto Valle del Río Negro y Neuquén*, Buenos Aires, Editorial Dunken, 1999.
[161] *Revista Vitivinícola Argentina*, N° 24, Mendoza, 25-10-1905.
[162] *Ibid.*
[163] "Compañía Argentina de Productos Tártricos, Ácido Cristalizado Puro, Analizado por las Oficinas Química Nacional y Municipalidad de la Capital, por el Dr. Arata y por la Oficina Química de Mendoza. La Compañía garante absolutamente la pureza indicada [...] y vende cualquier cantidad arriba de 500 kilos, al precio de cincuenta centavos oro sellado el kilo, puesto sobre wagon en Buenos Aires. Se ruega pasar las órdenes antes de fin de mes, a objeto de asegurarse la entrega, las que se efectuarán de diciembre en adelante, hasta fin de febrero de 1910, garantiendo la entrega en la fecha indicada [...]", *La Industria*, Mendoza, 19-10-1910. La publicidad ocupaba toda la página y aparecía en un periódico fundado por importantes empresarios mendocinos ligados a la vitivinicultura. La mención del Dr. Arata, un químico reconocido en el ambiente vitivinícola nacional, pretende conquistar la confianza de los bodegueros, cuestión que no resultaría sencilla debido a la preferencia de los industriales inmigrantes por los productos provenientes de países europeos.
[164] *Ibid.*, 05-01-1911. Hay una nota en el periódico que elogia al jurado que otorgó la distinción, sugiriendo que el ácido tartárico es de calidad; la nota finaliza con una recomendación para que los industriales del vino adquieran el producto nacional.
[165] *Ibid.*, 11-11-1908.

El tiempo de funcionamiento de ambas fábricas fue muy breve. Las fuentes que se referían a la de Buenos Aires dejan de hacerlo al poco tiempo de haberse inaugurado. Y a comienzos de 1912 se remataban todos los equipos de la de Mendoza,[166] la que había dejado de operar hacía un año. Desconocemos las causas por las que ambas experiencias no prosperaron, pero algunos indicios de informaciones provenientes de sectores empresariales hacen presumir que, a pesar de la promocionada bondad del producto en el caso de la fábrica porteña, los hacedores del proyecto no habrían podido resolver los problemas técnicos para elaborar el insumo. Si fue así, ello debe haber influido en su calidad y, por lo tanto, en su aceptación por parte de los bodegueros. En este sentido, no hay nada que haga suponer que las condiciones técnicas de producción fueran distintas en Mendoza. También pueden haber repercutido causas económicas puesto que, si bien existía la materia prima, algunos componentes químicos intervinientes en su producción debían importarse y resultaban muy caros. En efecto, de acuerdo con un estudio del Consultorio Químico Industrial de Mendoza del CVN, en los años previos a la primera guerra mundial las condiciones para producir ácido tartárico en la región no eran para nada favorables debido a sus altos costos. Los reactivos costaban diez veces más en Buenos Aires que en Europa, la mano de obra era cinco veces más cara y dos veces el combustible. La única ventaja para el industrial productor era el escaso valor de la materia prima.[167]

La creciente dependencia del extranjero y el fracaso de las experiencias nacionales estaban entre los principales motivos por los que el CVN –adoptando una posición de avanzada en este aspecto– propiciaba desde inicios de la segunda década del siglo la producción nacional de ácido tartárico.[168] Desde un principio incluía a la región vitivinícola como el espacio de localización de las unidades de producción.

La situación creada por el consumo de ácido tartárico era inquietante desde la perspectiva de un correcto aprovechamiento de las materias primas, puesto que, como se avanzó, parte de las borras y tártaros se exportaba en bruto para importar el producto industrial, reproduciendo un esquema conocido para otras materias primas de origen nacional. El orujo, por su parte, otra materia prima para la elaboración del ácido tartárico, era empleado como abono por algunos viticultores además de ser requerido para la fabricación de alcohol. Las propuestas iniciales del CVN impulsaban la producción de ácido tartárico líquido –de menor complejidad de elaboración– en el interior de las

---

[166] *Ibid.*, 25-02-1912.
[167] *Boletín del Centro Vitivinícola Nacional*, N° 75, Buenos Aires, 1911.
[168] Propiciando una colaboración entre el Estado y el capital privado, el Centro Vitivinícola Nacional sostenía que la industria del ácido tartárico "sería un hecho y le cabría a [la Argentina] ser la primera nación vinícola que dejará de pagar tributo a la fabricación extranjera", *ibid.*, N° 80, 1912, p. 2201.

propias bodegas. Al terminar el siglo XIX ya había en la región enólogos que experimentaban privadamente en la producción de ácido tartárico líquido;[169] pero su elaboración no se extendía, puesto que los bodegueros que consumían el insumo preferían el cristalizado importado. Por causas externas a la región y al país, ciertas condiciones se modificaron al promediar la segunda década del siglo XX. Pero eso es tema de otra investigación.

La elaboración de pasas de uvas: la importancia de San Juan

Aunque la elaboración de pasas de uva debe ser considerada una "industria" sólo en sentido amplio del término –ya que en su acepción rigurosa no hay una transformación de la materia prima en un producto nuevo, químicamente modificado–,[170] no hay duda de que era una actividad que, además de sus efectos positivos en el empleo, consumía una apreciable cantidad de la cosecha vitícola de San Juan. Enraizada desde el período colonial, la pasería se consolidó en la provincia a fines del siglo XIX.[171] El Segundo Censo Nacional registró nueve establecimientos elaboradores de pasas de uva,[172] los cuales daban empleo –permanente y estacional– a varias centenas de trabajadores, incluyendo niños y una apreciable cantidad de personal femenino. En 1899 se destinaba a la pasería cerca de 200 mil quintales de uva, generadores de alrededor de 53 mil quintales de pasas, provenientes de unas 2 mil hectáreas de viña (sobre un total de aproximadamente 11 mil hectáreas cultivadas).[173]

Al terminar el siglo XIX, la modernización había penetrado mínimamente en la preparación de las pasas, ya que "salvo excepciones laudables, se hace por procedimientos sumamente sencillos y primitivos". No obstante, algunas firmas habían introducido mínimas innovaciones en sus establecimientos "como los de los señores Ignacio Segundo Flores, E. Serrano y otros, donde se procede con criterios técnicos, que son fruto de estudios especiales y esmera-

---

[169] *Ibid.*, N° 75, 1911.
[170] Adoptamos en este caso la definición propuesta por Jean Chardonnet en su *Géographie industrielle*, t. 2, París, 1965. Actualmente, el concepto ha variado dado que los procedimientos de conservación, acondicionamiento y embalaje de algunos productos del agro hacen que ellos sean considerados manufacturas de origen agropecuario.
[171] Emilio Maurín Navarro, *Contribución..., op. cit.*
[172] Serían diez si se incluyera a Agrícola Comercial e Industrial Espínola, Godoy Hnos. y Alvarado, argentinos, con producción en el departamento de Cochagual. La cédula censal no registra el rubro, pero se interpreta que por los 120 asalariados ocupados, una de las actividades de la firma era la pasería. AGN, *Segundo Censo Nacional*, 1895, Económico y Social, provincia de San Juan, Legajo 208, Boletín 32, tt. 1, 2, 4, 6, 7, 13, 15, 16 y 17.
[173] Arminio Galanti, *La industria viti-vinícola argentina*, t. 1, Buenos Aires, Talleres Ostwald & Cía., 1900.

dos".[174] Otra firma que unos años más tarde se destacara en la actividad era la de Rogelio Fernández y Hermanos, pues producía alrededor de mil toneladas de pasas y en el taller donde se preparaban trabajaban 65 personas –la mayoría mujeres–, ocupando casi el doble durante la cosecha. La empresa era además propietaria de un aserradero y de un molino harinero.[175]

En Mendoza, la producción de pasas fue marginal. Desde un comienzo, la vitivinicultura moderna privilegió la vinificación y el destino de la uva para la pasería fue mínimo.[176]

A MODO DE CONCLUSIÓN

El "brote" industrial de fines del siglo XIX dotó a la región de industrias inducidas y derivadas, aunque, en realidad, en muchos casos se trató de una actividad artesanal más que industrial.

En el caso de la metalúrgica, fueron alrededor de 45 los talleres abiertos entre 1885 y 1914 en ambas provincias asociados con la reparación y producción de bienes para la vitivinicultura moderna, expresivos, en buena medida, del envión que alcanzó a la metalurgia durante el "brote" industrial. La superior cantidad de talleres en Mendoza con relación a San Juan, acompaña el rol organizador del espacio que asumió el núcleo mendocino, en tránsito hacia la función de metrópoli regional que luego alcanzaría, directamente vinculada con la mayor extensión cultivada con vid, la preponderancia en el número de bodegas y destilerías industriales y su mayor peso demográfico.

Un hecho destacable asociado con la actividad metalúrgica es el inicio de la generación regional de tecnología aplicada a los bienes producidos por algunos talleres. Este rasgo distintivo de la metalurgia relacionada con la vitivinicultura se consolidará en décadas posteriores e, incluso, alcanzará también a ramas de las industrias derivadas.

La producción de envases de madera hizo también su aporte, pero una característica fue el recurso, no modificado posteriormente, a la materia prima importada.

A pesar de su atraso con relación a las dos principales actividades inducidas, algunas industrias derivadas se agregan al impulso industrial, aunque con limitaciones en su constitución.

---

[174] *Ibid.*, p. 139.
[175] Juan Bialet Massé, *El estado... op. cit.*
[176] El Censo de 1895 no registra establecimientos productores de pasas en Mendoza.

Capítulo IV

Las asociaciones de empresarios vitivinícolas mendocinos en tiempos de crisis y de expansión económica (1900-1912)

Patricia Barrio de Villanueva

Modernización, asociaciones y coyuntura económica

Una de las manifestaciones más interesantes de los procesos de modernización económica es la diferenciación estructural de la sociedad por medio de la formación de "una variedad de asociaciones voluntarias para fines específicos".[1] En Mendoza, la implantación de la vitivinicultura, en el último cuarto del siglo XIX, impulsó la organización de las primeras instituciones que tuvieron como objetivos la defensa de los intereses del sector, a través de la promoción de políticas propicias para la nueva actividad y del enfrentamiento a los grupos de la competencia (importadores,[2] productores de bebidas vínicas artificiales, etcétera).[3]

---

[1] Peter Burke, *Sociología e historia*, Madrid, Alianza Editorial, 1987, pp. 103-104.
[2] Entre los importadores de vino se pueden establecer diferencias. Balán señala que los que compraban vino italiano generalmente lo mezclaban con vino de la región; producto este último que muchos de ellos se dedicaban a comercializar. En consecuencia, estos importadores no eran totalmente competidores de la industria regional. Por el contrario, los introductores del vino español utilizaban otros elementos para aumentar la cantidad de vino y así bajar el precio y eran, por lo tanto, severos rivales de la industria nacional. Cada uno de estos dos grupos de importadores estaba representado y defendido por las cámaras respectivas, reunidas por nacionalidad. Pero el mayor proveedor de vinos hasta la primera guerra mundial fue Francia. Jorge Balán, "Una cuestión regional en la Argentina: burguesías provinciales y el mercado nacional en el desarrollo agroexportador", *Desarrollo Económico*, N° 69, Buenos Aires, IDES, 1978, pp. 50-87.
[3] Al amparo de la demanda del mercado, que inducía el aumento del precio del vino, surgió en la década de 1880 una industria de bebidas "viníferas" en Buenos Aires y Rosario que se convirtió en una importante rival de los importadores y de los bodegueros de la región. Esta práctica estaba permitida por la ley de vinos de 1893 con la única condición de que fuera aclarado en las respectivas etiquetas. Ellos eran: el "petiot" (realizado con orujos fermentados), el de "pasas" y los artificiales que imitaban su sabor. Estas bebidas tenían altos

Aunque los datos son fragmentarios se sabe que, casi contemporáneamente con la creación de la Unión Industrial Argentina en 1888, se establecieron dos entidades representativas de la industria del vino en la ciudad de Buenos Aires: Sociedad Unión Vitivinícola Argentina y Compañía Enológica de Mendoza.[4] En Mendoza, cuando se renovó en 1894 el impuesto provincial al vino de $ 0,40 por hl, el gobierno dispuso que del total percibido, se destinaran $ 2.000 "para fomento, defensa y propaganda de la industria vitivinícola" y para formar un "Centro Vitivinícola que se establecerá en la Capital Federal [...]".[5] Ese mismo año se firmó con la provincia de San Juan un convenio para costear solidariamente los gastos de mantenimiento de la nueva institución;[6] y hay datos sobre el intento de ampliar el convenio con las provincias de Entre Ríos, Salta y Catamarca.[7] El Centro se constituyó en junio de 1895, pero se instaló en Mendoza.[8] Poco después, en 1897, durante la efímera gobernación de Emilio Civit, se organizó una "Comisión de defensa y fomento de la industria vitivinícola de la provincia".[9]

El sector también estuvo representado en el Centro Comercial Agrícola e Industrial; así, en una Memoria descriptiva de 1893 se puede encontrar importante información sobre la vitivinicultura local.[10] En 1897, los bodegueros y viñateros de ese Centro presentaron al Congreso de la Nación un petitorio solicitando la no aprobación del impuesto de "[...] 2 centavos por cada litro de vino nacional",[11] aunque sin evitar que dicho gravamen fuera votado al año siguiente.

---

impuestos, por lo tanto hacerlas pasar por vino genuino (que tenía un impuesto inferior) reportaba doble ganancia por los bajos costos de producción. Por último, estaba extendida la práctica del "corte de vinos" que era la mezcla, con el fin de aumentar el volumen ("estirar") y corregir el sabor, de distintos tipos de "vinos" (genuino importado y nacional, en estado de conservación bueno y malo; de pasas, petiot, artificial, etc.). En este proceso de mezcla y estiramiento del vino era común adicionarle agua, alcohol vínico, azúcar, miel y sustancias químicas, costumbre que practicaban comerciantes mayoristas y minoristas. *Ibid.*, p. 76.

[4] Cecilia Marigliano, "La vitivinicultura mendocina y su legislación (1890-1902)", separata del *Octavo Congreso Nacional y Regional de Historia Argentina*, Buenos Aires, Academia Nacional de la Historia, 1998, p. 346.

[5] Registro Oficial de la Provincia de Mendoza (ROPM), 1894, t. II, p. 285.

[6] *Ibid.*, pp. 367-368.

[7] *Ibid.*, 1895, t. III, p. 108.

[8] Su primer presidente fue Isaac Chavarría y los vocales eran: por San Juan, Francisco Uriburu (integrante también de la UIA); por Entre Ríos, Torcuato Gilbert; y por Salta, Juan Patrón Costa.

[9] Rodolfo Richard-Jorba, *Poder, economía...*, op. cit., p. 207 y Cecilia Marigliano, op. cit., p. 346. Emilio Civit fue nombrado Ministro de Obras Públicas en 1898 por el presidente Julio A. Roca.

[10] Centro Comercial, Agrícola e Industrial, *Memoria descriptiva y estadística de la Provincia de Mendoza*, Mendoza, 1893, pp. 60-80.

[11] Centro Comercial, Agrícola e Industria, *Solicitud que los bodegueros y viñateros de la Provin-*

En este capítulo estudiamos esas entidades a comienzos del siglo XX en relación con el ciclo económico 1901-1912, formado por una coyuntura de crisis (1901-1903) y otra de expansión (1904-1912).[12] Nuestro objetivo es establecer los intereses que defendían, las ideas que las motivaban y los comportamientos diferenciales que tuvieron en ambas situaciones. Sin embargo, es necesario adelantar que la investigación de estas asociaciones durante la crisis de 1901-1903, por tratarse de una etapa todavía "fundacional", dio como resultado una serie de intentos marcados por el fracaso y el desacuerdo entre los agentes, que sólo fue superado cuando la bonanza económica abrió posibilidades de negocios y ganancias, a partir de 1904.

A partir del nuevo período de expansión vitivinícola, la economía provincial fue adquiriendo algunos rasgos característicos del "capitalismo reglamentario" descriptos por Lajugie: incorporación de tecnología en la industria, aparición y fortalecimiento de las sociedades anónimas, búsqueda de herramientas válidas para controlar o influenciar en el mercado y, finalmente, mayor intervención estatal.[13] Este último aspecto, que se manifestó desde 1907, provocó una tensión entre el Estado, que avanzaba en su puja por controlar y promover distintas actividades productivas, y el sector vitivinícola, que se expandía al ritmo de su alta rentabilidad y que, lógicamente, se oponía al nuevo diseño de la política estatal. La tensión desgastó las relaciones entre el civitismo, que gobernaba la provincia desde 1891[14] y había sido el principal impulsor de la moderna vitivinicultura, y los dirigentes de este sector, uno de

---

cia de Mendoza elevan al Honorable Congreso de la Nación, pidiendo la no aceptación del impuesto de 2 centavos por cada litro de vino nacional, Mendoza, Imprenta de El Diario, 1897.

[12] La coyuntura económica "es considerada resultado ya de un exceso de demanda sobre la oferta, con consecuencias inflacionarias y expansivas de los negocios, ya de un defecto de la demanda, con consecuencias deflacionarias y recesivas", Sergio Ricossa, *Diccionario de economía*, México, Siglo XXI Editores, 1990. El indicador utilizado para determinar esos momentos de crisis y expansión ha sido el precio de la uva y del vino, Pierre Vilar, *Iniciación al vocabulario de análisis histórico*, 4ª ed., Barcelona, Crítica-Grupo Editorial Grijalbo, 1982, pp. 84-85.

[13] Joseph Lajugie, *Los sistemas económicos*, Buenos Aires, Eudeba, 1960, pp. 27-30.

[14] En 1891 se creó el llamado Partidos Unidos, que reunió a los ex integrantes del Partido Liberal con los radicales. Fue una táctica ideada por Francisco Civit para cooptar la naciente agrupación política y perpetuar a los liberales en el poder, situación que continuó hasta 1914, Jorge Scalvini, *Historia de Mendoza*, Mendoza, Spadoni, 1965, pp. 343-345 y 351. Por su parte, Francisco Martín, caracteriza el período 1894-1914 como un "segundo momento clave de la dominación oligárquica", el cual se inició con la sanción de una nueva Constitución mendocina y el acceso al gobierno de Francisco Moyano (1894-1898), y terminó con la llegada a la gobernación del candidato a gobernador del Partido Popular, Francisco Álvarez (1914-1918). Durante esos años, se produjo "la consolidación" del nuevo modelo económico. *Estado y empresas. Relaciones inestables. Políticas estatales y conformación de una burguesía industrial regional*, Mendoza, Ediunc, 1992, pp. 20-21 y 58-83.

los sostenedores más importantes del régimen. La situación creada tuvo un doble impacto. El primero fue de naturaleza política puesto que el acuerdo concluyó a principios de la década de 1910, cuando los empresarios del vino comenzaron a buscar otra expresión política que representara sus intereses económicos y así contribuyeron al ocaso del mencionado régimen en Mendoza. La segunda consecuencia se operó en el seno mismo de la organización empresaria puesto que sus dirigentes, preocupados por el conflicto con el gobierno, fueron incapaces de diseñar un modelo vitivinícola a largo plazo.

LOS INTENTOS ASOCIATIVOS DURANTE LA PRIMERA CRISIS VITIVINÍCOLA DE PRINCIPIOS DE SIGLO

La vulnerabilidad de la industria

A comienzos del siglo XX, el notable crecimiento de la vitivinicultura (cuadros 1 y 3 del capítulo II) escondía, sin embargo, numerosos flancos vulnerables.[15]

El primero de ellos era la *hiperespecialización* productiva. Como el modelo funcionaba bien había desinterés tanto por la diversificación industrial (véase capítulo III)[16] como por la elaboración de vinos de calidad,[17] factores que con el tiempo operaron en la formación de una economía basada en un cultivo especulativo con un alto riesgo de crisis recurrentes de sobreproducción o de subconsumo. También el *endeudamiento de los productores* daba fragilidad a la industria. En efecto, la mayoría no contaba con recursos propios para enfrentar esta actividad y debía recurrir, tanto para iniciarse en el negocio[18] como para obtener capital de trabajo, a distintos agentes de crédito: bancos privados y

---

[15] Según el padrón de 1883, Mendoza tenía 2.788 ha de viña (R. Richard Jorba, *Poder, economía...*, op. cit., p. 304), y en 1900, según cálculos del mismo autor, la superficie con viñedos había alcanzado las 20.618 ha, véase R. Richard-Jorba, "Conformación espacial de la viticultura en la provincia de Mendoza y estructura de las explotaciones. 1881-1900", *Revista de Estudios Regionales*, N° 10, Mendoza, CEIDER, 1992, p. 154).

[16] En su informe de 1903, la Comisión dirigida por Pedro Arata advertía sobre todos los bienes que se podían obtener de la uva, que constituían una alternativa económica potencial para los momentos de crisis: grapa, alcohol, ácido tartárico, abono, alimento para animales, sin contar con el comercio de la uva en fresco y la pasa, etc. Pedro Arata *et al.*, op. cit., pp. 205-210.

[17] Los promotores de la moderna vitivinicultura mendocina (entre otros Eusebio Blanco, Emilio Civit y Tiburcio Benegas) querían reproducir el modelo francés, con la producción de vino con tipos y calidades similares.

[18] El informe Arata criticaba los altos intereses pagados por los préstamos: "[...] la gran mayoría de los viticultores de Mendoza, que han plantado sus viñedos con plata agena [sic] han pagado intereses de 1, 1$^{1}/_{2}$ y hasta más por ciento mensuales", Pedro Arata *et al.*, op. cit., p. 199.

públicos, casas de cambio[19] y prestamistas a cuyo favor hipotecaba sus propiedades. En consecuencia, entre 1900 y 1902, la deuda hipotecaria total de Mendoza habría alcanzado $ 11.868.357 m/n, de la cual $ 2.299.517 m/n era con particulares y $ 9.568.840 m/n con el Banco Hipotecario Nacional.[20] Si se considera que la recaudación fiscal anual de la provincia de Mendoza en 1900, 1901 y 1902 no superó los $ 1.601.099[21] se puede tener una idea clara del nivel de deuda alcanzado por los actores involucrados en el negocio vitivinícola. Estos créditos podían ser pagados mientras la rentabilidad de la uva y del vino lo permitieran, pero ante cualquier baja del precio de la bebida, los productores encontraban serias dificultades para cumplir con sus obligaciones.

Otro problema era el *alto costo de la tarifa ferroviaria* de Mendoza a Buenos Aires debido al monopolio que ejercían dos empresas ferroviarias, concesionarias de la vía férrea que en forma directa unía ambas ciudades.[22] Dicha tarifa era de $ 0,04 por el traslado de cada litro de vino a Buenos Aires,[23] precio superior al pagado por el mismo producto embarcado en Europa con destino al principal puerto argentino. A esto se sumaba *el pago de los impuestos*: uno nacional, que comenzó a regir en 1898 con una tasa de $ 0,04 por litro (en 1899 disminuyó a $ 0,02);[24] y otro provincial, de $ 0,50 por hl, desde

---

[19] Entre los bancos se destacaba el Provincia, el de la Nación, el Hipotecario, el Tarapacá, el Banco de Londres y Río de la Plata y en 1900 existía el Banco Municipal de Guaymallén. Pérez y Duverges, *Guía de Mendoza para el año 1901*, Mendoza, Tipografía Los Andes, 1900; *Los Andes*, Mendoza, 1902 y 1903. El Banco Tarapacá se instaló a fines de 1903. Entre 1900 y 1903 se han encontrado las siguientes casas dedicadas al cambio de dinero, giro al exterior, cajas de ahorro y préstamo: Simón Moreno, Gregorio Curbello, J. Hardoy; Ojeda y Olave; Falco, Fuseo y Cia. (luego Guillermo Fuseo y posteriormente Fuseo y Calcagno); Juan Saiz y Grazzini y Cia.
[20] Artículo de G. Lallemant publicado en el Boletín Industrial y reproducido en *El Comercio*, Mendoza, 17-12-1902, p. 2.
[21] *Los Andes*, Mendoza, número especial 1921, pp. 130-131.
[22] La ciudad de Villa Mercedes en San Luis era un núcleo de empalme ferroviario y entre empresas: el Gran Oeste Argentino entre Mendoza y esa ciudad; y la BAP (Buenos Aires al Pacífico) y el Ferrocarril Central Argentino entre Villa Mercedes y la Capital Federal. Si bien estas dos últimas tenían depósitos para vinos en Catalinas Norte y Retiro, la empresa preferida para este segundo tramo era la BAP puesto que tenía el trayecto más directo, véase *Los Andes*, Mendoza, 23-11-1900, p. 3. La otra compañía era elegida para colocar mercadería en el sur de la provincia de Córdoba y la ciudad de Rosario. En diciembre de 1907 las empresas Gran Oeste Argentino y Trasandino fueron compradas por el Ferrocarril Buenos Aires al Pacífico por $ 27.900.000, *Los Andes*, Mendoza, 7-12-1907, p. 4.
[23] *Los Andes*, Mendoza, 28-7-1900, p. 4, y P. Arata *et al.*, *op. cit.*, p. 204, señalan en $ 8,40 el flete a Buenos Aires de la bordalesa de vino (200 litros), y *El Comercio*, Mendoza, 12-7-1905, p. 5, lo calcula en $ 8,50.
[24] Ley nacional N° 3700 del 28-8-1898. Se sancionó por problemas fiscales y la inminencia del conflicto con Chile y sólo tuvo una vigencia de seis meses. La ley nacional N° 3740, de diciembre de ese año, que regula los impuestos para 1899 lo bajó a $ 0,02 el litro.

1895.[25] El gravamen nacional produjo un fuerte impacto en la todavía naciente industria.

A su vez, la *escasa calidad del vino* producido[26] y su *falsificación*[27] desprestigiaba la actividad y contribuía a la distorsión de los precios del mercado.

Por último operaba una *deficiente comercialización de la bebida*. La mayoría de los productores enviaban su producción "a granel" en ferrocarril a consignatarios ubicados en Buenos Aires y Rosario que se encargaban de ubicarlo en el mercado[28] o a grandes casas compradoras que constituían una estructura oli-

---

[25] El gravamen mendocino fue en sus orígenes (1891) de $ 0,40 el hl y $ 0,01 el litro de alcohol; a partir de 1895 se elevó a $ 0,50. A fines de 1903, cuando se supo que el impuesto nacional se anularía a partir de 1904, subió a $ 0,75, pero el canon pagado por el análisis químico del vino se rebajó de $ 0,10 a $ 0,05, véase ROPM, 29-12-1903, t. I, pp. 639-641. A fines de 1905 el impuesto provincial del vino llegó a $ 0,85 el hl; Provincia de Mendoza, *Recopilación de Leyes desde el 1-1-1869 al 31-12-1924*, Mendoza, 1925, t. V, p. 2659. Respecto de la uva, su impuesto se rebajó a fines de 1899 a $ 0,30 por cada 100 kg y fue eliminado en 1902 por la crisis, véase Rodolfo Richard-Jorba, *Poder, economía..., op. cit.*, p. 205.

[26] La escasa calidad del vino se debía, en primer lugar, a la falta de conocimientos agrícolas e industriales de una compleja actividad como la vitivinicultura; en segundo lugar influía fuertemente la demanda de vino barato y sin exigencias de genuinidad, originada en los sectores populares (inmigrantes de países mediterráneos acostumbrados a tomar vino en su dieta diaria).

[27] La práctica de la falsificación del vino más frecuente era el "estiramiento" a través del agregado de agua. También era usual "encabezarlos", esto es, incorporarles alcohol vínico, procedimiento permitido por la ley cuando el caldo tenía baja graduación natural, pero que era utilizado como paso previo al "aguamiento". Otra costumbre era la mezcla de los vinos que quedaban de la cosecha anterior, casi siempre avinagrados, con los nuevos caldos. Por último, el añadido de ciertas drogas era otra costumbre de los bodegueros-falsificadores. En los centros de consumo se realizaba otro gran fraude, entre los cortadores, los mayoristas y los minoristas ubicados en los barrios populares. Para ello los consignatarios y compradores de Buenos Aires y Rosario exigían que el vino enviado alcanzara entre 13° y 14° de alcohol y entre 37 y 40 por mil de extracto seco, que eran las condiciones para realizar "el desdoblamiento" del producto. Al respecto, es necesario explicar que el extracto seco en el vino expresa la cantidad de materias disueltas en la bebida que no se evaporan. Se compone, entre otros, de glicerina, ácidos fijos, azúcar residual y minerales de la uva. Es un concepto muy importante, ya que una pobreza en estas materias hace presentarse a los vinos como "flojos" y "ligeros" de paladar, y un exceso como "ordinarios" (consulta a un enólogo). El tema del extracto seco como índice de genuinidad del vino fue debatido con motivo de la sanción de la Ley Nacional de Vinos N° 4363 de 1904, véase Patricia Barrio de Villanueva, "Aspectos legales en la conformación de la vitivinicultura industrial en la Argentina. Gestiones mendocinas en la sanción de la ley de vinos 4363 de 1904", *VII Encuentro de Historia Argentina y Regional*, Facultad de Filosofía y Letras, Universidad Nacional de Cuyo, Mendoza, 2004.

[28] En las fuentes, los bodegueros consideraban el costo de "corretaje de venta", es decir el intermediario que buscaba los clientes para el producto y que cobraba en 1903 aproximadamente $ 1 por bordalesa de 200 litros, *Los Andes*, Mendoza, 3-4-1903, p. 5.

gopsónica que establecía el precio del producto. Además, casi nunca las ventas eran estables: el elaborador "[...] no vende todos los años, ni toda su producción a una misma categoría de comerciantes. Hoy es el almacenero que compra su vino, mañana el cortador, después el minorista, y así sucesivamente".[29] Esta variabilidad de agentes compradores traía aparejado distorsiones en los precios del vino en las plazas de consumo[30] y la presión de los especuladores sobre el bodeguero. Por lo tanto, no se daban las mínimas condiciones de previsibilidad en las transacciones entre Mendoza y las provincias consumidoras.

Ahora bien, la situación de vulnerabilidad descripta se agravaba en los años en que la cotización de los caldos disminuía, pues el sector más débil de los bodegueros (véase capítulo II), que no tenía suficiente capital de trabajo para operar y frecuentemente estaba endeudado, se veía obligado a expedir rápidamente sus caldos (muchas veces en estado de fermentación) malvendiéndolos en Buenos Aires y Rosario para recibir el dinero y cumplir con sus obligaciones. Esta situación del mercado, que producía la brusca y excesiva caída de su precio entre los meses de marzo y julio, redundaba en menores ganancias y dificultaba la incorporación de este débil sector al proceso de modernización vitivinícola.[31]

Con las condiciones antes descriptas se desarrolló la primera crisis vitivinícola del siglo XX, entre el segundo semestre de 1901 y fines de 1903. Su profundidad puede comprobarse a través de los precios pagados por la producción: en 1900 el quintal (de 46 kg) de uva francesa costaba hasta $ 3,80 (cosecha a cargo del comprador) y en 1903 entre $1 y $1,60; el vino al menudeo en Buenos Aires tenía un precio aproximado de $ 0,55 el litro en el primer año de referencia, y de $ 0,18 en el segundo.[32]

---

[29] Ibid.
[30] Un relato de Galanti ejemplifica el desorden del mercado del vino: "En el próximo año pasado un mismo productor pudo vender en Buenos Aires, con pocos días de intervalo entre una y otra venta, dos fuertes partidas del mismo vino, a los precios de $ 0,19 y 0,27 el litro, sin casco. Un vino semi-avinagrado encontró en agosto del 99 un comprador que lo pagó a $ 0,23 el litro, mientras que un muy buen producto, ofrecido en la misma época, quedó sin vender hasta febrero de 1900 en cuyo mes fue colocado a $ 0,22, con casco. Y el minorista compra, a menudo, a un precio inferior al que paga el almacenero mayorista o el cortador", Arminio Galanti, *op. cit.*, p. 120.
[31] Como explicaba una fuente: pese a que las "dos terceras partes de la cosecha de vinos se encuentra en 50 bodegueros", el resto ("cerca de dos mil"), acuciados por la falta de capital –con el que tenían que enfrentar los costos de producción, salarios y deudas bancarias–, inundaban el mercado con sus caldos, produciendo un exceso de oferta y una baja abrupta del precio en el Litoral, especialmente durante los primeros meses posteriores a la cosecha. Se buscaba, entonces, atenuar este fenómeno que tanto "perjudica a todos, como sucede ahora y ha sucedido todos los años", *Los Andes,* Mendoza, 6-11-1901, p. 4.
[32] Patricia Barrio de Villanueva, "Una crisis vitivinícola mendocina a principios de siglo XX", *Actas XVIII Jornadas de Historia Económica,* Mendoza, Asociación Argentina de Historia Económica, Universidad Nacional de Cuyo, CRICYT-Me, 2002, p. 4.

Sus causas obedecieron a factores extrarregionales no vinculados con la vitivinicultura. La principal fue la caída de la circulación de la moneda nacional debido a la contracción de la entrada de capitales extranjeros y del comercio exterior.[33] Esto produjo deflación que, por un lado, provocó una baja de la demanda de los productos prescindibles como el vino; por otro, redujo el crédito bancario, herramienta fundamental para la actividad económica. Ambos factores afectaron el desenvolvimiento de la agroindustria que tenía una alta dependencia de capital de trabajo. A esto se sumaron las pérdidas económicas en la provincia de Buenos Aires por inundaciones[34] y, en especial, la posibilidad de una guerra con Chile a fines de 1901.

La crisis no afectó por igual a los agentes involucrados en la agroindustria. De un lado, un pequeño núcleo de empresarios vendía su producción "sin apuro", conseguía mejores precios "siempre en relación con el estado económico actual" (la caída general de ingresos) puesto que se manejaba con "clientela directa".[35] Del otro, estaba la mayoría de los elaboradores entrampada en las ventas en consignación. También se puede diferenciar a los productores según las deudas que hubieran contraído con las entidades financieras. Sólo unos pocos pudieron sortear este agudo problema.[36] El desajuste tampoco

---

[33] Debido al motivo expuesto, entre los años 1900 y 1902 inclusive, prácticamente no hubo existencias en la Caja de Conversión, sólo 400.000 pesos oro según Rafael Olarra Jiménez, *Evolución monetaria argentina*, Buenos Aires, Eudeba, 1968, p. 73. La causa de la caída de las inversiones extranjeras se debió, según Rapoport, a diversos factores: la guerra de los bóers en Sudáfrica y la revuelta de los bóxer en China, véase Mario Rapoport y colaboradores, *Historia económica, política y social de la Argentina (1880-2000)*, Buenos Aires, Macchi, 2000, p. 97. Digamos, también, que esta crisis estuvo precedida por la de 1899 cuando la falta de dinero en Europa produjo una baja del precio de las exportaciones argentinas, véase Guido Di Tella y Manuel Zymelman, *Las etapas del desarrollo económico argentino*, Buenos Aires, Eudeba, 1967, p. 230. Sólo en 1903 comenzó a llegar oro al país, situación que se combinó con un aumento en el precio de los productos argentinos de exportación. Sin embargo, como bien señala Mario Rapoport, sólo desde 1904-1905 "se verifica un aumento continuo del medio circulante", hecho que explicaría la salida de la crisis en el primero de esos años, *op. cit.*, p. 98.

[34] En diciembre de 1900 la inundación en la provincia de Buenos Aires produjo una pérdida de medio millón de cabezas de ganado vacuno y veinte millones de ovejas con un perjuicio de $ 128.000.000, *Los Andes*, Mendoza, 28-12-1900, p. 5. Un problema de esta magnitud tiene inmediata incidencia en el empleo y en la capacidad de consumo de la población.

[35] *Los Andes*, Mendoza, 19-2-1903, p. 5.

[36] Ni siquiera los grandes productores de vino escaparon a esta situación. El caso más notable fue el de Tiburcio Benegas quien, aunque miembro de la élite política y productor de los mejores vinos de Mendoza, tuvo serios problemas financieros debido a su alto endeudamiento, véase Patricia Barrio de Villanueva, "Tiburcio Benegas: vicisitudes de un hombre de negocios entre 1890 y 1908", *Actas de las Primeras Jornadas de Historia y Literatura del Sur Mendocino*, San Rafael, 2003, CD-ROM.

presentó una distribución espacial homogénea. En las zonas donde se iniciaba la moderna vitivinicultura (departamentos de Rivadavia y San Martín, ubicados al este del oasis norte), entre el 99% y el 100% de los bodegueros eran pequeños productores (menos de 1.000 hl anuales de vino), es decir, pertenecían al sector más vulnerable.

Las asociaciones

Como se adelantara, el grupo modernizante de la dirigencia política local promovió la moderna vitivinicultura,[37] proyecto al que adhirieron los sectores económicos dedicados al comercio,[38] transformándose en el *núcleo de una burguesía industrial regional*. Ésta, a su vez, se nutrió de inmigrantes llegados durante las décadas de 1850 y 1860 y, posteriormente, de la llamada *inmigración masiva*.[39]

El primer gremio provincial que reunió exclusivamente a los miembros de esa naciente burguesía industrial fue el Centro Viti-vinícola. Aunque no sabemos la fecha de su constitución,[40] sí se conoce que desde fines del siglo XIX estaba presidido por Elías Villanueva, un político empresario.

Integraban la institución, además, otros elaboradores de origen local e inmigratorio: Ricardo Palencia, Carlos Alurralde, Pedro Benegas, Alejandro Suárez, Horacio Falco y Héctor Innes. En 1900 presentó, con el auspicio del Ministerio de Agricultura de la Nación, su obra más importante, el estudio sobre la vitivinicultura argentina encargado al enólogo italiano Arminio Galanti.[41]

Cuando comenzó la crisis, en el seno de la institución se generó una discusión sobre sus causas y, entre otras, se culpó de los males de la industria a la adulteración del vino que aumentaba la oferta. Se denunció que los principales responsables de estas prácticas eran los comerciantes mayoristas y mi-

---

[37] Entre otros, se pueden mencionar a Francisco y Emilio Civit, Tiburcio Benegas y Elías Villanueva que se convirtieron en políticos empresarios.
[38] La implantación de la vitivinicultura en Mendoza se logró gracias al aporte del capital comercial "que se volcó a la inversión productiva, agrícola e industrial y se avanzó sin pausa hacia una especialización destinada a atender a un mercado tendencialmente nacional", Rodolfo Richard-Jorba, *Poder, economía...*, op. cit., p. 29.
[39] *Ibid.*, p. 168.
[40] Según Cecilia Marigliano había nacido en 1899 con una subvención estatal de $ 500 mensuales, "La vitivinicultura mendocina...", *op. cit.*, p. 346; es probable también que fuera una continuación del fundado en 1895, Rodolfo Richard-Jorba, *Poder, economía...*, op. cit., p. 207.
[41] En junio de 1901, el Centro solicitó al Poder Ejecutivo Nacional el envío de un agrónomo a fin de que aconsejara a los productores cómo enfrentar la antracnosis en los viñedos. *Los Andes*, Mendoza, 23-3-1901, p. 6.

noristas de las grandes ciudades argentinas, especialmente Buenos Aires y Rosario, amparados por una ley laxa. Por ello plantearon la necesidad de promover el tratamiento de otra norma que salvara los defectos y vacíos de la vigente, y que por su rigurosidad evitara las prácticas ilegales.[42] En segundo lugar, procuraron formar sucesivas entidades que, como se verá, fracasaron, fundamentalmente por el peso del individualismo y la desconfianza entre los actores que componían la vitivinicultura mendocina en los albores del siglo XX, descriptos en el capítulo II.

De la Sociedad Cooperativa a Bodegueros Unidos

Poco antes de marzo de 1901, Elías Villanueva debió renunciar a la dirección del Centro Viti-vinícola para asumir como gobernador de la provincia y fue reemplazado por el vice, Horacio Falco.[43] Fue justo durante esa gobernación (1901-1903) cuando se desató en Mendoza la referida crisis.

La primera estrategia impulsada por Horacio Falco, desde el Centro Viti-vinícola, fue la formación de una Sociedad Cooperativa Vinícola con la clara intención de controlar la oferta del vino y evitar la caída de los precios.

En una reunión a la que asistieron los principales elaboradores mendocinos[44] quedó diseñada la organización de la futura sociedad. Sus inspiradores planeaban constituir la cooperativa con el 5% de la producción de cada uno de los asociados, a cambio de lo cual se entregarían acciones. También se emitirían *warrants*[45] para que los productores consiguieran fondos, dejando sus caldos en caución. Se preveía la compra de un local de grandes dimensiones donde "[...] podrán llevar sus vinos aquellos que no teniendo compradores asegurados para sus mercancías no quieran esponerse [sic] a llevarlos a mercados desconocidos donde se ven obligados a venderlos a vil precio". Así se lograría que los pequeños vinicultores no lanzaran al mercado en forma apresurada sus caldos. Por último, se calculaba que, luego de cinco años de funcionamiento, la asociación tendría el capital suficiente para hacer operaciones

---

[42] Patricia Barrio de Villanueva, "Aspectos legales...", *op. cit.*

[43] *Los Andes*, Mendoza, 23-3-1901, p. 1. El empresario Horacio Falco era titular de la firma Falco, Fuseo y Cía., cuya bodega tenía una capacidad de elaboración, en 1900, de 5.000 bordalesas (aproximadamente 10.000 hl) anuales, *ibid.*, 9-2-1900, p. 5. En 1903 también participaba en una sociedad bancaria: la Casa Falco, Grazzini y Cía., que era agente exclusivo del Banco de Nápoles, *ibid.*, 14-3-1903, p. 3.

[44] La Comisión provisoria se integró con Tiburcio Benegas, Horacio Falco, Ricardo Palencia, Carlos Alurralde, Melitón González, Balbino Arizú, Miguel Escorihuela, Pedro Benegas, Domingo Tomba, Agustín Leguizamón y, como secretarios interinos, Nicolás Arzeno y Arminio Galanti, *ibid.*, 6-11-1901, p. 4.

[45] El *warrant* es una garantía respaldada por mercadería almacenada en depósitos, que se endosa a favor de una entidad financiera para obtener un préstamo.

de compra para la industria y "[...] entonces se echarán las bases de fundación de un banco cooperativo agrícola".[46] El tema del fraude que se realizaba en la provincia no fue mencionado pese a que ese año fue abundante.

En noviembre de 1901 se aprobaron los estatutos de la Sociedad y se nombró la Comisión directiva, la cual representaba lo más granado de la industria.[47] Para que el proyecto fuese viable, era fundamental el apoyo casi unánime de los bodegueros que, como se ha visto en el capítulo II, en conjunto producían alrededor de 1.000.000 hl de vino. Al mes siguiente, los promotores aseguraron que tenían una adhesión correspondiente a 600.000 hl, aunque es probable que la estimación fuese exagerada para convencer a los indecisos.[48] Pese al trabajo realizado, la expectativa quedó trunca. Es que era una solución pensada para el mediano plazo que no satisfacía los problemas de la coyuntura. En enero de 1902, el diario *Los Andes* informaba que sus impulsores "[...] no encuentran sino oposición, indiferencia y hasta desconfianza".[49]

El Centro Vitivinícola, gestor de la idea, sobrevivió algunos meses al proyecto. En abril de 1902, el subsidio mensual de $ 500 que recibía del Poder Ejecutivo provincial fue suspendido por la crisis.[50] Su modesta actividad sufrió otro impacto negativo con la formación de un nuevo gremio empresarial, auspiciado por otros importantes bodegueros.[51]

No hay indicios en las fuentes revisadas sobre las causas de creación de la nueva asociación, pero suponemos que obedecería al fracaso de la cooperativa que desnudaba la falta de consenso que tenía el viejo gremio en la totalidad de los elaboradores mendocinos. Es muy probable también que la fractura sobreviniera por las diferencias de criterio respecto del proyecto de ley de vinos que se discutía en ese momento en el Senado nacional: para el Centro, lo importante era prohibir la producción de bebidas artificiales,[52]

---

[46] *Los Andes*, Mendoza, 6-11-1904, p. 4.
[47] La integraban Domingo Tomba como presidente; Balbino Arizú, vicepresidente primero; Carlos Alurralde, vice-segundo; Horacio Falco, tesorero; Arminio Galanti, secretario y, como vocales se desempeñaban Juan Giol, Ricardo Palencia, Carlos Herfst, Melitón González, Pedro Benegas, Andrés Bello y Miguel Escorihuela, *ibid.*, 26-11-1901, p. 6.
[48] *Ibid.*, 4-12-1901, p. 5.
[49] *Ibid.*, 10-1-1902, p. 4.
[50] ROPM, 1902, t. II, p. 464. Sin embargo, en junio del mismo año, fue restablecido aunque con una cuota de sólo $ 100 y una partida excepcional de $ 500 "para sufragar los gastos que le son indispensables", *Los Andes*, Mendoza, 11-6-1902, p. 5.
[51] La comisión provisoria del Centro Industrial Vitivinícola estaba formada por Segundo Correa, Agustín Leguizamón, Pascual Tosso –luego el apellido derivó en Toso–, Ricardo Palencia, Miguel Escorihuela, Giol y Gargantini, Balbino Arizú, Augusto Raffaelli, Domingo Tomba y otros. *Ibid.*, 17-6-1902, p. 5.
[52] En mayo de 1902, integrantes del Centro se reunieron para "determinar los trabajos para presentar una ley que proteja la industria", *ibid.*, 16-5-1902, p. 6. Pocos días después en-

mientras que los principales bodegueros mendocinos apoyaban el texto presentado por Julián Barraquero, que no incluía ese tema.[53]

Según sus fundadores, la naciente entidad lograría por otro camino el proyecto de regulación de la oferta de vino. En una asamblea, el 19 de julio de 1902, además de discutir acerca de la asociación, se decidió no expedir caldos al litoral, desde mediados de agosto, a menos de $ 0,18 el litro[54] ya que se calculaba que a partir de esa fecha disminuiría el *stock* de los pequeños productores. Que ésta era la preocupación principal de los propulsores del plan quedó claro cuando el 29 de julio se formó el llamado Centro Bodegueros Unidos de Mendoza y se aprobó su estatuto constitutivo que dejaba las cuestiones estructurales para un futuro no definido como "[...] resolver la formación de una Cooperativa Vitivinícola dentro de esta misma asociación". Fue designado presidente provisorio el magnate de la industria, Domingo Tomba, y entre las atribuciones de la Asamblea estaba el fijar el precio "[...] que sus asociados podrán vender el vino en el Litoral".[55] También, Bodegueros Unidos fundó una revista quincenal.[56]

El nuevo plan tampoco tuvo éxito. La última noticia periodística sobre el tema se publicó a fines de septiembre de 1902.

El proyecto cooperativista del gobernador Elías Villanueva

La debilidad organizativa de la industria frente a la crisis, que se manifestaba en la dificultades para alcanzar un acuerdo entre los actores intervinientes, dejaba como camino alternativo la acción de otro actor clave: el Estado. Esta realidad fue asumida por el gobernador Elías Villanueva mediante la presentación de un proyecto de ley que fue sancionado con el N° 243, el 15 de septiembre 1902. Este ordenamiento tenía tales características modernizantes que podrían haber cambiado el perfil vitivinícola mendocino. Creaba, por cinco años, un impuesto de un cuarto de centavo por litro de vino elaborado localmente y en-

---

viaron una nota al Congreso Nacional solicitando que se prohibiera la elaboración de vinos con productos que no fueran el *zumo de uva, ibid.,* 29-5-1902, p. 5.

[53] Patricia Barrio de Villanueva, "Aspectos legales...", *op. cit.*

[54] *Los Andes,* Mendoza, 20-7-1902, p. 6.

[55] El directorio tenía las facultades de aceptar o rechazar nuevos socios, determinar la forma de pago de las cuotas sociales y formular el presupuesto anual de gastos, que sería sometido a la Asamblea. Los socios bodegueros tenían como obligaciones: no vender el vino a menor precio que el estipulado por la Asamblea (se aceptaban excepciones debidamente permitidas), el pago de la cuota, y la presentación del 1 al 10 de cada mes del resumen de las ventas en los centros de consumo. *Idem.*

[56] La noticia sobre la nueva *Revista Viti-vinícola* apareció en *Los Andes,* Mendoza, 21 de agosto, p. 6, y luego en septiembre, *ibid.*, 17-9-1902, p. 6, aunque posteriormente no se tienen noticias sobre la continuación de ese órgano de difusión.

viado fuera de la provincia. Con lo recaudado, el Estado impulsaría la formación de pocas pero poderosas empresas puesto que se aplicaría a "otorgar primas" a las cooperativas que se constituyeran siempre y cuando produjeran, por lo menos, la tercera parte del vino mendocino. Les imponía, además, una innovación técnica importante al establecer que la tercera parte de los caldos destinados al mercado interno debían embotellarse. Se propiciaba, también, la construcción y habilitación de "[...] bodegas apropiadas, con arreglo a los progresos de la enología [...]" (Art. 6). Y el artículo siguiente establecía entre los objetivos de las cooperativas: "a) propender al mejoramiento de la industria vinícola en general, utilizando personal científico competente [...]; c) perseguir la falsificación y el fraude; d) propender a la normalización del comercio de vinos; e) contribuir al añejamiento de los vinos y su expendio en la forma más perfeccionada".[57]

A diferencia de los anteriores, la concepción de este proyecto era más integral; sin embargo, levantó severas críticas porque establecía un nuevo impuesto sobre el vino en un momento de crisis. Por supuesto que los detractores arguyeron que "las cooperativas son otra cosa",[58] y el gobernador no se animó a implementar el nuevo impuesto.

Durante 1903, momento culminante de la crisis local, se intentaron nuevos acuerdos entre los bodegueros; sin embargo, fue inevitable el conflicto *ad intra* del sector industrial, como asimismo entre éste y los viñateros. La primera discusión se presentó cuando, a mediados de enero, se reunieron gerentes de bancos, viñateros y bodegueros.[59] Estos últimos querían aprobar las "Bases" de la Sociedad Viti-vinícola con las que se cambiaba la relación entre ellos y los viñateros. Éstos no venderían su producción y los bodegueros se comprometerían a elaborarles la uva bajo las siguientes condiciones: la cosecha debía comenzar cuando la uva alcanzara los 12 grados Beaumé y los viticultores se obligarían a entregar su producción en bodega asumiendo los gastos de la vendimia y el pago de $ 2,5 por cada 200 litros de vino por uso del establecimiento, vasija y dirección técnica. Tendrían libertad para vender sus caldos hasta antes de febrero del año siguiente, con la posibilidad de que, mediante un acuerdo, la venta fuera realizada por el bodeguero con una comisión del 2%. Los elaboradores, por su parte, acordaban entregarles a los viñateros 200 litros de vino por cada 300 kg de uva.[60] En suma, era obvio que intentaban

---

[57] ROPM, 1902, t. II, pp. 25-28.
[58] *Los Andes*, Mendoza, 15-7-1902, p. 4.
[59] Estaban los representantes de las siguientes firmas: Malgor y Herfst, Tomba Hnos., Carlos Alurralde, B. Arizu y Hnos., Domingo Falco, Ricardo Palencia. Augusto Raffaelli y Cia., Álvarez y Palencia, Carlos Kalles –o Kalless–, I. Godoy, Melitón González, Nicolás Villanueva, Moretti Hnos. y Cia., Vicchi Hnos., Carlos Von der Heyde, David Guiñazú y los gerentes de los Bancos de Londres, Tarapacá y Provincia. *Ibid.*, 7-1-1903, p. 4.
[60] *Ibid.*, pp. 4-5.

evitar la compra de uva y cobrar comisiones y, de esta manera cargar parte del peso de la crisis en los viñateros, a lo que éstos se opusieron, solicitando, en su lugar, líneas de créditos a largo plazo garantizados con la uva y la supresión del impuesto nacional al vino.

Sólo un elaborador de vino, Germán Puebla, sostuvo la necesidad de implementar un plan integral de largo plazo que contemplara medidas bancarias referidas al crédito, letras de tesorería y creación de nuevas entidades para el préstamo agrícola; también la necesidad de lograr cambios impositivos, tarifarios y de mayor control para evitar la elaboración fraudulenta de los vinos. Propiciaba la formación de un sindicato de los principales vinicultores "[...] que adopten medidas conducentes para acaparar las pequeñas producciones de vino y eliminarlos de la oferta precipitada y ruinosa que hacen determinar cotizaciones de precios en baja en los grandes mercados del Litoral".[61] En el corto plazo proponía acordar un precio mínimo para el quintal (46 kg) de uva francesa y para el vino. Sin embargo, la reunión entre bodegueros y viñateros fue un fracaso porque no se pudieron poner de acuerdo en las medidas a tomar.

Ante esta situación, los viñateros solicitaron una rebaja del flete de la uva para poder venderla en otras regiones –ya fuera a bodegueros del Litoral o en fresco–, a un precio más remunerativo que lo que se pagaba en Mendoza. La empresa ferroviaria BAP contestó a principios de febrero en forma positiva: si las partidas en conjunto alcanzaban 12.000 tn se rebajaría el 10%, si ascendían a 15.000, el 15% y si llegaban a 20.000, el 20%.[62]

El conflicto entre los mismos bodegueros se originó por la mencionada ley de cooperativas de Elías Villanueva. En septiembre de 1903, cuando ya se conocía la anulación del impuesto nacional al vino, un grupo de empresarios cuya cabeza visible era Domingo Tomba propuso al Poder Ejecutivo provincial que el valor de ese gravamen ($ 0,02 por litro) fuera percibido por la provincia para poner en marcha la ley de cooperativas, con el compromiso de que se redujera a $ 0,01 dos años después.[63] Sin embargo, no se pudo poner en práctica dada la generalizada oposición al plan. Algunos, especialmente los inmigrantes italianos conocedores del tema como Ettore Massinelli, opinaban que las cooperativas eran instituciones diferentes a las propuestas por el gobierno.

---

[61] *Ibid.*, p. 5.

[62] *Ibid.*, 31-1-1903, p. 5, y 7-2-1903, p. 5.

[63] Una noticia del 3 de septiembre informaba que, a raíz del anuncio de la supresión del impuesto nacional al vino, Domingo Tomba y otros industriales estaban "madurando" la idea de formar una Cooperativa Vitivinícola con un programa amplio que preveía el desarrollo "de nuevas industrias adaptadas a nuestra tierra", *El Comercio,* Mendoza, 3-9-1903, p. 2. Al día siguiente, representantes de más de "200.000 bordalesas" se reunieron con el gobernador para proponerle la instauración de ese impuesto de $ 0,02 durante un año "para fomentar las operaciones de la cooperativa en el marco de la ley respectiva", *Los Andes,* Mendoza, 5-9-1903, p. 4.

Se trataba de entidades pequeñas, impulsadas por particulares y con el apoyo de bancos de crédito rural.[64] Otros, en cambio, oponían argumentos políticos y económicos liberales: "El Estado debe abstenerse de toda intrusión en materia de comercio [...] El Estado no debe jamás hacer del impuesto un instrumento para organizar el comercio y la industria [...] El Estado moderno no debe dejarse dominar por una coalición de pequeños intereses presentes";[65] también se acusaba al gobierno intentar crear un *trust* de bodegueros y no una cooperativa.[66]

Esta situación llevó a que el propio Tomba, defensor entusiasta del plan oficial, optara por incorporarse al grupo de los detractores de la ley.

Nuevos proyectos y ningún resultado

Un nuevo convenio comenzó a delinearse a partir de una asamblea que congregó a más de doscientas personas, a fines de octubre de 1903. Junto con diversas medidas para afrontar el crítico momento, se sugirió la constitución de un "sindicato" de bodegueros y viñateros. Uno de sus inspiradores, Juan Dupit, explicaba el perfil de la nueva institución: tendría una comisión central y otras regionales; formaría juntas para tratar con los transportistas y para hacer propaganda, importaría cascos nuevos y adquiriría "vasijas para prestar a los pequeños viñateros que quieran hacer por sí sus vinos"; también preveía la fun-

---

[64] Cuando el 3 de octubre Domingo Tomba publicó su adhesión a la idea de la cooperativa impulsada desde el gobierno, Massinelli, radicado en el departamento de San Martín, publicó una carta al industrial en la cual explicaba la verdadera naturaleza de la institución en cuestión, a partir de la información obtenida en un congreso, realizado en octubre de 1901 en la ciudad italiana de Novara, y del libro de Berget sobre *La cooperación en la viticultura europea*. Massinnelli se oponía no sólo a que la cooperativa fuera impulsada desde el Estado, sino también a otro punto presente en la ley, el establecimiento de intermediarios. El autor resaltaba que una bodega cooperativa suponía una organización simple y en lo posible pequeña y con dirección técnica; y la reunión de éstas en federaciones debía tener el apoyo de bancos de crédito rural. Este tipo de opiniones vertidas demuestra que se conocía la naturaleza y funcionamiento de las cooperativas de producción, *Los Andes*, Mendoza, 4-10-1903, p. 4, y 5-10-1903, p. 4. En otra carta del 7 de octubre, publicada en el mismo diario (p. 4), Massinelli explicaba que lo ideal era la reunión de cinco a diez personas cuyas viñas variaran entre 2 y 15 ha que debían nombrar un directorio sin sueldo. El capital lo compondrían las viñas, los animales y útiles de labranza del grupo. Así sería más fácil pedir dinero al Banco. Consideraba que las cooperativas no sólo salvarían de la crisis a la vitivinicultura, sino también serían una excelente herramienta para impedir la falsificación. Y finalizaba con esta sentencia: "El Estado sólo debería favorecer la formación de las cooperativas a través de la rebaja de impuestos de las viñas de los asociados".

[65] *Ibid.*, 28-9-1903, p. 4.

[66] *Ibid.*, 10-9-1903, p. 4. Se publican muchos artículos contrarios al proyecto en el mismo diario durante el mes de septiembre.

dación de un banco.[67] Por último, a diferencia de la frustrada Sociedad Viti-vinícola, buscaría prevenir el fraude vínico en la provincia. Con ese fin organizaría "una oficina química para obtener los análisis" de los vinos de los asociados, y se realizarían distintos pedidos, entre otros, que los funcionarios locales tomaran las muestras de los vinos en las estaciones ferroviarias, que se nacionalizara la oficina química provincial "para evitar influencia local" y que se suprimiera la elaboración de alcohol vínico libre de impuesto en las bodegas.[68]

Esta asamblea creó una Comisión presidida por Domingo Tomba y secundado por otros bodegueros[69] que requirió a la Legislatura, con éxito, no tratar el nuevo impuesto.[70] También solicitó al gobierno nacional la creación de una Oficina Química nacional que verificara el estado del vino en los lugares de embarque, y la prohibición de producir bebidas vínicas artificiales y de circular caldos con alta ley de extracto seco, para combatir el desdoblamiento. La misma Comisión, que estaba apoyada por viñateros, pujaba por una suba del precio de la uva hasta por lo menos $ 2 el quintal porque, acertadamente, sostenía que así mejoraría el del vino. Sin embargo, este plan no promovía ni la modernización industrial ni la coordinación del comercio de vinos.

Cuando quedó definido el fracaso de las cooperativas de Elías Villanueva, y encaminada la formación de la nueva asociación fruto de un proceso consensuado entre los distintos agentes económicos involucrados, hizo su aparición Horacio Falco (ex presidente del Centro Vitivinícola), recién llegado de Europa. Traía "un proyecto salvador",[71] que cambió el eje de la discusión, llevándolo, exclusivamente, a la regulación de la oferta por parte de los bodegueros. Es interesante advertir que esta pendularidad en la forma de encarar los problemas de la vitivinicultura muestra la falta de liderazgo, la desorientación frente a proyectos estructurantes y la debilidad de los acuerdos entre los diversos actores del sector.

La idea de Falco era la formación de una corporación industrial que compraría el vino excedente del mercado con fondos provenientes de los indus-

---

[67] *Ibid.*, 29-10-1903, p. 4. Recordemos que en el capítulo III se resaltó el problema de la escasez de vasija de madera.

[68] Con este punto se buscaba que el encabezamiento del vino fuese antieconómico. *Ibid.*, 23-10-1903, p. 4.

[69] La Comisión congregaba a Domingo Tomba, Pascual Tosso, Juan Dupit, Pedro Aubone, Luis Keil, Luis Baudron, Miguel Aguinaga, José Genesy, Juan Saiz, Felipe Rutini, Agustín Mercader, Héctor Villars. Según los dirigentes, los bodegueros presentes representaban una producción de 400.000 hl de vino aproximadamente. *Ibid.*, 16-10-1903, p. 4, y 23-10-1903, p. 4.

[70] Las adhesiones opositoras se ampliaron y llegaron a sumar una representación de 700.000 hl de vino sobre un total provincial que ellos calculaban en 900.000 hl que, en realidad, era mayor. *Los Andes,* Mendoza, 7-11-1903, p. 4.

[71] *Ibid.*, 7-11-1903, p. 5.

triales que comercializaban sus caldos fuera de Mendoza. El impuesto proyectado por Villanueva sería reemplazado por una cuota interna pagada a la nueva entidad, cuyo monto dependería del volumen de bebida a sustraer del mercado a fin de regular la oferta; consecuentemente, daba a los bodegueros más poderosos el manejo de la institución,[72] lo cual explica el apoyo de este grupo.

Respecto del caldo comprado, que se pagaría a un precio no inferior a ocho centavos el litro[73] sin obligación de tributación, se destinaría a la producción de alcohol vínico destilado en los alambiques de particulares o de la misma asociación, con su fiscalización permanente. El beneficio de la venta de este alcohol se destinaría a las próximas adquisiciones del vino sobrante. Las posibles pérdidas de dinero en el proceso de compraventa serían compensadas por el alza del precio de la bebida; esto último, estimulado, además, por un mejoramiento de la calidad del producto, dado que primero se destilarían los caldos enfermos. En consecuencia, la combinación de menor cantidad y de mejor calidad mantendría alta la cotización del vino. La asociación se llamaría "de productores de vino con el objeto de valorizar su producción".[74]

Falco confesó haberse inspirado en los carteles alemanes, puesto que no obstante ser admirador de las cooperativas de consumo, tan expandidas en Europa y los Estados Unidos, encontraba una traba en el tiempo de formación de las mismas.[75]

Una asamblea de productores, reunida el 20 de noviembre de 1903, dejó de lado el plan anterior y decidió impulsar la formación de la sociedad ideada por Falco. Designó una comisión integrada por destacadas personalidades de la vitivinicultura mendocina.[76] Si bien el diario *Los Andes* no veía en el nuevo organismo caracteres monopólicos (lo cual era falso desde que su propulsor reconocía la fuente de su inspiración) y se impulsaba la adhesión al mismo, lo cierto es que, nuevamente, no se logró el apoyo de la mayoría de los bodegueros. La causa de este desacuerdo provenía de que el proyecto no se había formulado a partir de un proceso participativo de todos los sectores interesados. Como expresaba con cierta ironía un pequeño industrial en

---

[72] La cuota sería fijada por una comisión en forma trimestral, pudiendo ser de un cuarto de centavo a un centavo por litro "de acuerdo con la cantidad disponible para la oferta y las condiciones con que se presente el mercado para la demanda de los vinos". *Ibid.*, 14-11-1903, p. 4, y 15-11-1903, p. 4.

[73] Para Falco, el precio del vino comprado debía depender del precio de la uva. Para ese año, cotizar el vino a $ 0,08 suponía que el quintal de uva se había pagado a $ 2. *Ibid.*, 16-11-1903, p. 4.

[74] *Idem.*

[75] *Ibid.*, 22-11-1903, p. 4.

[76] Juan Giol, Balbino Arizú, Carlos Alurralde, Carlos Herfst, Adolfo Bellelli, Pedro Olivé y Felipe Rutini. *Ibid.*, 21-11-1903, p. 4.

un diario local: para quitar 200.000 hl de vino del mercado no era necesario "dar tanta vuelta".[77]

El llamado de un bodeguero disidente para formar una Comisión de Vitivinicultores de Mendoza, en diciembre[78] señala la caída definitiva de la idea del *cartel* de Horacio Falco. Aunque no se sabe cómo terminó la nueva propuesta, sin duda la previsión de mejores precios para el vino del año siguiente, condujo el tema al olvido.

Estos fracasos en la concreción de organizaciones gremiales y económicas, que buscaban aunar esfuerzos para regular el mercado y combatir el fraude, tanto en su versión estatal como privada, se debieron a la falta de consenso sobre el perfil deseable para la industria. Atrapados entre la inmediatez de los problemas y las políticas de largo plazo por una parte, también operaron en el mismo sentido, la mutua desconfianza y los intereses contrapuestos de los otros actores vitivinícolas (bodegueros medianos, pequeños y viñateros). Este carácter de la agroindustria fue claramente detectado por un testigo calificado. En efecto, Juan Bialet Massé fue categórico al expresar que "bodegueros, viñateros y obreros no tienen ni nociones de las ventajas de la asociación, y el egoísmo impera, como la competencia rabiosa".[79]

El Centro Vitivinícola Nacional: primer éxito institucional

Los logros de los bodegueros fueron de otro tipo y se definieron en el espacio de la política nacional a través de la sanción de la ley de Vinos N° 4363[80] y la eliminación del impuesto nacional al vino, ambos en 1904. Además, ese año, el alza del precio en los centros de consumo anunció la recuperación de la industria. En ese contexto de mejores expectativas venidas de fuera de la provincia, no puede llamar la atención que el acuerdo gremial se lograra en Buenos Aires.

La búsqueda de una concertación oligopsónica por parte de los bodegueros fue reemplazada, después de 1904, por la institucionalización del mercado de vinos "de traslado" compuesto por aquellos elaboradores ("trasladistas") que vendían su producción "a granel" a compradores locales (generalmente importantes bodegueros) que se encargaban de "cortar" los caldos adquiridos con los propios o de otras compras, ponerle marca, envasarlo en bordalesas y venderlo dentro y, sobre todo, fuera de la provincia. Se produjo, así, una di-

---

[77] *Ibid.*, 26-11-1903, pp. 5-6.
[78] *Ibid.*, 1-12-1903, p. 5.
[79] Juan Bialet Massé, *op. cit.*, t. II, p. 905.
[80] La ley nacional de vinos N° 4363 se promulgó el 29 de octubre de 1904; ella recogía gran parte de los requerimientos de los bodegueros poderosos de Mendoza. Patricia Barrio de Villanueva, "Aspectos legales...", *op. cit.*

visión funcional de los bodegueros con lo cual se logró un grado aceptable de regulación de la oferta al eliminar oferentes.[81] La segunda estrategia propuesta, el combate del fraude, obtuvo el respaldo de la ley nacional de vinos. Por último, se alcanzó una alianza entre los bodegueros más importantes y los grupos extrarregionales ligados a la comercialización del vino que se cristalizó en el nacimiento del Centro Vitivinícola Nacional.

Su primer antecedente fue el Centro Vitivinícola de Mendoza, creado por iniciativa del diputado nacional Julián Barraquero en 1904 y apoyado por un núcleo de bodegueros. Tenía como objetivo "hacer efectivas las disposiciones de la nueva ley de vinos", en directa alusión al fraude. La comisión directiva se integró con Alfredo Ruiz, presidente, Melitón González y Ricardo Palencia, vicepresidentes, Abelardo Nanclares y Jorge Céspedes, secretarios, y Luis Keil, tesorero.[82] Como puede comprobarse, no estaban presentes los empresarios más poderosos de Mendoza, pero mostró un dinamismo interesante pues ordenó a los "miembros de la comisión delegada de la Capital Federal",[83] que solicitaran la personería jurídica nacional de la nueva entidad y que abrieran una oficina química en esa ciudad, con el fin de analizar y denunciar los vinos falsificados.

En forma paralela se constituyó la Sociedad de Defensa Vitivinícola Nacional, en Buenos Aires, compuesta por "los principales bodegueros de Mendoza, San Juan y Entre Ríos contra la falsificación y adulteración de vinos naturales para denunciar la fabricación de bebidas artificiales gravadas con impuestos y que imitan el sabor del vino".[84] Estos promotores eran Domingo Tomba, Alejandro Suárez, Devoto y Cia., Giol y Gargantini, Balbino Arizu y Hnos., Francisco Uriburu, Luis Tirasso.[85] El nuevo emprendimiento editó una publicación llamada *Boletín de la Sociedad Defensa Vinícola Nacional*.[86]

---

[81] El mercado de traslado existía desde el siglo XIX; sin embargo, a partir de este momento se incorporó de manera efectiva en el diseño productivo y comercial de la vitivinicultura.
[82] Eran vocales consultivos: Carlos Alurralde, Juan Serú, Emiliano Guiñazú, Arturo Jardel, Belisario Cuervo, Francisco Moyano, Juan Sarramea, Francisco Romero, Enrique Segura, Pedro Arroyo, Juan Arnulphi, Ramón Morán, Juan A. Zapata, Segundo Correas y Luciano Villanueva. Los vocales adherentes que firmaron el acta del 31 de octubre eran más de 500. *Ibid.*, 8-11-1904, p. 5.
[83] Esa Comisión se componía por importantes representantes de la industria vitivinícola regional: Rufino Ortega, Isaac Chavarría y Aaron Pavlovsky (que vivían en Buenos Aires); Alejandro Suárez, Joaquín Villanueva, Carlos Ponce, Pedro Guevara, Héctor Innes, el sanjuanino Carlos Echegaray y los salteños (que también vivían en Buenos Aires) Francisco Uriburu, padre e hijo, propietarios de una bodega en San Juan. *Ibid.*
[84] *Ibid.*, 9-11-1904, p. 3.
[85] Rodolfo Richard-Jorba, *Poder, economía...*, *op. cit.*, p. 207.
[86] Editado en Buenos Aires, tuvo ese nombre hasta el número 8 correspondiente al 28 de marzo de 1905. A partir del siguiente número, del 30 de abril de 1905, con la fusión de la Sociedad de Defensa y el Centro Vitivinícola la publicación pasó a llamarse *Boletín del Centro*

Para perseguir la falsificación en el mercado minorista porteño, la Sociedad solicitó al Ministerio de Hacienda de la Nación la creación de cinco nuevos puestos de subinspectores de Impuestos Internos, dependientes de esa repartición pero pagados por los bodegueros.[87] En poco tiempo se iniciaron ciento diez juicios por falsificación de vino en el fuero federal.[88] Como se desprende de lo anterior, la recepción por parte de una repartición pública de dinero aportado por un grupo de empresarios para efectuar una tarea que le correspondía al Estado constituía una irregularidad administrativa y, lo que es más grave, una confusión entre el interés público y el privado.

Los objetivos similares explican la fusión de ambas entidades en el Centro Vitivinícola Nacional. Julián Barraquero y Domingo Toro Zelaya firmaron dicho compromiso el 20 de marzo de 1905. Pero, también, la entidad se constituyó a partir de una alianza entre los intereses de los grandes industriales vitivinícolas y los comerciantes e intermediarios de vinos extrarregionales. Como dice la autora que seguimos: "Los intereses vitivinícolas convergen –ahora institucionalmente– con los del comercio del litoral, porteño, y consolidan una alianza que iniciada con la llegada del ferrocarril a Mendoza, une definitivamente a la región cuyana con el principal mercado consumidor de los vinos nacionales".[89] Esa convergencia de intereses puede constatarse en los miembros de su Comisión Directiva: el presidente era el reconocido bodeguero, político y banquero mendocino Isaac Chavarría;[90] el vicepresidente primero, Francisco Janello, era italiano y comerciante mayorista en Buenos

---

Vitivinícola Nacional, véase Noemí Girbal de Blacha, "Ajustes de una economía regional. Inserción de la vitivinicultura cuyana en la Argentina agroexportadora (1885-1914)", *Investigaciones y Ensayos,* Nº 35, Buenos Aires, Academia Nacional de la Historia, 1983-1987, p. 429.

[87] *El Comercio,* Mendoza, 14-7-1904, p. 2. La ley de vinos establecía la posibilidad de denunciar la adulteración o cualquier infracción a sus normas y daba al denunciante el 50% del decomiso y de la multa. Además, el infractor violaba la ley de impuestos internos, que protegía la industria de la competencia fraudulenta.

[88] *Boletín del Centro Vitivinícola Nacional,* Nº 96, Buenos Aires, 1913, p. 2644.

[89] Noemí Girbal de Blacha, *op. cit.,* p. 429.

[90] Nació en Mendoza en 1842, estudió abogacía en Buenos Aires. Fue miembro del Superior Tribunal de Justicia, en 1872; ministro de Francisco Civit; entre 1874 y 1884, diputado nacional; ministro del Interior de Roca durante su segunda presidencia. Integró el directorio del Banco Hipotecario Nacional a partir de 1890 y la presidencia hasta 1903, *ibid.* Estaba entre los bodegueros más importantes de Mendoza a principios del siglo XX, con una producción aproximada de 24.000 hl anuales, *Los Andes,* Mendoza, 9-2-1900, p. 5. El resto de la comisión quedó conformada de la siguiente manera: Francisco Janello, vicepresidente primero; Luis Valiente Noailles, vicepresidente segundo; Domingo Toro Zelaya, gerente; Rafael Mercado, tesorero; Julián Barraquero, asesor letrado. Los vocales eran Francisco Uriburu, Alejandro Suárez, Carlos Herfst, Elías Villanueva y Ramón Vilardebó. Para conocer a qué sectores representaban los miembros de la Comisión Directiva, véase Noemí Girbal de Blacha, *op. cit.,* pp. 438-439.

Aires, además de representante de bodegas; el vocal Ramón Vilardebó, español, era consignatario e importante comerciante porteño de vinos.[91] Esta articulación se mantuvo en el tiempo[92] y también en las comisiones regionales. Las de Mendoza y San Juan estaban ocupadas por viticultores y bodegueros, y la de Rosario por comerciantes locales, dedicados a la venta de vinos, entre los que se destacaba Luis Colombo.[93] Quien llegaría a ser el presidente de la Unión Industrial Argentina, a principios de siglo era el comercializador de los vinos Tomba en Rosario y Buenos Aires, y luego uno de los accionistas de la misma firma.

Con este acuerdo se buscaba mejorar uno de los problemas claves de la industria: la comercialización del vino. A su vez, con el propósito de "fomentar los intereses generales de la industria, el espíritu de asociación y combatir la venta clandestina de vinos adulterados o artificiales",[94] el nuevo gremio enfrentó a otros sectores, como las cámaras de importadores y ligas de almaceneros. Los primeros estaban preocupados por bajar los impuestos aduaneros al vino europeo; los segundos querían disminuir la fiscalización a sus negocios establecida por la nueva ley de vinos, que les quitaba libertad para seguir con el fraude vínico.

El Centro Vitivinícola Nacional prometía constituirse en un importante factor de poder en defensa de los intereses vitivinícolas, y en un espacio de concertación entre los distintos grupos implicados en esa tarea productiva; de hecho constituyó un grupo de presión con actuación hasta la década de 1930. Sin embargo, en los años estudiados, no contó con el apoyo de los principales bodegueros mendocinos, cuyos intereses variaron a medida que la economía provincial se expandió.[95]

[91] Ibid.
[92] En la todavía pequeña lista de socios del Centro Vitivinícola Nacional, de 1911, aparecían importantes intermediarios, radicados mayoritariamente en la ciudad de Buenos Aires: Adone y Cia., Luis Colombo y Cia., Gil Marenco Hnos., Dionisio Moreda, Moller y Cia., Mercado y Cia., Parpaglioni y Cia., Viquiera Carbonell y Enrich (hijo); y los mencionados Ramón Vilardebó y Francisco Janello.
[93] Además de Luis Colombo, la Comisión regional de Rosario de 1905 estaba integrada por César Modini (comerciante de la firma Modini, Bertoglio y Cia.), Anacleto Ongay (comerciante de la firma Ongay, Araiz y Cia.), Santos Landa (comerciante de Allende y Landa) e Ignacio Granados (comerciante), ibid., p. 441. La Comisión de Concordia se formó en 1910.
[94] Ibid., p. 429. Entre 1905 y 1906, los inspectores del Centro realizaron numerosas denuncias. Entre las más famosas se destacan la de Antonio Cavallieri que tenía 14.000 kg de pasas para hacer vino, Mariani, Otelo y Cia., Juliani, Miguel Barbiere, Emilio Pacta, Gaspar Hilbing, Andrés Molina, Rossini Hnos. Los Andes, Mendoza, 14-8-1906, p. 5.
[95] Para conocer la evolución y el origen (nativo/inmigrante) de los integrantes del Centro Vitivinícola Nacional véase el artículo de Silvia Ospital, "Empresarios, dimensión étnica y agroindustrias: el caso del Centro Vitivinícola Nacional (1905-1930)", Ciclos, N° 8, Buenos Aires, IIHES, 1995, pp. 151-166.

Los gremios empresarios durante el boom vitivinícola (1905-1912)

Algunos datos del *boom* vitivinícola

La crisis se fue como había llegado, sin la participación de variables regionales. En efecto, cuando la economía nacional se recompuso, gracias a la llegada de capitales e inmigración, y al alza de los precios y del volumen de las exportaciones, la demanda de los vinos mendocinos comenzó a crecer aceleradamente impulsando un verdadero *boom* vitivinícola.

La expansión del *área cultivada con viña* pasó de 22.875 ha en 1904 a 57.764 ha en 1912,[96] con un promedio de implantación anual de 4.360 ha. Asociado con esto, se registró la difusión de la moderna vitivinicultura desde la zona núcleo[97] hacia la periferia del oasis norte y, también, al oasis sur de Mendoza.

La evaluación de esta información debe tener en cuenta que corresponde a una economía de oasis ya mencionada en capítulos anteriores, en la cual la tierra apta para el cultivo es un bien escaso que depende de la posibilidad de recibir agua en forma artificial (a través de la red canales de riego). En segundo lugar, la vid es un cultivo permanente con altos costos de implantación[98] y de mantenimiento que necesitaba, además, conocimientos culturales especializados.

La elaboración de vino aumentó casi dos veces en el período de referencia: de 1.088.530 hl en 1904 a 2.941.684.[99] Este crecimiento fue posible gracias a un aumento de la vasija vinaria, que no se manifestó en el número de bodegas, sino en la ampliación de la capacidad de elaboración de algunas instalaciones. En efecto, de las 1.082 bodegas declaradas en 1899, 1.068 producían menos de 10.000 hl, y las 18 restantes hasta 20.000 hl;[100] mientras que en 1912, aunque la gran mayoría (797) de los 873 establecimientos registrados[101] seguía produciendo menos de 10.000 hl y 38 elaboraban hasta 20.000

---

[96] Intervención Nacional, *Ministerio de Industrias y Obras Públicas*, Mendoza, 1931. Se ha elegido esta fuente porque presenta una serie estadística completa del período en estudio.

[97] Rodolfo Richard-Jorba, "Modelo vitivinícola en Mendoza. Las acciones de la élite y los cambios espaciales resultantes, 1875-1895", *Boletín de Estudios Geográficos*, N° 89, Mendoza, Facultad de Filosofía y Letras, Universidad Nacional de Cuyo, 1994, p. 232.

[98] Según cálculos corrientes, implantar una hectárea de viñedo en 1910 costaba $ 3.400, véase *Páginas Agrícolas*, N° 36, Mendoza, 1910, p. 454.

[99] *Boletín del Centro Vitivinícola Nacional*, N° 82, Buenos Aires, 1912, p. 2209. Por su parte, *El Comercio*, Mendoza, 28-10-1904, p. 5, y el *Anuario de la Dirección General de Estadística correspondiente al año 1912*, Mendoza, Best, 1913, p. 356, daban una cantidad superior: 3.451.800 hl.

[100] Galanti, A., *op. cit.*, p. 92.

[101] El número de las bodegas registradas en cada año era variable debido a que los titulares de las pequeñas decidían elaborar, o no, cada año según les conviniera.

hl, había 25 que llegaban a los 40.000 hl, 10 que producían entre 40.001 y 80.000 hl y, finalmente, las llamadas bodegas monumentales tenían una capacidad de elaboración que iba de los 100.001 hl a los 250.000 hl anuales.[102] Estas últimas eran Giol y Gargantini, Arizu y Tomba.

Otro proceso asociado fue la modernización de la bodega[103] caracterizado por la incorporación de la máquina a vapor y la electricidad –que permitió pasar de la bodega artesanal a la industrial–, y de maquinaria y tecnología europea y norteamericana, aunque adaptada a Mendoza.[104] Sin embargo, sólo las empresas capitalizadas podían acceder a los modernos equipos. La abundante información sobre la escasa calidad de los vinos mendocinos indica que había un amplio sector que no podía encarar el mejoramiento productivo y que éste se fue difundiendo lentamente. De allí el carácter fragmentario del paisaje industrial mendocino entre los que pudieron asimilarse al cambio y los que siguieron con prácticas y herramientas de producción tradicionales.

Los *precios de la uva y del vino* aumentaron durante el período. Aunque con recaudos, porque las estimaciones están sujetas a importantes cambios, se puede establecer que el de la uva pasó de $ 2,20 en 1904 el quintal de uva con cosecha a cargo del comprador, a $ 4,50-4,80 en 1912; y el vino puesto en la estación de ferrocarril (con el pago de los impuestos y el flete) aumentó de $ 0,19-0,21 el litro en 1904 a $ 0,25-0,30 en 1912.[105]

La *rentabilidad* de la actividad es difícil de calcular por las variaciones de precios de la tierra y de los costos de producción, y por las transformaciones operadas en la fase agrícola e industrial de la vitivinicultura. Además, ella era diferente según el tipo de agente (viñatero, productor agroindustrial, industrial bodeguero o bodeguero integrado) y de la capacidad de producción. En

---

[102] *Anuario de la Dirección General de Estadística correspondiente al año 1912, op. cit.,* p. 355.
[103] El tema ya ha sido estudiado por Rodolfo Richard-Jorba y Eduardo Pérez Romagnoli, "El proceso de modernización de la bodega mendocina (1860-1915)", *op. cit.,* pp. 118-155.
[104] Un especialista de la época mencionaba las siguientes mejoras en la producción de vino: la refrigeración de los mostos, "la disposición de las instalaciones" con cubas, toneles de buena calidad y la observancia de medidas higiénicas, véase Carlos Girola, "Observaciones sobre viticultura y enología argentina", en *Boletín del Centro Vitivinícola Nacional,* N° 62, Buenos Aires, 1910, p. 1647. Otro artículo señalaba también la adquisición de cubas y toneles de roble "de las mejores fábricas del mundo", la utilización de vasijas de "cemento armado", la aplicación de nuevos métodos técnico-enológicos en la elaboración del vino. La publicación se refería en general a los establecimientos de primera línea, por lo demás, socios de la institución editora. *Ibid.,* N° 63, p. 1670.
[105] Las fuentes que contienen datos sobre el precio de la uva son: para 1904, *Los Andes,* Mendoza, 17-3-1904, p. 4; para 1912, *Boletín del Centro Vitivinícola Nacional,* N° 76, Buenos Aires, 1912, p. 2043. Las correspondientes al vino: para 1904, *El Comercio,* Mendoza, 13-11-1904, p. 3, y *Boletín del Centro Vitivinícola Nacional,* N° 79, Buenos Aires, 1912, p. 2111.

el caso del bodeguero integrado, la rentabilidad oscilaba entre el 25% y el 30% del capital invertido, como se mencionará más adelante. Lo cierto es que en esos años los distintos agentes económico-sociales relacionados con la vitivinicultura ganaron dinero. De esta situación de bonanza surgió la generalización que sostenía, hacia 1911, que "[...] con 50 hectáreas cultivadas de viña en Mendoza se puede tener un palco en el Colón".[106] Era el optimismo que reinaba en la provincia durante esos años que podríamos denominar de "fiebre vitivinícola".

Este proceso expansivo se apoyó en numerosos factores. En primer lugar, el crecimiento de la *población* que fue del 80% entre 1904 y 1912: de 144.368 habitantes en el primer año a 261.128 en el segundo;[107] en él tuvo importancia la llegada de inmigrantes a la provincia, 83.148 durante el período estudiado.[108] Otro fenómeno de esos años fue el mantenimiento de la corriente de argentinos llegados de otras provincias (cuadro 5 del capítulo II). La principal causa de atracción fue la demanda de mano de obra para la pujante agroindustria, la obra pública, el ferrocarril, los servicios urbanos, y las actividades encadenadas al desarrollo de la vitivinicultura –enología, tonelerías, talleres metalmecánicos, etc. (véase capítulo II).

El crecimiento del área cultivada con viña estuvo correlacionado con un explosivo *negocio de tierras* encauzado a través de dos tipos de procesos, el parcelamiento y la reconversión de las haciendas ganaderas en fincas vitícolas y, aunque con un ritmo más aletargado, la venta de tierras fiscales a particulares. En esta evolución fue muy importante el acceso al agua (condición *sine qua non* para poner en producción las tierras), considerado un bien público cuyo uso era otorgado por el Ejecutivo provincial en acuerdo con la legislatura.[109] Durante el período en estudio fueron muchas las hectáreas de tierra que recibieron este derecho;[110] sin embargo, sólo una porción de ellas pudo usu-

---

[106] *La Industria*, Mendoza, 4-5-1911, p. 5.
[107] *Anuario de la Dirección General de Estadística correspondiente al año 1912, op. cit.*, p. 7.
[108] Ministerio de Hacienda de la Provincia de Mendoza, *Memoria correspondiente al año 1910*, Mendoza, 1911; *Anuario de la Dirección General de Estadística correspondiente al año 1912, op. cit.*, p. 15; *Anuario de la Dirección General de Estadística correspondiente al año 1911*, Mendoza, 1913, p. 61.
[109] El "derecho de agua" era inescindible de la tierra. Podía ser definitivo (cuando el terreno recibía toda el agua disponible a través de un sistema de "turnos"), o eventual, que se ejercía cuando sobraba líquido en la red especialmente en verano, estación en la que aumentan los caudales de los ríos. La forma de otorgar este derecho fue actualizada por la ley 430, de enero de 1908. Provincia de Mendoza *Recopilación de Leyes..., op. cit.*, t. XV, pp. 4384-4385.
[110] Entre 1901 y 1912 hemos contabilizado la concesión de agua a 323.268 ha, correspondiente en su gran mayoría al oasis sur (actuales departamentos de Malargüe, San Rafael y General Alvear). José Luis Masini Calderón, *Tierras, irrigación y colonización en Mendoza a principios del siglo XX (1900-1917)*, Mendoza, Facultad de Filosofía y Letras, Universidad Na-

fructuarlo ya que se necesitaban realizar importantes obras sobre todo en los ríos Atuel y Diamante que el Estado provincial no encaró.[111] Paradójicamente, fue el oasis norte el que se benefició con la apertura de un canal matriz para Santa Rosa y La Dormida, y de otro en Junín.[112] El resto de los trabajos fue asumido por los particulares, quienes tenían la obligación de construir canales secundarios y acequias.[113]

La activación económica de la provincia de Mendoza atrajo la *radicación de bancos* extranjeros,[114] aunque también se amplió un modesto mercado formal de capitales de origen local, producto, mayoritariamente, de las ganancias de los empresarios vitivinícolas.[115] El objetivo de éstos era captar ahorro y disponer de dinero a una tasa más baja. A su vez este factor operó retroalimentando la expansión económica.

El número de estas instituciones llegó, entre las existentes y las nuevas, a catorce, sin contar las sucursales, las casas de cambio y el crédito informal.[116] Un cálculo aproximado del capital con que operaban las principales instituciones hacia 1911 arrojaba $ 99.925.800, de los cuales el Banco Provincia aportaba $ 32.932.800 y el Banco Hipotecario Nacional $ 18.793.000.[117] No

---

cional de Cuyo, 1994 y *Anuario de la Dirección General de Estadística correspondiente al año 1910*, Mendoza, Best, 1912.

[111] Los trabajos registrados fueron los de defensa en la margen derecha del río Diamante en los distritos de Rama Caída y Cañada Seca (San Rafael) y de defensa contra aluviones (ley 396 de 1907). Provincia de Mendoza, *Recopilación de Leyes...*, op. cit., t. XI, pp. 4322-4323.

[112] La construcción del canal matriz para Santa Rosa y La Dormida fueron ordenados por la ley 399 de 1907 y la del canal de Junín por ley 505 de 1909. *Ibid.*, ley 399, p. 4328, y ley 505, p. 4501.

[113] La ley 430, de enero de 1908, que reglamentaba el aprovechamiento de las aguas, establecía en el art. 4º la donación obligatoria al Estado, por parte del particular, de 5 ha por cada 500 ha sobre las que se otorgaba el derecho de agua. Además, el concesionario debía "construir, sin cargo alguno para el Estado, las canalizaciones necesarias para llegar al límite de su propiedad con la fiscal a fin de que ésta aproveche la irrigación", *ibid.*, pp. 4384-4385.

[114] Entre los bancos privados de origen extranjero se destacaron los ingleses, que se habían instalado con anterioridad al período en estudio: el de Londres y Río de la Plata, y el Tarapacá. Este último cambió de nombre, a partir de 1907, por el de Anglo Sudamericano. Posteriormente llegaron los bancos Español del Río de la Plata, Alemán Trasatlántico y Francés en 1908, 1910 y 1911.

[115] Los bancos locales eran: Industrial y Comercial de Mendoza Limitado, del Este SA Cooperativa de Crédito Limitada; Popular SA Cooperativa de Crédito Limitada y Banco Agrícola SA de Crédito Limitado, mencionados en el capítulo II.

[116] La información sobre los bancos ha sido obtenida de los diarios mendocinos *El Comercio*, *Los Andes* y *La Industria*.

[117] Luis Rodríguez, *La Argentina en 1912*, Buenos Aires, Compañía Sud-Americana de Billetes de Banco, 1912, p. 291.

se han encontrado los mismos datos para principios del período, sí se sabe que en 1909 el capital de los bancos rondaba los $ 58.200.000,[118] lo que permite establecer un aumento de su volumen del 50% en tres años. Esto se debió a la iniciativa de los bancos Provincia, Hipotecario Nacional y, en parte, el Nación, el Español y el Francés.[119]

El *ferrocarril* fue otro elemento fundamental para explicar el desarrollo de la vitivinicultura durante esos años, ya que fue el principal patrón de asentamiento de las bodegas e impulsor de la difusión de la agroindustria en el territorio provincial.

El tendido de líneas se realizó a tres escalas: interprovincial-internacional, provincial, y "puntual" (ingreso a las bodegas). Con el solo objetivo de destacar la importancia de este fenómeno mencionaremos los principales logros.

Respecto del primer nivel de obra, la provincia quedó unida a partir de 1908 con el puerto de Bahía Blanca.[120] En 1910 se habilitó el túnel en Las Cuevas que permitió la conexión ferroviaria entre la Argentina y Chile. Al año siguiente, el departamento sureño de San Rafael logró unirse directamente con San Luis y desde allí, a través de distintos enlaces alcanzar Buenos Aires, Bahía Blanca y Santa Fe.[121] Finalmente, en 1912 el tendido de otra empresa ferroviaria llegó a colonia Alvear (en el oasis sur) uniéndola con la provincia y la ciudad de Buenos Aires.[122]

Por otra parte, Mendoza tenía una mala accesibilidad a las provincias del norte y noreste del país ya que las podía alcanzar a través del trasbordo de la mercadería en Córdoba y, a partir de 1910, por igual procedimiento en la ciudad de San Juan, a donde llegó el ferrocarril estatal de trocha angosta Central Argentino del Norte.

La red troncal originaria, que entraba desde la localidad fronteriza de Desaguadero, llegaba a la ciudad de Mendoza y continuaba hacia el norte con destino a la vecina capital de San Juan, comenzó a complementarse a partir de 1903

---

[118] "Memorial presentado al gobierno de la Nación por el Tratado con Chile", *La Industria*, Mendoza, 11-7-1909, p. 5. Estaba firmado por 1.487 bodegas y 362 destilerías.

[119] Entre 1909 y 1911 el Banco Provincia aumentó su capital de $ 5.000.000 a $ 32.932.800, gracias a un préstamo que Emilio Civit tomó en el extranjero; el Hipotecario aumentó de $ 10.000.000 a $ 18.793.000; el Nación de $ 5.000.000 a $ 8.000.000; el Español de $ 3.000.000 a $ 7.000.000, y el Francés de $ 500.000 a $ 3.000.000. *Ibid.*, y Luis Rodríguez, *La Argentina en 1912, op. cit.*, p. 291.

[120] *Los Andes*, Mendoza, 26-4-1908, p. 5. Entre otros beneficios, se destacaba que la nueva línea permitiría la explotación "de nuestras minas de carbón porque Bahía Blanca es un puerto natural de nuestra producción", *ibid.*, 14-4-1908, p. 4.

[121] Garcés Delgado, "Ferrocarril y desarrollo", en Lacoste, Pablo (comp.), *San Rafael. Historia y perspectivas*, Mendoza, Uno, 1996, p. 171.

[122] Garcés Delgado, "El Ferrocarril Oeste en Alvear", en Lacoste, Pablo (comp.), *General Alvear. Historia y perspectivas*, Mendoza, Uno, 1996, p. 38.

por medio de la construcción de los llamados "circuitos" y ramales. Los primeros, que salían y entraban a la línea madre, circularon a través de los departamentos de Guaymallén, Luján de Cuyo y de Rivadavia-San Martín, y permitieron una mejor comunicación con las zonas en pleno desarrollo vitivinícola; los segundos, que unían centros poblados con la red troncal, alcanzaron las circunscripciones de San Carlos en el centro-oeste provincial, y de San Rafael en el oasis sur, impulsando el acceso de estas zonas a la modernización económica. En la última jurisdicción, poco después, se instalaron circuitos internos, que coadyuvaron al explosivo desarrollo económico del sur mendocino.

Por su parte, el ingreso del ferrocarril a las bodegas fue promovido a partir de 1904, cuando la empresa Gran Oeste Argentino anunció que "empezará a poner en práctica su proyecto de construir desvíos a los establecimientos vinícolas que así lo soliciten".[123] Entre otros, habían solicitado el servicio Dácomo y Cía. y Tomba, y paulatinamente se fueron incorporando las principales bodegas de Mendoza. Esta decisión fue muy importante porque estableció una relación directa entre la zona de producción y el mercado consumidor, abaratando costos de manipulación y transporte de los envases.

Finalmente, la expansión de la vitivinicultura fue acompañada por su perfeccionamiento tanto en la fase agrícola como industrial, gracias a la *difusión de conocimientos especializados*.

Los cambios logrados abarcaron la plantación de nuevas variedades de vid, la adopción de técnicas en la fase agrícola, la incorporación de conocimientos enológicos y equipo avanzado en las bodegas, etc. Para ello se hizo necesario una conjunción de estrategias privadas y públicas; aunque estas últimas se desarrollaron desconectadas "[...] de la acelerada expansión de la vitivinicultura".[124]

La institución más importante en la formación de recursos humanos para la agroindustria del vino fue la Escuela Nacional de Vitivinicultura.[125] También, a partir de 1904,[126] el gobierno estableció seis becas para estudiar enología en las prestigiosas escuelas de Montpellier en Francia, y en las de Alba y Conegliano en Italia.[127] Aunque nunca fueron cubiertas en su totalidad y su

---

[123] *Los Andes*, Mendoza, 5-8-1904, p. 4.
[124] Rodolfo Richard-Jorba y Eduardo Pérez Romagnoli, "El proceso de modernización...", *op. cit.*, p. 134.
[125] La Escuela Nacional de Vitivinicultura fue creada en Mendoza en 1896.
[126] El decreto también obligaba a aquellos que hubieran cumplido la beca a prestar servicios profesionales de enólogos durante cuatro años subsiguientes al regreso de las respectivas escuelas. ROPM, 1904, t. II, pp. 187-189.
[127] Para conocer la influencia de la Escuela de Conegliano en la vitivinicultura mendocina, véase el libro de Julieta Gargiulo y Agustín Borzi, *Il vino si fa cosi. Transferencias en las ciencias de la enología y la vitivinicultura entre Italia y Mendoza*, Mendoza, Polo Rossi Casa Editorial, 2004, capítulo II.

implementación duró hasta 1913,[128] estos enólogos constituyeron un grupo de especialistas preparados para apoyar la modernización de la industria.

Algunas publicaciones fueron muy importantes para la difusión de nuevas teorías y experiencias. La conocida *Investigación Vinícola*, informes sobre la situación del sector de 1903 y 1904, realizados por la Comisión designada por el Ministerio de Agricultura de la Nación dirigida por Pedro Arata; los libros editados durante la primera década del siglo XX: *La industria viti-vinícola argentina* de Arminio Galanti, el *Tratado vitícola y vinícola* de B. González, ambos de 1900, y el libro del francés Paul Pacottet, *Vinificación en la Provincia de Mendoza (República Argentina)* de 1911; los diarios *El Debate, El Comercio, La Industria* y *Los Andes*, y las revistas editadas en esos años, presentaban abundante información sobre cepajes, producción de uva y elaboración de vinos.[129]

La Oficina Química provincial cumplió una función de control de la genuinidad del vino desde fines del siglo XIX, que se acentuó durante las gobernaciones de Emilio Civit (1907-1910) y Rufino Ortega (h) (1910-1913), política que trajo no pocos conflictos con los bodegueros, como se reseñará posteriormente.

Distintos profesionales trabajaban asesorando en los métodos de elaboración, corrección de vinos y realización de análisis químicos.[130] También las principales bodegas tenían dirección técnica.[131]

Todos estos factores lograron un avance cualitativo tanto en la producción de uva como en la elaboración de vinos. Un especialista de la época, Carlos Girola, señalaba la superación del período de crisis de principios del siglo XX gracias al mayor esmero puesto en los procedimientos enológicos "para mejorar la

---

[128] A través del Registro Oficial se ha podido establecer que se enviaron dos becados en cada uno de los años 1905 y 1906; y uno en 1908, 1909, 1910 y 1913.

[129] Las revistas que hemos registrado son: *Revista Vitivinícola Argentina* (1904-1909), *Revista Agrícola* (1904-1905), *Primeras Hojas* (1907), *Páginas Agrícolas* (1908-1911), *La Viticultura Argentina* (1910-1911), *Vitivinicultura Práctica* (1911), *Revista Vitivinícola, Industrial y Comercial Argentina* (1912) y, finalmente, el *Boletín del Centro Vitivinícola Nacional*, que salió en forma ininterrumpida desde 1905 hasta la década de 1930, aunque cambió de nombre.

[130] Los especialistas habían comenzado su actividad en Mendoza desde principios del siglo XX. Entre ellos destacamos a Arminio Galanti, José María Gevaldá (quien además dirigía en 1902 la *Revista Vitivinícola*), Casa Arzeno, Modestino Jossa (que en 1904 era director de la *Revista Agrícola*); las farmacias de Ortiz Maldonado y de Enrique Suárez; Juan Canadé, Gracco Spartaco Parodi, Eugenio Bocquillón y Alejandro Videla. También ex becarios del gobierno como Leopoldo Suárez, que fue director de la Escuela Nacional de Vitivinicultura y de la *Revista Vitivinícola Argentina*, y fuerte promotor de la vitiviniculutra de calidad.

[131] Las bodegas con dirección técnica eran: Barraquero, Arizu, La Rural (a cargo de su propietario que era técnico agrícola diplomado), Giol y Gargantini (contratado en el extranjero), Santa Ana, González Videla, Trapiche, Germania, y Tomba; relevadas por Rodolfo Richard-Jorba y Eduardo Pérez Romagnoli, "El proceso de modernización...", *op. cit.*, pp. 136-140.

calidad de los vinos y aumentar los precios, que una preparación deficiente y hasta fraudulenta había desacreditado".[132] Incluso, algunos bodegueros se dedicaron a elaborar vinos de calidad. Entre otros se pueden mencionar a la familia Benegas, productora de los mejores vinos argentinos (marca Trapiche), que eran embotellados desde el siglo XIX; a Juan von Toll con sus espumantes; los numerosos tipos de vinos en botellas de la firma Tirasso,[133] de Isaac Chavarría, de Aaron Pavlovsky[134] y Alejandro Suárez.[135] También, la presentación de la bebida en exposiciones locales, nacionales e internacionales, y los premios logrados, muestran un esfuerzo en el mismo sentido. Al respecto, además de los mencionados, se destacaron los vinos de las bodegas Giol y Gargantini, Tomba Hnos., Battaglia, Luis Keil y Scaramella Hnos.[136]

No obstante, es necesario reafirmar que los bodegueros en general no tenían gran interés en la calidad del producto. Cuando Jules Huret, un francés que visitó Mendoza en 1910, preguntó el porqué de esto, le contestaron que no era fácil para firmas como Tomba o Giol y Gargantini tomar una decisión así, ya que los 200.000 hl de vino que vendían anualmente a razón de 66 francos el hl representaban un capital de más de 13 millones de francos. "¿Habían de dejarlo amortizado por querer dar a la mercancía más bouquet o más fuerza? Esto supondría para ellos una pérdida de tres o cuatro millones por año, si calculamos el interés del dinero a 25% y 30% como acontece en las bodegas de Mendoza".[137] Sobre esta afirmación cabe algún comentario. La elaboración de vinos finos y estacionados no constituía una pérdida económica para los grandes bodegueros integrados, sino una disminución de las ganancias; en rigor, la decisión de no producirlos se originaba en su escasa demanda, formada por un grupo acotado de consumidores con alta competencia económica que, por otra parte, preferían bebidas im-

---

[132] Carlos Girola, *op. cit.*, p. 1647.

[133] Hay listas de precios de vinos para Mendoza de las firmas Benegas (1907) y Tirasso (1909). En ambos casos se destaca la variedad de vinos y de precios, llegando a costar 12 botellas de champagne Tirasso $ 20, véase *Los Andes*, Mendoza, 9-6-1909, p. 8, y de tinto viejo o blanco viejo marca Trapiche $ 22, *ibid.*, 25-7-1907, p. 5.

[134] Aaron Pavlovsky había comenzado a embotellar a principios de siglo. *El Comercio*, Mendoza, 4-7-1906, p. 2.

[135] En 1904 vendía vinos tinto de Burdeos embotellado y había "logrado formar reservas y tener un tipo de vino constante", *Los Andes*, Mendoza, 28-6-1904, p. 5.

[136] Entre 1904 y 1911, vinos mendocinos se presentaron en las siguientes exposiciones: Buenos Aires (1904 y 1910), Montevideo (1904 y 1910), Mendoza (1905 y 1910), Milán (1906), Turín (1911) y Roubaix (1911), véanse *El Comercio*, Mendoza, 14-11-1905, p. 5, y 29-9-1906, p. 5; *Los Andes*, Mendoza, número especial, 1921; *Revista Buenos Aires al Pacífico*, Nº 134, Buenos Aires, 1929, y *Boletín del Centro Vitivinícola Nacional*, Nº 64 y 72, Buenos Aires, 1911.

[137] Jules Huret, *La Argentina, del Plata a la Cordillera de los Andes*, París, Fasquelle, 1913, pp. 241-242.

portadas. La situación de los pequeños bodegueros era diferente puesto que, como ya se señalara, la falta de capital de trabajo los obligaba a vender rápidamente sus caldos.[138]

El papel del Estado provincial

Hasta la llegada de Emilio Civit a la gobernación, en 1907, la provincia apoyó a la agroindustria sin realizar estrictos controles, a cambio del aporte impositivo que ella hacía al erario público.[139] Pero a partir de aquel año, cambió la política estatal. El caudillo de la oligarquía puso en práctica una particular visión de la economía en general y de la vitivinicultura en particular. Respecto de la primera, su objetivo era el quiebre de la especialización productiva a través del estímulo de la fruticultura;[140] en relación con la segunda, tenía co-

---

[138] Respecto de la escasez de capital, Leopoldo Suárez, en 1910, explicaba que para producir caldos de calidad se requería "estacionar una cantidad de vino, por algunos años, de manera que sólo después de un plazo de 4, 5 o 10 años pueden cosecharse los beneficios". Para esto era necesario tener capitales suficientes, y los préstamos con un interés de entre el 8% y el 10% sólo permitían "efectuar operaciones comerciales de simples descuentos y bajo plazos apremiantes", tornando difícil tales emprendimientos. Centro Vitivinícola Nacional, *La vitivinicultura en 1910*, Buenos Aires, Emilio Coll e hijos Editores, 1910, p. XIX.

[139] En 1900, los impuestos relacionados con la vitivinicultura (Frutos del País y Oficina Química) aportaban el 30,5% del presupuesto provincial, véase ROPM, 1899, t. II, p. 538; en 1901 el 36,5%, *ibid.*, 1900, t. III, p. 366; en 1902 el 31,5%, *ibid.*, 1902, t. II, pp. 56-57; en 1903 se elevó al 41,4%, *ibid.*, 1902, t. III, p. 355. Finalmente, en el presupuesto de 1904 se discriminó por primera vez entre el impuesto a "alcoholes y otros frutos" y al vino. Este último y el de la Oficina Química sumaron el 53,2% de los recursos fiscales de ese año, *ibid.*, 1903, t. II, p. 601. Con esta evolución se comprueba la cada vez mayor dependencia del erario provincial a la industria del vino; sobre el tema también se puede consultar Luis Coria y Daniel Ferrari, "Las finanzas públicas mendocinas en las tres décadas anteriores a la Primera Guerra Mundial", *Actas XVIII Jornadas de Historia Económica*, Mendoza, Asociación Argentina de Historia Económica, Universidad Nacional de Cuyo-CRICYT-Me, 2002.

[140] En el discurso que leyó en la toma de posesión del cargo de gobernador, Emilio Civit dejó en claro su plan diversificador de la economía a imitación de California: "Hay que facilitar ese desarrollo agrícola e industrial en formar viveros de árboles frutales seleccionados y apropiados [...] cuyos productos frescos, conservados o secos puedan exportarse, dando así nacimiento y vida a un comercio tan importante como productivo", discurso transcripto por Josefina Civit de Ortega, *Don Emilio Civit. Político y Gobernante*, Mendoza, Ediciones Culturales de Mendoza, 1994, t. 2, p. 292. Por ello, uno de los primeros proyectos de leyes que mandó a la Legislatura fue la N° 385 (de agosto de 1907), que "exoneraba de todo impuesto por el término de 5 años a los terrenos y cultivo de árboles frutales o de aplicación industrial que en ellos se hicieran", *ibid.*, p. 297. También contrató al enólogo Paul Pacottet para que realizara un informe sobre la fruticultura que, según la prensa fue presentado en

mo eje de su gestión el logro de una producción de vinos genuinos. En ambos casos era necesaria la intervención del Estado, promoviendo y fiscalizando. Rufino Ortega (h) (1910-1913) continuó los lineamientos de su antecesor y, con ello, el distanciamiento con los representantes de la industria se profundizó, hasta que el conflicto se hizo inevitable.

Para llevar a cabo la nueva política, Civit creó la Dirección General de Industrias en 1907.[141] Al año siguiente, se determinaron sus competencias, y se incluyó entre sus dependencias a la Oficina Química, por lo cual el organismo asumió el control sobre la calidad y cantidad del vino.[142] Finalmente, en diciembre de 1908, otro decreto redefinió y amplió sus incumbencias, confiriéndole un verdadero "poder de policía" sobre la industria.[143]

A la cabeza de la Dirección, el gobernador colocó un ingeniero chileno, Enrique Taulis, quien, desprovisto de intereses locales, llevó a cabo permanentes inspecciones a las bodegas, rigurosos análisis enológicos a los vinos, aplicación de multas y la desnaturalizaciones de caldos. A esta acción se su-

---

febrero de 1911, véase *La Industria*, Mendoza, 26-2-1911, p. 5, pero que no hemos hallado en forma de libro, sino sólo a través de sucesivos artículos, *ibid.*, meses de mayo y junio de 1912. Es importante destacar que se había formado un pequeño grupo de productores frutícolas (Juan Serú, Lucio Funes, Alberto Day, Leopoldo Suárez, Tiburcio Benegas) que, en septiembre de 1912, fundaron una cooperativa. Además, dos de sus integrantes, Serú y Funes, tenían fábricas para industrializar la fruta, véase Lucio Funes, *Gobernadores de Mendoza (La Oligarquía). Segunda Parte*, Mendoza, 1951, p. 151.

[141] Decreto de creación de la Dirección General de Industrias del 25 de abril de 1907, véase Provincia de Mendoza, *Legislación Fundamental Sancionada en la Administración del Eximo. Sr. Gobernador de la Provincia D. Emilio Civit, 1907-1910*, Mendoza, 1910, pp. 171-175. Ese mismo año se reanudaron las inspecciones a las bodegas (265) por parte de la Oficina Química de Mendoza, véase *Los Andes*, Mendoza, 10-2-1907, p. 5.

[142] Provincia de Mendoza, *Legislación Fundamental...*, *op. cit.*, pp. 183-191.

[143] El organismo tendría las siguientes responsabilidades: el registro obligatorio de los elaboradores, la inspección de bodegas, comercios y depósitos de vinos a cualquier hora del día; la recepción hasta el 30 de junio de cada año de los informes de los viñateros sobre la cantidad y tipo de uva elaborada, ubicación y extensión del viñedo, y el nombre del propietario. En segundo lugar, debía practicar los análisis de los azúcares y mieles en circulación en la provincia, que eran las principales sustancias utilizadas para adulterar el vino, y aplicar las sanciones previstas en la ley de vinos provincial (N° 47). El reglamento definía otros aspectos como las prácticas enológicas correctas y prohibidas, y las exigencias formales de los envases; y establecía una novedad importante: la responsabilidad de "Industrias" sobre la genuinidad del vino enviado fuera de la provincia, inspirándose en muchos aspectos en la reglamentación de la ley nacional de vinos; para ello exigía que el análisis químico efectuado por el organismo de control en Mendoza coincidiera con el que se realizaba en el lugar de destino de la carga (artículos 13 y 14), y se prohibía a las empresas de transporte aceptar envíos que no tuvieran la boleta de control del organismo. Provincia de Mendoza, *Recopilación de Leyes...*, *op. cit.*, t. v, pp. 1999-2006.

maron otros factores: creación de nuevos controles burocráticos, la activación de la fiscalización nacional a través de la realización de un segundo análisis químico[144] y la suba de los impuestos.[145]

Las instituciones gremiales

Las instituciones gremiales organizadas durante el período respondieron a las necesidades de una etapa de expansión económica. Así, la Bolsa Vitivinícola de Mendoza tuvo como propósito originario la constitución de un espacio para la concertación de negocios, y de apoyo a los agentes económicos. La segunda institución, llamada Sociedad de Vitivinicultores, surgió como consecuencia de la política estatal desplegada entre 1907 y 1910.

El Centro Vitivinícola Nacional

El *boom* vitivinícola replegó a los actores a la provincia, mostrándose distantes con el gremio nacional.

La comisión regional de Mendoza tuvo como primer presidente a Juan Giol,[146] uno de los bodegueros más exitosos de la provincia. En agosto de 1906, la institución abrió una sede propia en la calle San Martín de ciudad, momento en que se produjo el reemplazo de Juan Giol por Luis Keil, y el nombramiento como secretario del ingeniero agrónomo Julio Beltramín.[147]

---

[144] Cuando se creó la Oficina Química Nacional en Mendoza, en agosto de 1909, los bodegueros que vendían su producción fuera de la provincia debieron otro análisis de sus caldos y pagar $ 5 al nuevo organismo sin importar el volumen de bebida. *El Debate*, 14-8-1909, p. 1.

[145] El monto del impuesto provincial al vino aumentó progresivamente: en 1902, la ley N° 255 referida a productos de la industria vitivinícola lo fijó en $ 0,50 el hl; al año siguiente subió a $ 0,75 el hl, y en 1905 a $ 0,85 el hl. Tres años después (1908), la ley N° 435 que aprobaba el presupuesto provincial llevó el gravamen a $ 1 por hl.

[146] La Comisión Regional de Mendoza, organizada en 1905, se componía además por Emiliano Guiñazú (vicepresidente primero), Augusto Raffaelli (vice segundo) y Gerónimo L. de Gálvez, Antonio L. de Gálvez, Arturo Jardel, Jorge Céspedes, Domingo Tomba, Balbino Arizu, Juan Serú, Pascual Toso, Ricardo Palencia, Alfredo Ruiz, Natalio Estrella y Abelardo Nanclares (vocales). Véase Noemí Girbal de Blacha, *op. cit.*, pp. 439-440. Esta comisión recibió una subvención del gobierno provincial de $ 1.500 mensuales durante 1905 y hasta abril de 1906. ROPM, 1906, t. II, pp. 40-41 y pp. 134-135.

[147] A su vez, el secretario del Centro, Domingo Toro Zelaya, llamó a una asamblea en Buenos Aires, donde, entre otros temas debía elegirse a cuatro miembros de la comisión directiva porque Francisco Uriburu había muerto y Rafael Mercado, Alejandro Suárez y Carlos Herfst habían renunciado porque viajaron a Europa. *Los Andes*, Mendoza, 20-9-1906, p. 5.

Aunque los datos son escasos e incompletos, se sabe que la institución madre pasó por una crisis durante 1907 y que su Comisión Directiva renunció en diciembre de ese año.[148] Es muy probable que el problema se debiera al conflicto comercial desatado entre dos promotores del gremio: Domingo Tomba (el mayor productor de vino de Mendoza y del país), y su agente comercializador en Buenos Aires, Francisco Janello (vicepresidente del Centro); este último, además, defendido judicialmente por el secretario gerente y uno de los iniciadores del gremio, Domingo Toro Zelaya. Por los nombres de los implicados en la disputa, se entiende el impacto producido en la entidad, y si ella logró sobrevivir fue porque Toro Zelaya renunció.[149] Por su parte, Francisco Janello continuó como socio ya que era representante de otras importantes firmas vitivinícolas como las de Rufino Ortega y Hnos., y la de Francisco Uriburu (de San Juan), pero no ejerció cargos directivos.

En Mendoza se disolvió la primera Comisión Regional por "disidencias" con la Junta Central, pero sin hacerlas expresas.

Ramón Vilardebó se hizo cargo interinamente de la dirección del gremio nacional a principios de 1908 hasta que, a mediados de ese año, se organizó una nueva Comisión Directiva. Sus integrantes[150] "relanzaron", a partir de febrero de ese año, el *Boletín del Centro Vitivinícola Nacional*.[151]

Los comienzos de esta etapa fueron muy modestos. En agosto sólo se habían asociado ciento once empresarios y recaudaban $ 873 –ya que no recibía subvención del Estado–, con los que se editaba la revista, pero no se podía mantener un cuerpo de inspectores de vino ni pagar un asesor jurídico.[152] A partir de marzo de 1909, el Centro comenzó a percibir un subsidio del Congreso Nacional que le permitió alquilar un local más grande[153] y, lentamente, fue aumentando el número de socios e incorporando representantes de otras regiones con vitivinicultura como Entre Ríos (con una comisión en Concordia) y Salta. En diciembre de 1912, tenía doscientos veintiséis afiliados; finalmente, en la década de 1920 se incorporó a la Unión Industrial Argentina.

En Mendoza, el gremio no logró la total adhesión de los bodegueros mendocinos. En efecto, a fines de 1908 se nombró un grupo de socios encargados de organizar la Comisión Regional que fracasó. Ellos eran Melchor Villanueva, Aaron Pavlovsky, Arturo Jardel, Abelardo Nanclares y Juan Giol y, como secretario asesor, Arturo Cubillos.[154] Sólo este último continuó como agente del Cen-

---

[148] *Boletín del Centro Vitivinícola Nacional*, N° 39, Buenos Aires, 1908, p. 989.
[149] Centro Vitivinícola Nacional, *La vitivinicultura...*, op. cit., p. XXXIII.
[150] Elías Villanueva era el presidente, Isaac Chavarría el vice y Ramón Vilardebó el secretario gerente.
[151] *Boletín del Centro Vitivinícola Nacional*, N° 39, Buenos Aires, 1908, p. 991.
[152] *Ibid.*, N° 35, 1908, p. 874.
[153] *Ibid.*, N° 42, 1909, p. 1075.
[154] *Ibid.*, N° 39, 1908, p. 993.

tro hasta su renuncia, en agosto de 1911, reemplazado por Avelino Castro.[155] Por ello, aunque el *Boletín* anunciaba recurrentemente la próxima formación de la Comisión mendocina, ésta no se concretó en el período que se analiza. Sí se instaló un consultorio químico para la atención de los bodegueros.[156]

El desinterés de los elaboradores mendocinos por la institución –aunque los más destacados se habían asociado–[157] obedecía, a nuestro juicio, a un problema de representación. Luego de la crisis de 1907, la entidad quedó dirigida por personas que obligadamente vivían en la Capital Federal, creando cierta desconexión con Mendoza. Además, excepto Isaac Chavarría y Elías Villanueva, que tenían reales intereses en la vitivinicultura mendocina pero que estaban insertos en la élite política y financiera nacional, los demás integrantes (incluso Benjamín Nazar Anchorena que era propietario de un viñedo en la provincia), pertenecían a otros centros de producción o eran comercializadores porteños. En segundo lugar, los problemas que preocupaban al gremio eran de escala nacional y para los actores económicos locales, por lo menos durante esos años, las dificultades anidaban en la situación provincial; y cuando aquellas tenían un origen nacional, trataban de resolverlas personalmente. Por ejemplo, cuando faltó circulante en 1909, una comisión de bodegueros se dirigió a Buenos Aires para conseguir un aumento de capital prestable para las sucursales mendocinas de algunos bancos.[158]

Tampoco se puede desconocer que la política cultivada por la institución, en algunas oportunidades fue en contra de los intereses de los elaboradores mendocinos. Ya en 1906 había presentado una queja porque la Administración de Impuestos Internos había suprimido las inspecciones a las bodegas cuyanas, medida que consideró consecuencia de una mala lectura de la ley nacional N° 4363.[159] Años después, en 1912, cuando los empresarios locales pidieron una nueva ley provincial de vinos y una menor fiscalización estatal de

---

[155] *Ibid.*, N° 72, 1911, p. 1933.
[156] *Ibid.*, N° 75, 1911, p. 1998.
[157] Al final del período eran socios los siguientes bodegueros importantes: Sotero Arizu, Battaglia y Cía., Bodegas Andinas, Jorge Bombal, Calise Hnos., Isaac Chavarría, Arturo Dácomo, Herwig y Cía., Bernardo Martínez, Benjamín Nazar Anchorena, Rufino Ortega Hnos., Justo Pellegrina, Ricardo Palencia, Strittmater e Hilbing, Soc. Germania, S.A. Bodegas Arizu, S.A. Juan Giol, Domingo Tomba, Tomba Hnos., Luis Tirasso, Viuda de Héctor Innes y Elías Villanueva. *Ibid.*, N° 87, 1912, contratapa.
[158] En marzo de 1909, una comisión de importantes bodegueros (entre otros Juan Giol, Sotero Arizu, Miguel Aguinaga, Andrés Camere, Eugenio Scaramella y Luis Valiente Noailles) hizo este tipo de gestiones en Buenos Aires con las autoridades del Banco Nación y del Español del Río de la Plata. *Ibid.*, N° 42, 1909, p. 1078.
[159] El inspector General de la Zona Cuyo de la Administración de Impuestos Internos ordenó al delegado en Mendoza atender sólo el análisis de los vinos antes de su envío por ferrocarril, y cuando llegara al centro de consumo. *Los Andes*, Mendoza, 14-8-1906, p. 5.

la fabricación y circulación de la bebida, el Centro replicó que "los principios en que se basará la ley [...] a nuestro juicio tienen el defecto de ser demasiado radicales y peligrosos para la estabilidad de la industria. El Estado debe controlar la elaboración del vino".[160]

Aun con sus escasos recursos, el gremio desarrolló una importante actuación en varios aspectos como la promoción de la genuinidad del vino, la mejora del funcionamiento del ferrocarril, y el logro de la uniformidad de los procedimientos de los análisis químicos del vino realizado en distintos puntos del país. También fue incorporando servicios para sus asociados, como una gestoría en Buenos Aires encargada de todo lo referente a marcas de fábrica y comercio.

La Bolsa Vitivinícola y Comercial de Mendoza, 1907-1911

La Bolsa, como se la llamaba, nació con el propósito de agilizar las transacciones del sector vitivinícola y de toda actividad productiva y comercial de Mendoza; también es probable –aunque no hemos encontrado documentación que lo avale– que la crisis del gremio nacional haya influido en su creación.[161] Pero, sin duda, era una respuesta a las exigencias de la expansión económica posterior a 1904, que se manifestaba en un aumento de la compraventa de los productos vitivinícolas (uva, vino, mosto y alcoholes), inmobiliarios y de tierras, y de otros negocios.

La Bolsa comenzó a funcionar en julio de 1907 como una sociedad anónima y su primera Comisión Directiva, compuesta por nueve miembros elegidos en asamblea por tres años y reelegibles, quedó conformada de la siguiente manera:[162] presidente, Ricardo Palencia, vicepresidente, Medardo Tomba; tesorero, Miguel Aguinaga; vocales, Balbino Arizu, Juan Giol, Melchor Villanueva, Augusto Villanueva, Augusto Raffaelli, Antonio Scaramella y Luis Arroyo.[163] Prácticamente todos sus integrantes eran destacados bodegueros, lo cual es un indicador de quiénes promovieron la entidad. A fines de ese año se aprobaron los estatutos.[164]

Todos los socios estaban autorizados a concurrir a la Bolsa, hacer operaciones comerciales, dejar sus productos en exposición, hacer uso de las oficinas técnicas, jurídicas, representaciones, etc., pero sólo los accionistas tenían voz y voto en las asambleas.[165]

---

[160] *Boletín del Centro Vitivinícola Nacional*, N° 79, Buenos Aires, 1912, p. 2113.
[161] *Los Andes*, Mendoza, 14-8-1906, p. 5, y 29-8-1906, p. 4.
[162] *La Industria*, Mendoza, 9-7-1909, p. 45.
[163] *Los Andes*, Mendoza, 20-8-1907, p. 4.
[164] ROPM, 1907, t. I, pp. 468-469. El capital societario sería de $ 500.000 –podría elevarse al doble–, y se formaría por 5.000 acciones de $ 100 cada una.
[165] Los socios bodegueros debían pagar una cuota mensual de $ 0,02 por hl que saliera de

Además, la Bolsa buscó incorporar a todos los grandes bodegueros de Mendoza; por ejemplo, invitó a asociarse a la bodega Germania (cuyos titulares vivían en Rosario y actuaban independientemente de las fuerzas productivas territoriales).[166] Posteriormente, en marzo de 1909, inició una campaña de suscripción de nuevos socios.[167]

Es importante destacar que al constituirse como una sociedad anónima, quedaba claro el interés primario de la entidad como centro de negocios y transacciones comerciales. Por ello, se entiende que en el momento de su creación, alentara a sus asociados para que suscribieran acciones para la fábrica de toneles Aserradero Alte. Brown S.A.;[168] también que auspiciara la formación de una sociedad para la producción de energía eléctrica, bajo la dirección de Guido Guglielmi, negocio en el que estaban interesados algunos bodegueros locales,[169] aunque no se ha podido determinar su evolución. Sin embargo, la entidad cumplió con otras aspiraciones. Los estatutos resaltaban el interés de mejorar la calidad del vino elaborado en Mendoza ("procurar la uniformidad de los procedimientos industriales", estudiar, realizar concursos y exposiciones de vino, etc.) y especialmente su carácter gremial ("peticionar a los poderes públicos"). En función de esto último, la Bolsa se constituyó en la representante de los intereses del sector vitivinícola ante el gobierno provincial, sobre todo a partir de la gestión de Emilio Civit (1907-1910). El pivote de estas relaciones giró en torno a la figura de Ricardo Palencia, presidente de la institución, quien además pertenecía al estrecho círculo del gobernador y era director del Banco de la Provincia, principal herramienta financiera de las políticas públicas.

En 1908, canalizó las quejas de los bodegueros por el aumento del control sobre la producción de vino y la suba de impuestos aplicada por el ejecutivo,[170] y buscó acordar algunos temas con el director de Industrias, Enrique

---

la provincia, los viñateros $ 2 por ha de viña y los comerciantes el 10% de la patente provincial. Se establecían, además, tres tipos de socios: el honorario, designado por la Asamblea, el accionista, que era el socio pleno, y el contribuyente. El socio accionista debía suscribir un número de cinco acciones y producir por lo menos 500 hl de vino en caso de ser bodeguero, tener un capital de $ 10.000 si era comerciante, y 10 ha con viña el viñatero. El socio contribuyente debía tener por lo menos una acción y pagar $ 5 por mes.
[166] *La Industria*, Mendoza, 21-7-1908, p. 5.
[167] *Ibid.*, 20-3-1909, p. 5.
[168] *Ibid.*, 7-8-1908, p. 3.
[169] Juan Giol, Arturo Dácomo, Augusto Raffaelli, Francisco Pommez, Medardo Tomba, Virgilio Santini, Pilo Tomba, Felipe Rutini, Isaac Chavarría, entre otros. *Ibid.*, 4-6-1910, p. 7.
[170] Respecto de los impuestos, la institución presentó una nota al Poder Ejecutivo solicitando el aplazamiento del cobro del impuesto de $ 0,05 establecido en la ley N° 438 sobre fomento industrial, y la derogación del impuesto a los alambiques dispuesto por la ley N° 435 que aprobaba el presupuesto para 1908, véase *ibid.*, 24-7-1908. También se criticaba el de-

Taulis.[171] A fines de ese año, y ante la falta de circulante que ponía en peligro la próxima cosecha, presentó una nota al gobernador solicitando su autorización para realizar operaciones de crédito sobre las Letras de tesorería creadas por la ley provincial N° 389. De esta manera se buscaba ampliar la oferta de dinero para principios de 1909. El pedido, aunque fue aprobado por Emilio Civit, fracasó porque el Ministerio de Hacienda de la Nación prohibió la circulación de las Letras en todo el país. Los elaboradores argumentaron ante el Ministerio que para levantar la cosecha se necesitaban "83 millones de pesos y para elaborar el vino un millón más", que no había ese dinero en plaza y que dichas letras durarían sólo hasta mediados de año.[172] Ante la negativa de la autoridad correspondiente, una delegación de bodegueros fue a Buenos Aires a solicitar a los bancos Español y Nación el aumento del capital de sus sucursales en Mendoza, como ya se comentara más arriba.[173]

En el orden nacional, junto con el Centro, la Bolsa presionó al Congreso Nacional para que aprobara una nueva ley de vinos, según la reforma elaborada por Julián Barraquero y consensuada con los distintos sectores interesados.[174] También ambas instituciones se movilizaron en conjunto para evitar que un tratado de comercio con Chile, que se negociaba en 1909, incluyera la eliminación de los aranceles aduaneros a los vinos de ese país. A tal fin organizó una estrategia "defensiva" que incluía el envío de delegaciones a Buenos Aires para hablar con funcionarios, la presión sobre los legisladores nacionales por Mendoza, telegramas al presidente y memoriales al gobierno nacional. Finalmente, se realizó en la capital mendocina un gran "*meeting*" en defensa de la agroindustria y contra la competencia, junto con representantes sanjuaninos.[175]

Los actores vitivinícolas desarrollaron una argumentación en favor de las barreras aduaneras y en contra del "centralismo librecambista"[176] munidos de

---

creto reglamentario de la percepción del impuesto al análisis de vino "porque resulta una trabazón", *ibid.*, 31-7-1908, p. 5.

[171] Se realizaban reuniones entre los directivos de la Bolsa y el responsable de la Dirección de Industrias. En un artículo, refiriéndose a una de ellas, se decía que se realizaba para ahuyentar "las fantasmagorías acerca del terrorismo" de la Dirección de Industrias, *ibid.*, 25-12-1908, p. 5.

[172] *Ibid.*, 28-1-1909, p. 5

[173] *Ibid.*, 2-2-1909, p. 5, y 28-2-1909, p. 5.

[174] *Ibid.*, 27-8-1908, p. 5, y 11-9-1908, p. 5.

[175] *Ibid.*, 1-7-1909, p. 5.

[176] *Ibid.*, 20-6-1909, p. 5. En un primer momento, Julián Barraquero defendió la entrada del vino chileno por Neuquén, pero su posición fue ampliamente criticada por los intereses vitivinícolas argentinos que argumentaban que el vino entrado por el sur no cambiaba el problema de la competencia especialmente en mercados todavía no suficientemente explotados como el puerto de Bahía Blanca. Entrevista a Luis Arroyo, *ibid.*, 27-5-1909, p. 5.

distintos argumentos, como los altos costos del flete ferroviario del vino y de las materias primas importadas (cascos, ácido tartárico, etc.), y la similar política aduanera que aplicaban todos los países europeos productores de la bebida. Por su parte, aquellos que defendían el acuerdo decían que los vinos argentinos eran inferiores a los chilenos y, por ende, estos últimos se dirigían a un mercado reducido que no era surtido por los caldos nacionales. Esta afirmación era rechazada por la Bolsa que sostenía la calidad del producto mendocino y, como respuesta a ese "ataque", lanzó el proyecto de producir cien mil cajones de vinos finos embotellados de distintas marcas y a precio de costo. La entidad compraría el material, las maquinarias para embotellar, y la rotulación; formaría un "sindicato para darle cobertura" y trataría con una casa comisionista para la venta en todo el país. El proyecto, que tendría una duración de cinco años,[177] fue entusiasmo de un día porque el tratado internacional nunca se firmó debido a las presiones ejercidas por los sectores perjudicados de ambos lados de la cordillera.

El tema del ferrocarril también fue motivo de preocupación recurrente para la entidad mendocina; por ejemplo, en 1910, hizo severas críticas al servicio debido a la negativa de la empresa a mejorar tecnológicamente los vagones, ya que la falta de aire dentro de ellos elevaba la temperatura del vino y hacía peligrar su estado.[178]

El surgimiento de la Sociedad de Vitivinicultores

El 6 de enero de 1911, en una reunión en la Bolsa Vitivinícola, se decidió redactar un petitorio a las autoridades provinciales contra el accionar de Enrique Taulis, y se hizo circular una nota en la que se pedía al presidente la reorganización de la institución.[179] Esto último fue el inicio de un proceso que desembocaría en la constitución de una nueva entidad representativa de los intereses vitivinícolas, asentados en dos cuestiones. La primera, el deseo de formar un gremio que enfrentara mejor la política industrial del gobernador, la cual Ricardo Palencia no había logrado atenuar. La segunda, el interés por cambiar el perfil institucional, en acuerdo con las ideas de Leopoldo Suárez, director de la Escuela Nacional de Vitivinicultura. Éstas fueron desarrolladas en un discurso el mismo 6 de enero, durante un almuerzo servido en los jardines del colegio, a donde habían concurrido los miembros de la Bolsa.[180]

---

[177] *Ibid.*, 10-9-1909, p. 7.
[178] *Ibid.*, 27-4-1910, p. 7.
[179] La comisión que solicitó la reorganización de la Bolsa estaba formada por importantes referentes de la actividad: Juan Giol, Domingo Tomba, Luis Piaggio, Abelardo Nanclares, Leopoldo Suárez, Melchor Villanueva, Pedro Benegas, Juan A. Zapata, Miguel Aguinaga, Rito Baquero y Agustín Mercader.
[180] *Los Andes*, Mendoza, 7-1-1911, p. 4, y *La Industria*, Mendoza, 7-1-1911, p. 5.

Este prestigioso enólogo proponía organizar una asociación que, además del diseño de políticas concertadas, incorporaba lo que él denominaba "mutualismo", estrategia para afrontar gastos en común y ahorrar dinero, que se acercaba a los objetivos propios de una cooperativa de servicios, pero con otra organización societaria.[181] Al respecto expuso, a modo de ejemplo, que la creación de compañías de seguros contra siniestros (incendio, granizo, helada) permitiría que el capital para el pago de las pólizas ("$ 506.000" sólo por seguro contra incendios), se quedara en las arcas de los productores. Igual sentido tenía la compra comunitaria de ciertos productos, verbigracia los "400.000 cascos" nuevos que se compraban anualmente en Mendoza y que costaban "$ 2.500.000". Esto produciría un ahorro de "$ 375.000" que era el 15% de comisiones y ganancias de los intermediarios. Lo mismo podía hacerse con otros bienes básicos como alambre, ácido tartárico, leña, productos enológicos, etc. El capital ahorrado podría abaratar los precios de producción del vino y mejorar su calidad.[182]

La venta en común del vino era otro aspecto del plan, varias veces propuesta con anterioridad. Según Suárez un "vino dudoso se paga hasta tres veces el valor del vino a la salida de bodega. Suprimiendo en parte los intermediarios, bajaría el precio, mejoraría la calidad, aumentaría el consumo y los bodegueros no perderían plata". Completaba el proyecto "la formación de bodegas y destilerías sociales", de cajas de ahorros de pensión para los obreros, de centros de difusión de los conocimientos científicos, etc. También la unión gremial contribuiría al mercado financiero creando cajas o cooperativas de créditos locales y dando préstamos más baratos y a mayor plazo.

Sobre estas bases programáticas se aprobaron los estatutos del nuevo gremio llamado Sociedad de Vitivinicultores, el 28 de febrero de 1911. Entre sus objetivos, además de los conocidos (ejercer la representación de los bodegueros y viñateros, realizar negocios y transacciones de los productos vitivinícо-

---

[181] La historia del mutualismo está ligada a los sectores más pobres de la sociedad. En la Argentina fue impulsado por inmigrantes llegados a partir de la segunda mitad del siglo XIX; la gran mayoría buscaba la conservación de las tradiciones de la colectividad y la cobertura de salud. Si bien comparte con el cooperativismo una visión solidaria en la satisfacción de un servicio, la propuesta de Leopoldo Suárez se asociaba más a las funciones propias de una cooperativa de servicio, que se pueden considerar bajo tres formas: a) cooperativas de distribución, consumo y/o provisión que proporcionan a sus asociados servicios de abastecimiento de comestibles, materias primas, créditos, electricidad, vivienda, seguros, etc.; b) las cooperativas de colocación de la producción que proporcionan servicios de venta de la producción agraria, pesquera, artesanal, etc. obtenida por sus asociados; y c) las cooperativas de trabajo que proporcionan servicios de ocupación a los obreros, técnicos o profesionales asociados a ellas. Citado por J. B. Castelli, "Cooperativas y mutuales", en <http: //www.mundocoop.com.ar>.

[182] *Los Andes,* Mendoza, 7-1-1911, p. 4.

las, combatir el fraude y estrechar los vínculos entre viñateros y bodegueros; estimular la producción del conocimiento relacionado con la vitivinicultura[183] y organizar congresos), se agregaban otros como los de formar "sindicatos para la compra en común" y cooperativas de crédito, producción y seguros, y promover la construcción de nuevas vías férreas y caminos. También se proponía una serie de acciones ya conocidas para mejorar y estandarizar la calidad del vino: "procurar la uniformidad de los procedimientos industriales; el mejoramiento del producto [...] velar por la protección y respeto de las marcas de fábrica".

La Sociedad se compondría de una Cámara de Vitivinicultores, de treinta miembros elegidos por la Asamblea por un período de tres años,[184] que votaría los nueve miembros de la Comisión. Ésta tendría a su cargo la administración y representación de la entidad. La Cámara, por su parte, se constituiría en un intermediario entre los socios y el gobierno de la institución.[185]

El 24 de abril de 1911 se nombraron las autoridades de la nueva entidad: presidente, Antonio Scaramella,[186] vicepresidente primero, Melchor Villanueva, y segundo, Leopoldo Suárez; el síndico titular era Miguel Aguinaga y el suplente Luis Baudrón. Los vocales eran Domingo Bombal, Juan Giol, Agustín Mercader, Luis Piaggio, Pedro Iribarne, Tiburcio Benegas (h). La Cámara Consultiva reunió los principales referentes del sector bodeguero y viñatero,[187]

---

[183] Decían los párrafos i y j del art. 2º del estatuto de la Sociedad Vitivinícola: "Estimular los estudios e investigaciones vitivinícolas y agrícolas de naturaleza que afecten a la industria en general o que tiendan a mejorar la situación económica, organizar y patrocinar congresos generales y especiales, concursos y exposiciones de productos e implementos de la industria, fundar la creación de bibliotecas, museos, publicaciones agrícolas e industriales", *La Viticultura Argentina*, Nº 9, 10 y 11, Mendoza, 1911, p. 160. Resulta destacable el esfuerzo de este dirigente por vincular la ciencia con la producción para mejorar la calidad de los vinos locales, una idea con la que fue consecuente a lo largo de su vida.

[184] Se renovarían por terceras partes cada año. En febrero de 1912 fueron elegidos los nuevos vocales de la Cámara Consultiva. Ellos eran Ramón Guastavino, Felipe Rutini, Carlos Lavoisier, Víctor Calise, Carlos Stritmatter, Roberto Aubone, Alejandro Sartori, Bienvenido Moretti, Tiburcio Benegas, Roberto Videla Arroyo. Los tres últimos eran reelectos. *Los Andes*, Mendoza, 9-2-1912, p. 4.

[185] Las atribuciones de la Cámara eran las de fomentar la industria y el crédito, instituir premios para los concursos, determinar la compra de bienes, admitir, suspender y expulsar socios. Por su parte, la Asamblea de socios, además de elegir los miembros de la Cámara, aprobaría o rechazaría las cuentas de la administración, autorizaría los negocios propuestos por la Cámara, modificaría los estatutos y resolvería la liquidación de la sociedad. *La Viticultura Argentina...*, op. cit., pp. 160-171.

[186] Antonio Scaramella, además de integrar una empresa familiar, era accionista de la bodega Tomba cuando, ese mismo año, se constituyó en sociedad anónima.

[187] Ellos eran: Juan Giol, Domingo Tomba, Antonio Scaramella, Miguel Aguinaga, Balbino Arizu, Miguel Escorihuela Julián, Melchor Villanueva, Luis Arroyo, Ernesto Seippel (repre-

aunque con preeminencia del primero. En junio, la Bolsa Vitivinícola decidió incorporarse al nuevo gremio.[188]

Desde un principio, la nueva entidad contó con un importante órgano periodístico, *La Industria*.[189]

Pese a tener pretensiones de representar a todos los sectores productivos involucrados en la vitivinicultura, la realidad mostró que el gremio interpretaba los intereses de los bodegueros más importantes, los dueños del poder económico. En agosto de 1912, los 156 asociados al gremio representaban sólo el 15% de los 1.024 elaboradores provinciales. Ese pequeño núcleo producía 1.685.480 hl (57%)[190] de vino sobre una producción provincial de 2.941.684 hl (cuadro 4 del capítulo II).

Por otra parte, a partir de mediados de 1912, atenuada la crisis con el gobierno, que se relatará en el siguiente apartado, la Sociedad inició sus actividades internas inaugurando tres secciones: enoquímica, de representación de bodegas y destilerías, y de tramitaciones en general (especialmente ante Impuestos Internos, Dirección General de Industrias y ferrocarril).[191] También, el proyecto mutualista, esbozado sin éxito por Leopoldo Suárez casi dos años antes, se reactivó gracias a la llegada a Mendoza, en septiembre, del francés Leopoldo Mabileau, invitado por la Sociedad para explicar los beneficios del denominado mutualismo.[192] Inmediatamente, el gremio decidió formar una sección de Descuentos y otra de Seguros.[193] Al mes siguiente se comenzaron a proyectar dos sociedades, una dedicada a los seguros de incendios y otra especializada en seguros y reaseguros.[194] En diciembre se reformaron los estatutos de la Sociedad y, entre otras cuestiones, se definió como una "sociedad mutua para defensa y fomento de intereses vitivinícolas y agrícolas".[195] Inme-

---

sentante de Germania), Lorenzo Vicchi, Melitón Arroyo, Luis Piaggio, Luis Baudron, Arturo Dácomo, Agustín Mercader, Enrique González, Rafael Guevara, Leopoldo Suárez, Pedro Iribarne, José de Larrea, Genaro Cichitti, Roberto Videla Arroyo, Antonio Renaldi, Héctor Mackern, Rafael López, Roger Michel y Luis Filippa. *Los Andes,* Mendoza, 25-4-1911, p. 8.

[188] En los diarios se llamaba a una reunión para el día 5 de junio de 1911 para tratar la fusión con la Sociedad de Vitivinicultores, *La Industria,* Mendoza, 30-5-1911, p. 5. Si bien no se dio noticias de la decisión tomada es razonable pensar que dicha fusión se realizó.

[189] *Los Andes,* Mendoza, 19-10-1911, p. 5.

[190] Dato aportados por la misma Sociedad con motivo de una asamblea anual celebrada el 13 de agosto de 1912. *La Industria,* Mendoza, 14-8-1912, pp. 4-5.

[191] *Ibid.,* 17-7-1912, p. 7.

[192] *Ibid.,* 17-9-1912, p. 5.

[193] Se formó una comisión integrada por Leopoldo Suárez, Miguel Aguinaga, Luis Piaggio y Bienvenido Moretti. *Ibid.,* 25-9-1912, p. 5.

[194] *Ibid.,* 11-10-1912, p. 5.

[195] Se introdujeron algunas modificaciones interesantes. En primer lugar se incorporó un nuevo objetivo: "fomentar el espíritu gremial y de solidaridad favoreciendo sociedades de crédito, bancario e hipotecario y compañía de seguros". En segundo lugar, hubo un cambio

diatamente después se aprobaron los estatutos de la Sociedad Anónima en participación de Seguro y Reaseguro La Vitivinícola erigida "bajo los auspicios de la Sociedad de Vitivinicultores".[196] Su presidente era Antonio Scaramella, y los vocales Ricardo Palencia, Balbino Arizu, Miguel Aguinaga, Juan Giol, Luis Piaggio y Leopoldo Suárez.

La irrupción del conflicto con el poder político provincial

La relación entre los elaboradores de vino y el gobierno empeoró durante la gestión de Rufino Ortega (h). En marzo de 1911, el gobernador reglamentó la percepción del impuesto al vino con destino fuera de la provincia prejudicando a los grandes bodegueros[197] y, en octubre, dio otro decreto estableciendo minuciosamente el cobro de "la percepción del derecho de análisis". En este último determinaba, entre otros temas, la toma de muestras de vino en bodega por parte de inspectores de la Dirección de Industrias de la provincia.[198] Ambas normas fueron resistidas por los empresarios porque ponían límites a las posibilidades de efectuar fraudes fiscales y adulteraciones en los vinos.

En ese estado de tensión, el Ejecutivo presentó el proyecto de ley de impuestos provinciales para 1912 a la Legislatura[199] que continuaba con el grava-

---

en el aporte de los socios viñateros. En adelante debían (al igual que los elaboradores), pagar cuotas que oscilaban entre $ 10 y $ 70 mensuales, según el tamaño de la propiedad. En tercer lugar, para votar en las asambleas, cada socio tenía derecho de un voto por cada $ 10 de aporte mensual, pero con un máximo de 15 votos; decisión que confería a los asociados más poderosos mayores posibilidades de controlar en la institución. *Ibid.*, 20-12-1912, p. 4.

[196] Los estatutos de la nueva compañía de seguros se publicaron en *La Industria*, Mendoza, 21-12-1912, p. 5. El capital era de $ 5.000.000 dividido en cinco series de $ 1.000.000. Cada serie constaría de 10.000 acciones de $ 100 cada una. Los fondos podrían ser invertidos por el directorio en operaciones como compraventa de inmuebles, préstamos con garantías hipotecarias, permutaciones, edificaciones así como operaciones de títulos de renta, valores públicos y sobre caución de los mismos, y préstamos o cauciones sobre especies.

[197] En los considerandos del decreto, el gobernador calificaba como un abuso que contrariaba la ley el que se abonara el impuesto de grandes volúmenes de vino, que se expedían en varias partidas y en el transcurso de muchos meses, en un solo boleto. También denominaba práctica "inconveniente y perjudicial", la concesión verbal y sin ninguna formalidad hecha a determinados bodegueros, referida a la apertura de cuentas en las Receptorías para abonar el impuesto al vino por quincenas o mensualmente. En adelante, la boleta de pago del impuesto al vino tendría cinco días de validez, pasados los cuales, los guardas fiscales no permitirían el embarque en trenes de los caldos. Provincia de Mendoza, *Recopilación de Leyes...*, *op. cit.*, t. VII-VIII, pp. 2664-2665. Esta normativa afectaba a los grandes bodegueros "exportadores".

[198] *Ibid.*, pp. 3104-3107.

[199] El proyecto del Poder Ejecutivo puede leerse en el *Boletín del Centro Vitivinícola Nacional*, N° 77, Buenos Aires, 1912, pp. 2055-2057.

men al vino de $ 1 por hl, pero establecía como novedades el pago de $ 0,01 por kg de uva vendida a granel con destino fuera de la provincia, un impuesto al alcohol y, lo más importante para nuestro tema, la actualización de una disposición de la ley provincial N° 255 de 1902 que imponía el pago de $ 2 por hl a los vinos tintos que tuvieran menos de 26 por mil de extracto seco, y a los blancos con menos de 18 por mil. Esta prescripción, que nunca se había aplicado, perjudicaba a muchos elaboradores cuyos vinos difícilmente sobrepasaban los 24 por mil de extracto seco.[200] Al respecto, no están claros los motivos de su actualización, si era sólo por un mayor control a la elaboración del vino en la puja existente entre el Estado provincial y el sector productor, o si se trataba de una nueva fuente de financiamiento fiscal. Además, la ley nacional de vinos N° 4363 de 1904 establecía otros parámetros a la presencia de extracto seco, lo cual producía un conflicto legal entre ambas jurisdicciones.[201]

La presentación del proyecto a la Legislatura provincial a principios de 1912 promovió, ahora sí, un abierto enfrentamiento de los bodegueros con el Ejecutivo provincial, en el mismo momento en que otra disputa se suscitaba entre los comerciantes de la ciudad de Mendoza y el municipio por el aumento de las tasas, situación que terminó con la renuncia del intendente y los concejales el 23 de febrero de 1912. Ambos problemas tuvieron puntos en común puesto que algunos importantes comerciantes también eran bodegueros.[202]

La Sociedad de Vitivinicultores, apoyada por la prensa local,[203] tomó a su cargo la defensa de la industria. El 31 de enero de 1912, sus representantes dis-

---

[200] El extracto seco expresa la cantidad de materias disueltas en el vino que no se evaporan. Se compone, entre otros, de glicerina, ácidos fijos, azúcar residual y minerales de la uva. Es un concepto muy importante, ya que una pobreza en estas materias hace presentarse a los vinos como "flojos" y "ligeros de paladar", y un exceso como ordinarios (consulta directa a enólogo).

[201] La ley nacional de vinos N° 4363 establecía la presencia obligatoria de entre 24 y 35 por mil de extracto seco por cada litro de vino tinto, y de menos de 17 por mil para el blanco.

[202] El conflicto comenzó en enero (*La Industria*, Mendoza, 6-1-1912, p. 5), pero se agravó al mes siguiente cuando no hubo respuestas del gobierno municipal ni del provincial (ya que Rufino Ortega hijo apoyó al intendente Duffau). Se realizaron dos grandes huelgas de comerciantes, la última de las cuales, los días 23 y 24 de febrero, obligó a la renuncia de los municipales. Entre los comerciantes que también estaban relacionados con la vitivinicultura, se pueden mencionar, entre otros, Juan Aguinaga y Francisco Calvo Escorihuela, véase *Los Andes*, Mendoza, 22-2-1912, p. 5, y 24-2-1912, p. 5.

[203] Un editorial del diario *Los Andes* señalaba que con la actualización del sobreimpuesto se crearía una renta adicional de $ 3.500.000 considerada abusiva; en segundo lugar, se podrían producir arbitrariedades porque era difícil determinar con exactitud la cantidad de extracto seco de un caldo, 31-1-1912, p. 4. Otro artículo periodístico señalaba que los bodegueros que tuvieran que pagar una sobretasa, con seguridad aguarían el vino para compensar tal erogación, *ibid.*, 2-2-1912, p. 4.

cutieron los problemas que aquejaban al sector y declararon que la única salida que visualizaban era la intervención en política para incorporar representantes a la Legislatura y al Congreso y así "haya quien vele en todo momento por nuestros intereses y los defienda".[204] Esto último era una clara alusión a la clausura de la alianza que habían sostenido los sucesivos gobiernos civitistas y los industriales a lo largo de varios años. Pero también era una silenciosa señal de los verdaderos intereses de la asociación puesto que no mencionaba la suba del impuesto a la uva que perjudicaba a un grupo de viñateros.

Como la ley de impuestos provinciales se trataba en el Senado provincial, el gremio optó por elevarle una nota con sus requerimientos. Entre otros tópicos, el escrito alertaba "sobre el criterio erróneo que inspira la ley", en referencia a la presencia de extracto seco y pedía que el presupuesto para 1912 no superara el del año anterior; además solicitaba el establecimiento de un Tribunal Arbitral que "conozca en las multas que por infracción a la ley de vinos se apliquen a los industriales", y la modificación del decreto de octubre de 1911 para eliminar las inspecciones a las bodegas.[205] Esta última petición fue criticada por el Centro Vitivinícola Nacional al advertir que "en ningún caso debe suprimirse el control en la fabricación de los vinos", y aun cuando hubieran disposiciones "molestas", éstas se podían modificar, pero, reafirmó, era un principio ya establecido en la legislación universal "que el Estado debe vigilar y controlar en forma severa la fabricación de sustancias alimenticias".[206]

El 9 de febrero el Senado provincial dio media sanción a la ley con algunas de las modificaciones solicitadas por los bodegueros. Sin embargo, faltaba aún la aprobación en Diputados, lo cual impedía calmar los ánimos.

---

[204] Suscribían esta decisión los principales empresarios vitivinícolas locales: Domingo Tomba, Juan Giol, Antonio Scaramella, Leopoldo Suárez, Antonio Renaldi, Roger Michel, Jacinto Arizu, Luis Baudron, Agustín Mercader, Luis Piaggio, Pedro Benegas, Roberto Videla Arroyo, Bienvenido Moretti, José Vicchi, Melchor Villanueva, Pedro Iribarne, Felipe Rutini, Antonio Casariego, Luis Tirasso, Juan Paganotto, Luis Malnis, Juan Quidamour y Ernesto Seippel. *Ibid.*, 1-2-1912, p. 4.

[205] La reforma eliminaba la inspección a las bodegas para tomar las muestras del vino. "Los bodegueros directamente presentarán a la Dirección General de Industrias la muestra [...] sujetándose a lo establecido en el artículo 18 del decreto reglamentario de la ley n° 47 del 12 de diciembre de 1908", art. 2° a. "Las muestras de control para el consumo local se realizarían en la vía pública por la Dirección General e Industrias comprometiéndose los industriales bodegueros a autorizar al conductor del vehículo a suscribir con el empleado de inspección las actas correspondiente, pudiendo exigir el industrial la tercera muestra", art. 2° b. Por último, "los libros de control sobre el movimiento de vinos de tenencia obligatoria para bodegueros, cortadores y comerciantes mayoristas de vinos serían presentados mensualmente y no semanalmente como establecía el decreto del 5 de octubre", *La Industria,* Mendoza, 2-2-1912, p. 5.

[206] *Boletín del Centro Vitivinícola Nacional,* N° 79, Buenos Aires, 1912, pp. 2113-2114.

El ministro de Hacienda, Belisario Cuervo, acosado por la críticas, reconoció que el artículo 2° de la ley N° 255 no se iba a aplicar y que la única modificación importante de la controvertida ley era el gravamen a la exportación de uva. Éste, según el Ministro, se había decidido imponer para defender los intereses de los elaboradores de vino ya que, según los datos del ferrocarril, "se exportaban grandes cantidades de uva en tonel" con el objetivo de vinificarlas en el Litoral.[207]

La tensión continuó mientras se esperaba la aprobación de la ley en Diputados. El 20 de febrero apareció en los diarios una declaración de la Sociedad en la que los industriales aceptaban pagar $ 0,05 por hl sobre la producción de ese año para costear la "probable presentación a la Suprema Corte de Justicia de la Nación para impugnar la inconstitucionalidad de la ley provincial de vinos, su reglamentación y el gravamen con que el Poder Ejecutivo de Mendoza desea hacer efectivo según su proyecto elevado a las Cámaras Legislativas". Además se comprometían a pagar $ 0,01 por hl para que el gremio pudiera participar en las elecciones provinciales y nacionales, acordaban resistir la vigencia de la ley de impuestos si se votaba el proyecto oficial por medio de un paro general y otras medidas; y finalmente, amenazaban con no comprar uva y sólo producir vino con lo propio.[208] Ese mismo día, el diario *La Industria* publicó una entrevista a Enrique Taulis que produjo una enorme conmoción a causa de los términos de su contenido, tema que será tratado más adelante.

El 23 de febrero, cuando se desarrollaba el segundo día de huelga de los comerciantes capitalinos, una manifestación de descontentos llegó hasta la casa del gobernador, y éste aceptó realizar una reunión con algunos representantes a instancias de los gerentes de los bancos.[209] En ella también estuvo presente Domingo Tomba, quien afirmó posteriormente que "el poder ejecutivo no tiene idea de la gravedad de los hechos". El día 26, otra asamblea de bodegueros redactó una nota dirigida al gobernador que le fue entregada personalmente en la Casa de Gobierno. De esta reunión quedó una "impresión pesimista".[210]

---

[207] *La Industria*, Mendoza, 13-2-1912, p. 5.
[208] *Boletín del Centro Vitivinícola Nacional*, N° 77, Buenos Aires, 1912, pp. 2060-2062.
[209] En dicha reunión, el sector comercial no sólo pidió la renuncia del intendente y de los ediles (que se logró), sino también la apertura del padrón electoral para realizar las elecciones como lo pedía la Sociedad de Vitivinicultores. Luego de la renuncia de los municipales, los comerciantes se dividieron en dos: los que querían levantar el paro (que fue lo que se votó) y los que querían continuar con la medida de fuerza hasta que se lograran las exigencias de los industriales: que el director de Industrias renunciara y que el despacho de la ley de frutos votada por los senadores fuera aprobado sin modificaciones por los diputados provinciales. *La Industria*, Mendoza, 24-2-1912, p. 5.
[210] *Ibid.*, 27-2-1912, p. 6.

Sin embargo, la presión ejercida dio sus frutos. El 27 de febrero, la Cámara de Diputados provincial aprobó la nueva ley de impuestos a los productos vitivinícolas con las principales reformas solicitadas por los elaboradores.[211] En el texto aparecían los mismos impuestos del proyecto del ejecutivo ($ 1 el hl de vino, $ 00,1 el kg de uva exportada a granel, $ 0,01 el litro de alcohol), pero se suprimía la sobretasa referida al extracto seco. El artículo 2º de la ley de impuestos provinciales fue reemplazado por igual artículo de la ley nacional de vinos Nº 4363 que definía la bebida no genuina, superándose así la contradicción con la normativa mendocina.[212] De esta manera, se pudo dejar para más adelante la sanción de una nueva "ley general de vinos" para Mendoza. Por otra parte, si bien la legislación votada aceptó en general los resortes de fiscalización del vino presentes en el proyecto original (y en consonancia con la reglamentación vigente), los bodegueros lograron que se incluyera la conformación del Tribunal de Apelaciones compuesto por cuatro ciudadanos nombrados por el Poder Ejecutivo con acuerdo del Senado y presidido por el Ministro de Industria y Obras Públicas. Sus resoluciones serían apelables en los tribunales ordinarios.[213]

Respecto del impuesto a la uva que se exportaba sólo fue criticado por un grupo de diputados con el argumento de que perjudicaba a los pequeños productores.[214]

La salida del Director de Industria

Los bodegueros culpaban del proyecto de ley sobre impuestos a Enrique Taulis. Para defenderse, el funcionario explicó que el famoso impuesto de $ 2 por hl al vino que no cumpliera las exigencias de extracto seco correspondía a la

---

[211] El proyecto del Ejecutivo y la ley aprobada aparecieron publicados en el *Boletín del Centro Vitivinícola Nacional*, Nº 77, Buenos Aires, 1912, pp. 2055-2059.

[212] El texto de la ley establecía que los vinos que tuvieran menos de 24 por mil y más de 35 por mil de extracto seco para el vino tinto, y menos de 17 por mil para el blanco no serían genuinos; pero si el productor de vino demostraba la procedencia natural de la bebida podría considerarse natural. Además el artículo 20 de la nueva ley derogaba el artículo 2 de la ley Nº 255.

[213] El artículo 21º decía textualmente: "Las resoluciones del director de industrias en lo relativo a la aplicación de la ley de vinos y su reglamentación serán apelables ante un consejo compuesto de cuatro ciudadanos nombrados por el Poder Ejecutivo con acuerdo del Senado y presidido por el ministro de Industrias y Obras públicas. De las resoluciones del consejo habrá también acción para ante [sic] los tribunales ordinarios de conformidad a lo dispuesto por el artículo 16 de la Constitución. Los miembros del consejo durarán dos años en ejercicio de sus funciones, podrán ser reelectos y el cargo será gratuito", *Boletín del Centro Vitivinícola Nacional*, Nº 77, Buenos Aires, 1912, pp. 2059.

[214] *Los Andes*, Mendoza, 11-2-1912, p. 6, y 28-2-1912, p. 7.

ley N° 255 y que él no era su autor. Sólo había asesorado al Ministro de Hacienda en los aspectos de control de la expedición del vino.[215]

Pese a la presión ejercida en su contra, Taulis estaba sostenido férreamente por el Ejecutivo provincial. Sin embargo, todo cambió el 20 de febrero, cuando el órgano periodístico de la Sociedad de Vitivinicultores publicó un reportaje realizado al mencionado funcionario el 15 de ese mes. La distancia temporal entre la realización de la entrevista y su publicación no es casual; se buscó el momento en que sus declaraciones causaran mayor impacto político, es decir días antes de la sanción de la controvertida ley de impuestos.

Entre otros temas de menor trascendencia, él habría dicho que la controvertida norma era "salvadora" y que gracias a su labor como funcionario los precios de la uva y del vino habían subido; que la inclusión del famoso artículo de la ley N° 255 había sido un error del ministro Cuervo, pero, de todos modos, defendía el requisito de la presencia de extracto seco superior a los 26 por mil para los vinos tintos mendocinos. También habría afirmado que el senador Ricardo Palencia había defendido la postura de la Sociedad porque se le intervinieron "cinco toneles con ácido sulfúrico". En su opinión, el Tribunal de Apelaciones era "la ruina de la industria" y se preguntaba quién podía formarlo. Rechazaba el nombre de Giol que "a pesar de ser millonario gestiona de rodillas el perdón de una multa de $ 300"; a Arizu tampoco lo consideraba porque "no tiene preparación alguna". Y cuando se le nombró a Leopoldo Suárez para reemplazarlo dijo: "Suárez una vez que se dedique a su profesión, que se contraiga",[216] probablemente aludiendo a las distintas actividades que encaraba ya que no sólo era Director de la Escuela Nacional de Vitivinicultura, sino también dueño de una casa de comercio de productos vitivinícolas.[217]

En disconformidad con lo publicado, Taulis se presentó al diario *Los Andes* el mismo día 20 para dar su versión de la entrevista realizada por *La Industria*. Primeramente, dijo que en esa oportunidad, el periodista Correa le propuso que renunciara a su cargo a cambio del pago de $ 12.000, oferta que no aceptó. Luego reafirmaba su rechazo a la creación de un Tribunal de Apelaciones porque consideraba que produciría poderes superpuestos y porque esas instituciones habían sido abolidas en todos los países. Respecto de las personas que estaban en condiciones de formar dicho tribunal, él habría afirmado que era "difícil encontrar personas independientes y que tuvieran

---

[215] *Ibid.*, 31-1-1912, p. 5.
[216] *La Industria*, Mendoza, 20-2-1912, p. 5.
[217] En 1911, Suárez comenzó a participar en dos negocios: la compañía de seguros Mendoza y la sociedad con Pedro Iribarne ("Suárez e Iribarne"), para explotar el negocio de "maquinarias agrícolas, bodega y anexos, representaciones, consignaciones y comisiones en general", con un capital de $ 100.000 y cinco años de duración. *Los Andes*, Mendoza, 10-11-1911, p. 5.

tiempo para estas cargas gratuitas". Y que cuando se le mencionó a elaboradores como Giol y Arizu se opuso "puesto que era público que a pesar de ser millonarios se les había visto hacer salas y antesalas para obtener del gobierno la liberación de una o dos cubas de vino intervenidas o de multas de pocos pesos". Además, aclaró que jamás había mencionado a Domingo Tomba, y que había opinado que Leopoldo Suárez sería un buen reemplazante en la Dirección. Su referencia a Ricardo Palencia fue que habría "bastado que diera explicaciones sobre la existencia en su bodega de un vino con exceso de sulfatos para que le fuera levantada la intervención y se le permitiera el corte" (del vino). Por último, Taulis dijo que le alarmaba que el diario *La Industria* hubiera publicado la entrevista con "partes truncas, ideas cambiadas y tergiversadas [...] Sabía que tendría ataques porque tendría que herir intereses bastardos".[218]

Lo interesante de la declaraciones de Taulis, en sus dos versiones, son sus afirmaciones respecto del proceder de los bodegueros más poderosos de Mendoza; por ello, también, se entiende la indignación del sector, tal como quedó de manifiesto en los hechos posteriores.

Como ya se adelantara, el día 26 de febrero, durante una reunión, los miembros del gremio reafirmaron la decisión de concurrir a las elecciones para defender los intereses sectoriales. Se formó una Comisión compuesta por Balbino Arizu, Domingo Tomba, Juan Giol, Miguel Aguinaga, Pedro Benegas, Leopoldo Suárez y otros. Luego redactaron una nota donde se pedía la exoneración de Taulis en la Dirección de Industrias[219] y se reunieron con el titular del Poder Ejecutivo a increparlo. En la reunión, tomó la palabra Ángel Martínez que, entre otros conceptos dijo: "Si el Sr. [gobernador] se encontrara en la situación que los sucesos le han creado al Sr. Taulis, no podría gobernar 48 horas más la provincia". Por su parte, Domingo Tomba dijo que "[...] los vitivinicultores deseaban se expidiese cuanto antes sobre el asunto", es decir, sobre la renuncia de Taulis. Todas estas palabras constituían una abierta amenaza a Rufino Ortega (h) quien replicó airado que "no admitiría imposiciones de nadie".[220] Era el quiebre de una histórica relación cimentada a partir de la promoción de la moderna vitivinicultura por parte del Estado provincial.

El 27 de febrero se aprobó la ley de impuestos en Diputados y Enrique Taulis, forzado seguramente por Rufino Ortega, presentó su renuncia al cargo[221]

---

[218] *Ibid.*, 21-2-1912, p. 4.
[219] *La Industria,* Mendoza, 1-3-1912, p. 5.
[220] *Los Andes,* Mendoza, 27-2-1912, p. 6.
[221] El texto de la renuncia decía que lo hacía por la pérdida de confianza del gobernador manifestada en las "modificaciones introducidas en las prácticas administrativas que, coartando la acción del Director y limitando sus iniciativas rebajan la categoría de la repartición a la de oficina de simples trámites". En segundo lugar, por la pérdida de confianza de los se-

que le fue aceptada dos días después.[222] El 1 de marzo, Antonio Scaramella, presidente de la Sociedad, publicó una nota donde manifestaba que los vitivinicultores mendocinos se sentían agraviados por Taulis: "Jamás ha buscado las conveniencias ni los intereses generales de la industria [...] marcando sus tendencias con un espíritu de permanente hostilidad a los industriales, empañando las reputaciones más bien ganadas por el trabajo honrado".[223]

El balance del conflicto trajo importantes consecuencias para los industriales: si bien ellos lograron atenuar la política vitivinícola oficial a través de la renuncia de Taulis, la desaparición del sobreimpuesto y la creación del Tribunal de Apelaciones no pudieron evitar que dicha acción continuara a través de una nutrida reglamentación que incluía la inspección a las bodegas.

El epílogo

Si bien en el ámbito de la industria del vino, el enfrentamiento entre el Estado provincial y los bodegueros se ubicó en un punto "medio", la ruptura política entre ambos fue un hecho de hondas repercusiones.

El descontento de numerosos sectores de la sociedad profundizó una crisis iniciada en el seno del partido gobernante, los Partidos Unidos, a fines de 1910,[224] primeras señales del distanciamiento entre Emilio Civit (en ese momento senador nacional), y el gobernador Rufino Ortega (h). A esta situación se sumó, a fines del año siguiente, la creación del Partido Popular,[225] opositor al civitismo. El acercamiento entre la nueva agrupación y los disconformes bodegueros quedó claro en la elección de Pedro Benegas –titular de una prestigiosa empresa vitivinícola–, como candidato a diputado nacional para los comicios del 7 de abril de 1912.[226]

---

nadores provinciales por el impuesto al vino "puesto que prima un criterio diferente al que regía cuando los honorables senadores aprobaron la renovación de mi contrato". También por la desconfianza que tenía Sociedad de Vitivinicultores a su actuación y porque "han modificado el criterio respecto al control de la ley de vinos, con relación al que predominaba cuando se contrató mis servicios por segunda vez", *ibid.*, 1-3-1912, p. 4.

[222] *La Industria,* Mendoza, 1-3-1912, p. 5. Enrique Taulis había sido contratado por segunda vez, con la aprobación del Senado, el 18 de noviembre de 1910. Se le pagó una indemnización de $ 24.000 correspondiente a un año de sueldo, *Los Andes,* Mendoza, 1-3-1912, p. 4.

[223] *Ibid.*, 1-3-1912, p. 4.

[224] Silvestre Peña y Lillo, *Actividad política mendocina en los años 1889 y 1914*, Mendoza, 1992, p. 107.

[225] *Ibid.*, p. 106.

[226] El Partido Popular también contó con el apoyo del comercio, el centro Liberal, el de la Juventud, los obreros y las asociaciones católicas. *La Industria*, 7-4-1912, p. 5.

El triunfo de Benegas desencadenó una crisis en el seno del gobierno que se agravó a fines de ese mismo mes porque el gobernador adoptó la ley electoral nacional para la provincia,[227] decisión que imprimió una inflexión en la historia política local. Como consecuencia de estos hechos, el gabinete renunció y se hizo evidente la ruptura de Rufino Ortega (h) con Emilio Civit, que dejó al primero sin apoyo político. Ante este vacío, el gobernador intentó un acercamiento con el Partido Popular que fracasó; por eso en las elecciones de mayo para renovar la legislatura provincial respaldó a los candidatos de una fracción del radicalismo. De todos modos, ganaron los candidatos del Partido Popular,[228] con el auspicio de los industriales del vino.

Emilio Civit, por su parte, cuando se acercaba la terminación del mandato de su ex aliado formó, junto con el general Rufino Ortega (padre), su otrora enemigo político, la Concentración Cívica Regional. Cuando en diciembre de 1913 perdió las elecciones a gobernador que favorecieron a los candidatos del Partido Popular, se clausuró el ciclo civitista en Mendoza. La nueva gestión inició un período de transición que concluiría con la asunción de José Néstor Lencinas al ejecutivo provincial, en 1918.

Conclusiones

La dura prueba que significó para la vitivinicultura mendocina la corta pero significativa crisis de principios del siglo xx demostró el peso del individualismo y la desconfianza entre los actores involucrados y, consecuentemente, la debilidad organizacional para proponer y poner en práctica estrategias grupales que buscaran fortalecer la actividad productiva en el largo plazo. Esta debilidad se manifestó en los sucesivos intentos de formar entidades representativas, cuyas recetas pendularon entre la regulación de la oferta de vino para enfrentar a los comercializadores extrarregionales, y la persecución a los adulteradores en los centros de consumo. Por su parte, el Estado provincial, entrampado en la misma crisis, hizo una propuesta que, aunque de verdadera proyección modernizante, no tuvo éxito por falta de financiación y de apoyo entre los interesados. Los logros de la coyuntura desfavorable fueron, de una parte, la sanción de la ley nacional de vinos N° 4363 de 1904, promovida a partir de un

---

[227] Una primera ley (N° 585 del 12-3-1912) adoptó el Padrón Nacional de Electores para las elecciones provinciales, véase ROPM, 1912, primer cuatrimestre, pp. 301-302; la segunda (N° 589 del 22-4-1912) adoptó la ley nacional N° 8871 con modificaciones. Se estableció el voto secreto, universal y obligatorio, con lista incompleta, *ibid.*, pp. 492-503. Rufino Ortega dio a publicidad un Manifiesto al pueblo donde presentaba la nueva ley como una manifestación de su deseo de acompañar al presidente en el mejoramiento de la política nacional, *La Industria*, 24-4-1912, p. 5.

[228] *La Industria*, 2-8-1912, p. 5.

debate que culpó de la crisis a los falsificadores de la bebida en las zonas de consumo; de otra, la creación del primer gremio vitivinícola nacional que fue impulsado por un pequeño pero poderoso grupo de industriales asociado con los comerciantes mayoristas de Buenos Aires y Rosario con el objeto de perseguir a los adulteradores del vino, especialmente los ubicados en el mercado minorista, y así otorgarle al mercado mayor previsibilidad.

Fue durante el período de expansión económica que las expresiones asociativas de los sectores ligados a la agroindustria mendocina tuvieron un alcance temporal mayor, y relativo éxito. En ese contexto de bonanza, el interés de los industriales por el gremio nacional perdió vigencia; en su lugar, crearon con viñateros y comerciantes, la Bolsa Vitivinícola y Comercial de Mendoza que operaba como un espacio de concertación de los negocios que crecían acorde con la economía. Pero cuando los gobiernos provinciales, a partir de 1907, decidieron purgar la industria y promover la elaboración de vinos genuinos y de una calidad aceptable, el sector afectado –el de los bodegueros–, que siempre había apostado a los gobiernos fieles a Emilio Civit, comenzó un lento desplazamiento político e ideológico que culminó en el nacimiento de otra asociación, esta vez representativa de los intereses exclusivamente vitivinícolas. La tensión creada, a su vez, distrajo el interés de los empresarios hacia los problemas de la coyuntura posponiendo nuevamente la discusión sobre las estrategias a largo plazo para la industria. En efecto, aun cuando la naciente Sociedad de Vitivinicultores aparecía teñida de proyectos mutualistas, éstos comenzaron a manifestarse en acciones sólo al final de nuestro período de estudio, al borde del comienzo de una nueva crisis.

Si bien esas propuestas mutualistas suponían un factor catalizador de intereses, la impronta bodeguera de la asociación quedó clara cuando de la tensión se pasó a una crisis manifiesta con el gobierno. Esto ocurrió durante la gestión del sucesor de Civit, Rufino Ortega (h) quien, aunque productor de vino, había decidido continuar con la política fiscalizadora a la industria, pero sin el apoyo que había logrado su antecesor. Lo cierto es que frente al embate estatal, el gremio mostró su verdadera preferencia al oponerse a una sobretasa que afectaba a los bodegueros y no mostrar ningún tipo de preocupación por medidas que perjudicaban por lo menos a un grupo de viñateros. Es así, entonces, que los conflictos fueron profundizando las diferencias entre los agentes socioeconómicos pertenecientes a la misma actividad (bodeguero-viñatero) y aun cuando en determinadas circunstancias podían alcanzar acuerdos, el tiempo y el peso de los intereses específicos cristalizarían –más adelante– en instituciones diferenciadas.

Por último, es relevante repasar los argumentos utilizados por los industriales a lo largo de los dos períodos. El discurso que culpaba de la crisis a la adulteración del vino en los mercados de consumo y al exceso de oferta de caldos generada por los pequeños productores fue perdiendo importancia, a partir de 1904; el primero de ellos porque la creciente demanda del producto daba espacio al consumo de todo tipo de bebida vínica; el segundo fue disminuyendo a medida que se fortaleció el mercado de traslado y se concentró en pocos empresarios un alto porcentaje de las ventas de vino fuera de la provincia.

Otro núcleo discursivo interesante es el ligado al papel del Estado. Durante la crisis, cuando el gobierno de Elías Villanueva intentó gravar la industria para promover la formación de cooperativas, unos arguyeron la verdadera naturaleza de esas entidades dedicadas a producir y comercializar productos en forma solidaria; otros, en cambio, utilizaron argumentos de neto corte liberal al exigir la prescindencia del Estado en las cuestiones económicas. Estas consideraciones fueron nuevamente empleadas, aunque con un sesgo más grave, cuando la provincia decidió implementar políticas de control impositivas, y a la producción y comercialización del vino. En esta nueva oportunidad, los bodegueros alcanzaron mayor fuerza y cohesión que ante la crisis económica, llegando incluso a romper la tradicional alianza con los gobiernos civitistas. Silenciaban la histórica intervención del gobierno nacional que a través de los impuestos aduaneros había sido uno de los factores que reactivó la vitivinicultura a fines del siglo XIX. La argumentación proteccionista sólo fue reutilizada cuando, a raíz de la discusión de un tratado con Chile en 1909, apareció la amenaza de un competidor (los vinos trasandinos). Es decir que aprobaban la intervención pública para proteger sus intereses, no los de la industria.

Por último, las ideas cooperativistas cruzan todo el período de estudio. Eran conocidas y fueron propuestas en los años críticos, especialmente para mejorar la comercialización del vino e intervenir en la formación de su precio, pero no pudieron ponerse en práctica porque se necesitaba un amplio consenso que no fue logrado; tampoco fue viable el plan del gobierno que, aunque heterodoxo, buscaba organizar tres poderosas cooperativas de producción para concentrar a todos los elaboradores mendocinos. Sólo después de la crisis estas ideas se pusieron en práctica pero en la creación de bancos cooperativos, experiencia inédita en la provincia. Hacia el final del período de estudio, la figura de Leopoldo Suárez logró persuadir a los bodegueros de la Sociedad de las bondades de los sistemas solidarios para cubrir distintas necesidades y servicios ligados al sector, lo cual suponía la adopción de una primera estrategia común de largo plazo entre los empresarios vitivinícola. Sin embargo, las preocupaciones que sobrevinieron con la crisis que se desencadenó en los siguientes años, obligaron a estos agentes económicos, a pensar en las cuestiones inmediatas, posponiendo nuevamente las discusiones de largo plazo.

Capítulo V

Frontera indígena y colonias agrícolas en las localidades del sur de Mendoza entre 1854 y 1916

Inés Sanjurjo de Driollet

Los antecedentes. Las instituciones de gobierno rural en Mendoza bajo la Constitución provincial de 1854

Entre las múltiples miradas desde las que puede estudiarse el mundo rural, el presente capítulo trata sobre la organización político-administrativa, las prácticas institucionales y los modos de participación vecinal en los pueblos rurales del sur mendocino en el tránsito de la frontera indígena a las colonias agrícolas.

En 1854, cuando se sancionó la Constitución provincial dentro del proceso de organización nacional, el gobierno de Mendoza tenía efectiva jurisdicción hasta el río Diamante, que junto con el Atuel conformaban el oasis sur de la provincia. Para dirigirse hacia esas comarcas desde la capital mendocina había que atravesar el río Tunuyán, y luego marchar por la larga Travesía, capaz de desanimar a los más resueltos viajeros, pues constituía un "trayecto solitario, árido, caluroso", en cuyos arenales sólo crecía la jarilla y el pequeño algarrobo.[1] Finalmente, se avistaban las fértiles tierras donde se erigían el fuerte y la villa de San Rafael, el baluarte más importante ubicado en la avanzada de la frontera indígena, que había fundado en 1805 el virrey Rafael de Sobremonte en la margen izquierda del río Diamante. Se trataba de una frontera móvil, en tanto que los actos de posesión realizados más al sur, como la concesión de tierras en la zona del río Malargüe en 1847, y la fundación que por entonces se hizo del primer fortín Malargüe, tuvieron una vida inestable. Estas acciones respondían no sólo al objetivo de afianzar la jurisdicción provincial allí, sino también a una imagen del oasis sur, que perduró por largo tiempo aun después de la última expedición contra los indígenas y que lo convertían en el futuro de la provincia. Ya en 1849, el periódico federal *La Ilustración Argentina* consideraba estos territorios como "la principal riqueza de

---

[1] Son las especies *Larrea sp.* y *Prosopis sp.*, respectivamente. La descripción está tomada de *El Constitucional*, Mendoza, 15-6-1875 y del relato de la visita del obispo Achával a San Rafael, en el mismo diario, 19-2-1876.

nuestro suelo"; con "vastas y feraces llanuras regadas por ríos caudalosos", aptas para el pastoreo y la agricultura, y aun con "metales preciosos".[2]

Dedicaremos la primera parte de este trabajo al estudio de esas comarcas ubicadas en la frontera, entre el momento en que se formalizó en la provincia el orden liberal mediante la Constitución mendocina de 1854, y la campaña militar de 1879. Lo haremos a partir de un concepto de frontera que no alude a una línea estática, sino a un espacio con una dinámica particular. Era un lugar de confines del que puede decirse, desde la perspectiva de la organización estatal, que en él se relacionaba el Estado con las naciones indígenas, la mayoría de las veces en son de guerra, aunque también se conocieron momentos de paz.[3] Pero la idea no es indagar tales relaciones, ni tampoco los modos en que se integraron indígenas y criollos en el complejo espacio fronterizo signado por conflictos, negociaciones y convivencia,[4] sino las formas estatales que la provincia se dio en aquella periférica zona, las prácticas institucionales y los modos de intervención vecinal en los intereses locales que pudieron desenvolverse entre las población establecida al abrigo del fuerte. El motivo de abarcar este período radica en que su observación nos permitirá, a continuación, ponderar los cambios que se originaron en tales aspectos a partir de la inflexión que significó la campaña del desierto y la supresión de la frontera interior, luego de la cual se produjo la llegada masiva de colonos, en gran parte de otras lenguas y otros usos, cuya actitud no sería ya la de estar en guardia contra los indígenas sino la de buscar el progreso socioeconómico; es decir, cuando el sur mendocino se convirtió en "la región del porvenir".[5]

[2] *La Ilustración Argentina*, N° 5, Mendoza, 1-10-1849.
[3] Abelardo Levaggi, *Paz en la frontera. Historia de las relaciones diplomáticas con las comunidades indígenas en la Argentina (siglos XVI y XIX)*, Buenos Aires, 2000, p. 17. Este trabajo se inscribe dentro de la historia jurídica, y atiende fundamentalmente a los pactos firmados entre el Estado y las naciones indígenas. Desde la geografía humana, Reboratti considera frontera al "área de transición entre el territorio utilizado y poblado por una sociedad y otro que, en un momento particular del desarrollo de esa sociedad y desde su punto de vista, no ha sido ocupado en forma estable, aunque sí puede haber sido utilizado esporádicamente", Carlos E. Reboratti, *Fronteras agrarias en América Latina*, Barcelona, Facultad de Geografía e Historia, Universidad de Barcelona, 1990, p. 8.
[4] Entre los trabajos que sí han abordado estos temas están los de Silvia Ratto, *La frontera bonaerense (1810-1828): espacio de conflicto, negociación y convivencia*, La Plata, Archivo Histórico de la Provincia de Buenos Aires "Dr. Ricardo Levene", 2003; Marta Brechis, "Fuerzas indígenas en la política criolla del siglo XIX", en Noemí Goldman y Ricardo Salvatore (comps.), *Caudillismos rioplatenses. Nuevas miradas a un viejo problema*, Buenos Aires, Eudeba, 1998, pp. 293-318; Carlos Mayo, *Vivir en la Frontera. La casa, la dieta, la pulpería, la escuela (1770-1870)*, Buenos Aires, Editorial Biblos, 2000; María M. Bjerg, *El mundo de Dorothea: la vida en un pueblo de la frontera de Buenos Aires en el siglo XIX*, Buenos Aires, Imago Mundi, 2004.
[5] Es el nombre que dio el sanrafaelino Augusto Marcó del Pont a su libro *San Rafael. La región del porvenir*, Mendoza, Impresiones Best, 1928, pero se trataba de una imagen del sur

Ubicado este estudio en el campo de la historia de las instituciones y del derecho, y teniendo en cuenta las nuevas perspectivas introducidas en estas disciplinas, que las alejan del paradigma positivista, hemos incorporado al análisis de las leyes, el de las prácticas institucionales, sobre la base de las fuentes no jurídicas con las que hemos podido contar (periódicos, censos, correspondencia de las administraciones locales, etc.). Los datos que éstas brindan pueden llevar a descubrir otras esferas normativas o espacios de poder que escapen al del Estado provincial, o que se den aun dentro de medios "oficiales", en contradicción con las doctrinas políticas vigentes o con lo establecido por la legislación, algo que suele darse sobre todo en las zonas marginales. Tales fenómenos, más que distorsiones o abusos, pueden considerarse síntomas de la falta de consolidación del sistema estatal. Un aspecto que despertaba poco interés en la historiografía y que aquí se aborda, es la actividad administrativa, entre otros motivos porque se desconocía su papel de instancia autónoma en la distribución del poder. En la actualidad ha sido revalorizada por un iushistoriador como Antonio Hespanha, quien incluso ha incorporado a su análisis otras variables de interés para este estudio, como la espacial, a partir de la consideración de que la historia de la organización administrativa es también la historia de las relaciones entre el poder y el espacio geográfico.[6]

De otra parte, se trata de una investigación que reduce la escala de observación a lo que podría llamarse una microrregión, es decir, un área territorial, el oasis sur, dentro de la región vitivinícola argentina cuya formación se estudia en esta obra, aunque sin perder de vista el panorama provincial. La región está definida en este libro atendiendo sobre todo a un criterio económico y geográfico;[7] en cambio, en este capítulo la delimitación del sur mendocino está realizada en torno a su particular situación de frontera y su posterior transformación en una zona de colonización que se integró más tardíamente a la vida política y económica provincial.[8] Esta acotación territorial permite expli-

---

mendocino que por lo menos desde mediados del siglo XIX ya estaba presente en los proyectos que sobre esa región tuvieron las élites dirigentes. En 1908 se decía respecto del sur mendocino: "región que hoy llama la atención de toda la república, y donde fluyen brazos trabajadores y capitales que se invierten en canales de riego de grandes extensiones y en cultivos intensivos", *Los Andes*, Mendoza, 2-8-1908.

[6] Antonio Hespanha, *La gracia del derecho. Economía de la cultura en la Edad Moderna*, Madrid, Centro de Estudios Constitucionales, 1993, pp. 85 y ss., y *Vísperas de Leviatán. Instituciones y poder político (Portugal, siglo XVII)*, Madrid, Taurus, 1989, pp. 30-31 y 85.

[7] El sentido económico ha sido dado al término región teniendo en cuenta el predominio de la agroindustria vitivinícola en San Juan y Mendoza a partir de la década de 1880. Pero históricamente estas provincias formaron, junto con la de San Luis, la región de Cuyo, que tuvo un origen administrativo dentro de la Capitanía General de Chile desde el siglo XVI. Luego de sucesivos cambios, desapareció en el período independiente al formarse las tres actuales provincias, dentro del proceso autonomista de 1820.

[8] Un intento de definición de los ámbitos regionales puede verse en Romá Pujadas y Jaime

caciones más detalladas de los aspectos que nos hemos propuesto estudiar sobre esos pueblos rurales, al tiempo que da lugar a trabajos comparativos con otros núcleos de la campaña de la misma región, o bien de otras regiones.[9]

Mendoza, a diferencia de otras provincias, se dio su primera Constitución[10] sólo en 1854, en el marco de la reorganización política producida en el país con la sanción de la Constitución Nacional de 1853 y siguiendo el proyecto de Juan B. Alberdi, publicado en sus *Elementos de Derecho Público Provincial*. En lo relativo al gobierno de las localidades, la Constitución disponía la creación de municipalidades en cada departamento, surgiendo así el sistema de municipio partido o municipio departamento.[11]

Por entonces, existían además unos jueces rurales, los subdelegados, que habían surgido hacia 1820 de un modo más bien empírico según los requerimientos de cada poblado rural, en un proceso de continuidades con raíces en los alcaldes de hermandad y jueces comisionados del período hispánico. Tal característica, que se daba por la "acumulación" de funciones propia del sistema político indiano, fue reafirmada por el Reglamento de Estancias de 1834, que los colocó a la cabeza de cada departamento en que se dividía la provincia y les concedió expresamente además de las funciones judiciales, las de policía rural y "urbana" en las villas. También ejercieron la comandancia de armas en algunos sitios de frontera, como San Carlos y La Paz. El ejercicio de ese con-

---

Font, *Ordenación y planificación territorial*, Madrid, Editorial Síntesis, 1998, pp. 65 y siguientes.
[9] Sobre la reducción de la escala de observación a lo regional y lo microrregional, y también sobre las nuevas facetas que hoy recorre la historia rural, puede verse la reciente publicación de Raúl Fradkin y Jorge Gelman, "Recorridos y desafíos de una historiografía. Escalas de observación y fuentes en la historia rural rioplatense", en Beatriz Bragoni (ed.), *Microanálisis. Ensayos de historiografía argentina*, Buenos Aires, Prometeo, 2005, pp. 31-54.
[10] Hablamos acá de Constitución en el sentido racional normativo del término, que parte de la creencia de poder establecer en un solo acto y de manera general un esquema de organización para el Estado. Es diferente del concepto de Constitución histórico tradicional, que es la forma política que surge de decisiones parciales en el tiempo, véase Manuel García Pelayo, *Derecho Constitucional Comparado*, Madrid, Centro de Estudios Constitucionales, 1993, pp. 38 y 41, y que es el que se puede aplicar en el período anterior a 1854, fecha en que se sancionó la Constitución de la Provincia de Mendoza.
[11] Los municipios se dividen, según la teoría municipal, en dos grandes grupos, municipio ciudad o municipio urbano y municipio partido o municipio departamento. El primero no extiende su radio mucho más allá del radio urbano. Para el último, en cambio, se señala como ámbito para el poder de imperio del gobierno municipal no sólo el núcleo poblacional considerado cabecera del departamento, sino también una zona convencional que abarca territorio rural con cultivos y aún campos incultos, así como otras poblaciones menores que quedan subordinadas a aquélla, véase Tomás Bernard, *Régimen municipal argentino. Origen institucional y su evolución hasta la época actual*, Buenos Aires, Depalma, 1976, p. 9. En el caso de Mendoza, se dejó en vigencia la división en departamentos que había establecido el Reglamento de Policía de 1828, que el propio Alberdi cita como un antecedente en su proyecto.

junto de funciones los convirtió en los instrumentos adecuados para imponer el orden y la seguridad necesarios para el progreso de los núcleos rurales, sacudidos por las guerras civiles y los malones indígenas. Lo notable es que esa jerarquía de agentes perduró una vez sancionada la Constitución provincial, que dispuso la división del territorio como base de la distribución de aquéllos,[12] y las funciones de los subdelegados se mantuvieron dentro de los cánones señalados, no obstante la contradicción que se planteaba con el principio de división de poderes propio del constitucionalismo liberal.

Entre 1854 y 1860, al impulso de lo dispuesto por la norma constitucional acerca de que debía dividirse el territorio en departamentos de acuerdo con el crecimiento poblacional, se instrumentó la reestructuración político-administrativa del mismo mediante la subdivisión de antiguas circunscripciones, para luego establecer en ellas el régimen municipal. Surgieron así la mayoría de los departamentos existentes actualmente en el oasis norte de la provincia. En realidad, éste fue un proceso generalizado en el país, ya que las provincias, en cumplimiento del Art. 5° de la Constitución Nacional, fueron creando un sistema de gobierno para los núcleos vecinales de su jurisdicción, mediante sucesivas reglas que tuvieron en cuenta asuntos tales como el delineamiento de las poblaciones, el nombre, la existencia jurídica, el régimen de propiedad, las facultades del gobierno propio.[13] En Mendoza, los ejecutores de esa política fueron los subdelegados, que tuvieron a su cargo la subdivisión de los departamentos en distritos de menor categoría y la fundación de las respectivas villas-cabecera (con el correspondiente trazado de calles, erección de edificios públicos, apertura de acequias de riego, etcétera).

En cuanto a la creación de las corporaciones municipales, si bien la Constitución establecía que la ley orgánica de municipalidades debía ser sancionada en el plazo de tres años, el régimen municipal no fue organizado en Mendoza sino hasta 1868, con la sanción de las Leyes de Municipalidad para la Ciudad y la Campaña. Estas normas se hicieron efectivas en principio en la ciudad capital y en los departamentos que contaban con un mayor desarrollo demográfico y económico, es decir, los que estaban en la zona núcleo. En estos casos, los subdelegados perdieron las funciones municipales y, en 1872, sus facultades en materia de justicia pasaron a los jueces de paz, quienes de acuerdo con la Constitución quedaron dentro de la esfera municipal. Sin embargo, retuvieron sus facultades de agentes del gobierno y de policía de orden y seguridad.

Por inspiración de Alberdi, la carta fundamental había dispuesto para las municipalidades una cuota de autonomía, que derivaba de la elección popu-

---

[12] Art. 54 de la Constitución de la Provincia de Mendoza de 1854, en Manuel de Ahumada, *Código de las leyes, decretos y acuerdos que sobre administración de justicia se ha dictado la provincia de* Mendoza, Imprenta de El Constitucional, Mendoza, 1860, p. 320.

[13] Amílcar Razori, *Historia de la ciudad argentina*, t. II, Buenos Aires, Imprenta López, 1975, p. 440.

lar de sus miembros y del manejo exclusivo de sus rentas. No obstante, las nacientes corporaciones se vieron limitadas en la práctica porque la norma de 1868 no les otorgaba todas las rentas que establecía la Constitución y porque dependían de los agentes del Ejecutivo para hacer cumplir sus ordenanzas.[14] Este problema tuvo un principio de solución con la Ley Orgánica de Municipalidades de 1872, que les concedió los impuestos que les correspondían, además de importantes poderes jurisdiccionales.[15] Sin embargo, la ley municipal sancionada bajo la inspiración del gobernador Francisco Civit (1873-1876) estableció un manto de legalidad al margen de lo dispuesto por la carta provincial. Aunque en la Cámara legislativa se hicieron escuchar voces solicitando que se cumpliera la constitucionalidad de las leyes, la reforma de 1874 impuso a los subdelegados como presidentes de las corporaciones en los departamentos rurales. Esto significaba que, en contra del mandato constitucional, no todos sus miembros fueran elegidos por el voto popular, y la implantación de un *status* político-administrativo especial para la campaña, acorde con la descalificación de la población campesina que predominaba en la élite dirigente. Era un modelo coherente con el afianzamiento de un determinado modo de ejercer el poder que se aplicó a partir de Francisco Civit, quien logró gobernar con "la Cámara incondicional de amigos y familiares probados, con la policía y la milicia disciplinada, con los subdelegados investidos de amplias facultades a fin de tener sometida a una sola voluntad toda la campaña".[16]

Este régimen centralizado se establecía precisamente en momentos en que existían "montoneras activas", que constituían el corolario de una seguidilla de disturbios que azotaron a la provincia desde el desalojo del poder de los federales en 1861: el levantamiento en 1863 del veterano de las guerras de la Independencia, el federal Francisco Clavero, y la revolución de los Colorados en 1866, ambos con importantes apoyos en la campaña; y luego la sublevación del coronel Ignacio Segovia, en favor de una de las facciones del partido liberal, el gonzalismo, con motivo de los resultados electorales que en 1873 llevaron a la gobernación a Francisco Civit. Ciertamente, mediante la centralización se tendía a quebrar la adhesión que las revueltas encontraban en la población rural, y a controlar los espacios de deliberación de posible oposi-

---

[14] Ley de la Municipalidad de Ciudad y Ley de Municipalidades de Campaña de 1868, Archivo de la Legislatura de Mendoza (ALM), *Libro de Actas de la Cámara de Diputados*, Sesión de 4-8-1868. Véase Inés Sanjurjo de Driollet, *La organización político-administrativa de la campaña mendocina en el tránsito del antiguo régimen al orden liberal*, Buenos Aires, Instituto de Investigaciones de Historia del Derecho, 2004, pp. 143-144.

[15] Ley Orgánica de Municipalidades de 1872, Archivo General de la Provincia de Mendoza (AGPM), Carpeta 134: "Municipalidad de Capital", Doc. 1.

[16] Marta Páramo de Isleño, "La situación política durante la gobernación de Francisco Civit", en Pedro Santos Martínez (dir.), *Contribuciones para la historia de Mendoza*, Mendoza, Facultad de Filosofía y Letras, Universidad Nacional de Cuyo, 1969, p. 276.

ción que ofrecían las municipalidades. Lo cierto es que la vida comunal languideció en los departamentos rurales, a tal punto que las sesiones de las municipalidades se volvieron muy esporádicas, recayendo todas las decisiones en el subdelegado. Esta situación se agudizó cuando, en 1876, las rentas municipales pasaron a formar parte del tesoro provincial, según lo dispuso una ley contraria a lo dispuesto por la Constitución,[17] con el objetivo de pagar la deuda que la provincia tenía con el Banco de Mendoza.[18]

Por lo tanto, los agentes del Ejecutivo en la campaña quedaron a cargo de los asuntos municipales, a lo que se sumó los de policía de seguridad que venían ejerciendo, y funciones judiciales que en cierto modo recobraron por la injerencia que desde entonces tuvieron en la elección de los jueces de paz y la participación en los juris de apelación de los fallos de éstos en los departamentos. Ejercieron también expresas funciones electorales que les otorgó la ley de elecciones de 1864, lo que les permitió fraguar los resultados de los comicios, según se desprende de las denuncias realizadas por los vecinos ante la Legislatura. Conjuntamente con los jefes de los Guardias Nacionales, adquirieron un papel relevante en las lides electorales, y su actuación se vinculaba con las luchas por el poder entre las facciones de la élite liberal. En ellos se renovaba, aunque con estos elementos modernos, la "acumulación" de funciones propia del período indiano.

Es de destacar que estas continuidades por la vigencia de mecanismos de antigua raigambre en el gobierno rural se daban precisamente en momentos en que la dirigencia provincial modernizaba el aparato estatal, mediante la creación de un conjunto funcionalmente diferenciado de instituciones públicas. Pedro Pascual Segura (1852-1856), durante cuyo mandato se sancionó la Constitución provincial y se dieron los primeros pasos en orden a cumplir lo dispuesto por dicha carta, retomó la labor progresista que había realizado en su anterior gestión (1845-1847). Fue el iniciador de la reorganización territorial y la fundación de villas rurales, y quien nombró varias comisiones encargadas de redactar proyectos de legislación sobre distintas materias, "que cubrían áreas vitales para el funcionamiento del Estado y de la economía, como Justicia, Policía, Salud Pública, Estancias y Molinos", además de propiciar modificaciones al sistema rentístico provincial.[19] Se produjo entonces la multiplicación de la red de agentes territoriales del gobierno, como consecuencia de la mayor división político-administrativa del espacio geográfico, algo que lógicamente colaboró con el fortalecimiento del poder estatal. Más tarde, la década de 1870 constituyó un período significativo en cuanto a reformas ad-

---

[17] Véase Inés Sanjurjo de Driollet, op. cit., pp. 158 y siguientes.
[18] Entre los rubros que aumentaron la deuda de la provincia al Banco de Mendoza ocupó un lugar destacado la inversión en la política educativa, aunque también colaboró la subvención a las municipalidades, según El Constitucional, Mendoza, 12-10-1882.
[19] Rodolfo Richard-Jorba, Poder, economía..., op. cit., p. 193.

ministrativas tendientes a la modernización del Estado,[20] al tiempo que se impulsaba desde el gobierno la vitivinicultura mediante una serie de leyes que promocionaban la actividad, como ya se viera en el capítulo II.[21]

Una lectura más abarcadora permite apreciar las coincidencias con el proceso de centralización que se dio en el orden nacional, no obstante la orientación federal de la Reforma de 1860.[22] No dejan de advertirse, sin embargo, las diferencias que mostraron en su origen ambos desarrollos. Las provincias, originadas sobre las antiguas ciudades indianas con una larga tradición de autogobierno, contribuyeron a la formación del Estado nacional y fueron el sostén de la forma de Estado federal. En cambio, los pequeños núcleos de la campaña mendocina, que tuvieron su germen bajo el gobierno del cabildo, siempre habían estado subordinados a las autoridades con sede en la ciudad, pues la única villa de relativa importancia, que fue San Carlos, no llegó a tener su cabildo.

San Rafael en la frontera indígena

El departamento y la villa: economía y sociedad

El oasis sur de la provincia poseía, además del fuerte y la villa enclavados en la ribera norte del Diamante, algunos establecimientos en los alrededores, que no obstante la seguridad que brindaba aquél, estaban por lo general fortificados por cuenta propia. En ellos se practicaba una agricultura de autoconsumo, y su rubro más relevante era la ganadería extensiva,[23] actividad que se veía resentida por la frecuencia de los saqueos.[24] En cuanto a los núcleos de población, dice De Moussy que a mediados de siglo sólo la villa estaba "bastante" poblada.[25] En 1857, como parte de la política de promoción de los pueblos

---

[20] Se sancionaron durante esos años dos leyes municipales (1872 y 1874), la Ley Orgánica del Poder Judicial y la Ley de Educación Común (1872), la Ley Orgánica y de Procedimientos de la Justicia de Paz (1876), la ley que declaraba de utilidad pública el terreno para el tendido de las vías y estación de ferrocarril (1873) y la referida a colonias agrícolas y pastoriles (1875).

[21] Véase Rodolfo Richard-Jorba, *Poder, economía...*, *op. cit.*, p. 200.

[22] Véase Natalio Botana, "El federalismo liberal en Argentina (1852-1930)", en Marcello Carmagnani (coord.), *Federalismos latinoamericanos: México, Brasil, Argentina*, México, Fideicomiso Historia de las Américas, 1993, p. 238, y Oscar Oszlak, *La formación del Estado argentino*, Buenos Aires, Editorial de Belgrano, 1985, p. 148.

[23] Alicia Becerra de Garramuño, "El espacio cuyano", Mendoza, CEIFAR, 1981, inédito. El censo provincial de 1864 recoge para el departamento de San Rafael los siguientes datos: 1.247 cuadras de alfalfa entre fincas y estancias, 71.112 vacunos de crianza, 36.410 cabalgares y mulares y 100.000 ovejas y cabras, Censo Provincial de 1864, AGPM, Carpeta 15: "Censos", Doc. 14.

[24] Hacia 1864 se habían arrebatado aproximadamente 7.000 vacunos y 5.000 entre caballos y yeguas. *Ibid.*

[25] Citado por Alicia Becerra de Garramuño, *op. cit.*, p. 15.

rurales que se llevaba a cabo, se dio facilidades a sus habitantes mediante la exención del impuesto a los terrenos. En 1864 contaba con 1.000 habitantes, de los cuales 312 eran militares. El otro poblado de alguna importancia era Algarrobos, donde se asentaba una fuerza de 500 personas, incluyendo mujeres y niños. El resto eran pequeños asentamientos dispersos en el extenso territorio departamental, como Malargüe, Río Grande, Barrancas, Costas del Atuel, etc. La suma total era de 2.441 habitantes para un territorio que abarcaba los actuales departamentos de San Rafael, General Alvear y Malargüe (87.000 km^2), aunque en realidad gran parte estaba bajo el dominio indígena.[26] Era ciertamente una población sumamente escasa, si se la compara con la de uno de los departamentos rurales menos extensos, Guaymallén (164 km^2), que contaba con 6.365 habitantes, cifra similar a la de la ciudad.[27]

Además del importante número de militares (550 en total), había un sector de trabajadores rurales, entre los que se contaban 99 hacendados, 156 criadores o pastores y 156 jornaleros o peones de fincas y estancias. A ello se agregaba un grupo de comerciantes, cuya actividad –que incluía la venta de frutos del país y productos de la caza, como plumas de ñandú y cueros, como así también el contrabando– fue seguramente la más remunerativa. Así lo demuestra la existencia de tres tiendas, cinco almacenes, ocho pulperías, en tanto que había unos pocos artesanos y una carpintería, dos herrerías, dos zapaterías, una lomillería, un picapedrero, dos molinos y cuatro talleres.[28] En 1869, el subdelegado consignaba la imposibilidad de cobrar patentes debido a que "casi todos los negocios son ambulantes".[29] Y, en 1871, consta que pagaban impuestos los puestos de carne, las casas de baile y por marcas de ganado.[30] Entre las prestaciones, se contaban también dos escuelas, una de mujeres y otra de varones, y una iglesia atendida por un sacerdote.[31] El listado es demostrativo de la escasez de los servicios que se brindaban en el departamento, similar a otros, como La Paz y Rosario (Lavalle), que por las distancias o la inaccesibilidad

---

[26] *Censo Provincial de 1864, op. cit.*

[27] Inés Sanjurjo de Driollet, *La organización político administrativa de la campaña..., op. cit.*, p. 342. Denis señala para la zona los rasgos demográficos típicos de las avanzadas fronterizas: población joven, tasa de población masculina elevada y fuerte preeminencia de solteros. La población chilena ocupaba el primer lugar entre los que no eran oriundos de Mendoza: el 18%. La población indígena era importante: 13% (270 en total), algo "normal a lo largo de un frente pionero en el que el poblado fijo siempre juega el papel de polo de atracción con respecto a las poblaciones nómades", Paul Ives Denis, "San Rafael. La ciudad y su región", *Boletín de Estudios Geográficos*, N° 64-65, Mendoza, Facultad de Filosofía y Letras, Universidad Nacional de Cuyo, 1969, p. 227.

[28] *Censo Provincial..., op. cit.*

[29] AGPM, Carpeta 593: "Departamento de San Rafael", Doc. 1, 1869.

[30] *Ibid.*, Doc. 16, 1871.

[31] *Censo Provincial..., op cit.*

presentaban una situación también periférica respecto del polo político, social y económico que constituía la ciudad de Mendoza.[32] Sin embargo, frente a la pobreza económica de aquellas circunscripciones, San Rafael, por su situación fronteriza, tenía la particularidad de ser un lugar en el que los grandes negocios de contrabando a Chile, en los que estaban vinculados indígenas, importantes comerciantes trasandinos e incluso miembros de la élite provincial, le conferían una dinámica socioeconómica peculiar.

La situación de la villa de San Rafael no varió mucho con el tiempo, pues en 1871 había necesidad de construir una nueva iglesia, porque la que existía no era "más que un rancho"[33] y, lógicamente, no se adecuaba a su nueva condición de parroquia obtenida en 1869, cuando dejó de ser una dependencia de la de San Carlos[34] según la política de proveer de una parroquia a cada departamento que se creaba. En 1872, todavía contaba con dos escuelas, que carecían "de local adecuado para poder funcionar" y de los útiles y el mobiliario necesarios, además de faltar un "preceptor idóneo" para la de varones. El subdelegado solicitaba que, para solucionar estas carencias y poder obligar a los padres a que enviaran a sus hijos, el gobierno enviase un visitador de escuelas.[35] No llegaba a aquel núcleo, como ocurría en los departamentos rurales más cercanos a la ciudad, el impulso que el gobernador Arístides Villanueva daba a la educación en el marco de la política del gobierno nacional bajo la presidencia de Sarmiento.[36]

---

[32] Estos últimos departamentos pertenecían al grupo que las leyes de presupuestos a partir de 1874 clasificaron en la 3ª categoría, y que, según la ley correspondiente a 1875, contaban en general con algunas tiendas y almacenes por menor, fábricas de jabón, velas y cueros, molinos, hojalaterías, herrerías, pintores, zapaterías, fondas, pulperías, venta de licores en las calles, canchas de bolos, es decir, servicios mínimos para sus pobladores y una actividad de transformación vinculada con la ganadería, Ley de Patentes para el año 1875, Registro Oficial de la Provincia de Mendoza (ROPM), 1875-76, pp. 110-116. Grandes eran las diferencias con los departamentos "centrales", los más cercanos a la ciudad, que presentaban en los años 1870 una realidad socioeconómica más avanzada: había más población, la tierra estaba más intensamente cultivada y consecuentemente la propiedad tenía más valor, y sus villas cabecera brindaban mayor cantidad de servicios y de mayor complejidad. Estas circunscripciones contaban, en general, con tiendas y almacenes, boticas, sastrerías, herrerías, zapaterías, tintorerías, fábricas de muebles, fábricas de coches, abogados y defensores de pleitos, ingenieros, médicos, fábricas de fideos, hoteles de 1ª y 2ª clase, heladerías, bodegas, etc. El departamento de Guaymallén, por ejemplo, contaba según el Censo provincial de 1864, con 200 talleres, 117 negocios (platerías, tonelerías, carrocerías, etc.), 140 vehículos, ocho escuelas, tres templos. Véase Inés Sanjurjo de Driollet, op. cit., p. 340.

[33] AGPM, Carpeta 593: "Departamento de San Rafael", Doc. 16, 1871.

[34] José Aníbal Verdaguer, Historia eclesiástica de Cuyo, t. II, Milán, Premiata Scuola Tipográfica Salesiana, 1932, p. 1310.

[35] AGPM, Carpeta 593: "Departamento de San Rafael", Doc. 50, 1872.

[36] Durante el gobierno de Arístides Villanueva se sancionó la Ley de Educación Común, el 11 de junio de 1872, ROPM, 1870-1872, pp. 463-472.

Organización político-administrativa, prácticas institucionales y dinámica del poder local

En la primera mitad del siglo XIX, la zona del oasis sur de Mendoza formaba parte del departamento de San Carlos, circunscripción que tenía como cabecera la villa surgida en torno al fuerte del mismo nombre. Fundado en la segunda mitad del siglo XVIII en el valle de Uco, constituyó la fortaleza más avanzada en la frontera indígena hasta la fundación del fuerte de San Rafael. Generalmente, el comandante de San Carlos ejercía además las funciones de subdelegado. En cambio, el jefe de las fuerzas de San Rafael no tuvo funciones "civiles" hasta 1847, cuando el gobernador Alejo Mallea (1847-1851) vio la necesidad, dadas las distancias, de otorgarle "los medios de expedirse en medidas prontas para el mejor servicio del Estado" y le concedió "la misma jurisdicción civil de los subdelegados". Le dio también la facultad de "investir con autoridad de decuriones y la de un comisario [jueces de menor cuantía que había en todos los departamentos] con arreglo a las distancias y para la más inmediata administración de la justicia civil", cuidando que los nombramientos se hicieran "en sujetos de probidad, hijos del país –requisito que hay que destacar pues se trataba de una zona de gran proporción de población chilena– y con alguna propiedad o arraigo".[37] Por su parte, el subdelegado de San Carlos quedaba a cargo, en lo referido al distrito de San Rafael, de dar el pasaporte a quienes habrían de transitar para la República de Chile, así como del cuidado de los caminos de cordillera y las guardias que en ellos debían establecerse.[38]

Ya sancionada la Constitución, un decreto del 23 de noviembre de 1855 muestra la existencia de un subdelegado en San Rafael,[39] pero en 1856 esa subdelegación –cuya presencia implicaba la creación de un departamento– fue suprimida, considerándose que no había sido autorizada dicha creación por la Sala de Representantes como exigía la Constitución. Se nombró entonces un comisario, quien "en los actos judiciales contenciosos" debía concurrir ante el subdelegado de San Carlos, a quien se atribuía "jurisdicción sobre aquella villa".[40] Finalmente, en 1857 se creó definitivamente el departamento de San Rafael, lo que lógicamente significó su separación administrativa y territorial del de San Carlos, y su administración quedó bajo subdelegados del departamento.

Si bien en 1868 comenzaron a establecerse las municipalidades de la campaña, de igual modo que en las otras circunscripciones periféricas San Rafael no logró conformar su corporación, por más que fueron convocados los correspondientes comicios en 1870. Luego, como la reforma municipal de 1874

---

[37] Arnaldo Simón, *Apuntes históricos de San Rafael*, San Rafael, Talleres Butti, 1939, p. 142.
[38] *Ibid.*
[39] *Registro Ministerial de la Provincia de Mendoza*, 1855, p. 3.
[40] Decreto gubernativo del 15 de abril de 1856, en Manuel de Ahumada, *op. cit.*, p. 298.

dispuso un mínimo de 5.000 habitantes para la erección de una municipalidad, este departamento no pudo tenerla, algo que sólo ocurriría en 1883, gracias al significativo aumento de su población que se produjo al terminar la "campaña del desierto". Hasta entonces, la autoridad civil fue únicamente el subdelegado, quien obviamente tuvo a su cargo las cuestiones municipales, además de las funciones que les eran propias. Pero en San Rafael, a diferencia de lo que ocurría habitualmente en San Carlos, el cargo de subdelegado no era ejercido por el comandante, lo que daba lugar a la presencia de dos autoridades, la civil y la militar.

Ya ha sido estudiado el papel que algunos de estos jefes cumplieron en el juego político provincial antes y después de la sanción de la Constitución provincial,[41] posibilitado por el apoyo de las tropas allí acantonadas, que constituían una importante reserva de hombres armados para afrontar las luchas civiles. Así fueron los casos de Félix Aldao en la primera mitad del siglo, y del ya mencionado coronel Ignacio Segovia. Ante esto, cabe preguntarse cuál sería la incidencia de una figura de tal magnitud en la dinámica de poder local y, más precisamente, en el desempeño de las funciones que las leyes asignaban al agente del Estado provincial en aquel sureño departamento. Y, en relación con ello, cómo afectaba la situación de marginalidad debido a las distancias y a la conflictividad propia de la frontera, en el grado de "estatalización" de las instancias en las que se tomaban las decisiones y se dirimían los conflictos en la localidad.

Una figura cuyo accionar demostró que el poder en aquellos confines discurría por carriles distintos de los mecanismos que instrumentaba el Estado provincial para el gobierno de la campaña, fue la del teniente coronel Manuel Olascoaga. Según la biografía que le hizo su hijo Laurentino,[42] ocupó la jefatura de la Frontera Sur en 1863, en momentos de total desorganización luego del levantamiento de Clavero. Para lograr revertir la situación, contó con la cooperación del gobernador Carlos González mediante el alistamiento de voluntarios en la ciudad. Aquella gente ingresó a la fuerza con una simple promesa verbal a nombre del gobernador de que, al cumplir seis meses de buenos

---

[41] Véase Cristina Seghesso de López Aragón, "Las fuerzas y los partidos políticos en la historia de Mendoza desde 1852 hasta 1890", tesis doctoral, inédita, y Margarita Gascón, "Frontera y poder durante el siglo XIX. Clientelismo político y servicios de frontera en Mendoza", en *Xama*, N° 2, Mendoza, 1989. Un estudio sobre las bases militares en el ascenso al poder de los caudillos en la Argentina de la primera mitad del siglo XIX puede verse en Noemí Goldman y Sonia Tedeschi, "Los tejidos formales del poder. Caudillos en el interior y el litoral rioplatenses durante la primera mitad del siglo XIX", en Noemí Goldman y Ricardo Salvatore, *Caudillismos rioplatenses. Nuevas miradas a un viejo problema*, Buenos Aires, Eudeba, 1998, pp. 135 y siguientes.

[42] Laurentino Olascoaga, *Datos biográficos de Manuel Olascoaga presentados por Laurentino Olascoaga a nombre de sus hermanos*, Buenos Aires, 1911.

servicios, los que pidieran su baja la recibirían inmediatamente. El comandante logró conquistarse la voluntad de aquellos soldados, que permanecieron en sus filas durante ese lapso con una "irreprensible" conducta. A raíz de esto el general Wenceslao Paunero lo autorizó a "enganchar" a aquellos que habían cumplido, haciéndoles un abono acordado de 5.000 pesos, a lo que aquel jefe contestó que sus hombres quedaban todos voluntarios en las filas. Luego, el gobierno reconoció ese cuerpo como unidad del Ejército nacional, con el nombre de Regimiento de Granaderos de Línea.

El biógrafo relata diversas actitudes de su padre en favor de los soldados, como la prohibición hecha a un encargado de pagar los sueldos, para que no se los "comprara" mediante engaños y en connivencia con "gentes influyentes". Esto habría sido malinterpretado por la prensa, que lo trató de déspota por "privar a los oficiales del uso libre de su sueldo".[43] Se interesó, en otro orden de cosas, en que se liberara de la cárcel al coronel Clavero, muy apreciado entre la tropa. Pero si estas acciones le ganaron la lealtad de sus subordinados, por otro lado le granjearon la enemistad en los sectores más radicales de la élite liberal, y finalmente fue relevado del cargo. El motivo que habría dado lugar a esta decisión fue el fusilamiento de un cuatrero chileno con vinculaciones –como la de un "estanciero rico del sud de Mendoza que ocupaba un cargo influyente"–, porque había asesinado a un decurión de Malargüe y su familia.[44] Lo cierto es que a raíz de la deposición de Olascoaga y el nombramiento de comandante al coronel Pablo Irrazábal, el regimiento se rebeló por el rechazo que les causaba el asesino del general Peñaloza. La biografía señala que el jefe saliente logró reinstaurar el orden, pero, para no ejecutar las durísimas medidas que debían tomarse en caso de motín, se exilió con tres oficiales y más de cuarenta hombres en Chile.[45] La versión oficial, sin embargo, sostuvo que Olascoaga fue culpable de sublevarse y por el fusilamiento "sin forma de juicio" de un súbdito chileno, quedando la causa en jurisdicción nacional, "por haber sido perpetrados" estos delitos por un jefe nacional en servicio activo.[46]

Es lógico poner en tela de juicio la objetividad de la biografía, escrita ciertamente para justificar el comportamiento de Olascoaga, quien no obstante las acusaciones que recaían sobre él y su participación en la Revolución de los Colorados de 1866, se destacó más tarde como colaborador de Roca en la campaña del desierto.[47] Se advierte que el liderazgo ejercido por aquel jefe en-

---

[43] Ibid., p. 39.
[44] Ibid., p. 40.
[45] Ibid., p. 44.
[46] AGPM, Carpeta N° 505· "Militares", Doc. 3, 1865.
[47] Draghi Lucero se hace eco de la biografía, al sostener que Olascoaga prestó invalorables servicios a la patria, no sólo como militar sino como estratega y topógrafo. En calidad de tal escribió su *Estudio topográfico de la Pampa y Río Negro*, premiado por el Congreso Internacional

tre sus hombres no era la consecuencia automática de la obediencia que le debían, sino una respuesta a sus actitudes. Pero esta versión tiene también el interés de dejar entrever la punta del tejido de redes que se articulaban entre sectores sociales diferentes y entre el centro y la periferia de la provincia en torno a intereses económicos relacionados con el robo de ganado y su comercio en Chile, y vinculados al mismo tiempo con las facciones políticas en pugna. La gravitación de esta red de poderes informales –que deja lugar a un estudio más profundo– era posible en gran medida por la inacabada construcción del Estado provincial en este período. Las prácticas institucionales no se adecuaban, por cierto, a la idea de un Estado liberal consumado, propia de una historiografía institucional apegada a la letra de la ley. En realidad, esta situación se daba, según hemos comprobado, también en los departamentos "centrales", en donde quedaban espacios que escapaban al poder estatal. Pero la fragilidad de éste tenía especial énfasis en San Rafael, debido a las distancias y a las peculiaridades de la frontera.[48]

Esta observación es corroborada por los habituales conflictos originados entre el comandante y el subdelegado en la esfera de la administración de justicia, sobre todo mientras éste tuvo facultades judiciales de primera instancia, esto es, hasta 1872, cuando, como hemos dicho, las perdieron al crearse los juzgados de paz. Se puede citar el caso de la reclamación que hizo el subdelegado Arsernio Contreras ante el Ministro de Gobierno en 1869 porque se veía "coartado" en sus facultades y en su autoridad "a causa de tomar parte en los asuntos civiles el Jefe de esta Frontera Coronel Don Ignacio M. Segovia". En efecto, enterado de que existían en el cuartel unos acusados de haber robado un animal vacuno en una estancia, se dirigió al comandante, "pidiéndoselos para seguirle la sumaria, en conformidad [...] con la ley de administración de justicia, y remitirlos al Señor juez del crimen a fin de concluir su causa", pero aquél le manifestó que "no tenía orden de su superior" para ponerlos a su disposición. Existían, además, otros presos por orden de Segovia, "y esto no se ha puesto en mi conocimiento como era su deber".[49] La intervención del coman-

---

de Geografía de 1881, y durante la presidencia de Roca fue nombrado Jefe de la Exploración Científica y de Relevamientos y Estudios Militares de la región del Sur y luego gobernador del Neuquén. Pero también dramaturgo, dibujante, fundador de un periódico en Chile, y funcionario de distintos gobiernos provinciales. Según este autor, Manuel José Olascoaga "sembró mucho: cosechó poco. Debió morir con el grado de general del Ejército Argentino y murió siendo coronel; debió morir rico, y lo sorprendió la muerte siendo pobre", Juan Draghi Lucero, *Manuel José Olascoaga*, Mendoza, Ediciones Culturales de Mendoza, 1995, pp. 42-43.

[48] Otra zona donde se advertía la precariedad del aparato estatal era el departamento del Rosario (actual Lavalle), donde ya no por las distancias sino por la inaccesibilidad se daban formas de poder informal, vinculadas a las montoneras, que lo convertían, según las autoridades provinciales, en otra peligrosa frontera. Inés Sanjurjo de Driollet, *op. cit.*, p. 315.

[49] AGPM, Carpeta 593: "Departamento de San Rafael", Doc. 2, 1869.

dante en cuestiones pertenecientes a la administración de justicia, tenía un antecedente legal en el decreto de 1847 del gobernador Mallea ya citado. El fusilamiento del chileno ordenado por Olascoaga puede considerarse dentro de esas prácticas, que continuaron no obstante la delimitación de funciones y la supresión de fueros que se fueron estableciendo con la formalización del orden liberal. Tales intervenciones del comandante, que lo convertían en árbitro de los conflictos muestran la debilidad que mostraba en la zona el sistema judicial organizado por el Estado provincial y del propio Ejército, que no lograba imponer la ley entre las fuerzas militares, dando pie a los problemas de jurisdicción mencionados.[50] La distancia del centro del poder estatal –la capital provincial– favorecía, sin duda, esta situación, como así también la escasa población. Esto si se tiene en cuenta que los grandes espacios poco poblados carecen de solidaridades grupales y presentan por lo tanto "un inmenso cuadro natural políticamente casi neutro", con una menor resistencia a encuadramientos políticos y jurídicos informales.[51]

Pero no sólo en lo relativo a la administración de justicia existieron fricciones. Éstas fueron una constante prácticamente hasta que se produjo la "desmilitarización" luego de la campaña del desierto. Durante la jefatura del coronel Ignacio Segovia, el subdelegado Contreras ya mencionado se vio obligado a abandonar su puesto y el de preceptor de la escuela. Ni bien renunció, accedió a subdelegacía Bernardino Galigniana, gracias al "generoso apoyo y cooperación que había encontrado en el Jefe de Frontera, coronel Ignacio Segovia", según palabras del mismo Galigniana.[52] Para subsistir en el cargo, pues, los subdelegados se vieron muchas veces obligados, por su situación desventajosa, a entrar en el juego de solidaridades que se daba en torno a la autoridad militar del lugar. Vale decir que no obstante las inmensas facultades que las leyes fueron atribuyendo a esos agentes del Ejecutivo, queda corroborado lo que di-

---

[50] La Ley de Justicia nacional de 1863 consagró el ejercicio por parte de estos jefes de funciones judiciales sólo en los delitos cometidos en los cuarteles. De todos modos no había acuerdo en la jurisprudencia al respecto, véase Marta Magdalena Huertas, "Fuentes normativas nacionales en los fallos de la Corte Suprema sobre Derecho Constitucional (1863-1903)", *Revista de Historia del Derecho*, N° 22, Buenos Aires, Instituto de Investigaciones de Historia del Derecho, 1994, pp. 167-169.

[51] Antonio Hespanha, *op. cit.*, p. 58. Ya había advertido Spylaman que la eficacia del poder se da en relación inversa a la distancia desde donde se lo ejerce, Nicholas Spylaman, *Los Estados Unidos frente al mundo*, México, FCE, 1942.

[52] AGPM, Carpeta 593: "Departamento de San Rafael", Doc. 5a, 5b y 6 1869. Otro caso fue el del subdelegado Francisco Javier Guevara, que estuvo detenido por Olascoaga, acusado de haber tomado algunas herramientas que había en los cuarteles, de propiedad fiscal. Guevara denunciaba que el comandante había "ejercido autoridad como si su misión se extendiese a mezclarse con los asuntos civiles", pero finalmente debió renunciar. AGPM, Carpeta 592: "Departamento de San Rafael", Doc. 74, 1864.

jo el publicista mendocino Manuel Antonio Sáez acerca de que mientras todos eran como unos "pequeños soberanos absolutos" en su jurisdicción, el de San Rafael no era "más que un siervo del comandante de frontera".[53]

No obstante esa particular situación de los subdelegados sanrafaelinos, éstos cumplieron tareas ejecutivas en la medida de los medios con que contaron y como parte de las funciones que las leyes les asignaban en tanto agentes del gobierno, por ejemplo, en materia de educación y de recaudación fiscal.[54] Constituyeron, además, el medio de información habitual con que contó el gobierno provincial para interiorizarse de la situación del departamento. Así ocurrió con el Censo de 1864, sin duda el más importante realizado en el orden provincial hasta el momento: el subdelegado fue el encargado de informar sobre la población, la producción, los asentamientos, los servicios y otras particularidades de esa extensa comarca. Las notas dirigidas al Ministro de Gobierno en respuesta a pedidos de informes sobre distintos asuntos del departamento son una muestra de lo dicho. Otro ejemplo es de 1872, dos años antes de que se hiciera una concesión de tierras al coronel Rufino Ortega, cuando la autoridad civil informó al gobierno sobre la situación de los distritos más sureños, con motivo de la necesidad de nombrar un comisario para ellos: en "Malargüe no reside individuo alguno y que en cuanto a la población del otro lado de Río Grande toda ella es chilena e inquilinos de los indios pehuenches y de los cuales no hay ninguno competente para desempeñar el puesto [...] estando éstos al amparo de los mencionados indios".[55] Puede decirse, en fin, que los subdelegados, no obstante la posición subalterna que tuvieron en San Rafael, lograron establecer, aunque en forma incompleta, una articulación entre el gobierno provincial y esa fronteriza circunscripción, entre el centro y la periferia.

Incidencia en la estructuración del territorio de los problemas de jurisdicción planteados en torno a la frontera

Un problema inherente a la frontera era la necesidad del gobierno provincial de ejercer su potestad de modo efectivo sobre el espacio geográfico que con-

---

[53] Manuel A. Sáez, *Proyecto de Constitución para la Provincia de Mendoza*, Rosario, Imprenta de L. Vidal, 1870, p. 46.

[54] Entre otras tareas, estuvo la difícil misión de elegir a un alumno de ese departamento cuya instrucción lo hiciera apto para ganar una beca para el Colegio Nacional o para la Escuela Normal Agronómica; esto en cumplimiento de funciones que le atribuía la Ley de Educación Común. AGPM, Carpeta 593: "Departamento de San Rafael", Doc. 46, 1872, y Carpeta 594: "Departamento de San Rafael", Doc. 6, 1876.

[55] AGPM, Carpeta 593: "Departamento de San Rafael", Doc. 55, 1872. Otro de tantos ejemplos fue el informe que ese mismo año comunicaba también acerca del estado en que cumplían su labor las dos escuelas del departamento –una de varones y otra de niñas, a las que

sideraba de su jurisdicción. El fuerte de San Rafael no alcanzaba a proteger de los avances indígenas el territorio que quedaba al oeste, motivo por el cual Roca consideró estratégico fundar un fortín en la zona de Malargüe, ubicada al suroeste.[56] En 1874, por una ley provincial se concedió al coronel Rufino Ortega tierras en ese lugar, en calidad de usufructo temporario, con el objetivo de que las cultivase y poblase de modo que no fueran abandonadas después.[57] Y en 1877, se realizó una reforma político-administrativa del territorio sureño que consistió en la creación del departamento de Malargüe.[58] Esta circunscripción, ubicada al sur del río Atuel, abarcó los parajes de Malargüe propiamente dicho, recorrido por el río del mismo nombre y el arroyo de El Chacay, y del río Grande hasta el Barrancas.[59] El nuevo departamento, que era el más extenso de la provincia, no contaba con una población que justificara su creación según la exigencia que derivaba de la Constitución provincial en su Art. 54, y tal como había sucedido con los fundados en el oasis norte luego de sancionada ésta. Ocho años después de creado, sólo contaba con unos 754 habitantes, que en su mayoría habitaban en la estancia del coronel Rufino Ortega.[60]

Este militar, hombre influyente en la provincia que cuando fue creado el departamento ocupaba el cargo de jefe de Policía, fue considerado seguramente el más indicado para esta especial concesión. Su participación en la campaña del desierto le posibilitó que poblara la zona con los hombres del fuerte General San Martín y en su estancia, donde se emplazó la villa, pudo utilizar la mano de obra de los indígenas capturados en la expedición.[61] Con ello, Ortega obtuvo ingentes beneficios económicos, que se sumaron a los

---

asistían un total de 70 a 80 niños– y sobre sus carencias en materia de edificio, útiles y mobiliario. AGPM, Carpeta 593: "Departamento de San Rafael", Doc. 50, 1872.
[56] Nicolás Bustos Dávila, "San Rafael. Ochenta años de la ciudad cabecera", en *Los Andes*, Mendoza, 1-10-1983.
[57] ALM, *Libro de Actas de la Cámara de Diputados*, Sesión de 7-9-1874.
[58] Para más información, véase de Inés Sanjurjo de Driollet, "Malargüe (1877-1892). Un estudio desde la óptica municipal acerca de la creación y supresión del departamento más austral de la provincia de Mendoza en el siglo pasado", *Revista de Historia del Derecho*, N° 19, Buenos Aires, 1991, pp. 349-374, y *Organización político-administrativa...*, *op. cit.*, pp. 206 y siguientes.
[59] ROPM, 1877, p. 152. Sobre la vida de Malargüe en el siglo XIX, véase Juan Isidro Maza, *Malargüe y su historia*, Mendoza, Facultad de Filosofía y Letras, Universidad Nacional de Cuyo, 1991.
[60] José Luis Masini Calderón, *Mendoza y sus tierras y frontera del sur en torno a 1880 (1875-1895)*, Mendoza, 1985, p. 34.
[61] *Los Andes*, periódico que por entonces se oponía a Ortega, se refirió al trato dado a los indígenas: "Los esclavos maltratados y mal pagados huyen a los pueblos vecinos y allí van a buscarlos la policía de Ortega que es la de la provincia [...]". Inés Elena Sanjurjo, "Malargüe...", *op. cit.*, p. 367.

políticos, ya que Malargüe pasó a constituir una nueva circunscripción electoral que quedó bajo su dominio. Pero no puede desconocerse que esta división del territorio respondió sobre todo a un objetivo estratégico, pues se avanzaba sobre la frontera incorporándose ese espacio geográfico a la efectiva jurisdicción y a la economía provincial, con lo que se pretendía resguardar las posesiones de los mendocinos. En efecto, no sólo se veía la necesidad de dar fin a la frontera interna, sino que además existía un conflicto por los límites provinciales con el gobierno nacional, que reclamaba los territorios al sur del Diamante.[62] A la vez, preocupaba que grupos de chilenos cultivaran en las márgenes del río Barrancas tierras que arrendaban a los indígenas, precisamente cuando el país vecino entablaba la cuestión de límites a la Argentina: "¿Quién nos garante –se preguntaba un artículo del periódico *El Constitucional* en referencia a los chilenos– que mañana no extiendan su pretensión posesoria hasta estas comarcas limítrofes de nuestras posesiones?".[63]

Lo cierto es que en 1892, ya solucionada la cuestión jurisdiccional como consecuencia de la transacción entre el Estado nacional y el provincial, el departamento fue suprimido por el grupo de Emilio Civit, con el fin de acabar con el poder de Ortega.[64] Respecto de esta medida, la inexistencia de

---

[62] Sobre la cuestión del establecimiento del límite sur mendocino, y las pretensiones del gobierno nacional, escribió Laurentino Olascoaga, *Instituciones políticas de Mendoza*, t. I, Bolivia, Escuela Tipográfica Salesiana, 1919. Puede verse también, Marta Iris López, "Proceso histórico de la fijación del límite sur de la Provincia de Mendoza", *Segundo Congreso de Historia Argentina y Regional*, t. I, Buenos Aires, Academia Nacional de la Historia, 1974. Entre las investigaciones sobre las relaciones del Estado nacional en el período de su conformación como tal a partir de la sanción de la Constitución Nacional de 1853, con las provincias que contenían en sus límites jurisdiccionales espacios que constituían fronteras internas, puede mencionarse el trabajo de Ana Teruel, "Cuestiones relativas a la incorporación de espacios fronterizos al Estado-Nación. Chaco occidental, 1862-1911", en Ana Teruel, Mónica Lacarrieu y Omar Jerez (comps.), *Fronteras, ciudades y estados*, t. I, Córdoba, Alción Editora, 2002.
[63] *El Constitucional*, Mendoza, 17-2-1877.
[64] Rufino Ortega fue un miembro conspicuo de la élite mendocina que se dedicó a las actividades militares, económicas y políticas. Su figura cobró fuerza como Jefe de Policía durante los gobiernos de Francisco Civit (1873-1876) y Joaquín Villanueva (1876-1877). Gobernador entre 1884 y 1887, fue elegido al finalizar el mandato de Tiburcio Benegas, por imposición de Roca. El nuevo gobernador se independizó de su antecesor y no apoyó su candidatura a gobernador en 1888, sino la de Civit. Cuando se produjo la división entre juaristas y roquistas en Mendoza, Ortega y su grupo estuvieron con Juárez Celman, y Emilio Civit, su enconado enemigo político, se puso a la cabeza del roquismo. Durante la intervención de F. Uriburu, Civit fundó los Partidos Unidos, que se impusieron al orteguismo en los comicios del 14 de febrero de 1892 y llevaron al gobierno a Deoclesio García. La prensa oficialista alabó las medidas tomadas por la legislatura civitista, entre las cuales se contó la supresión del "cacicazgo de Malargüe". Inés Elena Sanjurjo, "Malargüe...", *op. cit.*, pp. 366-367. Véase también, Pedro Santos Martínez, "Mendoza 1862-1892. Ensayo de interpretación sociopolítica", en *Contribuciones para la historia de Mendoza*, Mendoza, FFyL, Universidad Nacional de Cuyo, 1969.

una base poblacional sólida, necesaria para la vida de un municipio, posibilitó su viabilidad, no obstante los reclamos que hicieron los partidarios del militar.[65] La creación y supresión del departamento de Malargüe en el siglo XIX se trató, pues, de una excepción en Mendoza, fruto de la específica problemática que se daba en torno a la frontera. En efecto, mientras los demás departamentos fueron creados siempre de acuerdo con el crecimiento poblacional, según el mandato constitucional, con Malargüe se priorizaron otras variables. El caso es demostrativo, ciertamente, de cómo la organización político-administrativa del territorio puede tener un uso político en orden al cumplimiento de altos objetivos estatales –tal la necesidad de ejercer efectiva jurisdicción sobre ese territorio–, vinculados muchas veces con intereses económicos o políticos particulares de sectores anclados en el poder, como los de Ortega y Civit.[66]

Participación vecinal en la villa fronteriza

La pobreza de servicios y equipamiento urbano que mostraba la villa sanrafaelina se advertía también en la escasa o nula participación vecinal en los asuntos internos. Esta situación estuvo sin duda alentada por la alta dependencia del comandante y del subdelegado en casi todos los asuntos, y en el hecho de que no existiera el espacio de deliberación que podía brindar una municipalidad. La correspondencia de la subdelegacía recoge pocos casos, como la formación en 1871 de una comisión para impulsar la construcción de un nuevo templo en reemplazo del deplorable edificio que existía. Pero, aunque había prometido su ayuda el Regimiento N° 1 de Caballería con asiento en ese fuerte, nada se hizo por el momento.[67] Otro ejemplo es de 1872, cuando el vecindario colaboró unánimemente en la construcción de un nuevo panteón porque con motivo de una epidemia de viruela, el viejo establecimiento

---

[65] En 1895, el territorio de Malargüe (hoy el departamento más extenso de la provincia) contaba con aproximadamente 2.800 habitantes, en tanto que otras circunscripciones mucho menos extensas, tenían mayor peso demográfico: Guaymallén, 10.338; Belgrano (originalmente llamado San Vicente, y hoy, Godoy Cruz), 6.011; Maipú, 8.834; Rivadavia, 7036; y San Martín, 8.315. *Segundo Censo de la República Argentina*, mayo 10 de 1895, t. I: Población, Buenos Aires, Taller Tipográfico de la Penitenciaría Nacional, 1898, p. 369.
[66] Al respecto, puede aplicarse lo que sostiene Hespanha: "la división política del espacio es también un instrumento de poder (o un 'aparato político') que sirve tanto para la organización y perpetuación del poder de ciertos grupos sociales como para la expropiación de otros grupos", Antonio Hespanha, *op. cit.*, p. 78.
[67] AGPM, Carpeta 593 "Departamento de San Rafael", Doc. 16, 1871. En 1876 era parte de esta comisión el comandante Tejedor. AGPM, Carpeta 594: "Departamento de San Rafael", Doc. 1, 1876.

no había podido "soportar más cadáveres" y, con el acuerdo del cura del lugar, el subdelegado le nombró un administrador.[68]

Por otra parte, aunque el departamento fue incorporado a la vida política provincial con el establecimiento de una mesa electoral entre 1858 y 1864 –suprimida por la ley electoral de este último año–[69] la libre participación en esa esfera durante ese corto período fue nula en la práctica. En efecto, como ocurrió en las demás circunscripciones de la campaña los comicios estuvieron por lo general bajo el control del subdelegado, de acuerdo con las atribuciones que le otorgaba la ley, aunque en San Rafael el comandante era quien podía decidir finalmente sobre los resultados por el mando de la fuerza pública. El subdelegado elaboraba los padrones –de acuerdo con el voto censitario[70] vigente entonces en la provincia– lo cual le permitía decidir quién votaba. Otra maniobra fue la de fraguar los resultados. En 1858, durante la gobernación de Francisco Moyano la Legislatura denunció ante el Congreso de la Nación que los subdelegados de las circunscripciones más lejanas, como La Paz, San Carlos y San Rafael, demoraron varios días en enviar los pliegos a la ciudad, dando pie a la falsificación de los resultados y de las firmas de los escrutadores.[71]

Entre 1864 y 1880, pues, los sanrafaelinos no tuvieron la posibilidad de intervenir en la política provincial, ya que hasta este año no fue reincorporado como circunscripción electoral, en tanto que hasta 1883, cuando se creó la institución municipal, no se abrió un espacio de deliberación vecinal en cuestiones de gobierno local. En realidad, la participación política discurrió por otros carriles en esa sociedad militarizada, que por cierto eran diversos de la representación liberal. Nos referimos, concretamente, al hecho antes mencionado de la representación que obtuvieron los jefes militares por el apoyo o la presión de las fuerzas allí acantonadas y que les permitió actuar en las luchas políticas provinciales. No hay que descartar tampoco otros modos informales de presión en las decisiones del poder a nivel provincial, constituidos por los grandes intereses que se forjaban en torno al tráfico comercial en la frontera.

El permanente desasosiego por el peligro de invasiones indígenas incidía también en el normal desarrollo de la vida pública local, ya que ante la sola

---

[68] El subdelegado informaba que el pequeño panteón que había "no podía soportar más cadáveres, que los que ya estaban enterrados [...] por el mal sistema de enterramiento y el mal estado de la puerta y tapias, los perros los devoraban". AGPM, Carpeta 594: "Departamento de San Rafael", Doc. 69, 1879.

[69] María Cristina Seghesso, *Historia Constitucional de Mendoza*, Mendoza, Instituto Argentino de Estudios Constitucionales y Políticos, 1997, p. 299.

[70] El voto censitario tuvo vigencia hasta 1866, cuando fue suprimido por una ley para adecuárselo al voto universal establecido en el orden nacional.

[71] Nota de la Legislatura de Mendoza a la Cámara de Diputados de la Confederación Argentina. AGPM, Carpeta 651: "Provincia de Entre Ríos", 1858.

noticia de un posible malón se paralizaban las actividades. Un ejemplo es el de los comicios del 1 de mayo de 1864, que según comunicaba el subdelegado no se pudieron llevar a cabo, aunque la población había concurrido con entusiasmo "a cumplir con su deber". Es que ante el anuncio de que en una estancia cercana había aparecido un indio armado y "se dejaba ver una polvareda grande" hacia el sur, la concurrencia se alarmó "de tal modo que desaparecieron todos", y aunque el jefe de la Frontera calmó los ánimos, la votación se desbarató.[72] Si bien pueden caber dudas sobre si fue una excusa del funcionario para impedir la realización de una votación que no sería favorable al "partido" con el cual estaba identificado, el solo hecho de dar esta explicación demuestra que era habitual ese tipo de sobresaltos.

Si los vecinos contaron con otros espacios públicos donde la sociabilidad pudo desarrollarse en forma distendida, éstos estuvieron acotados a solemnidades y unas escasas actividades recreativas, que poco o nada incidían en las decisiones del poder local. Motivos de participación de la población fueron las misas dominicales y las fiestas religiosas. La visita pastoral del obispo de Cuyo, monseñor José W. Achával, en enero de 1876, por ejemplo, habrá constituido todo un acontecimiento al que no estaban acostumbrados los pobladores de aquellos confines.[73] Los festejos patrios constituyeron otros momentos de confluencia de la mayoría de la población. Organizados por la autoridad local con la colaboración del cura párroco y del comandante, incluían el himno nacional cantado por los alumnos de la escuela; misa de gracias con tedéum, salvas de cañón y parada militar; y a la noche, fuegos artificiales, iluminación de la plaza, retreta en el tablado y juegos.[74] Otros espacios de sociabilidad –de tipo informal– fueron los que proveían las casas de baile cuando había quien las "pusiera", y las pulperías, esas tiendas donde se vendía de todo un poco y a la vez eran lugares de reunión de los sectores medios y populares.[75] Este escaso recuento es demostrativo de la existencia de una vida comunitaria precaria mientras la frontera "impregnó" el lugar, si se la compara con la de villas más adelantadas del país en el siglo XIX, en las que existían, además de manifestaciones culturales, como el teatro y las bibliotecas, formas de participación no estatal con cierta capacidad de influir en las determinaciones del gobierno, como periódicos, clubes sociales y políticos e incluso asociaciones mutuales.[76]

---

[72] AGPM, Carpeta 592: "Departamento de San Rafael", Doc. 70, 1864.
[73] Aníbal Verdaguer, *op. cit.*, p. 635. Las visitas pastorales constituyeron espacios de sociabilidad que incluyeron prédicas, bautismos, confirmaciones y casamientos.
[74] Los juegos más comunes eran bolos, palo empavonado, sortija y bodegones para toda la población. Se repetían al día siguiente. AGPM, Carpeta 594: "Departamento de San Rafael", Doc. 47, 1878.
[75] Tal como se desprende de los impuestos cobrados por la subdelegacía. AGPM, Carpeta 593: "Departamento de San Rafael", 1871.
[76] Véase María Sáenz Quesada, "Vida cotidiana, pública y privada (1810-1870)", en Academia

El sur mendocino luego de la campaña del desierto (1880-1916)

El poblamiento de la planicie o "playa" sobre el río Diamante y la colonización del oasis

Antes de la campaña del desierto hubo intentos colonizadores en el sur mendocino, entre los que se puede contar la Ley de Usufructo, con la que se pretendió poblar la zona de Malargüe. En 1854, el gobernador Pedro Pascual Segura se había propuesto trazar un plan a largo plazo para lograr el establecimiento de colonias en el sur de la provincia, como se había comenzado a hacer con distinta suerte en Corrientes, Santa Fe, Entre Ríos y Buenos Aires. Para ello hizo un viaje de reconocimiento a fin de señalar los parajes más ventajosos para la construcción de "fortines y de postas avanzadas indispensables a la seguridad y comodidad de los colonos".[77] Como parte de tal programa, otorgó facilidades para incentivar el poblamiento de la villa de San Rafael, exceptuando del pago del impuesto a los terrenos,[78] al tiempo que hizo concesiones de tierras al sur del Diamante. Pero las consecuencias del terremoto de 1861 —disminución de población, un presumible decrecimiento económico y aplicación de recursos disponibles a la reconstrucción de la capital— habrían sido el motivo principal por el cual no se realizaron aquellos planes, que habrían traído los brazos propulsores de un desarrollo más temprano en los campos del sur.[79] El objetivo comenzaría a realizarse dos décadas después.

Hacia 1870, el único centro de población de relativa importancia en el sur continuaba siendo la villa. Pero en esa década, el microoasis formado al amparo del fuerte había quedado constreñido en su desarrollo debido a la extensión muy limitada de la terraza fluvial sobre la que se erigía. Al este existía, en cambio, una extensa "playa" o planicie sobre la margen izquierda del Diamante —donde actualmente se ubica la ciudad de San Rafael— que constituía un lugar abierto a la expansión y donde se habían establecido estancias. La ocupación de esta zona tuvo como uno de sus pioneros al ingeniero Julio Ballofet, quien en 1868 se instaló en los terrenos de su esposa, Aurora Suárez. El lugar hoy es conocido como Pueblo Ballofet, y hay restos del fortín que construyó y al que llamó Aurora. En 1871 inició su acción colonizadora, mediante la división y venta de los terrenos.

Nacional de la Historia, *Nueva historia de la nación argentina*, t. 6, Buenos Aires, Planeta, 2001, pp. 207 y siguientes.

[77] Considerandos del *Primer Censo de la República Argentina verificado los días 15, 16 y 17 de septiembre de 1869*, Buenos Aires, Imprenta El Porvenir, 1872, p. 338. Sobre los primeros intentos colonizadores en las provincias del Litoral, puede verse, entre otros autores, a Ofelia Stahringer de Caramuti, *La política migratoria argentina*, Buenos Aires, Depalma, 1975, y José Panettieri, *Inmigración en la Argentina*, Buenos Aires, Macchi, 1970.

[78] Ley del 18 de abril de 1857. ROPM, 1857, pp. 2-3.

[79] Considerandos del *Primer Censo...*, op. cit., p. 338.

Un acto de gran envergadura para la colonización de la planicie fue la adquisición de terrenos en 1872 por el gobierno de la Nación, bajo la presidencia de Sarmiento, con el fin de que se levantaran cuarteles y otras dependencias del Ministerio de Guerra. Las tierras provenían de una donación de Victoriano Araujo, y allí se estableció el Cuadro Nacional, a donde se trasladó la mayor parte de la guarnición del viejo fuerte. El encargado de realizar esta obra fue el teniente coronel José Antonio Salas, quien comenzó por transformar campos incultos en inmensos alfalfares, para lo que contó con la colaboración del Regimiento 7° de Caballería, que llegó al departamento en 1875.[80] Hizo delinear el terreno y llevó a cabo la apertura del Canal Salas, obra fundamental para el cultivo y el progreso del establecimiento, y luego hizo levantar los edificios para cuarteles y otras dependencias. De un total de 20.000 hectáreas de superficie, al poco tiempo hubo 979 cultivadas. En 1875, Roca, que viajó a Mendoza y luego a San Rafael para inspeccionar la situación militar de la comarca, nombró a Salas comisario de Frontera para la provincia, con la misión de proveer a los expedicionarios de las caballadas que invernaban en Cuadro Nacional. Ése fue también el lugar apropiado para que se instruyeran las tropas que más tarde conformarían la 4ª División o columna andina de la expedición del desierto, al mando del coronel Napoleón Uriburu.[81] Más tarde, continuó asentado allí el Regimiento de San Rafael, bajo la jefatura de Salas.[82]

La presencia de la guarnición dio a la zona una mayor seguridad, alentando la afluencia poblacional y el progreso económico. Según Denis, el Ejército desempeñó "un papel visionario, instalándose en el sector de más porvenir".[83] No obstante, la culminación de la campaña militar fue el factor determinante para la instalación de colonos ya que se amplió el territorio disponible y acabó la inseguridad de la población. Allí se establecieron las colonias de Cuadro Salas, Cuadro Bombal, Colonia Francesa, Colonia Italiana, Colón (Ballofet). Pero también se asentaron poblaciones al sur del Diamante, como Rama Caída, Cuadro García y Cañada Seca, en un proceso acorde con las prioridades de la dirigencia provincial. En efecto, al recorrer las páginas de los periódicos de la época se advierte que desde fines de la década de 1870, la necesidad de promover la "inmigración y colonización" era un tema central en la agenda política.[84] Se hablaba de la necesidad de llevar a cabo una tarea que atrajera a los colonos: extender el ferrocarril como un remedio para "acortar las distancias", y acabar con el "vacío" del desierto.[85] Es decir, acortar la larga travesía que separaba las promisorias tie-

---

[80] Nicolás Bustos Dávila, *op. cit.*
[81] Gobierno de Mendoza, Ministerio de Cultura y Educación, *Las campañas del desierto y del Chaco*, Mendoza, 1979, p. 107.
[82] AGPM, Carpeta 594: "Departamento de San Rafael", Doc. 79, 1880.
[83] Paul I. Denis, *op. cit.*, p. 231.
[84] *El Constitucional*, Mendoza, 15-6-1875, 3-7-1875 y 27-11-1880.
[85] *Ibid.*, 15-5-1875.

rras del sur mendocino de la ciudad de Mendoza, terminar con el dominio indígena en el sur, y realizar mejoras en materia de irrigación, instituciones de crédito, "procedimientos agrícolas", ganadería y actividades de transformación. Constantemente se alentaba a fomentar la propiedad rural como medio para las fundaciones de pueblos, según el ejemplo de colonias instaladas en otras provincias, como Chivilcoy en Buenos Aires.[86] La llegada masiva de inmigración trabajadora del agro dotada de recursos económicos hizo posible la colonización, precisamente cuando el gobierno alentaba la naciente agroindustria vitivinícola, a la que luego se incorporaría el sur mendocino.[87] Se vendieron tierras fiscales, que entre 1870 y 1882 sumaron 38 operaciones por $ 264.680, de las cuales la mayor parte se ubicaban en San Rafael, según el informe realizado por el perito Luis Pringles.[88] Otro dato de interés, que ofrece Masini Calderón, es el de las concesiones de agua que se hicieron durante la gobernación de Rufino Ortega (1884-1887), correspondientes a los ríos Diamante y Atuel. Esta política fue muy criticada porque favorecía la gran propiedad y a la élite, y no la pequeña, a la que se aspiraba con la colonización, por lo que el gobierno de Tiburcio Benegas (1887-1889) dispuso limitar las licencias.[89]

Pero en la radicación de colonias fue central la acción que cumplieron progresistas empresarios que adquirieron grandes terrenos con concesiones de agua, los cuales canalizaron y lotearon para vender a pequeños propietarios en su mayoría inmigrantes, aunque también criollos. La del sur mendocino fue, ciertamente, una colonización de carácter eminentemente privado.[90] Uno de los primeros colonizadores fue el presbítero italiano Manuel Marco, primer párroco de San Rafael (entre 1869 y 1884). "Cura, maestro, pero más destacado en las actividades económicas", llegó a poseer en determinado momen-

---

[86] *Ibid.*, 15-6-1875.
[87] La población mostró un gran aumento debido a la inmigración. El Censo Nacional de 1869 dio un total de 65.413 habitantes para la provincia, de los cuales los extranjeros representaban el 19% en la provincia y el 22% en el departamento del sur (entre ellos, una gran cantidad eran chilenos). El Censo 1895 dio un total de 116.136 habitantes, aumento que se vio impulsado por la llamada Ley Avellaneda de 1876, o Ley de Colonización e Inmigración Nacional, y en 1914 alcanzó 277.535 habitantes. Del total de la población del oasis sur en este último año, 38.2% era extranjera. *Primer Censo...*, p. 342; *Segundo Censo...*, p. 375; República Argentina, *Tercer Censo nacional*, levantado el 1 de junio de 1914, Buenos Aires, Talleres Gráficos de L. J. Rosso y Cia., 1916, y Alicia Becerra de Garramuño, *op. cit.*, p. 138.
[88] José Luis Masini Calderón, *op. cit.*, p. 48.
[89] Se hicieron las siguientes concesiones de agua correspondientes al río Diamante: Elías Villanueva (314,5 ha), Domingo Bombal (2.000), Julio Gutiérrez (2.000 ha), J. E. Serú-G. Puebla (600), Sres. Buchanam (1.000), Pascual Suárez (20), Deoclecio García (30), Juan E. Serú (250), Juan E. Serú y otros (6.000), Camilo Serrano (655), Fernández Guiñazú (400), Julio Ballofet (1.000), Benigno Solanilla (600), Ezequiel Tabanera (2.000), Elías Villanueva y otros (3.146). ROPM, 1884, 1885 y 1886, citado en *ibid.*, pp. 49-50.
[90] *Ibid.*, p. 39.

to la mayor parte de las tierras en la margen izquierda del Diamante, al oeste de la planicie, muchas de las cuales contrató en usufructo. Utilizó la mano de obra de trabajadores lugareños, pero también de extranjeros, en calidad de medieros. De las tantas actividades económicas que desarrolló –y que dieron pie en 1878 a una queja de los vecinos, entre ellos el mismo comandante Salas, por el tiempo que restaba a la tarea espiritual–[91] se destaca la radicación de veinte familias italianas. Esta colonización fracasó por falta de capital, pero esa comunidad de agricultores fue "protegida" posteriormente por el empresario francés Rodolfo Iselin.

Por otro lado, el chileno Isaac Espínola adquirió tierras allí, que cultivó y luego loteó, trazando un pueblo con el nombre de Diamante o Pueblo Nuevo.[92] También el comandante Salas adquirió una propiedad colindante al este con el Cuadro Nacional, que luego se conoció como Cuadro Salas. Abrió canales y trazó la villa del Diamante con apoyo del gobierno, en un terreno que cedió a los pobladores. Allí construyó una capilla, y en 1884 se instaló la comisaría que funcionaba en Rama Caída. Según palabras del subdelegado, constituía por entonces "el mejor centro de población después de la [antigua] villa y hasta rivaliza[ba] con ella".[93] Aparecía aquí, pues, un núcleo capaz de competir con la villa cabecera de San Rafael.

En 1883 se radicó en planicie otro empresario de gran visión para los negocios, el francés Rodolfo Iselin, activo colonizador que además se dedicó a la ganadería y la agricultura. En 1884, adquirió las tierras al oeste del canal Toledano y en 1902 había comprado la mayor parte de los terrenos hasta el canal de Las Paredes. Para trabajarlos, pudo contar con la mano de obra de los italianos traídos por el presbítero Marco, quienes formaron la Colonia Italiana. Al mismo tiempo, en las propiedades que Iselin tenía al este del canal Toledano surgió la Colonia Francesa, colectividad que fue de un número reducido, si se tiene en cuenta que la superaron españoles e italianos, pero cumplió un papel destacado en el orden local y provincial. Esto, porque gozaron de una situación financiera favorable que les permitió aplicar sus adelantados conocimientos de vitivinicultura, y traer cepas y elementos (toneles, maquinarias) para las bodegas que construyeron. El periódico *Ecos de San Rafael*, fundado por Iselin, se refería en el año 1900 a la fama adquirida por sus vinos, las clases de viñas plantadas y las que había que plantar, y los métodos de elaboración del vino.[94]

---

[91] AGPM, Carpeta 594: "Departamento de San Rafael", Doc. 48, 1878.
[92] Arnaldo Simón, *op. cit.*, p. 160.
[93] AGPM, Carpeta 594: "Departamento de San Rafael". Nota del subdelegado de San Rafael al Ministro de Gobierno, del 13 de octubre de 1884. Masini Calderón transcribe parte de dos escrituras que confirman que se ubicaba "la villa del Diamante en el campo de D. José A. Salas", Protocolo 00241, foja 372, en José Luis Masini Calderón, *op. cit.*, p. 40.
[94] Los franceses fomentaron, además, el cultivo de frutales. *Ecos de San Rafael*, San Rafael, Mendoza, 9-9-1900.

Aunque la actividad económica más importante continuó siendo la ganadera, a partir de entonces se produjo en el departamento la ampliación de los cultivos de viña, y se tuvo a esa industria como "una de las más importantes ramas de la agricultura en esta región", que habría de progresar rápidamente.[95] El ferrocarril colaboró con tal presunción, ya que su llegada modificó las condiciones en favor de la intensificación de los cultivos.[96]

Ya fuera por contar con la presencia de la guarnición militar de Cuadro Nacional, la supresión de la frontera y las posibilidades de expansión, ya por la acción de los "pioneros", el oasis sur se fue poblando. El Censo Nacional de 1895 dio un total de 9.846 habitantes para el extenso departamento de San Rafael, de los cuales los distintos núcleos de la planicie aportaban unos 1.600, y 1.000 la villa cabecera. Las poblaciones establecidas al sur del Diamante rondaban un total de 2.200 y el resto, salvo Real del Padre con 641 habitantes, estaba distribuido en pequeños asentamientos en los demás distritos del departamento. El territorio de Malargüe, incluido nuevamente en la jurisdicción de San Rafael, sumaba a los 150 habitantes de su villa, 2.000 personas dispersas en distintos lugares de su gran extensión.[97] La importancia que fueron tomando las nuevas poblaciones sobre el Diamante, hizo que en 1892 se formaran comisiones para solicitar la construcción del ramal del ferrocarril Mendoza-San Rafael. En 1896, los vecinos de la planicie solicitaron la instalación de una oficina del Registro Civil en la zona, debido al progreso demográfico de las dos colonias más destacadas, Colonia Francesa y Cuadro Nacional –aumentada por la guarnición militar– y la "gran distancia" que los separaba de la villa. La nota, fechada en la primera de ellas y firmada por los principales colonizadores –entre ellos Rodolfo Iselin, Estanislao Salas, Isaac Espínola y Ramón Arias– tuvo aceptación por parte del gobernador Francisco Moyano, quien accedió a incluir lo solicitado en el proyecto de ley de presupuesto para el año siguiente.[98] Por otra parte, ese año el subdelegado solicitó la creación de una comisaría para Rama Caída, por el "aumento de población".[99]

Otros núcleos surgieron en la zona naturalmente delimitada por los ríos

---

[95] *San Rafael*, San Rafael, Mendoza, 14-7-1905.

[96] De 324 ha cultivadas en 1895 se pasó a 12.916 en 1914, véase Paul Denis, *op. cit.*, p. 261. La producción de uva en 1911 habría sido de un total de 452.296.887 kg en la provincia, correspondiendo a San Rafael 171.227 kg de uva blanca, 16.455.369 kg de tinta y 2.866.378 kg de criolla. *La Patria*, Mendoza, 10-11-1911.

[97] *Segundo Censo...*, *op. cit.*, pp. 374-375.

[98] AGPM, Carpeta 596 bis: "Departamento de San Rafael", Doc. 64, 1896. Estanislao Salas era hijo del comandante Salas, y fue quien se hizo cargo del establecimiento de Cuadro Salas al morir su padre el 18 de diciembre de 1895 en la ciudad de Mendoza, *Los Andes*, Mendoza, 19-12-95. Estanislao Salas fue agrimensor y tuvo a su cargo muchas de las mensuras que se realizaron en el sur.

[99] AGPM, Carpeta 596 bis: "Departamento de San Rafael", Doc. 48, 1896.

Figura 1. La "planicie" de San Rafael a fines del siglo XIX y principios del XX

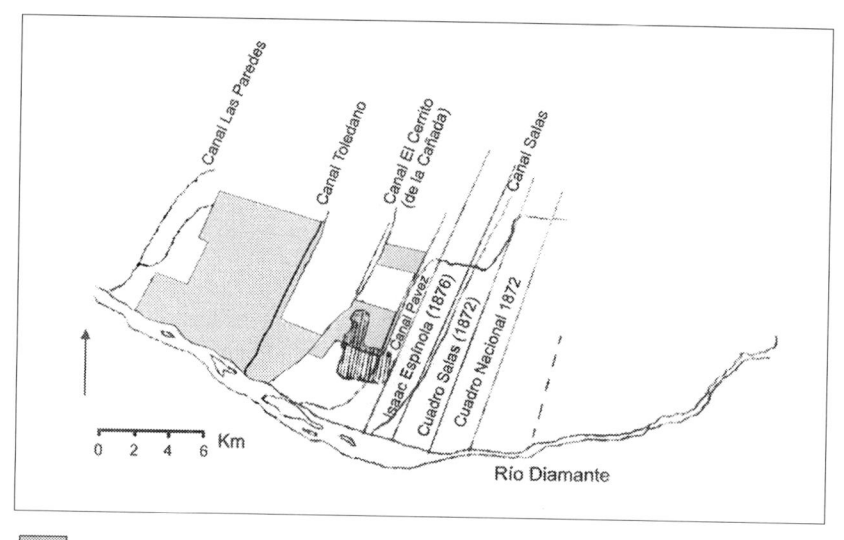

Terrenos adquiridos por Rodolfo Iselin entre 1884 y 1902
Extensión de la ciudad de San Rafael en la década de 1960

Atuel, Diamante y Salado, en el territorio del actual departamento de General Alvear, que estaba bajo la custodia del Fuerte Nuevo, restaurado en 1878 con una guarnición de 100 hombres para defensa contra el indígena.[100] Esos campos, que habían pertenecido a los caciques Goico, fueron comprados por el doctor Diego de Alvear, hijo del vencedor de Ituzaingó, en honor a quien se dio el nombre a la colonia que allí se estableció y que luego originó el departamento. La colonia fue fundada por el albacea de la sucesión Alvear, el ingeniero Carlos de Chapeaurouge, encargado en 1897 de realizar un plano catastral del lugar,[101] y surgió por una concesión de riego para 50.000 hectáreas en una zona estratégicamente situada para obtener las aguas del Atuel.[102] En 1902, *Ecos de San Rafael* señalaba que había allí "ya más de trescientas familias de agricultores que actualmente transforman el desierto en feraces

---

[100] Nota del Comandante de Frontera Luis Tejedor al gobernador Elías Villanueva en *El Constitucional*, Mendoza, 11-4-1878, citado en María Cristina Seghesso de López Aragón, "General Alvear, departamento del sur mendocino (antecedentes y primeros años de vida)", separata del *Congreso Nacional de Historia sobre la Conquista del Desierto*, Buenos Aires, Academia Nacional de la Historia, 1985, p. 225.
[101] *Ibid.*, p. 226.
[102] "Notas mendocinas", en *Boletín del Centro Vitivinícola Nacional*, N° 85, Buenos Aires, octubre de 1912, p. 2283.

campiñas".[103] Se trataba de una colonización privada, pero fue apoyada por el gobierno provincial, que pronto le adjudicó una oficina de Registro Civil.[104]

Chapeaurouge, quien habría arribado a la zona en 1899, advirtió la conveniencia de dar la salida de los productos del oasis por esa vía. Hizo construir por su cuenta un camino carretero hasta el río Salado, dando acceso desde allí a la estación ferroviaria de Buena Esperanza, de la provincia de San Luis, con la idea de llegar a Buenos Aires evitando el camino por la capital de Mendoza. La instalación en 1903 de una casa de comercio, que con capitales propios se proponía trabajar en relación directa con las principales plazas de Buenos Aires y Rosario, significó un gran avance para la Colonia. Según el periódico sanrafaelino, con "esta circunstancia y la de traer sus mercaderías por la vía económica de Buena Esperanza" se lograrían "precios mucho más reducidos".[105] Por otra parte, se realizaron obras, como la apertura de un canal necesario para el incremento de la zona cultivada y la construcción de una capilla. Se buscó, además, la división del latifundio de los Alvear para que pasara "a manos progresistas", y comenzaron a ser vendidos los lotes a "hombres de capital y estancieros en la acepción moderna de la palabra".[106]

Reformas político-administrativas del territorio como consecuencia del establecimiento de las colonias agrícolas

El traslado de la villa-cabecera a la Colonia Francesa

Pese al esfuerzo que hicieron los subdelegados a fines de la década de 1870 por impedir el estancamiento de la antigua villa y su microoasis, dicha situación se agudizó. Uno de los aspectos en que se veía más afectado el progreso de aquel antiguo poblado era la irrigación, debido a que la bocatoma del canal que lo proveía de agua estaba ubicada en una parte muy caudalosa del río, y que el propio canal no tenía el declive necesario. Ya no se contaba con los brazos de los soldados para realizar el arreglo, y la escasez de agua para el riego e incluso para beber hizo que no hubiera interesados en los lotes de propiedad fiscal que todavía quedaban en la villa. A esto se sumaba el abandono de tierras ya cultivadas, con el objetivo de ahorrar el gasto en peones. De allí que "estuvieran incultas las dos tercias del cuadrado de esta población", sin que hubiera interesados en su gratuita adquisición.[107]

---

[103] *Ecos de San Rafael*, San Rafael, Mendoza, 8-1-1902.
[104] *Ibid.*, 25-9-1901 y 9-4-1902.
[105] *Ibid.*, 8-1-1902.
[106] *Ibid.*, 18-3-1903.
[107] Nota de la subdelegacía de San Rafael de marzo de 1877. AGPM, Carpeta 594: "Departamento de San Rafael", Doc. 23, 1877.

El desinterés generalizado por los asuntos locales y la emigración de algunos pobladores queda de manifiesto en un informe de 1878 respecto de la obra de la iglesia, que todavía no podía realizarse: "el personal de la Comisión creada con el objeto de intervenir en los trabajos de ella no existe, por no estar en ésta muchos de los miembros que la componían, y otros haber renunciado".[108] En cuanto a la educación, no mejoró con el tiempo; al contrario, en 1892 el subdelegado informaba que la única escuela fiscal que existía en el departamento era la de la villa, que ese año sólo contaba con 13 alumnos.[109] Podría parecer llamativo que el subdelegado encontrara una causa importante del estancamiento de la villa precisamente en aquello que le había permitido ejercer sus funciones con mayor libertad: el traslado de la guarnición a Cuadro Nacional. Sin embargo, acostumbrados como estaban a contar con los brazos de los soldados para la realización de obras, como la de la toma del río, y otras tareas, la ausencia militar agudizó la escasez de mano de obra. Además, como en las fronteras las guarniciones son un factor económico clave por las demandas que generan en el mercado local, el traslado sin duda contribuyó notoriamente al empobrecimiento del vecindario.

Grande era el contraste del deterioro de esa población frente a la pujanza de las colonias y pronto comenzó a hablarse del posible traslado de la cabecera departamental. Con el tiempo, la mayoría de los miembros de la municipalidad provinieron de ellas, apareciendo en las actas nombres como Isaac Espínola, Luis Andrebraund (el dueño del Hotel Club, el más importante de la Colonia Francesa), Estanislao Salas y Juan B. Cornú, entre otros, y ya el viaje de "seis leguas" les resultaba incómodo porque interfería en sus actividades particulares.[110] En 1900, un corresponsal de *Los Andes* en San Rafael informaba que todos los proyectos que se llevaban a cabo entonces favorecían los intereses de las colonias, dejándose de lado otros de "vital" importancia para el departamento.[111] Otro artículo manifestaba la sospecha de que frente al desborde del Diamante a la altura de la villa, con el consiguiente deterioro del viejo cuartel y de otras propiedades, los concejales provenientes de las colonias no habrían apoyado las medidas necesarias para evitarlo y, en alusión al interés de muchos en el traslado, decía: "sabemos hay quien hace votos porque venga un aluvión tal que lleve en andas la villa a la Colonia".[112]

Entre los lugares con perspectivas para recibir la herencia de la antigua vi-

---

[108] AGPM, Carpeta 594: "Departamento de San Rafael", Doc. 49, 1878.
[109] AGPM, Carpeta 596: "Departamento de San Rafael", Doc. 48, 1892.
[110] Estanislao Salas renunció en 1896 a su cargo de intendente municipal, entre otros motivos, porque la distancia que debía recorrer era incompatible con la "administración del Cuadro Nacional" que entonces tenía a cargo. AGPM, Carpeta 596 bis: "Departamento de San Rafael", Doc. 95, 1896.
[111] *Los Andes*, Mendoza, 11-2-1900.
[112] *Ibid.*, 10-2-1900.

lla, se contaba la Villa del Diamante, fundada por Salas; el Pueblo Nuevo o Pueblo Diamante, trazado por Isaac Espínola en el loteo de su propiedad, y la Colonia Francesa, aunque a principios de siglo el foco de las colonias habría estado en el sector llamado Punto Cornú, equidistante entre la Colonia Francesa y el Cuadro Salas. Allí se hallaba el almacén de ramos generales de J. B. Cornú.[113] Sin embargo, la intensa actividad que desplegó Iselin para dotar de servicios a la Colonia Francesa, y las gestiones que realizó en Mendoza, hicieron que finalmente se realizara el traslado a esta población. Había donado un terreno para el traslado del registro civil desde pueblo Ballofet, y en 1901 logró la creación de una segunda notaría.[114] Luego fundó el primer periódico en la zona, *Ecos de San Rafael*, que no sólo informaba a la población del departamento sino que se divulgaba acerca de los servicios que brindaba la Colonia y que la convertían en un núcleo de atracción al que acudían desde otras poblaciones cercanas: oficina de correos y telégrafos, iglesia, escuelas, comisaría policial, farmacia, médico, agencias, imprenta, fotografía, talleres industriales y otros múltiples ramos de comercio, entre los que merecen mencionarse el Club Hotel –con "servicio a la francesa", lugar obligado de reuniones sociales como festejos patrios, asambleas de asociaciones económicas, fiestas de colectividades, etc.– y una tipografía donde se realizaban las etiquetas para vino y otras bebidas. La importancia económica adquirida, en fin, por la zona quedó reflejada en la constitución del Club Unión Agrícola, Comercial e Industrial de San Rafael en 1899 en la Colonia Francesa.[115] La propaganda apuntaba al traslado de la sede de las autoridades departamentales a la villa, cuyo trazado había realizado a una cuadra de los "edificios mejores y más cómodos del departamento", que se alzaban "formando un verdadero pueblo". También hizo imprimir en la ciudad de Mendoza varios ejemplares del plano, que llamó "Nueva Villa de San Rafael", para que las autoridades provinciales se impusieran "debidamente de la importancia y trazado de la embrionaria población".[116]

Según Paul Denis, el más interesado por el traslado debía ser Iselin. Contrariamente a lo que habían hecho otros colonizadores –como Salas, que donó los sitios de la villa que fundó–, aquél se reservó para la venta de lotes las manzanas correspondientes al radio urbano, los más valorizados por su cercanía a la instalación de los servicios públicos, aunque donó las calles, la plaza y media cuadra para la municipalidad. Ciertamente, aumentaría el valor de los terrenos que se ubicarían en las proximidades de la municipalidad, dado que la función administrativa tuvo desde el período hispánico una importancia determinante en el progreso de los núcleos de población. A ello contribuiría, indudablemente, la instalación de la terminal del ferrocarril en el lugar.

---

[113] Paul Denis, *op. cit.*, p. 246.
[114] *Ecos de San Rafael*, San Rafael, Mendoza, 23-9-1903.
[115] *Ibid.*, 1-10-1902.
[116] *Idem.*

Dice Marcó del Pont, y lo repite Denis, que Iselin y Estanislao Salas rivalizaron para que las villas que habían fundado recibieran la herencia de la villa vieja.[117] Si la puja existió, triunfó Iselin, porque en su Colonia se instaló primero la terminal del ferrocarril y luego la sede de las autoridades locales. Sin embargo, numerosas fuentes muestran que hubo un trato amistoso entre las dos familias.[118] En 1902, Estanislao Salas e Iselin se contaron entre los vecinos que se reunieron para pedir el traslado de la cabecera departamental a la población fundada por éste, encargando al ingeniero Julio Ballofet la presentación ante la Legislatura de la correspondiente solicitud.[119] Y en 1903, ambos formaron parte de la comisión de recepción en la inauguración del ramal ferroviario de Mendoza a San Rafael, siendo Iselin el presidente de la misma.[120] El caprichoso recorrido de las vías, que en sinuoso camino pasaron primero por la propiedad de los Salas –donde se ubicó la Estación Comandante Salas–[121] y terminaron finalmente en la Colonia Francesa, da cuenta de que se trató de beneficiar a ambos propietarios. Pero también es demostrativo de las influencias que Iselin tenía en el gobierno provincial, debido sin dudas al sólido respaldo económico con que contaba y su brillante capacidad para los negocios.[122] Es significativo que fuera durante la gobernación del empresario Elías Villanueva –que había vendido las primeras tierras a Iselin– cuando se sancionó la Ley Nº 262 del 2 de octubre de 1903, mediante la cual finalmente se estableció la cabecera departamental en la Colonia Francesa.[123] Ésta tomó el nombre original de la antigua villa, es decir, Villa de San Rafael, mientras que para aquélla quedó el de Villa 25 de Mayo, como se llamó al departamento durante el breve período de 1887-1892.

La disputa se dio en realidad entre los partidarios de que la vieja villa continuara siendo la cabecera del departamento y los que pretendían el traslado.

---

[117] Raúl Marcó del Pont, *Historia del Sud mendocino,* San Rafael, Mendoza, Editorial Buenos Aires, 1948, p. 188 y Paul Denis, *op. cit.*, p. 251.

[118] Hay cartas del comandante Salas en las que manifiesta que haber contado con el consejo de Iselin en lo relativo a las clases de viñas a plantar en su propiedad, y de visitas de su esposa, Dolina Videla, a la de éste. Y luego de fallecido el comandante Salas en 1896, su hijo Estanislao, a cargo del establecimiento, continuó la relación. El hecho de que en 1896 Estanislao Salas encabezara junto a Iselin la lista de vecinos que solicitaron la instalación del Registro Civil en la Colonia Francesa, es sin duda un reconocimiento de su parte, del mayor progreso de ésta. AGPM, Carpeta 596: "Departamento de San Rafael", Doc. 64, 1896.

[119] *Ecos de San Rafael,* San Rafael, Mendoza, 23-4-1902.

[120] *Los Andes,* Mendoza, 17-9-1903.

[121] AGPM, Carpeta 19-0: "Subdelegación de San Rafael", 11-8-1907.

[122] Iselin fue uno de los empresarios premiados en la exposición de vinos que se realizó en la provincia en 1905, y en 1906 figura entre los principales bodegueros del departamento. *La Voz del Departamento,* San Rafael, Mendoza, 3-1- 1906.

[123] Rodolfo Richard-Jorba, "La especialización vitícola y el desarrollo de mercado de tierras agrícolas en la Provincia de Mendoza (Argentina), 1870-1910", *Anuario IHES*, Nº 19, Tandil, Universidad Nacional del Centro, 2004.

Quienes tenían propiedades en aquélla, descendientes muchos de ellos de los primeros pobladores, que habían hecho "sacrificios de sangre y caudales" para mantener vivo ese núcleo de población en la frontera indígena, solicitaron en una nota publicada en *Los Andes* en 1902, que no se la despojara de los derechos adquiridos por los fundadores: "[...] deben considerarse *derechos hereditarios* los que tenemos hoy los vecinos que poseemos bienes radicados en esta villa, lo que no sería justo, equitativo y de buena administración que la H. Cámara nos despojase de este derecho por dárselo a otros que ningún sacrificio han hecho por la fundación y conservación de este suelo".[124] Si la villa había sido erigida en un lugar estratégico para la defensa del territorio mendocino y sus habitantes, ahora, una vez desaparecido el peligro, había quedado en posición desventajosa frente a la planicie y sus posibilidades de expansión económica y de poblamiento. No obstante, sus antiguos habitantes consideraban que ella tenía ganada la prerrogativa de continuar siendo la sede de las autoridades locales, por el ejercicio de jurisdicción sobre ese territorio durante un siglo, pero sobre todo por el sacrificio realizado en defensa del mismo. En la medida en que sentían que habían conquistado esos derechos a fuerza de actos considerados heroicos que se relatarían de padres a hijos, veían como advenedizos a los recién llegados.[125] Pero, además, sostenían que mientras la Colonia Francesa sólo poseía población dispersa –en alusión a ese espacio vacío que constituía aún la traza realizada por Iselin–, la villa contaba con todos los edificios públicos, y población "urbana" –consideración ésta que tenía en cuenta la categoría dada por el Censo de 1895–[126] con 50 manzanas en gran parte edificadas y cultivadas.[127]

---

[124] *Los Andes*, Mendoza, 1-5-1902. El destacado es nuestro.

[125] Como recuerdo de ese pasado, el sanrafaelino Arnaldo Simón recoge en 1939 la narración de un suceso que toma del general J. Fotheringham. En el mes de julio de 1868 una multitud de indios sitiaban desde el sur a San Rafael, cuya reducida tropa al mando del coronel Segovia salió del fuerte y cruzó el río ubicándose frente a los indios formados en gran línea. Fue entonces cuando un indio avanzó –en realidad, era al parecer un cristiano desertor– y bien armado y montado, gritó: "A ver ese capitán Montoya, tan mentado, que salga ese guapo". Con el permiso del jefe, salió sereno dicho capitán, y corriendo a todo galope se cruzó en lucha con quien lo había llamado, traspasándolo de un lanzazo. Ante esto, se tocó a degüello para que el regimiento cargase sobre los indios, pero éstos huyeron "impresionados tal vez por la muerte del que quizás les garantizaría la victoria". Arnaldo Simón, *op. cit.*, p. 152.

[126] La villa cabecera alcanzaba, según dicho Censo, una población de 1.089 habitantes, que aparece, en efecto, con la categoría de "urbana" y que debe entenderse en oposición a población dispersa. Las directivas dadas para la realización de este Censo en tal aspecto, dejaron a las comisiones provinciales la tarea de categorizar en población urbana o rural, pues "existiendo muchos pequeños centros de población aislados a largas distancias de otros mayores, adquieren una indiscutible importancia relativa que los hace acreedores al título de centros urbanos, el cual no merecerían teniendo en cuenta solamente el número de sus habitantes". *Segundo Censo...*, *op. cit.*, p. XXIII.

[127] *Ibid*. Según los defensores de que la cabecera departamental quedara en la antigua villa,

Frente a estos argumentos, *Ecos de San Rafael* convocaba a "aunar las voluntades" para que "por todos los medios posibles" tuvieran éxito las empresas de colonización que se estaban iniciando.[128] Palabras en las que quedaba de manifiesto la nueva mentalidad de los tiempos que corrían, y que fue la que en definitiva prevaleció en la dirigencia mendocina. El informe de la Comisión de Legislación sobre "el movimiento comercial y la fuerza productiva de ambas localidades" fue determinante en ese sentido: la postración de la antigua villa se debía a su "despoblación creciente y al abandono en que la dejaban sus pobladores con la desaparición del tráfico que antes se operaba con el departamento de San Carlos y que hoy estaba en la Colonia Francesa" por encontrarse en ella la estación terminal del "ramal ferrocarrilero del G. O. Argentino".[129] Con ello quedaba de relieve que la definitiva decadencia para la villa tuvo su causa en que no llegara el ferrocarril hasta ella, pues, al dejar de ser el Carril Nacional el eje de las comunicaciones con la ciudad de Mendoza, función que tomó el nuevo medio de transporte, quedó marginada. La Comisión manifestó no desconocer "la tradición histórica y de sacrificio" que le pertenecían, pero, como un tributo a los nuevos tiempos que corrían, consideró necesario trasladar el asiento de las autoridades a la Colonia Francesa, a modo de una "recompensa al esfuerzo sostenido de ese grupo de trabajadores", y para impulsar y acompañar el progreso de aquel centro de población "que por su feracidad estaba llamado en tiempo no lejano a ser el emporio de una de las zonas más productivas de la provincia".[130]

Se cumplía, sin duda, en este proceso, la idea de connotaciones burguesas que Alberdi había pregonado medio siglo antes, sobre la necesidad de dejar atrás las aspiraciones de glorias militares de la época de las guerras de la Independencia, y el lugar preeminente que se daba a la religión, para transplantar en la Argentina la sociedad "industrial" europea, la civilización del trabajo. "Gobernar es poblar" significaba algo más que el llamado al inmigrante, constituía la exigencia imprescindible para echar los cimientos de un nuevo orden y de una nueva cultura, cuyos "símbolos más elocuentes" serían el ferrocarril y la producción.[131]

---

el ferrocarril daría movimiento al mineral de "La Pintada", yacimiento de mármol cercano, y a otros minerales de la zona.
[128] *Ecos de San Rafael*, San Rafael, Mendoza, 8-5-1902.
[129] ALM, *Libro de actas de la Cámara de Diputados*, Sesión del 29-9-1903.
[130] *Ibid.*
[131] Natalio Botana, *La tradición republicana*, Buenos Aires, Editorial Sudamericana, 1984, pp. 310-311.

Otra reforma político-administrativa en el sur mendocino:
la creación del departamento de General Alvear

No debe extrañar que el desarrollo de los nuevos pueblos se reflejara en reformas político-administrativas del territorio, desde que, como hemos señalado, éstas están íntimamente vinculadas con los intereses económicos y el poder. En el caso del traslado de la villa de San Rafael se dio un doble movimiento: el poder político se valía de la actividad de los empresarios que llevaban adelante la obra colonizadora, como parte del proyecto de progreso económico y social que se impulsaba en la provincia, y a la vez los favorecía con una reforma que contribuyó al mayor desarrollo de las colonias. Había, también, intereses compartidos.

Pero, por otra parte, hay que tener en cuenta que el sistema de municipio-departamento da lugar al abandono de los núcleos más lejanos de la villa, y a que surja en ellos la necesidad de gobierno propio. En San Rafael, por más que la municipalidad tenía jurisdicción sobre toda la extensión del departamento, en la práctica la mayoría de los servicios no alcanzaban mucho más allá de la sede de la misma. Numerosos testimonios demuestran el abandono de las comarcas más lejanas, como un artículo de *Ecos de San Rafael* referido a la inversión de fondos comunales, que denunciaba el mal estado de los caminos y la limitación de la acción municipal a la villa y a dos distritos cercanos, Cuadro Benegas y Rama Caída.[132] Por lo tanto, es lógico que se produjeran movimientos autonomistas en las poblaciones más desarrolladas. Tal el caso de la Colonia Alvear, cuyos vecinos, casi diez años después del traslado de la villa cabecera a la Colonia Francesa, solicitaron la creación de un departamento independiente de San Rafael. En 1911, su monto poblacional lo habían hecho acreedor de poseer su Comisión Municipal, vale decir que ya era un distrito municipal, aunque quedaba incluido en ese departamento. Con el fin de lograr su objetivo, en 1912 los alvearenses publicaron un folleto con datos estadísticos demostrativos de los adelantos alcanzados: tenía por entonces seis lotes de 100 hectáreas, dividido cada uno por calles y dos grandes avenidas que la cruzaban en toda su extensión de oeste a este; el radio urbano comprendía 16 manzanas de 100 metros de lado, y contaba con edificios para municipalidad, juzgado de paz, escuela para 500 alumnos, e iglesia.[133] *Páginas Argentinas*, publicado en 1924 durante el gobierno de Carlos W. Lencinas, daba una cifra de 8.799 habitantes para 1915, crecimiento que respondía en su mayor parte a la inmigración.[134] Alvear contaba con 233 casas de comercio de

---

[132] *Ecos de San Rafael*, Mendoza, 2-4-1902.
[133] "Colonia Alvear gestiona ante los poderes públicos su autonomía como departamento de la Provincia de Mendoza". AGPM, Carpeta 1: "Antecedentes de Villas Departamentales", Doc. 31, 1914.
[134] *Páginas Argentinas*, número extraordinario dedicado a la Provincia de Mendoza durante el Gobierno del Dr. Carlos W. Lencinas, Buenos Aires, Sociedad Editora, 1924, p. 2.

Figura 2. Mapa de la Provincia de Mendoza (1914)

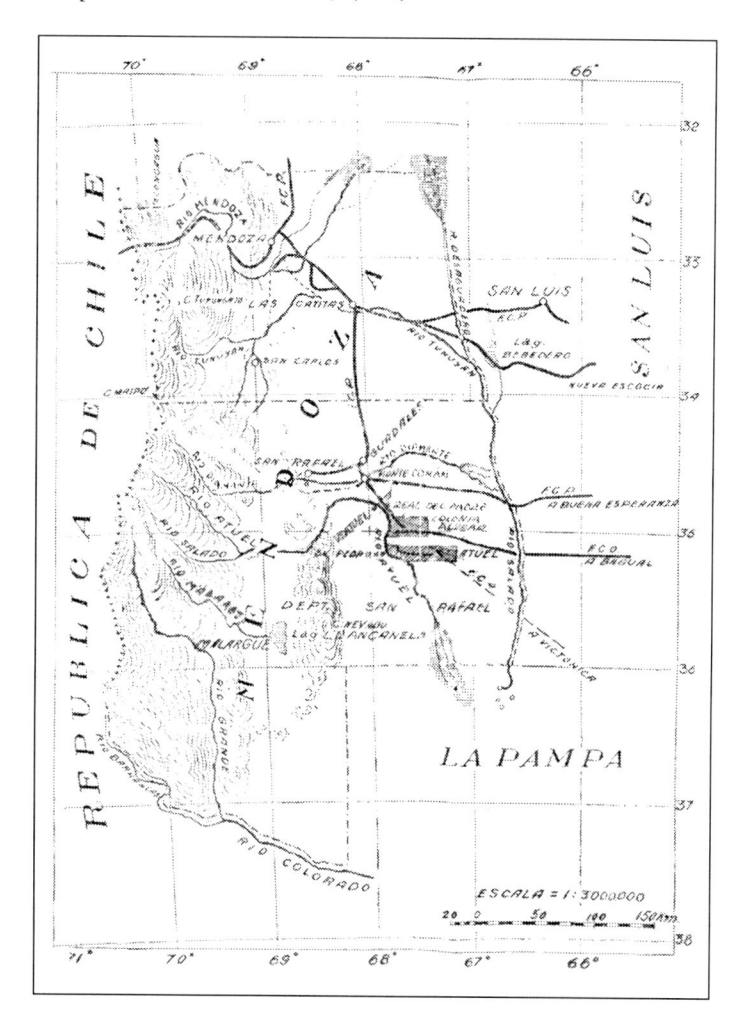

Fuente: AGPM, Carpeta 1: Antecedentes de Villas Departamentales, 1914.

diversos ramos, estaciones telegráficas y una oficina de correo, tres médicos y dos parteras, 15 ingenieros y 10 agrimensores, cuya presencia respondía a la febril actividad inmobiliaria que había en la zona. Se preveía, además, la inauguración de una sucursal del Banco de la Provincia.[135]

---

[135] *Boletín del Centro Vitivinícola...*, *op. cit.*, p. 2283, y "Colonia Alvear gestiona...", *op. cit.* Véase también, María Cristina Seghesso de López Aragón, *op. cit.*, pp. 230-231

Este distrito era predominantemente ganadero, aunque tenía también una importante actividad agrícola, y se veía favorecido por el hecho de estar cruzado por tres ramales de ferrocarril.[136] En torno a las estaciones, y dentro del perímetro de la Colonia, habían nacido varios pueblos, como la Villa de San Carlos, La Marzolina y Villa Juncalito. Además, el distrito estaba cruzado por caminos carreteros que conducían a Villa Mercedes (San Luis), a la Pampa Central y a San Rafael. Esto hacía que las poblaciones de la costa del Salado en San Luis fueran tributarias de la Colonia Alvear, como así también los núcleos de Real del Padre, Villa Atuel, Izuel, Las Malvinas y los que se habían ido instalando en la costa del Atuel al sur y al norte de aquélla, como San Pedro del Atuel. De esta foma los alvearenses consideraban que esa colonia se había convertido en "el centro colonizador de más importancia en toda la región", debido "al esfuerzo del capital privado y a la obra del brazo del colono"; y que en poco tiempo había logrado colocarse "a la altura superior del crecimiento urbano, dejando atrás viejos centros vecinos".[137]

Estanislao Salas, haciéndose eco del petitorio de 1912, elaboró en su calidad de diputado provincial un proyecto, que contaba con el apoyo del Poder Ejecutivo, sobre la creación de un nuevo departamento. Cuando fue tratado en la Legislatura en 1914, fue acompañado por un petitorio firmado por más de 800 vecinos, que invocaban, además del hecho de constituir un núcleo con un desarrollo socioeconómico que los hacía aptos para el gobierno propio, un elemento de tipo natural: esa zona estaba "perfectamente determinada" en sus límites por los ríos, "que le dejan como separada del resto del departamento" de San Rafael. Finalmente, el 12 de agosto de ese año se sancionó la creación del departamento de General Alvear, en la zona comprendida entre los ríos Diamante, Atuel y Salado.[138]

---

[136] A principios de la década de 1910 llegaron a Colonia Alvear dos líneas ferroviarias, Buenos Aires al Pacífico (FCP) –a través del nudo ferroviario de Monte Comán– y la empresa Ferrocarril Oeste (FCO) –a través de los ramales a Bagual y a Victorica– que la unieron con los principales núcleos económicos del Litoral y el centro del país.

[137] *Ibid.*

[138] AGPM, Carpeta 1: "Antecedentes de Villas departamentales", Doc. 31, 1914. La delimitación del nuevo departamento trajo otros problemas relacionados con el modo de fijar el radio municipal en el tipo de municipio-partido. En efecto, la demarcación del límite oeste dio lugar a que no se tuviera en cuenta la zona de influencia de la colonia que le dio origen, y como consecuencia, dos distritos que eran tributarios de la misma quedaran afuera del departamento: Real del Padre y Villa Atuel. Omar Alonso Camacho, "Conflictos jurisdiccionales en departamentos del sur mendocino: 1914-1970", separata del *Sexto Congreso Nacional y Regional de Historia Argentina*, celebrado en Río Cuarto del 24 al 26 de septiembre de 1987, Buenos Aires, Academia Nacional de la Historia, 1997, pp. 392-393.

El gobierno local entre 1880 y 1916

Desde la campaña del desierto a la sanción de la Constitución de 1895

El traslado de la parte principal de la guarnición militar a Cuadro Nacional marcó un momento de inflexión no sólo porque alentó el poblamiento de la planicie, sino también por su incidencia en la esfera de las prácticas institucionales en el departamento, concretamente en la separación que se produjo entre los ámbitos de la autoridad civil y la militar. Un informe del subdelegado correspondiente a 1878 demuestra que con motivo de haber desaparecido de la villa la poderosa presencia del comandante, se había propuesto "tomar las riendas" de la administración departamental, mediante medidas que se encuadraban dentro de las facultades que le atribuía la ley. Llegó incluso a cumplir una importante función reglamentaria dentro de sus competencia, hecho posible ahora por aquella significativa ausencia.[139] Entre sus objetivos estuvo, precisamente, el de lograr que los vecinos se acostumbrasen a reconocer y obedecer a la autoridad policial, dentro y fuera de la villa,[140] algo que no había ocurrido hasta entonces. Contó con el apoyo del gobierno, que multiplicó el aparato policial al asignar a esa subdelegacía cuatro gendarmes más de los que ya se le habían otorgado, y aumentó su sueldo,[141] con motivo de la "gran extensión del departamento y lo diseminado de la población".[142]

---

[139] Ese año había realizado la siguiente obra: nombrar tomero en el canal de la villa, puesto que "no lo había"; designar jueces de agua interinos para los diferentes canales del departamento; dividir el departamento en comisarías –lo que indica la importancia que iban adquiriendo las nuevas poblaciones– y proponer los empleados correspondientes; prohibir la cacería de avestruces y guanacos entre octubre y marzo, época de reproducción; prohibir que se tapiara o edificara sin permiso de la subdelegación; emitir circulares ordenando la apertura de acequias a los costados de las veredas y la compostura de éstas; establecer corrales del Estado en tres comisarías; dar nomenclatura a las calles de la villa; hacer ordenar el archivo de la subdelegación; hacer construir un "camino carretero recto hacia el Cuadro Nacional, a la costa del río hasta las Paredes, que no había"; y dar reglamentos provisorios de algunos canales, AGPM, Carpeta 594: "Departamento de San Rafael", Doc. 46, 1878. Entre las actividades que los subdelegados debían cumplir con mayor celo estaba, dentro de las funciones de policía rural que le confería el Reglamento de Estancias, la de combatir los delitos de cuatropea. Su importancia obviamente radicaba en que la ganadería constituía por entonces "la principal fuente de riqueza de este departamento", y se consideraba necesario para su mejor desarrollo "amparar al estanciero honrado". Nota del subdelegado M. Guiñazú del 2 de mayo de 1874, AGPM, Carpeta 593: "Departamento de San Rafael", Doc. 79.

[140] AGPM, Carpeta 594: "Departamento de San Rafael", Doc. 46, 1878.

[141] Se le dio el mismo sueldo que al subdelegado de La Paz, circunscripción marginal en la que ese funcionario cumplía muchas veces las funciones de juez de paz y juez de aguas, además de las de policía de seguridad y municipales. Inés Sanjurjo de Driollet, *La organización político-administrativa...*, op. cit., p. 313.

[142] ALM, *Libro de Actas de la Cámara de Diputados*, sesión de 27-11-1882.

Sin embargo, con el tiempo, la dotación de efectivos policiales resultó insuficiente –situación crónica en toda la provincia– y se agravó con la reincorporación del territorio de Malargüe en 1892. La subdelegacía careció de la cantidad de hombres, caballos, armas y vestuario necesarios para que la partida de policía pudiera ser efectiva en los lugares más lejanos, como Malargüe y Río Grande, distritos con los que estaban "casi completamente incomunicados". Otro problema que encontraban los subdelegados y que era común en los departamentos periféricos, radicaba en la estrecha vinculación de los agentes con "las clases más bajas de la población", entre las que eran reclutados; con frecuencia habían sido "antes de entrar al servicio gente dedicada a la vagancia, e inservible para toda labor".[143]

Durante el gobierno de José Miguel Segura (1881-1884), se creó la municipalidad (1883), y el subdelegado, en su calidad de presidente de la misma, debió compartir, en teoría, las decisiones relativas a las cuestiones comunales con ediles elegidos popularmente. Pero, como ocurrió en general en el resto de los departamentos, aquel funcionario fue en definitiva quien tomaba las decisiones, algo que era denunciado por la prensa: "si las municipalidades fueran tales, y no una ridícula farsa como son en la campaña, amarradas al subdelegado", la creación de nuevas corporaciones "sería un progreso muy loable".[144] Ciertamente, esta situación influyó en el desinterés de los vecinos en participar, tal como lo demuestra la falta de actas de reunión entre el 13 de marzo de 1885 y el 13 de febrero de 1888.[145] El hecho de que en 1892 no se hubiese conformado entre sus miembros la comisión escolar dispuesta por la Ley de Educación Común, que debía encargarse de todo lo relativo a esa materia en el departamento, es una muestra más de que la actividad municipal recaía en su mayor parte en el subdelegado.[146]

El gobierno local bajo las reformas constitucionales de 1895, 1900 y 1910

Las municipalidades recobraron una cuota importante de autonomía con la sanción de la Constitución provincial de 1895, que de acuerdo con el espíritu de la de 1854 estableció expresamente que *todos* los miembros de las mu-

---

[143] Ni a los mismos comisarios –eslabones intermedios de la jerarquía de funcionarios del departamento– se les podía "confiar comisión alguna", pues llegaban a tener una "intimidad con la tropa y clases a sus órdenes", que demuestra que también pertenecían a esos sectores sociales y eran solidarios con ellos. Ese año el subdelegado llegó incluso a solicitar que el gobierno enviara un piquete de hombres, "un cuerpo homogéneo y extraño a la población local", para evitar las situaciones mencionadas. AGPM, Carpeta 596: "Departamento de San Rafael", Doc. 48, 1892.
[144] *El Ferrocarril*, Mendoza, 9-2-1983.
[145] Raúl Marcó del Pont, *op. cit.*, p. 179.
[146] AGPM, Carpeta 546: "Departamento de San Rafael", Doc. 48, 1892.

nicipalidades debían ser elegidos popularmente. Vale decir que el presidente debía surgir del seno de la corporación.[147] Esto constituyó el logro de un sector en el que se destacó el publicista mendocino Julián Barraquero por su larga prédica en favor de las libertades municipales como garantía del sistema republicano.[148] Significaba, además, un cambio en las relaciones de poder en la localidad, ya que el subdelegado quedaba con las funciones de agente del gobierno y de policía de seguridad, en tanto que aquella institución se convertía en un efectivo órgano de gobierno local, con posibilidades, al menos en la letra de la ley, de contrapesar el gran poder de aquel funcionario.[149] En esto colaboró el hecho de que la nueva carta fundamental otorgó a las municipalidades suficientes facultades jurisdiccionales y rentas, así como la capacidad de fijar la cuota de la contribución de ciertos impuestos (art. 46). El requisito cultural (leer y escribir) que establecía para ser municipal intentaba asegurar el buen uso de esas libertades. Además, y a diferencia también de la Constitución de 1854, se estableció el voto censitario en el orden municipal. Acorde con esta disposición de connotaciones burguesas, se dispuso también la intervención de los principales propietarios en las decisiones sobre la inversión de los fondos comunales.[150]

Durante los escasos años de vigencia de dicha Constitución –hasta 1900, cuando se realizó una nueva reforma– la corporación sanrafaelina, sin duda alentada por la autonomía de que ahora disponía, llevó a cabo una activa labor en favor de los intereses locales: se ocupó de la construcción de cementerios en la

---

[147] Constitución de Mendoza de 1895, en *Constituciones de la Provincia de Mendoza hasta 1915*, Mendoza, Edición Oficial, 1915. El sector defensor de la autonomía municipal había obtenido ya un triunfo con la sanción de una ley del 8 de noviembre de 1893, que dispuso que el presidente de las municipalidades fuera elegido entre los municipales nombrados por el voto popular. ROPM, 1893, pp. 333-334.

[148] Julián Barraquero, *Espíritu y práctica de la Constitución*, 2ª ed., Buenos Aires, Tipografía del Colegio Pío IX de Artes y Oficios, 1889. Véase, Inés Elena Sanjurjo, "El régimen municipal en Mendoza en las últimas décadas del siglo XIX. En torno a la cuestión de la autonomía", *Revista de Historia del Derecho*, N° 27, Buenos Aires, Instituto de Investigaciones de Historia del Derecho, 1989, pp. 265-268.

[149] Entre las novedades que introducía, estuvo la división en un departamento Ejecutivo (unipersonal) y el departamento Deliberativo, modalidad que se mantiene hasta hoy. Si bien la Ley Orgánica dictada ese año establecía una especie de "tutela" al disponer en su art. 4° que sería el Poder Ejecutivo provincial el que elegiría al Intendente o Ejecutivo municipal del seno del Consejo Deliberante, la corporación quedaba con un amplio margen de autonomía. Otra novedad era el voto censitario para la esfera municipal –que ya establecía la Ley Orgánica de Municipalidades de 1872– y la limitación de los extranjeros a la tercera parte sus miembros (art. 201), condición ésta que no imponía Alberdi y que sin duda respondía a la gran afluencia de inmigrantes.

[150] El art. 200, inc. 2° dispuso, en efecto, que para ser elector se debía pagar impuesto o patente y en el caso de los extranjeros, agregaba un requisito de orden cultural, saber leer y escribir. Ley Orgánica de Municipalidades de 1985, ROPM, 1895, pp. 254-288.

Colonia Francesa y en Rama Caída y de la obra de la iglesia en la villa cabecera, y nombró un médico municipal para atender en la primera de esas poblaciones. Habitualmente designó comisiones formadas por los mayores contribuyentes para redactar ordenanzas sobre papel sellado, guías de cuatropeas, boletas de señales y transferencias, convocándose también a dichos vecinos para aprobar el presupuesto municipal. El correspondiente a 1890 constituye un reflejo de las novedades que se habían introducido en el departamento, pues contaba entre sus recursos con el cobro de impuestos por "restaurants", billares, "cocinerías", vinerías, músicos ambulantes, además de los rubros más tradicionales correspondientes a reñideros, contraste de pesas y medidas, cementerio, papeletas de conchabo, multas y canchas de carrera, estimándose un total de 4.134 pesos. De esa suma, se calculaba invertir aproximadamente 1.100 pesos en obras públicas (arreglo de calles, construcción y refacción de puentes, cementerios, plantaciones en paseos públicos), 960 en sueldos municipales y 720 para el juez de paz, con lo que se esperaba un superávit de unos 1.300 pesos.[151]

Sin embargo, la reforma constitucional de 1900 volvió al régimen impuesto por la ley municipal de 1874. Fue sancionada durante el gobierno de Jacinto Álvarez, hombre perteneciente al grupo de Emilio Civit, verdadero árbitro de la política provincial hasta mediados de la década de 1910 y partidario de la monopolización del poder mediante la exclusión de la oposición en los comicios. De acuerdo con esta modalidad, se restableció el manejo de los municipios por el gobierno provincial que había predominado en la segunda mitad del siglo que quedaba atrás. Se disponía, en efecto, que la presidencia de las municipalidades estaría a cargo del Jefe Político del departamento, nuevo nombre que se daba a quien cumpliría las funciones que había desempeñado el subdelegado.[152] Sin embargo, en la línea de la Constitución de 1895, la correspondiente Ley Orgánica dio participación vecinal a los principales contribuyentes, que debían conformar la municipalidad doblando el número de sus miembros para sancionar a mayoría absoluta el aumento en la tasa de impuestos.[153]

En 1910, durante la segunda gobernación de Emilio Civit, se produjo una nueva reforma constitucional, que aparecía como novedosa porque "rompía" con el municipio-partido o municipio-departamento establecido en 1854. Instauraba tres categorías de gobierno municipal de acuerdo con la población,[154]

---

[151] Raúl Marcó del Pont, *op. cit.*, p. 203.
[152] Art. 186, Constitución de 1900, en *Constituciones de la Provincia...*, *op. cit.*, p. 60. Véase, sobre este tema, Ivana Hirschegger, "Régimen y prácticas municipales en Mendoza entre 1895 y 1916", tesina de licenciatura, Facultad de Ciencias Políticas y Sociales, Universidad Nacional de Cuyo, 2002.
[153] Art. 92° de la Ley Orgánica de Municipalidades N° 171, 1910, *Recopilación de Leyes desde 1896 a 1924*, t. II, Mendoza, 1925, p. 557.
[154] Art. 111, Constitución de Mendoza de 1910, *Constituciones de la Provincia...*, *op. cit.*, pp. 49-50.

que la correspondiente Ley Orgánica reglamentó estableciendo que los pueblos "cuyos radios urbanos" tuvieran un mínimo de 3.000 habitantes tendrían una municipalidad; los que contaran un "núcleo de población" de entre 1.500 y 3.000, comisiones municipales, y los de entre 500 y 1.500, juntas de fomento. La jurisdicción de cada una de estas entidades sería establecida por el gobierno, de modo que no interfirieran entre sí y según el efectivo alcance territorial que podría tener la acción comunal, y sus rentas.[155] Con esta Constitución, por lo tanto, la jurisdicción del municipio no se ajustaba a los límites departamentales, sino que era delimitada independientemente de éstos y según la población de los distintos núcleos.[156] Podría considerarse que el sistema establecido en 1910 estaba dentro de la categoría intermedia entre el municipio-partido y el municipio-urbano, que Zuccherino llama municipio-distrito.[157] Esto, porque el radio de cada una de las corporaciones municipales debía ser establecido por una ley, pudiendo abarcar un territorio que se excediera del radio urbano, aunque no debía superar su capacidad de acción.

La reforma de 1910 parecía favorecer la autonomía municipal, sobre todo la de los centros subalternos en relación con la respectiva villa cabecera. Es real que se pretendía beneficiar a aquellos núcleos distantes de la sede de la municipalidad a los que no llegaba la acción de ésta, para que pudieran realizar por sí mismos el gobierno propio. Así, por ejemplo, cuando en 1911 se creó la Comisión Municipal y un juzgado de paz en el distrito todavía sanrafaelino de Colonia Alvear, se lo hizo con motivo de la "gran distancia" a que quedaba de la cabecera departamental, "y por lo tanto, la acción de las autoridades municipales de ésta sobre aquélla es casi nula, no coadyuvándose en forma debida a los progresistas vecinos" de la Colonia.[158] El correspondiente

---

[155] Art. 3°, inc. 2°: "La línea divisoria de una Municipalidad con una Comisión Municipal o Junta de Fomento, se fijará en proporción de la capacidad administrativa de cada una, teniendo en cuenta su renta; el mismo sistema seguirá en la línea entre dos Comisiones Municipales y entre una Comisión Municipal y una Junta de Fomento." Art. 3°, inc. 2°: "Los límites de cada una de estas autoridades municipales para los costados donde no existen otras, será el límite del Departamento donde estén establecidas." Ley Orgánica de Municipalidades N° 555, ROPM, 1910, p. 1039.

[156] Podía ocurrir que un departamento no tuviera otros centros poblados con comisiones municipales o juntas de fomento, y en tal caso, la municipalidad tendría jurisdicción sobre todo el departamento. También podía darse que un departamento no contara con un centro poblado de un mínimo de 3.000 habitantes, caso en el que correspondería una comisión municipal, como ocurrió con el departamento de General Alvear, creado en 1914. Los artículos 75 y 76 establecían que habría municipalidades en Capital, y en las cabeceras de los departamentos de Godoy Cruz, Maipú, Luján, San Martín, Rivadavia, San Rafael y Las Heras, y comisiones municipales en la cabecera de los departamentos de Junín, Santa Rosa, Tunuyán, San Carlos, Tupungato, La Paz y Lavalle. *Ibid.*

[157] Zuccherino, R., *Teoría y práctica del Derecho Municipal*, Buenos Aires, Depalma, 1986, p. 13.

[158] Decreto del 29 de marzo de 1911, ROPM, pp. 474-476.

decreto aclaraba que el sentido de la reforma municipal había sido el de "fomentar el desarrollo edilicio de la campaña con la creación de Comisiones y Juntas Municipales, para el mayor incremento y progreso de las pequeñas poblaciones por medio de sus propios recursos y de su propia acción vecinal, y facilitar la autonomía comunal".[159] De acuerdo con esta idea, en el período 1910-1914 se crearon en el departamento de San Rafael las comisiones municipales de Colonia Alvear y Las Malvinas, y juntas de fomento en los distritos de la Villa 25 de Mayo, Monte Comán, Rama Caída, Villa Atuel, Cañada Seca.[160] Además de la variable poblacional, se tuvo en cuenta la capacidad tributaria de los diversos núcleos.[161] Se aplicaba aquí la idea de Julián Barraquero, por entonces Ministro de Gobierno, quien había sido partidario siempre de que las localidades tuvieran "elementos de vida propia", es decir, un mínimo de autosuficiencia económica, para poder constituir un municipio.[162]

Pero la autonomía municipal –en términos de descentralización de orden político, como la define la teoría–[163] era la gran "ausente" de esta reforma, no obstante usarse por entonces tal vocablo para definir la orientación de dicha Constitución, que en realidad tenía los rasgos de una descentralización territorial meramente administrativa. En efecto, el intendente de las municipalidades,

---

[159] Ibid.
[160] Véanse registros oficiales de Gobierno correspondientes a esos años.
[161] Ocurrió con la Junta de Fomento de Las Barrancas, del departamento de Maipú, ubicado en el oasis norte de la provincia, que fue suprimida a causa de los "reducidos" recursos, que no alcanzaban para el pago de los empleados requerido para su debido funcionamiento, ni para "satisfacer los servicios que la ley le encomienda y las obras que las necesidades de la localidad imponen", Decreto del 22 de junio de 1914, ROPM, 1914, p. 220.
[162] "Proyecto de Constitución para la Provincia de Mendoza presentado a la Convención Constituyente el 7 de enero de 1881", en Julián Barraquero, *Memoria para el año 1880. Presentada a la Honorable Legislatura por el señor Ministro de Gobierno y Hacienda Dr. Dn. Julián Barraquero*, Mendoza, Tipografía "Bazar Madrileño", 1881.
[163] La teoría municipal ha patrocinado la naturaleza política del municipio, y por lo tanto su autonomía, Mónica Buj Montero, "Poder de policía municipal en las constituciones provinciales", en Dardo Pérez Guilhou y otros, *Derecho Público Provincial*, t. III, Mendoza, Depalma, 1993, pp. 494-496. Actualmente, autonomía implica, necesariamente, competencia legislativa –lo que implicaría la capacidad de darse su propia carta orgánica– que es propia del poder político, véase Mario Justo López, *Introducción a los estudios políticos*, t. II, Buenos Aires, Depalma, 1983, pp. 31 y 224. Sin embargo, Carlos Mouchet considera que la noción de autonomía también puede aplicarse "con relación a todos aquellos sistemas de gobierno municipal que signifiquen el reconocimiento constitucional de una esfera propia de atribuciones, no modificable por la ley... entre las cuales figure principalmente la libre elección de autoridades y la autosuficiencia financiera (sin la cual la autonomía no pasaría de ser una mera palabra)". Para este autor son de una "autonomía relativa", en tanto no se pueden dar su propia carta orgánica, véase Carlos Mouchet, "Facultades legislativas y reglamentarias de los municipios", *La Ley*, N° 95, Buenos Aires, 1959, Sec. Doctrina, p. 892.

los miembros de las comisiones municipales (un presidente y cinco vocales), así como los tres integrantes de las juntas de fomento, debían ser nombrados por el Poder Ejecutivo entre vecinos del departamento.[164] Con ello, el control del gobierno provincial sobre los pueblos rurales terminaba siendo más riguroso, ya que lo ejercía sin mayores intermediarios hasta el núcleo más distante.

Se trataba de "una normativa que respondía a la concepción e intereses del primer mandatario y a los de su grupo político", inspirados todavía en la ideología positivista, que desconfiaba del hombre medio.[165] La tendencia de Emilio Civit a prescindir de todo consenso para llevar adelante sus planes progresistas, fue determinante en el establecimiento de tal sistema. El dominio de la población rural permitiría al civitismo no sólo controlar las elecciones, sino también sofocar hasta en los más recónditos núcleos las conspiraciones que pudieran urdirse en su contra. Ya la revolución radical de 1905, luego de ser abortada, dio lugar en Mendoza a una profundización del fraude electoral y el control político de los departamentos. Tales prácticas llevaron a la gobernación a Emilio Civit en diciembre de 1906 y, en 1909, a su candidato, Rufino Ortega (h), habiendo recurrido el oficialismo a la violencia para aventar la participación de opositores en los comicios y las maniobras que se tejían para derrocarlo. En este contexto, la nueva Constitución debía operar a tono con el sentido autocrático y elitista del ejercicio del poder por parte de un grupo que intentaba eliminar el más mínimo resquicio por donde pudiera hacerse fuerte la oposición. El juicio que realizó el Colegio de Abogados de Mendoza –formado en 1909– puso en evidencia el verdadero alcance de la carta de 1910, al señalar la sustracción, por parte del Poder Ejecutivo, de atribuciones a los poderes Legislativo y Judicial. Y en cuanto al formidable centralismo establecido sobre los municipios rurales, manifestó: "La reforma constitucional ha ultrajado las nociones fundamentales en esta materia y ha prescindido del mandato de la Constitución de la Nación".[166]

Un párrafo aparte merece la participación de los inmigrantes en las municipalidades, aspecto en el que se respetaron las ideas de Alberdi, proclive a que las constituciones concedieran "asiento" en las municipalidades *a los extranjeros avecindados en su distrito, aunque no sean ciudadanos*. Si el tucumano fue partidario de que sólo se otorgara a aquéllos los derechos civiles (comerciar, transitar, ejercer toda industria lícita, etc.) y no los políticos, propios de quienes tenían la ciudadanía, es claro que no consideraba que entre este últi-

---

[164] Art. 64, 71 y 73 de la Ley Orgánica de Municipalidades de 1910, *op. cit.*, pp. 1064-1066.
[165] Cristina Seghesso de López, "Doctrina, ideas y realidad del municipio constitucional", separata del *Undécimo Congreso Nacional y Regional de Historia Argentina*, Buenos Aires, Academia Nacional de la Historia, 2001, p. 13.
[166] *Los Andes*, Mendoza, 25-12-1909, citado por Ana María Mateu, "La Constitución de la Provincia de Mendoza de 1910", *Revista de Historia del Derecho*, N° 8, Buenos Aires, Instituto de Investigaciones de Historia del Derecho, 1980, p. 247.

mo tipo de derechos se contara el ejercicio del sufragio –pasivo y activo– en la esfera comunal, sino al menos como afín a los primeros. Este razonamiento se reforzaba con la teoría liberal a la que adscribía sobre la división de la actividad de gobierno en política, correspondiente a las altas decisiones de gobierno, y administrativa, a la que se consideraba cumplía con un papel secundario, neutro, subordinado a la primera, y dentro de la cual Alberdi ubicaba a los municipios.[167]

Sin embargo, la gran afluencia de inmigrantes que se produjo a partir de la década de 1880 hizo que los convencionales de 1895 pusieran un límite a su participación, como un modo de anticiparse al posible dominio de las corporaciones por los extranjeros no nacionalizados. En efecto, la Constitución de ese año estableció el sufragio activo calificado para las elecciones municipales sin distinguir entre ciudadanos y extranjeros, aunque para alcanzar la intendencia se requería la "ciudadanía en ejercicio y las condiciones para ser municipal". Además, en ningún caso podría "constituirse el concejo municipal con más de una tercera parte de extranjeros" (art. 201, inc. 6°). En este último aspecto –como también en cuanto al requisito cultural para ser municipal– las reformas de 1900 y 1910 se mantuvieron, no obstante ciertas diferencias, dentro de los cánones de la de 1895. Si bien más allá de estas restricciones fue valorado el hecho de que todos quienes se habían hecho un lugar a fuerza de trabajo, criollos o extranjeros, tuviesen la posibilidad de elegir sus representantes en el gobierno local,[168] era importante para muchos que las leyes se cumplieran con respecto a la más reducida participación de los extranjeros en el gobierno comunal.[169]

---

[167] Alberdi sostenía: "Es preciso no confundir lo político con lo civil y lo administrativo. La ciudadanía envuelve la aptitud para ejercer derechos políticos, mientras que el ejercicio de los derechos civiles, es común al ciudadano y al extranjero [...]. En cuanto al rol administrativo, que comprende el desempeño de empleos económicos de servicios públicos ajenos a la política, conviene a la situación de la América del Sur que se concedan al extranjero avecindado, aunque carezca de ciudadanía. Es justo dar injerencia al extranjero en la gestión de los asuntos locales", Juan Bautista Alberdi, "Derecho Público Provincial", en *Obras Selectas*, t. XI, Buenos Aires, Librería "La Facultad", 1920, p. 73. Véase, además, Inés Sanjurjo de Driollet, "Las ideas municipalistas de Alberdi y la Constitución de Mendoza de 1854", *Revista de Investigaciones de Historia del Derecho*, N° 27, Buenos Aires, Instituto de Investigaciones de Historia del Derecho, 1999, pp. 363-387.

[168] *San Rafael*, San Rafael, Mendoza, 14-6-05.

[169] En el departamento de General Alvear fue nombrado Intendente municipal don Pedro Ugarte "antiguo vecino y colono de esta región", quien sin embargo no era considerado "la personalidad indicada para representar ante propios y extraños una comuna como la de este departamento, donde radican muy importantes intereses de poderosas empresas y personalidades en el orden financiero, social e intelectual [...] por carecer de la nacionalidad que le da el derecho a regir los destinos de un pueblo argentino", *La Verdad*, General Alvear, Mendoza, 20-9-1914.

Vida pública y prácticas institucionales en las colonias

La vida pública en el sur mendocino se desarrolló al ritmo de la colonización y del progreso económico. A los adelantos que significaron el ferrocarril y el telégrafo, se agregaron otros, sobre todo en San Rafael y General Alvear: el teléfono, el cine, la publicación de distintos periódicos –entre los que llegaron a entablarse debates sobre cuestiones ideológicas o asuntos de interés local–[170] y el comercio en sus más diversos ramos.[171]

En cuanto al surgimiento de asociaciones, en 1905 un periódico sanrafaelino se lamentaba de su escasez, algo "inexplicable si se tiene en cuenta que las colonias italiana y francesa, que son las más numerosas, se distinguen en todas partes por su espíritu de asociación". Alentaba por ello a fundar un Centro Social Cosmopolita, puesto que "aquí, donde todo el que trabaja prospera, es imperdonable que carezcan de un Centro Social donde reunirse y estrechar los vínculos de compañerismo [...], un centro social es una necesidad de orden hasta comercial".[172] No pasó mucho para que se multiplicaran distintas formas de sociabilidad pueblerina: centros recreativos –que organizaban bailes sociales, conciertos musicales, funciones de teatro–, comisiones encargadas de festejos patrios –entre los cuales los del Centenario adquirieron gran envergadura–, clubes deportivos, asociaciones mutuales de colectividades o de trabajadores, etc.[173] Estas últimas

---

[170] Como ocurrió en 1914 con *La Verdad* y *El Progreso*, de General Alvear.
[171] En San Rafael, en 1905 se publicaban entre otros avisos comerciales, los siguientes: Tienda, Almacén y Ferretería Barutti Hnos. y Sueta; Molino el "El Diamante" de A. Poccioni; Imprenta y Papelería de José Maffei; Bodega El Cerrito, de Olcese Hnos.; "El Diamante" Bar room; restaurantes; el Hotel Club; peluquerías; taller de Herrería y Carpintería; cancha de carreras en Cuadro Nacional; fábrica de tejidos de alambre; Farmacia del Pueblo, de Pastor Vidal; Sastrería de Ricardo Brisoli; Gran Tienda "La Buenos Aires", de Eladio Bustamante; entre los profesionales: Dr. Teodoro Schestakow, médico cirujano; Notaría Pública de Augusto Marcó del Pont; arquitecto y constructor Antonio Terraquol; médico cirujano y químico farmacéutico Dr. Alejo Báez; ingeniero Carlos Chapeaurouge, de General Alvear. Unos años después, las páginas de los periódicos alvearenses mostraban los siguientes avisos comerciales: fábrica de mosaicos La Industrial; negocio de Alfarería, ladrillos y adobes; carpintería y aserradero; Restaurant y bar sud americano de Antonio Sánchez, especialidad en vinos y licores; Almacén, tienda, ropería y talabartería de Martín Rojo; Panadería La Unión de Ángel Quiles, con reparto a domicilio; Almacén de Ramos Generales de Campapa, teléfono n° 29; Farmacia Buenos Aires: laboratorio químico y análisis en general, material de cirugía, drogas, perfumerías, tel. n. 9; un agente de la gran tienda Gath y Chaves; Fábrica "a vapor" de fideos de Eduardo Frey; Hotel Colón; Fábrica de aguas gaseosas, de Luis Waldhabert, representante de Quilmes; Lechería holandesa "La Argentina". *La Verdad*, General Alvear, Mendoza, años 1914 y 1915.
[172] *San Rafael*, San Rafael, Mendoza, 1-3-05.
[173] Entre los espacios de sociabilidad que surgieron en las colonias pueden citarse: la Sociedad Recreativa Musical de San Rafael, *San Rafael*, San Rafael, Mendoza, 30-8-1905; el salón

asociaciones mostraron más un espíritu solidario entre los distintos sectores sociales que actitudes contestatarias frente al Estado.[174] Sin embargo, puede decirse que esas formas de participación vecinal no gubernativas, la mayor parte de las cuales se constituían en torno a intereses sectoriales, tuvieron cierta capacidad de influir en las decisiones de gobierno. En este último aspecto, fue destacable la acción del periodismo en cuanto formador de la opinión pública local y como elemento de control de las instituciones de gobierno.[175]

de cinematógrafo en el Hotel "La Unión, *Los Andes*, 24 de julio de 1909; el Centro Recreativo Alvearense, inaugurado con un baile de gala; la Liga Cívica de San Rafael, *La Patria*, Mendoza, 9-8-1911; la Cancha de Pelota de Alvear, donde se realizó un festejo del aniversario de *La Verdad, La Verdad*, General Alvear, Mendoza, 29-8-15; la Comisión de Damas por los festejos del Centenario, los cuales incluyeron jura de bandera, alocuciones patrióticas, festival escolar (con declamaciones de alumnos), desfiles, ofrendas, y baile de gala final en el París Hotel, *ibid.*, 16-7-16; el Colonia Alvear Tennis Club, *ibid.*, 25-6-16; el Andes Football Club, donde se exhibían películas, *ibid.*, 6-8-16; funciones teatrales a beneficio de las familias de los reservistas italianos en el pueblo de Montecomán, *ibid.*, 26-9-15; función teatral y baile social en Villa Atuel, *ibid.*, 6-9-1915; festejos de la comunidad italiana en Pueblo Luna, con baile y la Banda de música del Oeste, *ibid.*, 24-9-16; el Centro Social y Recreativo de Villa Atuel, *ibid.*, 30-4-16. Se publicaban diversos periódicos, como *Ecos de San Rafael*, San Rafael, *Il Tricolore*, órgano de la Colonia Italiana, *El Diamante*, de San Rafael, y *La Verdad* y *El Progreso*, de General Alvear. Entre las asociaciones de beneficencia y de ayuda mutua, pueden mencionarse el Círculo de Obreros Independiente de San Rafael, *La Patria*, Mendoza, 23-12-1908; la Asociación Protectora del Niño, *Los Andes*, Mendoza, 6-7-1915; la Sociedad Española de Socorros Mutuos de General Alvear, *La Verdad*, General Alvear, Mendoza, 3-9-1916, y la Farmacia social, también de General Alvear, *ibid.*, 24-9-16.

[174] Sostiene Devoto que el asociacionismo mutualista de base étnica, a diferencia de las sociedades de oficios, que fueron transformándose muchas de ellas en sociedades de resistencia primero y luego en auténticos sindicatos, fue por lo general en nuestro país poco contestatario en cuanto a reivindicaciones de clase o hacia el Estado. Generalmente mostraron una fuerte solidaridad interclasista entre sus miembros, y alcanzaron gran desarrollo en los primeros años del siglo XX, véase Fernando Devoto, "Participación y conflictos en las sociedades italianas de socorros mutuos", en Fernando Devoto y Gianfranco Rosoli (ed.), *La inmigración italiana en la Argentina*, Buenos Aires, Biblos, 2000, pp. 141-164.

[175] En el orden local, prevalecieron las críticas a los agentes del gobierno a cargo de las municipalidades, aunque también el comportamiento de las municipalidades fue objeto de denuncias y comentarios periodísticos, como un modo de controlar la actividad de los funcionarios. Así por ejemplo, en 1906, *La Opinión* se refería a los jefes políticos como "lugartenientes del gobernador", cuyas prácticas arbitrarias y abusivas recrudecían con las elecciones, tal el de San Rafael, cuyo fin era "perseguir de todos modos a los vecinos que no se humillan ante esos caciques", *La Opinión*, Mendoza, 1-2-06. En 1907, *La Reacción* criticaba al civitismo, porque nombraba jefes políticos en los departamentos en personas ignorantes, como en San Rafael, donde había sido colocado en el cargo a un "ilustre desconocido", sin vinculaciones con el departamento, *La Reacción*, Mendoza, 10-8-1907. En 1910, el destacado médico T. Schestakow dirigía una carta a *Los Andes* criticando el cambio de las nomenclaturas de las calles de la villa sanrafaelina, realizado por el jefe político, *Los Andes*, Mendoza, 11-11-1910. Véase también nota 169.

En lo referido a la participación política propiamente dicha, las prácticas autocráticas del civismo tuvieron su manifestación más clara en los actos electorales, tanto de diputados como de senadores y de gobernador, marcando una continuidad de usos afianzados en el transcurso del siglo XIX. El centralismo instalado en 1900, y acentuado en 1910, colaboró con la profundización del control electoral en momentos en que en la esfera nacional se originaba la apertura del espacio político a la participación popular tras un debate que luego de iniciarse en grupos opositores se instaló en ámbitos oficialistas, culminando con la sanción de la Ley electoral de 1912.[176] El fraude era habitual en todos los departamentos, y en el sur hubo múltiples denuncias al respecto. Ciertamente constituyó una práctica a la que también acudieron los opositores cuando tuvieron la posibilidad de hacerlo. En 1902, se presentó ante la Legislatura una lista encabezada por Estanislao Salas, vicepresidente de la municipalidad de San Rafael en 1901, que comunicaba sobre los fraudes realizados en la elección de diputados por los presidentes de las mesas electorales, que no permitían votar a la agrupación oficialista Partidos Unidos.[177] Para las elecciones de gobernador de 1903, en las que resultó electo Carlos Galigniana Segura, sobrino del saliente mandatario Elías Villanueva, *El Comercio* aseguraba que en ese departamento sólo serían parte de la fuerza electoral "los elementos oficiales, representados por los empleados públicos encabezados por el Jefe Político, también sobrino del gobernador".[178] En 1904, ya durante el gobierno de Galigniana, se denunciaba la creación de "escuadrones volantes del gobierno" para garantizar la "seguridad" en las elecciones, y se estimaba que serían usados también en San Rafael.[179] Un gran escándalo se produjo en 1906, cuando el partido opositor Unión Democrática obtuvo el triunfo en las elecciones de candidato a senador en la persona de uno de los mayores contribuyentes del departamento, Exequiel Tabanera.[180] El gobierno adulteró los resultados y llamó nuevamente a elecciones, pero el candidato triunfante por el oficialismo, doctor José Antonio Salas —otro hijo del Comandante— renunció a su mandato por no considerar legal el comicio.[181]

Esta política gubernamental no impidió, pues, la formación de agrupaciones políticas locales, tanto oficiales como opositoras, algo que tuvo su inicio hacia

---

[176] Mendoza fue la primera provincia que sancionó, en 1912, la ley de sufragio en consonancia con la Ley Sáenz Peña.

[177] AGPM, Carpeta 597 bis: "Departamento de San Rafael".

[178] *El Comercio*, Mendoza, 31-10-1903.

[179] *Los Andes*, Mendoza, 9-7-1904. Poco después, el periódico opositor denunció la realización de un "vergonzoso fraude oficialista" en ese departamento, ya que la policía habría reclutado a sufragantes por la fuerza y no se habría permitido votar a 200 opositores, *Los Andes*, Mendoza, 7-3-1905.

[180] *La Industria*, Mendoza, 18-9-1908.

[181] Jorge Scalvini, *Historia de Mendoza*, Mendoza, Spadoni, 1965, p. 368.

1900, cuando varios jóvenes formaron un Club Político en la villa, y luego se constituía el Comité local de los Partidos Unidos.[182] Era "la primera vez" que se hablaba de política en el departamento.[183] A partir de entonces, como puede observarse, aumentó el interés en el juego electoral. La revolución radical de 1905 no produjo "incidentes", según lo informó al gobierno el jefe político, quien como prevención había movilizado a la policía.[184] Sin embargo, con el tiempo se constituyó el Comité sanrafaelino de la UCR, mientras que en General Alvear, y en los distritos Rama Caída y la Villa 25 de Mayo los comités radicales se organizaron en 1913, al calor de los nuevos aires introducidos por la Ley electoral.[185]

La participación en el gobierno municipal, por otra parte, se vio obstaculizada por el centralismo restablecido en 1900. No obstante, como muestra de que desde el poder estatal no siempre se alcanzaba a cubrir todos los espacios, en la elección de municipales de 1904 San Rafael fue el único lugar en Mendoza en donde triunfó la oposición, y se debió sin duda a llevar en su lista a hombres prestigiosos, como Rodolfo Iselin y el médico Teodoro Schestakow.[186] Por otra parte, la intervención en las cuestiones propias de la localidad se dejó ver en la formación de comisiones vecinales con fines determinados, como la que se reunió en 1907 para organizar las fiestas mayas.[187] Pero la omnipresencia del jefe político, que hacía que todo estuviera decidido "desde arriba", hizo que, frente a la mayor participación en otros ámbitos, se diera muchas veces la "falta de incentivo comunal", como ocurrió en 1905, año en el que tres de cada cuatro sesiones no tuvieron quórum.[188] En 1914, el gobierno debió intervenir el Concejo Deliberante de San Rafael –igual que en los departamentos de Guaymallén y San Martín, ubicados en el oasis norte– por encontrarse en "acefalía completa" y sin lograr formar el quórum que exigía la ley; y además cesanteó a algunos municipales de General Alvear por la falta de asistencia.[189]

Las "tutelas" establecidas en la esfera comunal no dejaron de molestar a los vecinos, tal como lo dejó entrever el periódico *La Verdad* de este departamento cuando manifestaba que el municipio debía "bastarse a sí mismo", puesto que su manejo por los agentes del gobierno "más que un bien, le reporta[ban] directamente perjuicios".[190] Este mismo órgano festejó en 1916 porque la Constitución sancionada este año estableció unas municipalidades entre cuyas notas autonómicas estaba la elección popular de *todos* sus miembros, in-

---

[182] *Ecos de San Rafael*, 19-8-1900.
[183] *Ecos de San Rafael*, San Rafael, Mendoza, 17 de enero de 1900.
[184] AGPM, Carpeta 19-0: Departamento de San Rafael.
[185] *La Palabra*, Mendoza, 15-9-1913 y 19-9-1913.
[186] *Los Andes*, Mendoza, 13-11-1904 y *San Rafael*, San Rafael, Mendoza, 1-2-1905.
[187] *Los Andes*, Mendoza, 28-4-07.
[188] *San Rafael*, San Rafael, Mendoza, 31-1-1906.
[189] ROPM, 1914, p. 352.
[190] *La Verdad*, General Alvear, Mendoza, 8-11-1914.

cluso el intendente. En opinión del redactor, las corporaciones serían mejor administradas de esta forma que por los agentes del Ejecutivo.[191] En San Rafael, seguramente amparado por los lineamientos de la nueva carta provincial en materia municipal –aunque todavía no se había puesto en práctica–, el Concejo Deliberante solicitó al Ejecutivo provincial la destitución del intendente, debido a las incidencias surgidas entre ambos poderes comunales.[192]

No obstante el control ejercido en el ámbito municipal y en los procesos electorales, el gobierno provincial no logró neutralizar la participación vecinal. El mayor interés estuvo, sin embargo, en la formación de agrupaciones ajenas a la política, lo que demuestra una profundización de la sociabilidad en el ámbito de la sociedad civil. Las múltiples asociaciones voluntarias para fines específicos que proliferaron en el sur mendocino hacia el Centenario, son una manifestación propia de los procesos de modernización social, consecuencia de la colonización y de la incorporación de la zona a la economía provincial.[193] Seguramente tal fenómeno se explica también, en gran parte, por el centralismo imperante, que debilitaba el interés en la participación en los niveles "oficiales" de la política.

Consideraciones finales

El estudio ha permitido constatar que mientras el sur mendocino constituyó una zona de frontera interna, en la etapa de construcción del Estado provincial bajo el orden liberal establecido por la Constitución de 1854, la estructura estatal fue de una gran fragilidad. Los agentes del Ejecutivo provincial en San Rafael –los subdelegados–, a diferencia de lo que ocurrió en las demás circunscripciones de la Provincia, en las que constituyeron verdaderos poderes territoriales, estuvieron en los hechos subordinados a los comandantes de frontera. Éstos apoyaban su poder en el mando de las fuerzas allí acantonadas, dispuestas muchas veces a secundarlos cuando tomaban parte en los enfrentamientos entre los distintos "partidos" en el orden provincial. Así, para subsistir en su cargo, los funcionarios del gobierno se vieron obligados a entrar en el juego de solidaridades y clientelismo que se tejía en torno a aquellos jefes.

Puede decirse, pues, que la participación política, en este período que en su mayor parte no contó con la incorporación de San Rafael a las lides electorales, discurrió no por los carriles de la representación liberal, sino por los de la representación que obtuvieron los jefes militares en razón del apoyo o la presión de la tropa. Esto se debía, sin duda, a la existencia de una sociedad militarizada, pero también a la situación periférica de ese territorio (por la dis-

---

[191] *Ibid.*, 13-8-1916.
[192] *Los Andes*, Mendoza, 22-10-1916.
[193] Peter Burke, *Sociología e historia*, Madrid, Alianza Editorial, 1987, p. 104.

tancia que lo separaba de la capital provincial), y a la ineficacia del débil aparato estatal, la escasa población y una vida comunitaria precaria, de escasas solidaridades grupales. No se descarta la presencia de otros modos informales de presión, que tuvieron que ver con las particularidades de una zona en la que se entramaban intereses relacionados con el contrabando de ganado a Chile, con implicancias de indígenas, importantes comerciantes trasandinos e incluso miembros de la élite provincial.

La "desmilitarización" que significó la finalización de la frontera interior luego de la campaña del desierto marcó un momento de inflexión en el juego del poder local, por el lugar preponderante que adquirió la autoridad civil. Incidió también en el poblamiento de la zona, particularmente de la planicie ubicada al este de la antigua villa y, luego, de la margen sur del río Diamante, con la instalación de colonos nativos y extranjeros. Las nuevas colonias imprimieron un espíritu de progreso que se tradujo en la fundación de villas, la llegada del ferrocarril, la iniciación de la vitivinicultura y la instalación de diversos y prósperos comercios. La antigua villa cabecera, la villa "heroica", quedó relegada, no sólo de la principal vía de comunicación con la capital provincial –el ferrocarril–, sino también de los grandes intereses económicos. Esto dio lugar a una reorganización político-administrativa del territorio departamental, con el traslado de la sede de las autoridades locales a la pujante Colonia Francesa, que se transformó en la Villa de San Rafael. Tal reforma fue consecuencia, por lo tanto, de los cambios socioeconómicos producidos en la región y, en definitiva, del triunfo de una nueva mentalidad que impregnaba a toda la dirigencia provincial. Una posterior reforma territorial se produjo en torno a la Colonia General Alvear, pero esta vez el adelanto de ese núcleo dio lugar a la creación de un nuevo departamento, separado de San Rafael.

La mayor complejidad social no tuvo, sin embargo, grandes incidencias en la participación política en el sur mendocino. En este hecho ciertamente influyeron las prácticas autocráticas del civitismo, en particular en los comicios, así como el centralismo establecido por las constituciones provinciales de 1900 y 1910, que puso a la cabeza de los municipios a los agentes del Poder Ejecutivo, debilitando el interés por la participación en el gobierno municipal. Sin embargo, el crecimiento poblacional amplió los espacios de sociabilidad y favoreció las solidaridades grupales y con ello la resistencia de los vecinos a cumplir un papel pasivo en la sociedad. Este fenómeno se encauzó por el lado del asociacionismo, que en gran medida introdujeron los extranjeros, y que se caracterizó por la formación de agrupaciones civiles representativas de intereses sectoriales (mutualistas, económicos, laborales, culturales, etc.), en ciertos casos con capacidad de presionar ante el gobierno o de controlar sus actos.

Fuentes y bibliografía

Fuentes

Fuentes inéditas

Archivo Julio A. Roca, Archivo General de la Nación (AGN).
Carpetas varias (1854-1917), Archivo General de la Provincia de Mendoza (AGPM).
Copiador de Daniel González, 1878-1879, Archivo Familiar Panquehua.
Dirección de Rentas, Impuestos de patentes (1900-1912), Archivo Histórico de San Juan (AHSJ).
Protocolos Notariales (1860-1910), Archivo General de la Provincia de Mendoza (AGPM).
Segundo Censo Nacional, 1895, Económico y Social, Cédulas Censales, Provincia de Mendoza y Provincia de San Juan, Archivo General de la Nación (AGN).

Fuentes éditas

Oficiales

Álbum Argentino Gloriandus, número extraordinario dedicado al señor Gobernador Doctor Emilio Civit, Mendoza, 1910.
Anuario Estadístico de la Provincia de Mendoza correspondiente al año 1887, Mendoza, Tipografía Bazar Madrileño, 1889.
Anuario de la Dirección General de Estadística correspondiente al año 1895, Buenos Aires.
Anuario de la Dirección General de Estadística correspondiente al año 1909, Buenos Aires.
Anuario de la Dirección General de Estadística de la provincia de Mendoza correspondiente a los años 1907, 1908 y 1909, Buenos Aires, 1910.
Anuario de la Dirección General de Estadística correspondiente al año 1911, Mendoza, 1913
Anuario de la Dirección General de Estadística correspondiente al año 1912, Mendoza, Best, 1913.
Anuario de la Dirección General de Estadística de la Provincia de Mendoza correspondiente al año 1914, Mendoza, 1916.
Arata, P. et al., *Investigación Vinícola*, t. 1, N° 1, Buenos Aires, Anales del Ministerio de Agricultura, 1903.
Barraquero, J., *Memoria para el año 1880. Presentada a la Honorable Legislatura por el señor Ministro de Gobierno y Hacienda Dr. Dn. Julián Barraquero*, Mendoza, Tipografía Bazar Madrileño, 1881.
Bialet Massé, J., *Informe sobre el estado de la clase obrera*, t. II, Buenos Aires, Hyspamérica, 1985 [1904].

Bialet Massé, J., *El estado de las clases obreras a comienzos del siglo XX,* Córdoba, Universidad Nacional de Córdoba, Dirección General de Publicaciones, 1968 [1904].

Boletín del Departamento Nacional de Trabajo, Buenos Aires.

Censo General de la Provincia de Mendoza, República Argentina, levantado el 18 de agosto de 1909 durante la administración del Doctor Emilio Civit por Francisco Latzina y Alberto Martínez, Buenos Aires, Cia. Sud-Americana de Billetes, 1910.

Constituciones de la Provincia de Mendoza hasta 1915, Mendoza, Edición Oficial, 1915.

De Ahumada, M., *Código de las Leyes, Decretos y Acuerdos que sobre Administración de justicia se ha dictado la Provincia de Mendoza,* Mendoza, Imprenta El Constitucional, 1860.

Estadística General de la Provincia de Mendoza, boletines 1 y 2, 1882.

Furque, H., "Memoria Descriptiva. Del fundo denominado 'Melocotón', propiedad del señor Doctor Don Ezequiel Tabanera, en Mendoza", *Boletín Mensual del Departamento Nacional de Agricultura,* Buenos Aires, 1879.

Gobierno de Mendoza, *Anuario Estadístico de la Provincia de Mendoza,* Mendoza, 1936.

"Informe del Administrador de Rentas Nacionales en Mendoza, 24-3-1877", *Memoria del Departamento de Hacienda 1876,* Buenos Aires.

"Informe del Administrador de Rentas Nacionales en San Juan, 31-12-1876", *Memoria de Hacienda 1876,* Buenos Aires.

"Informe del Administrador de Rentas Nacionales en San Juan, 20-4-1878", *Memoria del Departamento de Hacienda 1877,* Buenos Aires.

"Informe del director de la Escuela Nacional de Agronomía", Francisco Roca Sans, por el año 1877, dirigido al Ministro del Interior, el 20-3-1877, *Boletín Mensual del Departamento Nacional de Agricultura,* Buenos Aires, 1879, t. II.

"Informe de la oficina del Censo Industrial de la República, Industrias Vinícola y Azucarera", firmado por E. C. Beccher, reproducido en *La Viticultura Argentina,* t. I, N° 5 y 6, Mendoza, septiembre-octubre de 1910.

Intervención Nacional. Ministerio de Industrias y Obras Públicas. Mendoza, *El Problema Vinícola. Memorial de la Intervención Nacional en Mendoza a la Comisión Asesora por la Industria Vitivinícola,* Mendoza, 1931.

Junta Reguladora de Vinos, *Recopilación de Leyes, Decretos y Disposiciones sobre la Industria Vitivinícola,* t. II, Buenos Aires, 1938.

Lahitte, E., "La industria harinera", *Tercer Censo Nacional 1914,* t. VII-Industrias, estudios especiales, Buenos Aires, 1919.

Lemos, A., *Memoria descriptiva de la Provincia de Mendoza,* Mendoza, Imprenta de Los Andes, 1888.

"Memoria del Administrador de Rentas Nacionales en San Juan", *Memoria de Hacienda, 1869-1870.*

Ministerio de Agricultura, *Patentes y Marcas,* Buenos Aires (1901-1915).

Páginas Argentinas, número extraordinario dedicado a la Provincia de Mendoza durante el Gobierno del Dr. Carlos W. Lencinas, Buenos Aires, Sociedad Editora, 1924.

Primer Censo de la República Argentina verificado en los días 15, 16 y 17 de septiembre de 1969, Buenos Aires, Imprenta El Porvenir, 1872.

Provincia de Mendoza, *Legislación Fundamental Sancionada en la Administración del Eximo. Sr. Gobernador de la Provincia D. Emilio Civit, 1907-1910,* Mendoza, 1910.

—, *Memoria de la Oficina de Estadística, año 1903,* Mendoza, 1904.

—, *Recopilación de Leyes desde el 1-1-1869 al 31-12-1924,* Mendoza, 1925.

—, *Memoria del Departamento de H[acienda] y Obras Públicas correspondiente al año 1879 presentada a la Honorable L[egislatura] Provincial en 1879*, San Juan, 1879, *Registro Oficial de la Provincia de Mendoza*.

República Argentina, *Tercer Censo nacional*, levantado el 1de junio de 1914, tt. II al IV, Buenos Aires, Talleres Gráficos de L. J. Rosso y Cia., 1916.

—, *Tercer Censo nacional*, levantado el 1de junio de 1914, t. V, Buenos Aires, Talleres Gráficos de L. J. Rosso y Cia, 1919.

—, *Tercer Censo nacional*, levantado el 1de junio de 1914, tt. VI y VII, Buenos Aires, Talleres Gráficos de L. J. Rosso y Cia., 1917.

Segundo Censo Nacional de la República Argentina, mayo 10 de 1895, Buenos Aires, Talleres Tipográfico de la Penitenciaría Nacional, 1898, 3 tomos.

No oficiales

Alsina, J., *El obrero en la República Argentina*, Buenos Aires, 1905.

Barraquero, J., *Espíritu y práctica de la Constitución*, 2ª ed., Buenos Aires, Tipografía del Colegio Pío IX de Artes y Oficios, 1889.

Best, F., *Guías de las Provincias de Mendoza, San Juan y San Luis*, Mendoza, 1904.

Casanovas, C., *Guía General de la Provincia de San Juan*, San Juan, Tipografía y Librería Sarmiento, 1900.

Centro Comercial, Agrícola e Industrial, *Memoria descriptiva y estadística de la Provincia de Mendoza*, Mendoza, 1893.

Centro Comercial, Agrícola e Industrial, *Solicitud que los bodegueros y viñateros de la Provincia de Mendoza elevan al Honorable Congreso de la Nación, pidiendo la no aceptación del impuesto de 2 centavos por cada libro de vino nacional*, Mendoza, Imprenta de El Diario, 1897.

Centro Vitivinícola Nacional, *La Viti-Vinicultura en 1910*, Buenos Aires, Emilio Coll e hijos Editores, 1910.

Chueco, M., *Los pioneers de la Industria Nacional*, Buenos Aires, Imprenta de La Nación, 1886.

Echagüe, P., "La viña en San Juan", *Anales de la Sociedad Rural Argentina*, Buenos Aires, 1872.

Galanti, A., *La Industria Viti-vinícola Argentina*, t. 1, Buenos Aires, Talleres Ostwald & Cia., 1900.

Huret, J., *La Argentina, del Plata a la Cordillera de los Andes*, París, Fasquelle, 1913.

Kaerger, K., *La agricultura y la colonización en Hispanoamérica. Los Estados del Plata*, Buenos Aires, Academia Nacional de la Historia, 2004 [1901].

Malaurie, A. y Galazzano, J., *La industria argentina y la Exposición del Paraná*, Buenos Aires, 1888.

Miret, F., "Recuerdos", Mendoza, sin fecha, mimeo.

Molins, W. J. y Dantil, J., *La República Argentina. Región de Cuyo: San Juan, Mendoza, San Luis*, Buenos Airs, 1921-1922.

Montbrum, L., *Guía comercial e industrial de Mendoza*, Mendoza, editor Jaime Mas, 1908.

"Notas mendocinas", *Boletín del Centro Vitivinícola Nacional*, N° 85, Buenos Aires, octubre de 1912.

Olascoaga, L., *Datos biográficos de Manuel Olascoaga presentados por Laurentino Olascoaga a nombre de sus hermanos*, Buenos Aires, s/e, 1911.
Parish, W., *Buenos Aires y las provincias del Río de la Plata*, Buenos Aires, Hachette, 1958.
Patroni, A., *Los trabajadores en la Argentina*, Buenos Aires, 1897.
Pérez y Duverges, *Guía de Mendoza para el año 1901*, Mendoza, Tipografía Los Andes, 1900.
Ramírez, P. P., *Provincia de San Juan (República Argentina). Industria Viti-Vinícola*, Buenos Aires, Cía. Sudamericana de Billetes de Banco, 1898.
Rodríguez, L., *La Argentina*, Buenos Aires, 1908.
Rodríguez, L., *La Argentina en 1912*, Buenos Aires, 1912.
Sáez, M. A., *Proyecto de Constitución para la Provincia de Mendoza*, Rosario, Imprenta de L. Vidal, 1870.
Salvioli Hnos., *Guía de Mendoza*, Mendoza, 1908.
—, *Guía de Mendoza*, Mendoza, 1912.
Tristany, M. R., *Guía Estadística de Mendoza*, Mendoza, Imprenta del Constitucional, 1860.
Villanueva, C., *El Litoral y el Interior. Observaciones sobre ganadería y agricultura*, Buenos Aires, 1887.

Periódicos

Ecos de la Actualidad, Mendoza (1897).
Ecos de San Rafael, San Rafael, Mendoza (1898).
El Constitucional, Mendoza (1856-1884).
El Constitucional de los Andes, Mendoza (1852).
El Comercio, Mendoza (1901-1907).
El Debate, Mendoza (1890-1912).
El Ferrocarril, Mendoza (1882-1888)
El Heraldo, San Juan (1901).
El Heraldo del Comercio, Mendoza (1918)
Il Tricolore, Mendoza (1912).
La Ilustración Argentina, Mendoza (1849).
La Industria, Mendoza (1908-1913).
La Nación, Buenos Aires (número especial, 9 de julio de 1916)
La Opinión, Mendoza (1906).
La Patria, Mendoza (1911).
La Palabra, Mendoza (1889-1890).
La Reacción, Mendoza (1907)
La Unión, San Juan (1890-1900).
La Verdad, General Alvear, Mendoza (1914).
La Voz de Cuyo, San Juan (1910).
Los Andes, Mendoza (1890-1915 y número especial, 1921).
San Rafael, San Rafael, Mendoza (1906).
Victoria, Mendoza (1922-1944).

Revistas y boletines

Revista Agrícola, Mendoza (1904-1905).
Boletín de la Sociedad de Defensa Vitivinícola Nacional, Buenos Aires (1904-1907)[1]
Boletín de la Unión Industrial Argentina, Buenos Aires (1898-1914).
Boletín del Centro Vitivinícola Nacional, Buenos Aires (1908-1918).
Buenos Aires al Pacífico, Buenos Aires.
La Viticultura Argentina, Mendoza (1910-1911).
Páginas Agrícolas, Mendoza (1908-1911).
Primeras Hojas, Mendoza (1907).
Revista de Agricultura, Industria y Comercio, Buenos Aires (1918-1920).
Vitivinícola Argentina, Mendoza (1904-1914).
Vitivinícola, Industrial y Comercial Argentina, Mendoza (1912).
Vitivinicultura Práctica, Mendoza (1911).

BIBLIOGRAFÍA

Abraham, E. y Prieto, M., "Vitivinicultura y desertificación en Mendoza", en García Martínez, B. y González Jácome, A., *Estudios sobre historia y ambiente en América, I*, México, IPGH, El Colegio de México, 1999.

Alonso Camacho, O., "Conflictos jurisdiccionales en departamentos del sur mendocino: 1914-1970", separata del Sexto Congreso Nacional y Regional de Historia Argentina, Buenos Aires, Academia Nacional de la Historia, 1997.

Balán, J., "Una cuestión regional en la Argentina: burguesías provinciales y mercado nacional en el desarrollo agroexportador", *Desarrollo Económico*, N° 69, Buenos Aires, IDES, 1978,.

Balán, J. y López, N., "Burguesías y gobiernos provinciales en la Argentina: la política impositiva de Tucumán y Mendoza entre 1870 y 1914", *Desarrollo Económico*, N° 67, Buenos Aires, IDES, 1977.

Barrio de Villanueva, P., "Una crisis vitivinícola mendocina a principios de siglo XX", Actas XVIII Jornadas de Historia Económica, Mendoza, Asociación Argentina de Historia Económica, Universidad Nacional de Cuyo-CRICYT-Me, 2002, cd-rom.

—, "Tiburcio Benegas: vicisitudes de un hombre de negocios entre 1890 y 1908", Actas de las Primeras Jornadas de Historia y Literatura del Sur Mendocino, San Rafael, Facultad de Filosofía y Letras, Universidad Nacional de Cuyo, Instituto Sapientia e Instituto de Educación Superior del Atuel, 2003, cd-rom.

—, "Hacia la consolidación del mercado nacional de vinos. Modernización, desarrollo e inserción del sector vitivinícola de Mendoza (Argentina), 1900-1914", *Revista Espacios–Historia*, N° 26, Río Gallegos, Universidad Nacional de la Patagonia Austral, 2004.

—, "Aspectos legales en la conformación de la vitivinicultura industrial en la Argentina. Gestiones mendocinas en la sanción de la ley de vinos 4363 de 1904", VII En-

---

[1] El *Boletín de la Sociedad de Defensa Vitivinícola Nacional*, el *Boletín del Centro Vitivinícola Nacional* y la *Revista de Agricultura, Industria y Comercio* fueron publicadas sucesivamente por el Centro Vitivinícola Nacional.

cuentro de Historia Argentina y Regional, Mendoza, Facultad de Filosofía y Letras, Universidad Nacional de Cuyo, 2004, inédito.

—, "Grandes empresarios vitivinícolas en crisis, Mendoza, Argentina (1901-1904)", *História Econômica e História de Empresas*, San Pablo, 2005.

Becerra de Garramuño, A., "El espacio cuyano", Mendoza, CEIFAR, 1981, inédito.

Bernard, T., *Régimen municipal argentino. Origen institucional y su evolución hasta la época actual*, Buenos Aires, Depalma, 1976.

Bjerg, M. M., *El mundo de Dorothea: la vida en un pueblo de la frontera de Buenos Aires en el siglo XIX*, Buenos Aires, Imago Mundi, 2004.

Bolsi, A. y Ortiz de D'Arterio, P., *Población y azúcar en el Noroeste Argentino*, Tucumán, IEG-UNT, 2001.

Botana, N., "El federalismo liberal en Argentina (1852-1930)", en Carmagnani, M. (coord.), *Federalismos latinoamericanos: México, Brasil, Argentina*, México, Fideicomiso Historia de las Américas, 1993.

—, *La tradición republicana*, Buenos Aires, Editorial Sudamericana, 1984.

Bragoni, B. y Richard-Jorba, R., "Acerca de la formación una economía regional: comercio, crédito y producción vitivinícola, 1830-1890", *Xama*, N° 6-11, Mendoza, CRICYT, 1993-1998.

Brechis, M., "Fuerzas indígenas en la política criolla del siglo XIX", en Goldman, N. y Salvatore, R. (comps.), *Caudillismos rioplatenses. Nuevas miradas a un viejo problema*, Buenos Aires, Eudeba, 1998.

Buj Montero, M., "Poder de policía municipal en las constituciones provinciales", en Pérez Guilhou, D., *Derecho Público Provincial*, t. III, Mendoza, Depalma, 1993.

Burke, P., *Sociología e historia*, Madrid, Alianza Editorial, 1987.

Bustos Dávila, N., "San Rafael. Ochenta años de la ciudad cabecera", *Los Andes*, Mendoza, 1 de octubre de 1983.

Cacopardo, M. C. y Moreno, J. L., "Características regionales, demográficas y ocupacionales de la inmigración italiana a la Argentina (1880-1930)", en Devoto, F. y Rosoli, G. (eds.), *La inmigración italiana en la Argentina*, Buenos Aires, Biblos, 2000.

Campi, D., "Las provincias del norte. Economía y sociedad, 1880-1930", Tucumán, 2000, mimeo.

Campi, D. y Richard-Jorba, R., "Las producciones regionales extrapampeanas", en *Nueva Historia Argentina*, t. IV, Bonaudo, M. (dir.), *Liberalismo, Estado y orden burgués (1852-1880)*, Buenos Aires, Editorial Sudamericana, 1999.

—, "Un ejercicio de historia regional comparada: coacción y mercado de trabajo. Tucumán y Mendoza en el horizonte latinoamericano (segunda mitad del siglo XIX)", *História económica e história de empresas*, IV-2, San Pablo, Hucitec, 2000.

—, "Transformaciones productivas, espaciales y sociales en la Argentina extrapampeana. El Norte y Cuyo entre 1850 y 1890", *Boletín Americanista*, N° 54, Barcelona, Universidad de Barcelona, 2004.

Carrión y Carrión, P., "La crisis vitícola de los primeros años veinte y sus soluciones", *Estudios agrosociales y pesqueros*, N° 185, Madrid, 1999.

Castel, R., *Las metamorfosis de la cuestión social*, Buenos Aires, Paidós, 1997.

Cerutti, M., "Monterrey y su ámbito regional (1850-1910). Referencia histórica y sugerencias metodológicas", en Fernández, S. y Dalla Corte, G. (comps.), *Lugares para la Historia*, Rosario, Universidad Nacional de Rosario, 2002.

Coria, L. y Ferrari, D., "Las finanzas públicas mendocinas en las tres décadas anteriores a la Primera Guerra Mundial", Actas XVIII Jornadas de Historia Económica, Mendoza, Asociación Argentina de Historia Económica, Universidad Nacional de Cuyo-CRICYT-Me, 2002, cd-rom.

Correas, J., *Historias de familias*, Mendoza, Diario Uno, sin fecha.

Cozzani, M. R., *Sociedades y espacios de migración. Los italianos en la Argentina y en Mendoza*, Mendoza, EDIUNC, 1997.

Cueto, A., "La inmigración y la economía en Mendoza (1880-1900). El italiano", *Revista de Historia Americana y Argentina*, N° 25-26, Mendoza, Facultad de Filosofía y Letras, Universidad Nacional de Cuyo, 1986.

Cincuentenario de General Alvear, Provincia de Mendoza, Argentina, 1914-1964, Mendoza, Cámara de Comercio, Industria y Agricultura, 1964.

Civit de Ortega, J., *Don Emilio Civit. Político y Gobernante*, Mendoza, Ediciones Culturales de Mendoza, 1994, 2 tomos.

Colomé Ferrer, J., "El sector vitícola español durante la segunda mitad del siglo XIX y el primer tercio del XX: el impacto de la demanda francesa, la crisis ecológica y el cambio técnico", XVII Jornadas de Historia Económica de la Asociación Argentina de Historia Económica, Tucumán, septiembre de 2000.

Correa Gil, R., "Sin derechos sociales pero a favor del orden y el progreso: el obrero rural en San Juan (Argentina) a fines del siglo XIX", *Actas Americanas*, N° 10, La Serena-Chile, Universidad de La Serena, 2002.

Chardonnet, J., *Géographie industrielle*, t. 2, París, 1965.

Debener, M., "Indios, Bandidos y chilenos en el circuito comercial indígena del noroeste de la Meseta Patagónica, 1850-1880", *Revista de Estudios Regionales*, N° 22, Mendoza, CEIDER, Universidad Nacional de Cuyo, 1999.

De Jong, G. M., *Introducción al Método Regional*, Neuquén, LIPAT, Universidad Nacional del Comahue, 2001.

Denis, P. I., "San Rafael. La ciudad y su región", *Boletín de Estudios Geográficos*, vol. XVI, N° 64-65, Mendoza, Facultad de Filosofía y Letras, Universidad Nacional de Cuyo, julio-diciembre 1969.

Devoto, F. y Rosoli, G. (eds.), *La inmigración italiana en la Argentina*, Buenos Aires, Biblos, 2000.

Devoto, F., *Historia de la inmigración en la Argentina*, Buenos Aires, Sudamericana, 2003.

Di Tella, G. y Zymelman, M., *Las etapas del desarrollo económico argentino*, Buenos Aires, Eudeba, 1967.

Draghi Lucero, J., *Manuel José Olascoaga*, Mendoza, Ediciones Culturales de Mendoza, 1995.

Dumolard, P., "Región y regionalización. Una aproximación sistémica", en Gómez Mendoza, J, Muñoz Jiménez, J. y Ortega Cantero, N., *El pensamiento geográfico*, Madrid, Alianza Universidad, 1982, segunda parte, Antología de textos.

Faucher, D., *Geografía agraria*, Barcelona, Omega, 1953.

Feyling, M., "La inmigración francesa temprana en Tucumán: 1830-1880", *Travesía* N° 7-8, Tucumán, Universidad Nacional de Tucumán, 2003 (en prensa).

Fradkin, R. y Gelman, J., "Recorridos y desafíos de una historiografía. Escalas de observación y fuentes en la historia rural rioplatense", en Bragoni, B. (ed.), *Microanálisis. Ensayos de historiografía argentina*, Buenos Aires, Prometeo, 2005.

Funes, L., *Gobernadores de Mendoza (la oligarquía). Segunda parte*, Mendoza, 1951.

Furtado, C., *La economía latinoamericana desde la Conquista Ibérica hasta la Revolución Cubana*, Santiago de Chile, Editorial Universitaria, 1969.

Garcés Delgado, "Ferrocarril y desarrollo", en Lacoste, P. (comp.), *San Rafael. Historia y perspectivas*, Mendoza, Uno, 1996.

Garcés Delgado, "El Ferrocarril Oeste en Alvear", en Lacoste, P. (comp.), *General Alvear. Historia y perspectivas*, Mendoza, Uno, 1996.

Garavaglia, J. C., *Economía, sociedad y regiones*, Buenos Aires, Ediciones de la Flor, 1987.

García Martínez, B. y González Jácome, A., "Estudios sobre historia y ambiente en América", en García Martínez, B. y González Jácome, A., *Estudios sobre historia y ambiente en América, I*, México, IPGH, El Colegio de México, 1999.

García Pelayo, M., *Derecho Constitucional Comparado*, Madrid, Centro de Estudios Constitucionales, 1993.

Gascón, M., "Frontera y poder durante el siglo XIX. Clientelismo político y servicios de frontera en Mendoza", *Xama*, N° 2, Mendoza, CRICYT, 1989.

George, P., *Compendio de geografía rural*, Barcelona, Ariel, 1964.

Girbal de Blacha, N., "Orígenes históricos de las economías regionales modernas. La Argentina agrícola. De la Generación del Ochenta hasta la Primera Guerra Mundial", 2 tt., tesis doctoral, Universidad Nacional de La Plata, sin fecha.

—, "Ajustes de una economía regional. Inserción de la vitivinicultura cuyana en la Argentina agroexportadora (1885-1914)", *Investigaciones y Ensayos*, N° 35, Buenos Aires, Academia Nacional de la Historia, 1983-1987.

Gobierno de Mendoza, Ministerio de Cultura y Educación, *Las campañas del desierto y del Chaco*, Mendoza, 1979.

Goldman, N. y Tedeschi, S., "Los tejidos formales del poder. Caudillos en el interior y el litoral rioplatenses durante la primera mitad del siglo XIX", en Goldman, N. y Salvatore, R., *Caudillismos rioplatenses. Nuevas miradas a un viejo problema*, Buenos Aires, Eudeba, 1998.

Hespanha, A., *La gracia del derecho. Economía de la cultura en la Edad Moderna*, Madrid, Centro de Estudios Constitucionales, 1993.

—, *Vísperas del Leviatán. Instituciones y poder político (Portugal, siglo XVII)*, Madrid, Taurus, 1998.

Hirschegger, I., "Régimen y prácticas municipales en Mendoza entre 1895 y 1916", tesina de licenciatura, Facultad de Ciencias Políticas y Sociales, Universidad Nacional de Cuyo, 2002.

Huertas, M. M., "Fuentes normativas nacionales en los fallos de la Corte Suprema sobre Derecho Constitucional (1863-1903)", *Revista de Historia del Derecho*, N° 22, Buenos Aires, Instituto de Historia del Derecho, 1994.

Juillard, E., "La región: ensayo de definición", en Gómez Mendoza, J., Muñoz Jiménez, J. y Ortega Cantero, N., *El pensamiento geográfico*, Madrid, Alianza Universidad, 1982, segunda parte, Antología de textos.

Lacoste, Pablo, *El vino del inmigrante*, Mendoza, Consejo Empresario Mendocino y Universidad de Congreso, 2003.

Lattes, A., "Evaluación y ajuste de algunos resultados de los tres primeros censos nacionales de población", Documento de trabajo N° 51, Buenos Aires, Instituto Torcuato Di Tella, Serie Población y Sociedad, 1968.

Levaggi, A., *Paz en la frontera. Historia de las relaciones diplomáticas con las comunidades indígenas en la Argentina (siglos XVI y XIX)*, Buenos Aires, Universidad del Museo Social Argentino, 2000.

López, M. I., "Proceso histórico de la fijación del límite sur de la Provincia de Mendoza", t. I, Segundo Congreso de Historia Argentina y Regional, Buenos Aires, Academia Nacional de la Historia, 1974.

López, M. J., *Introducción a los estudios políticos*, t. II, Buenos Aires, Depalma, 1983.

Magistocchi, G., *Tratado de enología*, Mendoza, 1934.

Manzanal, M. y Rofman, A., *Las economías regionales de la Argentina. Crisis y políticas de desarrollo*, Buenos Aires, CEUR, CEAL, 1989.

Marcó del Pont, A., *San Rafael. La región del porvenir*, Mendoza, Imprenta Best, 1928.

Marcó del Pont, R., *Historia del sud mendocino*, San Rafael de Mendoza, Editorial Buenos Aires, 1948.

Marigliano, C., "La vitivinicultura mendocina y su legislación (1890-1902)", separata del Octavo Congreso Nacional y Regional de Historia Argentina, Buenos Aires, Academia Nacional de la Historia, 1998.

Martín, F., *Estado y empresas. Relaciones inestables. Políticas estatales y conformación de una burguesía industrial regional*, Mendoza, Ediunc, 1992.

Martínez, P. S., "Mendoza 1862-1877. Ensayo de interpretación sociopolítica", en Martínez, P. S., *Contribuciones para la historia de Mendoza*, Facultad de Filosofía y Letras, Universidad Nacional de Cuyo, Mendoza, 1969.

Martínez de Gorla, N., *La problemática de la industria vitivinícola argentina y su influencia en el desarrollo de la vitivinicultura en el Alto Valle del Río Negro y Neuquén*, Buenos Aires, Editorial Dunken, 1999.

Masini Calderón, J. L., *Mendoza hace cien años*, Buenos Aires, Ed. Theoría, 1967.

—, "Tierras, irrigación y colonización en Mendoza a principios del siglo XX (1900-1917)", *Revista de Estudios Regionales,* N° 11, Mendoza, CEIDER, Universidad Nacional de Cuyo, 1994.

—, *Tierras, irrigación y colonización en Mendoza a principios del siglo XX, 1900-1917*, Mendoza, Facultad de Filosofía y Letras, Universidad Nacional de Cuyo, 1994.

—, *Mendoza y sus tierras y frontera del sur en torno a 1880 (1875-1895)*, Mendoza, 1985.

Mata Olmo, R., "Sobre la evolución reciente de la geografía regional: un estado de la cuestión", *Breves Contribuciones del Instituto de Estudios Geográficos*, N° 9, Tucumán, Universidad Nacional de Tucumán, 1995.

Mateu, A. M., "La Constitución de la Provincia de Mendoza de 1910", *Revista de Historia del Derecho*, N° 8, Buenos Aires, Instituto de Historia del Derecho, 1980.

—, "Bancos, créditos y desarrollo vitivinícola", *Cuadernos de Historia Regional*, N° 17-18, Luján, Universidad Nacional de Luján, 1995.

—, "Estado y vitivinicultura. Las políticas públicas de la transición. Mendoza, 1870-1890", *Travesía*, vol. I, N° 3-4, Tucumán, Facultad de Ciencias Económicas, Universidad Nacional de Tucumán, 2003.

Maurín Navarro, E., "Algunos antecedentes de nuestro pasado industrial", *Boletín de la Junta de Estudios Históricos de la Provincia*, San Juan, 1948.

—, *Contribución al estudio de la historia vitivinícola argentina*, Mendoza, Instituto Nacional de Vitivinicultura, 1967.

Mayo, C. , *Vivir en la frontera. La casa, la dieta, la pulpería, la escuela (1770)*, Buenos Aires, Biblos, 2000.

Maza, J. I., *Malargüe y su historia*, Mendoza, Facultad de Filosofía y Letras, Universidad Nacional de Cuyo, 1991.

Mouchet, C., "Facultades legislativas y reglamentarias de los municipios", *La Ley*, N° 95, Buenos Aires, 1959.

Norton, W., "La condición actual de la geografía histórica", en Cortez, C. (comp.), *Geografía histórica*, México, Instituto Mora, 1997.

Olarra Jiménez, R., *Evolución monetaria argentina*, Buenos Aires, Eudeba, 1968.

Olascoaga, L., *Instituciones políticas de Mendoza*, t. I, Bolivia, Escuela Tipográfica Salesiana, 1919.

Ospital, S., "Empresarios, dimensión étnica y agroindustrias: el caso del Centro Vitivinícola Nacional (1905-1930)", *Ciclos*, N° 8, Buenos Aires, IIHES, 1995.

Oszlak, O., *La formación del Estado argentino*, Buenos Aires, Editorial de Belgrano, 1985.

Panettieri, J., *Inmigración en la Argentina*, Buenos Aires, Macchi, 1970.

—, *La crisis de 1873*, Buenos Aires, CEAL, 1984.

Pan-Montojo, J., *La bodega del mundo. La vid y el vino en España (1800-1936)*, Madrid, Alianza, 1994.

Páramo de Isleño, M., "La situación política durante la gobernación de Francisco Civit", en Martínez, P. S., *Contribuciones para la Historia de Mendoza*, Facultad de Filosofía y Letras, Universidad Nacional de Cuyo, Mendoza, 1969.

Peña y Lillo, S., *Actividad política mendocina en los años 1889 y 1914*, Mendoza, 1992.

Pérez, F. I., *El fuerte y el cuartel de San Carlos*, Mendoza, Archivo Histórico de Mendoza, 1996.

Pérez Guilhou, D., "Emilio Civit", en Ferrari, G. y Gallo, E. (comp.), *Argentina del '80 al Centenario*, Buenos Aires, ESA, 1980.

Pérez Romagnoli, E. y Richard-Jorba, R., "Conformación de la región vitivinícola argentina. Reconversión productiva en Mendoza y San Juan: vitivinicultura e industria, 1870-1915", XVII Jornadas de Historia Económica de la Asociación Argentina de Historia Económica, Tucumán, septiembre de 2000.

Pérez Romagnoli, E., "Mendoza, núcleo de la industria metalúrgica argentina fabricante de máquinas y equipos para la industria transformadora de materia prima de base agraria", *Boletín de Estudios Geográficos*, N° 92, Mendoza, Facultad de Filosofía y Letras, Universidad Nacional de Cuyo, 1997.

—, "La constitución de industrias derivadas de la constitución del vino en Mendoza. Intentos y logros (1880-1920)", *Boletín de Estudios Geográficos*, N° 94, Mendoza, Facultad de Filosofía y Letras, Universidad Nacional de Cuyo, 1998.

—, "San Juan: la metalurgia productora de instrumentos para bodegas y destilerías entre 1885 y 1940", *Población & Sociedad*, N° 6-7, Tucumán, Fundación Yocavil, 1998/1999.

—, "San Juan: industrias derivadas de la vinicultura (1885-1930)", *Contribuciones Científicas*, San Juan, 60 Semana de Geografía, Sociedad Argentina de Estudios Geográficos, 1999.

—, "Preludios de la industria argentina extra-pampeana: metalurgia artesanal e industrial en Mendoza y San Juan en los inicios del modelo de desarrollo vitivinícola", *Boletín de Estudios Geográficos*, N° 97, Mendoza, Facultad de Filosofía y Letras, Universidad Nacional de Cuyo, 2001.

—, "Industrias derivadas de la vitivinicultura: la fabricación de ácido tartárico en Mendoza, un intento de sustitución de importaciones (1900-1920)", Actas XVIII Jornadas de Historia Económica, Mendoza, Asociación Argentina de Historia Económica, Universidad Nacional de Cuyo-CRICYT-Me, 2002, cd-rom.

Prieto, M. y Choren, S., "El trabajo familiar en el contexto rural de Mendoza a fines del siglo XIX", *Xama*, N° 4-5, Mendoza, CRICYT, 1991-1992.

—, "Trabajo y comportamientos familiares. Los sectores populares criollos en una ciudad finisecular. Mendoza, 1890-1900", *Xama*, N° 3, Mendoza, CRICYT, 1990.

Pujadas, R.y Font, J., *Ordenación y planificación territorial*, Madrid, Editorial Síntesis, 1998.

Rapoport, M. y colaboradores, *Historia económica, política y social de la Argentina (1880-2000)*, Buenos Aires, Macchi, 2000.

Ratto, S., "Relaciones inter-étnicas en el sur bonaerense, 1810-1830. Indígenas y criollos en la conformación del espacio fronterizo", en Villard, D. (ed.), *Relaciones interétnicas en el sur bonaerense 1810-1830*, Bahía Blanca, Departamento de Humanidades, Universidad Nacional del Sur, IEHS, Universidad Nacional del Centro, 1998.

Ratto, S., *La frontera bonaerense (1810-1828): espacio de conflicto, negociación y convivencia*, La Plata, Archivo Histórico de la Provincia de Buenos Aires "Ricardo Levene", 2003.

Razori, A., *Historia de la ciudad argentina*, II, Buenos Aires, Imprenta López, 1945.

Reboratti, C., *Fronteras agrarias en América Latina*, Barcelona, Facultad de Geografía e Historia, Universidad de Barcelona, 1976.

Recchini de Lattes, Z. y Lattes, A., *La población argentina*, Buenos Aires, INDEC, 1975.

Ricossa, S., *Diccionario de economía*, México, Siglo XXI editores, 1990.

Richard-Jorba, R.,"Conformación espacial de la viticultura en la provincia de Mendoza y estructura de las explotaciones. 1881-1900", *Revista de Estudios Regionales*, N° 10, Mendoza, CEIDER, Universidad Nacional de Cuyo, 1992.

—, "Modelo vitivinícola en Mendoza. Las acciones de la elite y los cambios espaciales resultantes, 1875-1895", *Boletín de Estudios Geográficos*, N° 89, Mendoza, Facultad de Filosofía y Letras, Universidad Nacional de Cuyo, 1994.

—, "Inserción de la élite en el modelo socioeconómico vitivinícola de Mendoza, 1881-1900", *Revista de Estudios Regionales*, N° 12, Mendoza, CEIDER, Universidad Nacional de Cuyo, 1994.

—, "Hacia el desarrollo capitalista en la provincia de Mendoza. Evolución de los sistemas de explotación del viñedo entre 1870 y 1900", *Anales de la Sociedad Científica Argentina*, vol. 224, N° 2, Buenos Aires, 1994.

—, "El trigo y la industria molinera en Mendoza (Argentina) en la segunda mitad del siglo XIX. Cambios económico-espaciales y comportamientos empresariales", *Relaciones. Estudios de Historia y Sociedad*, N° 74, Zamora, El Colegio de Michoacán, 1998.

—, *Poder, economía y espacio en Mendoza, 1850-1900. Del comercio ganadero a la agroindustria vitivinícola*, Mendoza, Universidad Nacional de Cuyo, Facultad de Filosofía y Letras, 1998.

—, "Modelos vitivinícolas en Mendoza (Argentina). Desarrollo y transformaciones en un período secular, 1870-2000", *História Econômica & História de Empresas*, III, 1, San Pablo, HUCITEC, 2000.

—, "La región del centro-oeste argentino. Economía y sociedad, 1870-1914", Mendoza, 2000, mimeo.

—, "La construcción y consolidación del poder oligárquico en Mendoza. 1870-1880", *Avances del CESOR*, N° 3, Rosario, CESOR, Universidad Nacional de Rosario, 2001.

—, "Un panorama del sector ganadero de Mendoza y San Juan y su comercio con el Valle Central y el Norte Chico chileno, 1870-1915. Desarrollo, crisis y recreación de un espacio regional", *Actas Americanas*, N° 9, La Serena, Universidad de La Serena, 2001.

—, "El mercado de trabajo rural en Mendoza. Un panorama sobre su formación y funcionamiento entre la segunda mitad del siglo XIX y comienzos del XX", *Población y Sociedad*, N° 8-9, Tucumán, Fundación Yocavil, 2002.

—, "El mercado de trabajo vitivinícola en Mendoza y los nuevos actores: el 'contratista de viña'. Aproximación a un complejo sistema de empresarios y trabajadores. 1880-1910", *Revista Interdisciplinaria de Estudios Agrarios*, N° 18, Buenos Aires, PIEA, Facultad de Ciencias Económicas, Universidad de Buenos Aires, 2003.

—, "Transformaciones en la región centro-oeste de la Argentina. De un espacio económico binacional a la formación de la 'economía regional' vitivinícola y la integración al mercado nacional. Mendoza y San Juan, 1870-1914", *ANDES*, N° 14, Salta, Universidad Nacional de Salta, CEPIHA, 2003.

—, "¿Echar raíces o hacer la América? Un panorama de la inmigración europea hacia la región vitivinícola argentina y algunos itinerarios económicos en la provincia de Mendoza, 1850-1914", *Les Cahiers ALHIM* (Amérique Latine Histoire et Mémoire), Migrations en Argentine II, N° 9, París, Université de Paris 8, 2004.

—, "De domadores y labradores a viticultores y metalúrgicos. Desarrollo de un mercado de trabajo regional entre dos modelos económicos, Mendoza y San Juan, 1869-1914)", *Simposio A cien años del Informe Bialet Massé*, Jujuy, 2004 (en prensa).

—, "La especialización vitícola y el desarrollo del mercado de tierras agrícolas en Mendoza (Argentina), 1870-1910", *Anuario IHES*, N° 19, Tandil, Universidad Nacional del Centro, 2004.

Richard-Jorba, R. y Pérez Romagnoli, E., "El proceso de modernización de la bodega mendocina (1860-1915), *Ciclos*, N° 7, Buenos Aires, Fac. de Ciencias Económicas, Universidad de Buenos Aires, 1994.

Roig, A., "El concepto de trabajo en Mendoza durante la segunda mitad del siglo XIX. La polémica de 1873", en Martínez, P. S. (coord.), *Contribuciones para la historia de Mendoza*, Mendoza, Facultad de Filosofía y Letras, Universidad Nacional de Cuyo, 1969.

Sábato, H., *Capitalismo y ganadería en Buenos Aires. La fiebre del lanar*, Buenos Aires, Sudamericana, 1989.

Sáenz Quesada, M., "Vida cotidiana, pública y privada (1810-1870)", en Academia Nacional de la Historia, *Nueva Historia de la Nación Argentina*, t. 6, *La configuración de la república independiente (1810 c. 1914)*, Buenos Aires, Planeta, 2001.

Salvatore, R., "Control del trabajo y discriminación: el sistema de contratistas en Mendoza, Argentina, 1880-1920", *Desarrollo Económico*, N° 102, Buenos Aires, 1986.

Salvatore, R., *Caudillismos rioplatenses. Nuevas miradas a un viejo problema*, Buenos Aires, Eudeba, 1998.

Sánchez Alonso, B., *La inmigración española en Argentina. Siglos XIX y XX*, Barcelona, Ed. Júcar, 1992.

Sanjurjo, I., "El régimen municipal en Mendoza en las últimas décadas del siglo XIX. En torno a la cuestión de la autonomía", *Revista de Historia del Derecho*, N° 27, Buenos Aires, Instituto de Historia del Derecho, 1989.

—, "Malargüe (1877-1892). Un estudio desde la óptica municipal acerca de la creación y supresión del departamento más austral de la provincia de Mendoza en el siglo pasado", *Revista de Historia del Derecho*, N° 19, Buenos Aires, Instituto de Historia del Derecho, 1991.

Sanjurjo de Driollet, I., "Las ideas municipalistas de Alberdi y la Constitución de Mendoza de 1854", *Revista de Investigaciones de Historia del Derecho*, N° 27, Buenos Aires, Instituto de Historia del Derecho, 1999.

—, *La organización político-administrativa de la campaña mendocina en el tránsito del antiguo régimen al orden liberal*, Buenos Aires, Instituto de Investigaciones de Historia del Derecho, 2004.

—, "Las continuidades en el gobierno de la campaña mendocina en el siglo XIX", *Revista de Estudios Históricos Jurídicos*, N° 26, Valparaíso, Chile, Universidad Católica de Valparaíso, 2004.

Sánchez, J. E., *Espacio, economía y sociedad*, Madrid, Siglo XXI de España Editores, 1991.

Scalabrini Ortiz, R., *Historia de los Ferrocarriles Argentinos*, 5ª ed., Buenos Aires, Plus Ultra, 1971.

Scalvini, J., *Historia de Mendoza*, Mendoza, Spadoni, 1965.

Seghesso de López Aragón, M. C., "Las fuerzas y los partidos políticos en la historia de Mendoza desde 1852 hasta 1890", tesis doctoral, Córdoba, Universidad de Córdoba.

—, "General Alvear, departamento del sur mendocino (antecedentes y primeros años de vida)", separata del Congreso Nacional de Historia sobre la Conquista del Desierto, Buenos Aires, Academia Nacional de la Historia, 1985.

—, *Historia Constitucional de Mendoza*, Mendoza, Instituto Argentino de Estudios Constitucionales y Políticos, 1997.

—, "Doctrina, ideas y realidad del municipio constitucional", separata del Undécimo Congreso Nacional y Regional de Historia Argentina, Buenos Aires, Academia Nacional de la Historia, 2001.

Segura, J., "El molino de Bustos", *Revista de la Junta de Estudios Históricos de Mendoza*, segunda época, segunda parte, N° 6, Mendoza, Junta de Estudios Históricos de Mendoza, 1970.

Sereni, E., *Capitalismo y mercado nacional*, Barcelona, Editorial Crítica, 1980.

Simón, A., *Apuntes históricos de San Rafael*, San Rafael, Talleres Butti, 1939.

Spylaman, N., *Los Estados Unidos frente al mundo*, México, FCE, 1942

Stahringer de Caramuti, O., *La política migratoria argentina*, Buenos Aires, Depalma, 1975.

Teruel, A., "Cuestiones relativas a la incorporación de espacios fronterizos al Estado-Nación. Chaco occidental, 1862-1911", en Teruel, A., Lacarrieu, M. y ,erez, O. (comps.), *Fronteras, ciudades y estados*, t. I, Córdoba, Alción Editora, 2002.

Verdaguer, A., *Historia eclesiástica de Cuyo*, t. II, Milán, Premiata Scuola Salesiana, 1932.

Vicuña Mackenna, B., "La Argentina en 1855", *La Revista Americana de Buenos Aires*, Buenos Aires, 1936.

Videla, H., *Historia de San Juan*, t. VI (1875-1914), San Juan, Academia del Plata, Universidad Católica de Cuyo, 1990.

Vilar, P., *Iniciación al vocabulario de análisis histórico*, 4ª ed., Barcelona, Crítica-Grupo Editorial Grijalbo, 1982.

Yánez Gallardo, C., *Saltar con red*, Barcelona, Alianza Editorial, 1996.

Zuccherino, R., *Teoría y práctica del Derecho Municipal*, Buenos Aires, Depalma, 1986.

Se terminó de imprimir en el mes de mayo de 2006
en los Talleres Gráficos Nuevo Offset
Viel 1444, Capital Federal
Tirada: 1.000 ejemplares